蕉岭年鉴

2018

蕉岭年鉴编纂委员会
蕉 岭 年 鉴 编 辑 部　编

方志出版社
Publishing House of Local Records

图书在版编目(CIP)数据

蕉岭年鉴.2018/蕉岭年鉴编纂委员会,蕉岭年鉴编辑部编.--北京：方志出版社，2018.11
ISBN 978-7-5144-2935-0

I.①蕉…II. ①蕉… ②蕉…III. ①蕉岭县—2018—年鉴IV. ①Z526.54

中国版本图书馆CIP数据核字(2018)第261246号

蕉岭年鉴(2018)

编　　者：蕉岭年鉴编纂委员会
　　　　　蕉岭年鉴编辑部
责任编辑：刘方圆

出 版 人：冀祥德
出 版 者：方志出版社
　　　　　地址　北京市朝阳区潘家园东里9号（国家方志馆4层）
　　　　　邮编　100021
　　　　　网址　http://www.fzph.org
发　　行：方志出版社图书经销中心
　　　　　电话　(010)67110500
经　　销：各地新华书店
印　　刷：蕉岭县教育文用厂

开　　本：889×1194　　1/16
印　　张：18.5
字　　数：421千字
版　　次：2018年11月第1版　　2018年11月第1次印刷
印　　数：0001～1000册

ISBN 978-7-5144-2935-0　　定价：150.00元

《蕉岭年鉴（2018）》通讯员名录

林景昌	汤秦雅	丘奋飞	刘　宇	谢源学	李　芳	彭心宇	谢利琴
郭晓渊	黄欢欢	张玉莲	刘春玲	钟满兰	王文龙	刘春玲	黄小文
林菊香	黄元生	李琅娜	戴丹媚	李敏燕	曾令雪	张丽芳	钟国波
谢舒悦	吴月环	王广城	汤锦元	赖荣新	李　珏	陈　山	赖文彬
陈　敏	郭凤珍	丘梦珂	何松发	陈　军	江华丽	钟剑文	陈金水
王广文	陈婷婷	徐映珠	徐秋燕	赖冬梅	郭雪平	傅传敏	徐良初
王洪斌	涂平峰	黄利芬	杨利红	谢明灏	陈立鸿	古苑晖	陈维院
王满香	廖丙亮	吴天德	张伟凇	谢勇明	何勇俊	李伟建	杨凌云
邓　苏	林伟洋	谢龙生	陈利娜	徐晓芳	彭文君	陈政清	古国贤
张利梅	傅　文	李　琨	徐　庭	丘文山	曾勇武	邓超凡	朱铭新
廖俊捷	陈伟剑	丘文生	钟丽娟	王国雄	赖来生	吴春晖	黄荣城
龙清云	王飞达	谢雪玲	钟潜生	黄卫锦	李世明	曾　昶	徐丹玲
曾国剑	徐　岭	林文勇	黄寿生	钟新民	曾佛元	黄英萍	郭清梅
叶海权	廖静宜	黄茂开	邓文轩	张瑜钰	丘耀忠	谢宇情	王　梅
汤　锐	丘玲玲	涂彩环	张恩瑞	李　瑜	钟　丹	杨苑平	陈景威
李　滔	曾　璐	梁海锋	郭庆涛	钟奕平	钟渊元		

编辑说明

一、《蕉岭年鉴（2018）》以马克思列宁主义、毛泽东思想、邓小平理论、“三个代表”重要思想、科学发展观、习近平新时代中国特色社会主义思想为指导，坚持辩证唯物主义和历史唯物主义的立场、观点和方法，客观、全面、翔实地记述2017年全县政治、经济、文化和社会等方面的发展状况。

二、本年鉴采用篇、章、节、目、子目5个层次的结构形式，不同层次的标题，在字体、字号和版式设计等方面均有明显区别，如出现最多的目一级标题，均用5号黑体字加【】表示，子目则以5号楷体字表示段一级标题。

三、本年鉴所用的统计数字，由于统计口径不一等原因，有个别数字可能与县统计局“经济社会统计资料”中的数字不一致，使用时应以后者为准。

四、本年鉴“表彰名录”，分别按国家级和省委、省政府、省厅局以及市委、市政府的表彰入录。

《蕉岭年鉴》编辑部

2018年10月

2017年，蕉岭县全面贯彻落实中共十八大、十八届历次全会和中共十九大精神，按照市委、市政府构建“一区两带六组团”发展新格局中“蕉岭组团”的要求，坚持创新驱动发展和加大有效投资，扎实推进十大重点工作、十大重点工程、十大民生实事，加快构建“一城两业三组团”发展新格局，经济社会发展取得明显成效。全县实现生产总79.3846亿元，同比增长7.5%，公共财政预算收入8.7978亿元，同比增长10.04%。

2017年5月19日，中国共产党蕉岭县第十三次代表大会第二次会议召开

2017年5月31日，蕉岭县第十五届人民代表大会第二次会议召开

2017年3月10日，全市农业工作暨春耕生产现场会在蕉岭召开

2017年4月28日，全国百佳深呼吸小城市评选专家组到蕉岭调研

2017年6月20日，梅州市委副书记、市长方利旭（左三）率队到蕉岭调研

2017年7月4日，梅州市委书记谭君铁（左二）率队到蕉岭调研

2017年7月25日，梅州市副市长陈俊钦到蕉岭调研

2017年9月1日，位于三圳九岭村的全国首个美丽乡村培训学院开班

2017年9月1日，蕉岭县举行粤运城乡公交启动仪式

2017年9月1日，蕉岭县粤运城乡公交率先在全市正式开通

2017年9月8日，全省省定贫困村创建新农村示范村规划编制工作会议在蕉岭召开

2017年11月1日，全市中医药服务能力提升工程“十三五”
行动计划暨中医馆建设工作现场会在蕉岭召开（图为新建成的三圳镇中医馆）

2017年11月9日，蕉城开通免费直饮水设备

2017年11月11日，塔牌600万吨水泥项目一期工程点火

2017年11月15日，第五届世界客商大会蕉岭县举行45个工程项目的动工、竣工仪式

2017年11月15日，蕉岭县“县长杯”篮球、足球联赛开幕

蕉岭县省级新农村示范片主体村九岭村荷塘之韵

三圳芳心百香果基地

龙安滨水公园

客家农夫农业公园

蕉岭富硒大米现代农业产业园“桂岭硒米”展馆

蕉岭富硒大米现代农业产业园“桂岭硒米”展厅

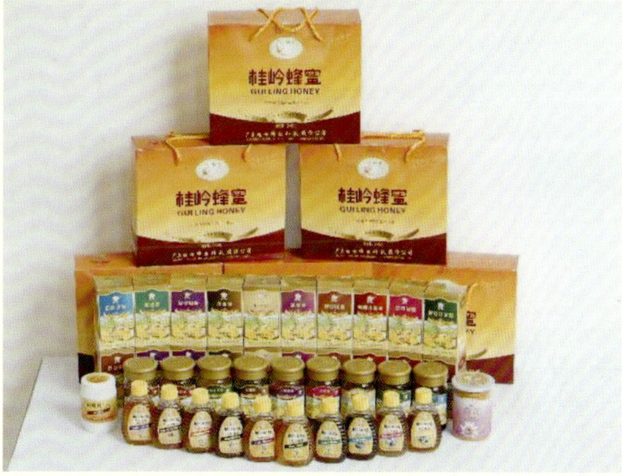

“桂岭蜂蜜”、“蕉岭绿茶”产品于2016年12月28日获得地理标志保护产品，通过国家质检总局保护公告，正式实施产地保护。

目　　录

特　载

大事记

蕉岭概况

政　治

经 济

教科文卫体

社会生活

乡镇·省、市驻蕉岭单位

社会经济统计资料

表彰名录

特载

描新篇 干实处 走前列
全力建设“世界寿乡·富美蕉岭”

——在县第十三次党代会第二次会议上的报告

陈伟明

(2017年5月19日)

各位代表、同志们:

中国共产党蕉岭县第十三次代表大会第二次会议,是一次分析新形势、明确新任务、谋划新发展的重要会议。大会的主要任务是:深入贯彻落实党的十八大、十八届历次全会和习近平总书记对广东工作重要批示精神,动员全县上下以振兴发展为主题,以推进供给侧结构性改革为主线,以提高发展质量和效益为中心,描绘新篇,干在实处,走在前列,全力建设“世界寿乡·富美蕉岭”。

下面,我代表中共蕉岭县第十三届委员会向大会作报告,请予审议:

一、坚持真抓实干,勇于奋起直追,实现“十二五”稳增长、“十三五”开好局

“十二五”时期,我们认真贯彻落实中央和省市决策部署,立足蕉岭实际,推动经济社会平稳较快发展,圆满完成“十二五”主要目标任务,实现“十三五”发展良好开局。

——经济发展迈出新步伐。面对关闭淘汰落后水泥产能剧烈冲击,沉着应对、科学施策,着力培育新型建材和长寿健康两大主导产业,加快发展家居电子等新兴产业,经济发展迈上新台阶。“十二五”期末,全县实现生产总值67.11亿元,年均增速11.4%;来源于蕉岭的财政总收入14.27亿元,年均增速20.2%;一般公共预算收入7.06亿元,年均增速21.9%。2016年,全县实现生产总值72.88亿元,比增6.1%;完成一般公共预算收入7.995亿元、固定资产投资39.36亿元,分别增长13.2%和38.66%。

——城乡建设呈现新面貌。扎实推进交通、水利、电力、通信等工程建设,城乡基础设施不断完善。桂岭新区起步区初具规模,城市配套设施更加完善。扎实推进“客韵寿乡”省级新农村示范片建设、农村人居环境综合整治和美丽乡村建设,农村人居环境明显提升。

——社会民生取得新进步。改革创新不断深化,行政审批制度、商事登记制度等改革扎实推进,基层社会治理创新走在全省前列,农村综合改革成为全国典型。民生投入持续加大,财政对民生支出占比提高到80%。扶贫开发成效显著,新一轮精准扶贫扎实推进,完成精准识别、建档立卡,实施产业发展扶贫项目364个。社会事业取得实效,高考本科、专科线以上入围率连续九年保持梅州各县(市)第一,全县城乡居民医疗保险、60周岁以上城乡居民养老保险实现全覆盖,国家基本药物制度和城乡居民大病保险制度全面实行,基层公共服务平台实现县镇村全覆盖。平安建设扎实推进,实现了刑事、治安案件双下降,无涉恐涉暴、无重大安全生产事故、无重大群体性事件,群众幸福感、安全感居全省全市前列。

——党的建设开启新征程。重视加强意识

形态工作,深入学习贯彻十八届六中全会和习近平总书记系列重要讲话精神,党的群众路线教育实践活动、“三严三实”专题教育和“两学一做”学习教育取得明显成效。扎实推进县镇村三级文明联创,城乡文明协调发展,文明联创工作获省委肯定。规范干部选拔任用和日常监督,强化基层党组织建设,县镇换届选举顺利完成。坚持从严治党,党风廉政建设党委主体责任和纪委监督责任全面落实。

过去的成绩,来之不易、令人鼓舞。在此,我代表中共蕉岭县委,向所有为蕉岭改革发展稳定作出积极贡献的广大党员干部职工、社会各界人士,表示衷心的感谢并致以崇高的敬意!

二、科学分析形势,敢于直面问题,努力在走在前列中奋发有为

今后几年是蕉岭加快振兴发展的关键时期,市委在构建“一区两带六组团”发展新格局中,明确要求我们建成梅州绿色发展先行地。所谓“先行”,就是率先前行,努力在梅州苏区振兴发展、全面小康的进程中走在前列。

历届领导班子为蕉岭发展打下了坚实基础,创造了一次次辉煌业绩,是陶醉成绩而故步自封,还是总结经验并发扬光大?这是我们必须面临的决择。无疑,我们要寻差距、找不足,抓机遇、谋发展,切实增强发展的危机感、紧迫感和责任感。

(一)审视自我,查找不足。经过前段时间分组开展“贯彻市第七次党代会精神,推进蕉岭组团建设”专题调研,查摆出我们主要的差距和短板表现在:一是经济总量不大。近年来全县生产总值一直处于全市倒数第一,在全市比重小,与兄弟县(市、区)的差距有逐渐拉大的趋势;人均生产总值虽高于全市平均水平,却不足全省平均水平的五成,完成全面建成小康社会任务还很艰巨。二是产业基础不厚。企业总体上规模偏小,大型骨干企业少,规模以上工业增加值全市末位,建材支柱产业总量仍然不大、产业链条仍然不完整,去年的旅游收入还不到全市总量的一成,发展全域旅游、培育百亿长寿健康产业任重道远。三是制约因素不少。工业项目核准难、建设用地紧缺、融资困难、人才匮乏等瓶颈问题,严重制约我县经济社会发展。对以上问题,我们要客观分析、正确对待,迎难而上、想方设法予以解决。

(二)分析形势,把握机遇。蕉岭是有着光荣传统的革命老区、原中央苏区,是重点台乡、海峡两岸交流基地,是备受瞩目的世界寿乡,蕉岭发展好了、发展快了,对于推动梅州苏区振兴发展、提升梅州综合竞争力具有重大意义。我们认为,当前加快振兴发展具有三大优势:一是政策支持。在国家促进原中央苏区振兴发展和省促进粤东西北地区振兴发展这两大政策基础上,省委、省政府进一步深化珠三角地区与粤东西北地区全面对口帮扶工作,突出产业共建,加快发达地区资金、产业和技术的转移进程,为我们振兴发展提供了强有力的政策支持。二是路径明确。市委、市政府更加重视县域经济发展,在市第七次党代会上提出构建“一区两带六组团”发展新格局,着力推进县域经济组团式、特色化发展,要求“蕉岭组团”要围绕建设山水绿城,统筹桂岭新区和美丽乡村建设,擦亮世界长寿乡品牌,推进广州南沙(蕉岭)产业转移工业园扩能增效,着力打造长寿健康、新型建材两大主导产业,建成梅州绿色发展先行地。市委、市政府对“蕉岭组团”的要求,为我们今后发展指明了方向、明确了重点、提出了目标。三是特色突出。我们拥有丰富的资源、良好的生态、美丽的城乡、响亮的品牌等特色优势,新型建材和长寿健康并进的特色产业是最大的基础,精致县城和美丽乡村辉映的特色城乡是最好的载体,绿水青山和富硒水土交融的特色生态是最响的品牌,客家文化和长寿文化相宜的特色人文是最佳的氛围,只要用足这些资源和优势,就能释放潜在动能、增添发展活力。

(三)传承创新,对表前行。习近平总书记对广东工作提出了“四个坚持、三个支撑、两个走在前列”的要求,为我们指明了改革发展的旗帜、方向和原则,明确了使命担当和发展路径,提出了改革发展的奋斗目标。市第七次党代会要求我们建设“蕉岭组团”,建成梅州绿色发展先行地。面对新的更高要求,我们必须进一步提升发展思路、完善目标举措,不断开创新的局面。

今年工作的总体思路是:深入贯彻落实党的十八大和十八届历次全会精神,以及省市系列决策部署,以“四个坚持、三个支撑、两个走在前列”为统领,对表梅州构建“一区两带六组团”发展新格局中“蕉岭组团”的要求,坚持创新驱动发展和加大有效投资,扎实推进十大重点工作、十大重点工程、十大民生实事,干在实处、走在前列,加快构建“一城两业三组团”发展新格局,全力建设“世界寿乡·富美蕉岭”。

今年工作的总体目标是:全县生产总值增长 8.5%,一般公共预算收入增长 10%,规模以上工业增加值增长 15%, 固定资产投资增长 30%, 城镇居民人均可支配收入增长 11%,农村居民人均可支配收入增长 12%。

今年和今后一个时期工作的主要任务是:按照市委构建“一区两带六组团”发展新格局中对“蕉岭组团”发展要求,立足建成梅州绿色发展先行地的目标定位,以“五大发展理念”为引领,整合全县要素资源,强化重大企业、重大平台、重大基础设施的支撑,增强城市核心服务功能,坚持全域差异错位发展,着力构建“一城两业三组团”发展新格局,推动发展转型、产业升级、城乡一体。

一城:建设山水绿城。统筹蕉城、长潭建设,把山、水、人、文、和等积极因素有机结合起来,重点推进桂岭新区、长潭休闲区和石窟河十里画廊建设,推进交通、教育、医疗、旅游等市政基础设施和公共服务设施建设,加快核心商住圈建设,促进新区与景区功能完善、经济与服务功能互动,推动产城融合,实现城在绿中、水在城中、人在景中,建成具有区域影响力和吸引力的宜居宜业宜游山水绿城。

两业:培育打造新型建材和长寿健康“两大百亿产业”。坚持创新与投资“双轮驱动”,从生产端入手,从供给侧发力,一手抓新型工业,一手抓农旅融合现代服务业,进一步优化产业结构,致力增强全县经济发展的内生动力。

百亿新型建材产业:要全力抓好塔牌集团600 万吨旋窑水泥生产线、油坑集团和皇马公司水泥生产线技改项目建设,壮大水泥生产总量;要鼓励扶持精细化工、防水隔热材料、建筑预制构件等水泥上下游产业发展,延长建材产业链条;要发挥国家水泥及制品质量监督检验中心作用,加快推进新型建材产业园等项目建设,夯实产业发展平台。

百亿长寿健康产业:要发挥世界寿乡品牌效应,主动对接“梅江韩江绿色健康文化旅游产业带”,推动长寿健康产业在一、二、三产业上协同发展。坚持标准化生产,着力抓好富硒长寿食品种植加工生产基地、客家农夫现代科技农业示范园等建设,开展家庭农场示范创建活动,大力发展林下经济,带动一杯茶、一瓶水、一粒米、一棵笋、一瓶蜜等“五个一”富硒长寿食品开发, 打造粤东绿色农产品生产基地;坚持高端化发展,着力抓好长寿粮油食品加工和水资源开发等项目建设,切实提高长寿健康产品的附加值;坚持精品化建设,着力抓好铁汉生态健康产业园、健康养生养老产业、精品酒店等项目建设,发展全域旅游,打造全国知名休闲养生旅游目的地。

三组团:实施主体功能区划,依托各镇的资源禀赋和产业基础,集中优势资源和开发条件,重点培育发展特色优势产业,推进全县组团特色发展、城乡统筹发展。

文福广福组团要围绕新型工业发展,规划建设广福园区、中心园区、205 国道沿线工业长廊“两园一长廊”,重点发展旋窑水泥、建筑预制构件、精细化工等新型建材主导产业,以及新材料、新电子等新兴产业,建成新型工业聚集地。

新铺三圳组团要围绕农旅融合发展,把休

闲娱乐、养生度假、客家文化、农副产品、农事体验有机结合，加快新铺千年古镇、三圳美丽乡村、石窟河美丽画廊建设，实施美丽乡村、美丽田园、美味农产品“三美”工程，发展循环农业、创意农业和农事体验产业，建成美丽田园综合体。

蓝坊南礤组团要围绕休闲养生产业发展，推进长寿“乡中乡”、石寨古村落和美丽竹海建设，完善乡村休闲旅游、养生保健设施建设，实施一批绿色富硒长寿农产品生产加工基地建设，发展笋竹、南药、养蜂、茶果生态农业和养生保健产业，建成休闲养生体验区。

“一城两业三组团”是不可分割的整体，三者相互联系、相互促进、相辅相成。“一城”是全县经济社会发展的核心和引擎，构建全县金融、商旅、物流和文化中心，服务“两业”建设，辐射引领“三组团”互动发展。“两业”是主导产业，以产业提质增效促进“一城”现代服务业发展，带动“三组团”加快发展。“三组团”既是“一城”的外延发展，也是“两业”的承接空间，是“一城两业”的基础支撑，是实现城乡统筹发展的途径。构建“一城两业三组团”发展新格局，既是对过去发展思路的传承，又是完善振兴发展路径的创新。我们要牢固树立组团意识，把握重点、突破难点、争创亮点，努力在梅州苏区加快振兴发展、全面建成小康社会进程中走在前列。

三、突出工作重点，善于开拓创新，以优异成绩迎接党的十九大胜利召开

发展才是硬道理。我们要把发展责任扛在肩上，顺势而为、开拓创新，全力以赴抓经济强实力、抓环境增后劲、抓民生促和谐，干在实处、赢在作风、强在党建，全力推动各项工作走在前列。

（一）以“三个十”推动走在前列。十大重点工作、十大重点工程、十大民生实事是我县今年工作的主抓手，关键是要全力抓好落实，抓出成效。

一是全力抓实“十大重点工作”。村（社区）“两委”换届选举、平安蕉岭建设、创建十个示范试点县、创新驱动与加大有效投资、城市扩容提质、完善提升公共服务、深化综合改革、城乡环境综合整治、精准扶贫精准脱贫、加强作风建设等十项工作是全年工作的重点和难点，覆盖了组织建设、纪律要求、转型升级、民生改善、安全稳定等重要领域，是关系蕉岭当前和长远发展、牵涉全局的大事，是我们必须要全力抓好的工作。要坚持明责任、务实抓，责任领导、责任单位要按照分工和职责要求，把属于自己的工作任务，一条一条地理出来，明确责任、明确抓手、明确目标，工作快推进、措施快落实、实效快显现。

二是全力推进“十大重点工程”。项目是龙头，是加快发展、持续发展的命脉。我们要以亮剑精神、实战状态、决胜勇气，扎实推进总投资93.5亿元、今年计划投资23.7亿元，涵盖经济、环境、民生和城乡基础设施建设等领域的“十大重点工程”：一要抓好石窟河十里画廊建设工程，提升石窟河水安全、水生态、水景观、水文化；二要抓好县人民医院迁建工程，改善群众就医环境、提高医疗服务水平；三要抓好桂岭学校建设工程，提升城区教育条件、质量和水平；四要抓好长潭旅游区提升工程，增强旅游影响力和吸引力；五要抓好塔牌600万吨项目建设工程，加快打造百亿新型建材产业步伐；六要抓好城市展馆、青少年科技展馆、长寿展馆和旅游客服中心等“三馆一中心”建设工程，完善城市配套功能；七要抓好铁汉生态养生产业园建设工程，发展长寿养生产业和建设院士工作站等系列项目，带动全域旅游和长寿健康产业发展；八要抓好交通基础设施优化提升工程，重点实施205国道部分路段改线、重要桥梁新建改造、农村公路硬底化及生命防护工程建设，改善发展条件；九是抓好卫生强县基础设施建设工程，着手实施县级医院和村卫生站建设，建设健康蕉岭；十是抓好全县污水处理设施建设工程，完善镇村生活污水处理设施，优化城乡人居环境。全县上下要全力以赴、全心全意服务和推进重点工程建设，进一步优化部门服务、强化部门联动，对项目建设过程中遇到的急事、难事，第一时间掌握、第一时间沟通、第一时间解决，确保“十大重点工程”早日开工、尽早竣工、形成效益。

三是全力办好“十大民生实事”。顺应人民群众所需所盼，坚持“民生为本”导向，坚守“兑现承诺”这条底线，坚定“群众满意”这个目标，切实办好今年涉及加强社会保障、繁荣社会事业、优化城乡环境等“三大领域”，涵盖提高底线民生保障水平、加大扶贫济困力度、关爱特殊群体、促进就业创业、促进城乡义务教育一体化发展、提升医疗卫生保障水平、完善城区公共服务设施、改善群众生产生活条件、加强环境治理、提高防灾减灾能力等“十大板块”，包含58小项的“十大民生实事”，努力构建全民共建共享的社会善治新格局，让发展的成果有温度、暖人心，实惠百姓。“十大民生实事”事事关乎民生，件件关乎群众切身利益，要求具体、涉及面广，全县各级各部门务必以高度负责的态度，切实做到具体责任到位、部门配合到位和落实到位，尽心竭力为人民群众做好事、办实事、解难事，努力把民生实事做成群众满意工程。

（二）以“三个加强”保障走在前列。干在实处，走在前列，关键在党，关键在人。全县各级党员干部，尤其是领导干部要率先垂范，抓好班子、用好干部、带好队伍，干在一线、抓好落实、抓出成效，为加快构建“一城两业三组团”发展新格局、建设“世界寿乡·富美蕉岭”提供坚强的政治、纪律和作风保障。

一是加强组织和队伍建设。抓好思想政治建设。深化运用“两学一做”学习教育成果，深入学习贯彻习近平总书记系列重要讲话和对广东工作重要批示精神，引导党员干部增强“四个自信”“四个意识”。全面落实意识形态工作责任制，完善舆论监督和互联网管理体制机制，切实加强精神文明建设，凝聚发展“正能量”。抓好基层组织建设。全面落实各级党委（党组）书记抓基层党建的第一责任，大力推进强镇帮村工程，精准整顿软弱涣散党组织，深化驻点联系工作，扩面提质“两新”组织党组织，不断夯实党的基层基础，增强党的影响力和凝聚力。抓好干部队伍建设。严格贯彻执行《党政领导干部选拔任用工作条例》，坚持正确的用人导向，坚持公平公正评价和使用干部，把抓落实、见成效作为使用干部的“指挥棒”，把“一城两业三组团”“三大抓手”等领域的重点项目当作考验干部的“赛马场”，探索建立干部容错纠错机制，积极营造能者上、庸者下、劣者汰的干事创业氛围。

二是加强纪律和作风建设。锤炼务实作风。大兴“雷厉风行、勇于担当，察实情、办实事、出实招、求实效”的作风。各级党员领导干部要带头从办公室、会议室走出来，争当实干家、不搞花架子，深入项目现场、深入基层一线，扎扎实实解决问题、推动工作，做到深入基层察实情。建立和落实重点工作、重点项目、重点工程责任分解制度，实行一项工程、一个领导、一支队伍、一套方案、一抓到底的工作机制，做到落实责任出实招。强化督查督办。坚持善抓大事、敢抓难事、勤抓急事，采取不发通知、不打招呼、不听汇报、不用陪同和直奔基层、直插现场“四不两直”的方式，加强对“三个十”等工作推进情况的督查督办，严肃追究工作落实不力的单位和个人的责任。凝聚共识合力。坚持用制度管权管事管人，完善议事决策、督查督办、管党治党、选人用权等制度，以完善、规范的制度促进全县各级各部门思想上合心、工作上合力、行动上合拍，促进党群干群关系更加密切。

三是加强党风和廉政建设。各级党委、纪委要认真落实党风廉政建设主体责任和监督责任，主动探索实践“四种形态”，以坚强的政治定力推进党风廉政建设和反腐败斗争。抓好家风建设，严格遵守中央八项规定，严格落实《中国共产党问责条例》，持续治理“四风”问题，坚决整治“为官不为”行为，始终保持为民务实清廉的政治本色。保持惩治腐败高压态势，深化农村基层党员干部违纪违法线索排查，加强扶贫领域监督执纪，严肃查办党员干部违法违纪问题。加强县委巡察机构和县纪委派驻监督机构建设，充分发挥巡察工作“利剑”作用，着力发现和整顿党的领导弱化、党的建设缺失、全面从严治党不力等方面的突出问题。

各位代表、同志们，干在实处永无止境，走在前列要谋新篇。让我们更加紧密地团结在以习近平同志为核心的党中央周围，在市委、市政府的坚强领导下，牢记使命、开拓创新、真抓实干，加快构建“一城两业三组团”发展新格局，为建设“世界寿乡·富美蕉岭”，走在梅州苏区振兴发展、全面建成小康社会前列而不懈奋斗！

政府工作报告

——2017年5月31日在蕉岭县第十五届
人民代表大会第二次会议上

蕉岭县代县长　刘彩波

各位代表：

现在，我代表县人民政府向大会作工作报告，请予审议，并请政协各位委员和其他列席人员提出意见。

一、2016年工作回顾

2016年是我县加快振兴发展、积蓄发展后劲的重要一年。一年来，县政府按照市委、市政府“一区两带六组团”发展战略，紧紧扭住“两大振兴政策”“三大抓手”，加快发展“两大百亿产业”，经济社会发展取得明显成效，实现了“十三五”良好开局。

（一）*产业结构更优*。全县实现生产总值72.88亿元，增长6.1%，三次产业比为17.3∶29.8∶52.9；完成一般公共预算收入7.995亿元，增长13.24%；完成固定资产投资39.36亿元，比增38.66%；全县工业投资28.38亿元，比增77.96%；国家水泥及制品质量监督检验中心、皇马水泥技改项目建成运行。塔牌600万吨、皇马150万吨旋窑水泥生产线等6个新型建材项目，以及铁汉生态、奥园等4个长寿健康项目扎实推进。

（二）*城乡环境更佳*。大力推进交通、水利等重点项目建设，全县50宗重点项目完成投资50.27亿元。扎实推进桂岭新区开发，碧桂园三期、奥园广场商业综合体等6个房地产项目基本建成，香港花园、保利园等项目顺利推进。投入1080万元，全面实施农村垃圾上门收集处理制度，基本实现了垃圾不落地。投入1.07亿元，拆除关闭禁养区内的生猪养殖栏舍1.69万户、91.3万平方米。投入3亿元，加快推进1个省级新农村示范片和7个县级新农村示范村建设，形成“七星伴月”新农村格局。

（三）*发展活力更足*。供给侧结构性改革“去降补”取得了阶段性成效。成功创建省基层公共服务平台建设试点县、农业面源污染治理示范县；全面完成省农村普惠金融试点改革；深化全国集体林权制度主体改革、商事制度改革、供销合作社综合改革、“营改增”改革顺利推进。依法行政水平不断提高，坚持向县人大及其常委会报告工作，向县政协通报情况，自觉接受县人大的依法监督、县政协的民主监督，办理人大代表建议19件，政协提案27件，代表委员满意率100%。

（四）*民生保障更强*。十大民生实事全面完成，投入民生资金17.7亿元，占一般公共预算支出的80.28%；全县城乡居民可支配收入1.78万元，比增8.6%。提高了城乡居民基本养老保险、城乡医疗救助人均补助标准，以及低保、五保、孤儿、重残等底线民生水平；投入帮扶资金4455万元，实施产业发展扶贫项目364个；完成56套保障性住房建设和340户农村住房困难户危房改造。全面实施安全生产网格化管理，推进食品安全信息化监管平台建设，安全生产形势总体稳定。新建300个治安视频监控点，实现对全县107个村（社区）全覆盖。教育信息化发展水平不断提升，高考本科、专科入围率连续9年保持梅州各县(市、区)第一位。人民医院住院大楼改造、镇卫生院医联体一体化建设等卫生强县项目扎实推进。国防动员、人防、征兵、民兵预备役工作取得新成效,发展改革、监察、审计、民族宗教、统计、气象、档案、应急等事业不断发展。

各位代表！上述成绩的取得,离不开上级的关怀重视和县委的坚强领导,离不开县人大和县政协的监督支持,离不开全县上下的奋力拼搏,离不开海内外乡亲的鼎力支持。在此,我谨代表县政府,向全县人民和驻蕉部队官兵,向所有关心支持蕉岭发展的朋友们,表示衷心的感谢并致以崇高的敬意!

在肯定成绩的同时,我们也要正视工作中存在的问题和不足,主要有:一是经济总量仍然较小,重点项目建设遇到核准、用地、资金等方面的困难,做大总量的任务十分艰巨。二是发展速度仍然偏慢,产业层次低,产业结构单一,振兴发展的压力比较大。三是公共服务短板仍然存在,医疗、养老、文化等方面所取得的成绩与群众的需求还有一定差距。四是保民生、保重点等刚性支出不断增加,财政收支矛盾仍然突出,等等。对此,我们将高度重视,采取更加有力的措施,认真加以解决。

二、2017年工作安排

2017年,从全国形势看,经济长期向好趋势没有改变,国家将继续坚持稳中求进工作总基调,这为我县经济取得更高质量、更有效率、更加持续发展带来了重大机遇。从全省形势看,省委、省政府将今年定为率先全面建成小康社会的攻坚之年,提出着力推进珠三角与粤东西北一体化发展,将加大财政投入和全省综合统筹力度,交通、产业、政策和基本公共服务配置将更加优化。从全市形势看,市委、市政府提出加快构建"一区两带六组团"发展新格局,把蕉岭建设成为"梅州绿色发展先行地"的"蕉岭组团"已提升为市委、市政府发展战略,这必将为我县在发展新型建材、长寿健康等主导产业,加快产业转型升级带来难得机遇。从自身实际看,通过历届县领导班子的不懈努力,支撑加快振兴发展的条件更加具备,振兴发展的动力更加强劲。只要全县上下盯紧目标,凝心聚力,群策群力,经济社会一定会保持更加良好的发展势头。

今年政府工作的总体要求是:深入贯彻落实党的十八大和十八届历次全会精神,以及省市系列决策部署,以"四个坚持、三个支撑、两个走在前列"为统领,对表梅州构建"一区两带六组团"发展新格局中"蕉岭组团"的要求,坚持创新驱动发展和加大有效投资,扎实推进十大重点工作、十大重点工程、十大民生实事,干在实处、走在前列,加快构建"一城两业三组团"发展新格局,全力建设"世界寿乡?富美蕉岭"。

今年经济社会发展的主要预期目标是:全县生产总值增长8.5%,一般公共预算收入增长10%,规模以上工业增加值增长15%,固定资产投资增长30%,城镇居民人均可支配收入增长11%,农村居民人均可支配收入增长12%,节能减排降碳约束性指标完成省下达年度计划。

按照上述总体要求和目标,我们将全力实施"十大工程":①抓好石窟河十里画廊建设工程;②抓好县人民医院迁建工程;③抓好桂岭学校建设工程;④抓好长潭旅游区提升工程;⑤抓好塔牌600万吨项目建设工程;⑥抓好城市展馆、青少年科技展馆、长寿展馆和旅游客服中心等"三馆一中心"建设工程;⑦抓好铁汉生态养生产业园建设工程;⑧抓好交通基础设施优化提升工程;⑨抓好卫生强县基础设施建设工程;⑩抓好全县污水处理设施建设工程。

围绕县第十三次党代会第二次会议提出的加快构建"一城两业三组团"发展新格局,重点抓好五个方面工作:

(一)致力发展两大产业,推动经济扩量提质。

做优建材产业。抓好塔牌集团600万吨旋窑水泥生产线,以及油坑集团、皇马公司水泥生产线技改项目建设,壮大水泥生产总量;鼓励扶持建筑预制构件、商品混凝土、商品砂浆、精细化工、新型建筑材料等水泥上下游产业发展，扎实抓好塔牌集团新材料、广福建材和金鹏精细化工等增资扩产项目建设，延长建材产业链条；加快推进新型建材产业园等项目建设，夯实发展平台，全力打造百亿新型建材产业。

做强健康产业。发挥世界寿乡品牌效应，主动对接“梅江韩江绿色健康文化旅游产业带”，推动长寿健康产业在一、二、三产业上协同发展。坚持标准化生产，着力抓好富硒长寿食品种植加工生产基地、客家农夫现代科技农业示范园等建设，开展家庭农场示范创建活动，大力发展林下经济，带动一杯茶、一瓶水、一粒米、一棵笋、一瓶蜜等“五个一”富硒长寿食品开发，打造粤东绿色农产品生产基地；坚持高端化发展，着力抓好长寿粮油食品加工和水资源开发等项目建设，切实提高长寿健康产品的附加值；坚持精品化建设，着力抓好铁汉生态健康产业园、精品酒店等项目建设，全力创建省级全域旅游示范区，打造全国知名休闲养生旅游目的地。同时，加快推进固特、永旺、佰霖、瑞胜等增资扩产项目建设。

做实产业平台。依托各镇的资源禀赋和产业基础，集中优势资源，根据文福广福组团、新铺三圳组团、蓝坊南礤组团的特色和定位，进一步完善产业基础设施，提升开发条件。扎实推进广福园区、中心园区、205国道沿线工业长廊“两园一长廊”基础设施建设，提升工业集聚区的产业承载力和辐射带动能力。依托我县资源优势、产业特色和工业集聚区平台，认真研究珠三角等地区的产业发展动向、产业转移规律，围绕三个组团布局，突出重点产业开展对口招商、链式招商、以商引商，争取引进上下游关联配套项目。

(二)致力优化发展环境，统筹城乡一体发展。

建设山水绿城。重点推进桂岭新区、长潭休闲区和石窟河十里画廊建设，抓好总投资70亿元的保利园城市综合体、福星长寿新城、香港花园、伍福花园、碧桂园四期和寨背、北阁铺棚户区改造等系列项目建设；同时，实施一批精品街改造和市政公共设施建设，增强城市功能。创新投融资机制，积极争取中央和省专项资金支持，加强与政策性银行合作，大力推广PPP、政府购买服务、政府债券等融资方式，提高重大项目股权、债权直接融资比重，实现城市建设投融资平衡。

创建特色小镇。深入开展全域农村环境综合整治，加快推进“三拆三建”行动，进一步规范农村建房，每年整治20%以上的自然村。加强畜禽养殖污染整治，对限养区内的生猪养殖场进行升级改造，实现达标排放。巩固完善农村生活垃圾收集长效机制，逐步推行城乡生活垃圾分类收集处置机制。全力推进镇区“六个一”建设，实施一批精品项目，推进基本公共服务均等化和社会保障城乡一体化。以获评全国“百佳深呼吸小城”为契机，推动全县各镇向特色化、产业化发展，规划建设一批美丽乡村示范点、一批名镇名村、一批客家特色村居，发展乡村游，打造宜居宜游的美丽乡村。

优化基础设施。实施205国道部分路段改线、新建南山大桥等10宗总投资12.2亿元的城乡桥路建设。实施中小河流治理、整县推进村镇污水处理工程等13宗总投资30亿元的农田水利工程项目建设。实施配网工程等3宗总投资14.6亿元的能源工程建设。同时，加强森林资源的抚育和管护，对森林火灾“零容忍”；全面推行河长制，落实最严格水资源管理制度，保障水生态安全。

(三)致力深化改革创新，激发振兴发展活力。

深化供给侧结构性改革。落实“去降补”措施，促进企业降本增效。力争实现认定高新技术企业1家，新增“新三板”挂牌上市企业2家，建成1—2个区域性创业孵化基地。增加农业新供给，打造2个规模1000亩以上的特色农业产业示范带，建成1家“三农”社会化服务综合合作社和8个分社，打造1个农民就业创业孵化器，为全县农民实用技能培训和就业创业提供服务。

深化农村综合改革。创新“三农”载体，推进“三变”改革，培育农业农村发展新动能，建设美丽乡村田园综合体。抓好全国农村土地承包经营权抵押贷款试点县工作，在92个行政村设立村级基金，有效盘活农村重要产权价值。继续实施农村基层社会治理改革，完善村级基层公共服务平台。推进集体林业综合试验示范区改革，探索开展集体林地所有权、承包权、经营权“三权分离”，建立健全林业要素市场、现代林业产权制度、林权流转机制，积极引导扶持林下经济发展。

深化行政体制改革。推进“放管服”、行政审批制度改革，落实政府部门权责清单和收费目录清单管理制度。深化商事制度改革，大幅削减工商登记前置审批事项，全面推行企业“五证合一、一照一码”、个体户“两证整合”及更多证照合一，推广电子营业执照。推广“互联网+政务服务”模式，推进一门式一网式政务服务平台建设。

（四）致力改善民生福祉，提高群众幸福指数。

统筹发展社会事业。办好人民满意的教育，加快推进桂岭学校、职校实训楼等项目建设。建设卫生强县，扎实推进三个县级医院迁建等项目。加强食品药品安全监管，完善视频监控中心和食品安全追溯中心建设，防控食品药品安全风险。推进“七五”普法。严格落实安全生产“党政同责、一岗双责、齐抓共管、失职追责”和企业主体责任，深化重点领域风险点排查和专项整治，预防和遏制重特大事故发生，坚守安全生产红线。以“三打击一整治”、“飓风2017”专项行动为抓手，扎实推进平安蕉岭建设，严厉打击各类违法犯罪活动，维护社会和谐稳定。进一步做好民族宗教、妇女儿童、防灾减灾、人防、双拥、对台、气象、统计、方志、档案、应急等各项工作。

实施精准扶贫精准脱贫。加大帮扶资金投入，采取创业、就业、教育等帮扶措施，多渠道增加贫困户收入。健全脱贫长效机制，整合低保、残疾、社保、教育等相关数据，建立农村低收入群体大数据库，做到精准到人、精准帮扶。加快推进相对贫困村新农村示范村建设，确保2017年全县70%以上的相对贫困人口实现稳定脱贫，无劳动能力的贫困户全部落实政策兜底；到2018年底100%相对贫困人口、全部相对贫困村出列。

办好十大民生实事。一是提高底线民生保障水平。城乡居民基本养老保险基础养老金标准从每人每月110元提高到120元。城镇、农村低保人均补差水平分别从每月419元、191元提高到457元、206元。农村特困人员救助供养平均标准提高到每年8088元以上，确保不低于上年度农村居民人均可支配收入的60%。孤儿基本生活最低养育标准集中供养水平从每月1340元提高到1450元、分散供养水平从每月820元提高到880元。城乡医疗救助人均补助标准从每年2178元提高到2828元，城乡低保对象基本医疗救助比例达到80%以上。完成全县7间敬老院标准化建设。二是加大扶贫济困力度。建档立卡贫困户子女每人每学年生活费补助标准提高到小学和初中3000元，高中和中职（含技工）5000元（含国家助学金），高等专科10000元（含国家助学金）；免学费补助标准提高到高中2500元、中职（含技工）3500元、高等专科5000元。完成20户城市棚户区改造任务，基本建成101套公共租赁住房；新增发放租赁补贴10户；完成农村危房改造532户。推进精准扶贫精准脱贫工作，70%以上贫困人口实现稳定脱贫。三是关爱特殊群体。困难残疾人生活津贴从每年1200元提高到1800元，重残护理补贴从每年1800元提高到2400元。新建5个镇的残疾人康园中心，规范运行原有4个残疾人康园中心。支持社区矫正中心规范化建设，对全县社区服刑人员实行教育矫正。新建艾滋病检测筛查实验室2间、检测点10个。完成社会福利综合服务中心建设。提高老人补（津）贴标准。加强精神障碍患者的管控工作，对监护人以奖代补，为监护人购买保险，预防和减少严重精神障碍患者肇事肇祸行为。

四是提升医疗卫生保障水平。城乡居民基本医疗保险补助标准从每人每年420元提高到不低于450元。职工医疗保险基金年度累计最高支付限额从8万元提高到9万元,城乡居民基本医疗保险基金年度累计最高支付限额从45万元提高到50万元。职工医疗保险门诊特定病种报销比例统一调整为75%,城乡居民医保门诊特定病种报销比例从60%提高到70%,门诊特定病种年度支付限额按病种在原限额基础上提高1000元至6.5万元不等。城乡居民医疗保险普通门诊每人每日每次最高支付限额从30元提高到100元,年度累计最高支付限额从150元提高到500元,报销比例从50%提高到60%。城乡居民大病保险起付标准从1.2万元降为1万元、报销比例统一调整为70%,年度最高支付限额从15万元提高到16万元;城乡五保供养对象、建档立卡贫困人员的大病保险起付标准下调至2000元,报销比例提高到80%,不设年度最高支付限额。升级改造69间村卫生站。城乡居民医疗保险个人缴费部分继续由县财政统筹解决30元。完成蕉城镇卫生院公共卫生业务楼建设。五是促进城乡义务教育一体化发展。义务教育寄宿制公办学校公用经费补助从农村扩大到城市,补助标准从每生每年200元提高到250元。对城乡义务教育家庭经济困难寄宿生,按小学每生每年1000元、初中每生每年1250元标准给予生活费补助。农村边远学校教师生活补助标准提高到每月不低于900元/人。完成桂岭学校框架主体工程的50%;完成县职业技术学校实训楼改扩建工程。完成县教育展馆资料、实物征集、规划设计及招标工作。六是完善城区公共服务设施。建设10个"文化驿站"。完成图书馆总分馆建设。完成长寿广场文化体育公园的健身路径建设。完成蕉城供水扩建主体工程的60%。完成县档案馆规划选址等前期工作。七是促进就业和创业。完成城镇新增就业1700人、失业人员再就业1500人、就业困难人员再就业210人。补贴参加技能晋升培训的劳动者500人。组织参加技能培训的劳动者1500人。八是改善群众生产生活条件。实施24宗村村通自来水工程建设。城镇独生子女父母计划生育奖励标准由每人每月80元提高到120元。在全县农贸市场开展食用农产品快速检测。完成城乡道路客运公交一体化。新建南山大桥和象岭大桥,维修加固蕉岭大桥、艾坝大桥,完成30公里乡村公路硬底化改造。完成17个中心村农村电网改造升级。完成县供销农产品综合服务中心建设的前期工作。建设标准化"放心粮油门店"。建设10个农村文化俱乐部。完成7个集贸市场和8个基层医疗卫生单位计量器具免费检定。九是加强环境治理。建设2座镇级污水处理厂、27.48公里污水管网和51座农村污水处理设施。农村生活垃圾有效处理率达到90%,县城生活垃圾无害化处理率达到100%。实施农村人居环境综合整治工程,完成20%以上自然村环境综合整治任务。实施环东河黑臭水体治理工程。完成森林碳汇造林1.18万亩;完成3万亩森林抚育和1.8万亩森林碳汇抚育。十是提高防灾减灾能力。完成60公里道路生命防护工程。完成16.8公里中小河流治理。在山洪地质灾害易发区新建2个、升级改造2个自动气象站。安装治安监控视频探头50个、治安卡口3个。做好市政府挂牌督办的长潭镇火灾隐患重点地区整治工作,完善三圳、广福、新铺镇政府专职消防队建设。落实政策性农业保险险种保费补贴。加强动物疫病防控,严控口蹄疫、高致病性禽流感等动物疫病,群体免疫密度达到90%以上。

(五)致力加强自身建设,提升政府行政效能。

坚持依法行政。落实重大行政决策法定程序,健全重大行政决策终身责任追究制度及责任倒查机制。加强行政复议和行政应诉工作,完善行政争议协调化解机制。大力推进政府信息公开,完善县新闻发布及信息公开制度。依法接受县人大及其常委会的监督,自觉接受人民政协的民主监督,接受社会和舆论监督,确保政府权力在阳光下运行。

坚持勤政为民。强化审计监督，推动公共资金、国有资产、国有资源和领导干部经济责任履行情况审计全覆盖。进一步明晰政府与市场的边界，积极构建“亲”“清”新型政商关系。牢固树立群众观念，着力解决群众最关心、最直接、最现实的问题，让广大群众共享改革发展的成果。

坚持真抓实干。大力推行“一线工作法”和“现场办公制”，促使问题在一线解决，工作在现场落实。完善激励约束机制，整合利用各级各部门、新闻媒体等督查工作力量，构建“大督查”工作格局；大力开展“庸懒散”专项治理，坚决整治不作为、慢作为、乱作为等现象。加强行政监察，严厉查处违纪违法行为，认真贯彻落实“三个区分”原则和容错减责暂行办法，宽容干部在工作中特别是改革创新中的失误，打造一支务实重干、善作善成的干部队伍。

各位代表，站在新的起点，我们的振兴发展事业任重道远。让我们更加紧密团结在以习近平同志为核心的党中央周围，以“四个坚持、三个支撑、两个走在前列”为统领，以省第十二次党代会、市第七次党代会和县第十三次党代会第二次会议精神为指引，在县委的坚强领导下，抢抓机遇，干在实处，走在前列，加快构建“一城两业三组团”发展新格局，为建设“世界寿乡·富美蕉岭”而努力奋斗！

大事记

2017年蕉岭县大事记

1月

4日 市委常委、市纪委书记黄建固率队到挂钩扶贫点广福镇洪才村开展“走亲戚、送温暖”活动。市纪委副书记谢志云、张硕、刘锐清参加活动。县委书记温向芳、县长陈伟明,县领导丘德俊、林文建、徐杞文、陈运华、汤维彬参加慰问活动。

5日 由市教育局组织全市各县(市、区)教育局局长组成的考察组,到蕉岭考察教育信息化建设工作。县领导陈伟明、陈苑娜、刘素芬、古芹花陪同。

13日 市防控人感染H7N9禽流感疫情工作领导小组第五督查组到蕉岭督导检查H7N9禽流感防控工作。

2月

6日 知名画家李照东和羊草,走进蕉岭采风写生,并指导本地画家作画。

14日 兴宁市市长丘孝东率兴宁考察团到蕉岭参观考察省级新农村示范片建设、城乡环境综合整治、基层社会治理等工作。县领导陈伟明、陈德志、徐杞文等陪同。

15日 市农业局、市扶贫开发局在蕉岭举办农业产业扶贫培训班。副县长徐杞文作动员讲话。

16日 市政协主席陈建青率队对市重点项目——塔牌600万吨熟料水泥项目建设情况进行检查督导。市政协副主席李忠良,秘书长张阳,县领导陈伟明、钟梅芬、陈德志、林文建等陪同。

17日 省司法厅副厅长饶伟平到蕉岭检查社区矫正中心建设工作. 副县长、县公安局局长张茂欣陪同。

23日 中山市火炬开发区青年企业家协会组织考察团,到蕉岭考察投资环境。县长陈伟明,县委常委、组织部长李瑞金陪同。

22日 市委常委、市纪委书记黄建固到蕉岭督导经济社会发展工作。市政府副市长、蕉岭县委书记温向芳,市纪委副书记谢志云,县领导罗桂芳、林文建陪同。

24日 市政协副主席曾祥海一行到蕉岭督导挂钩重点项目“蕉岭县农村环境综合整治、美丽乡村建设”和“蕉岭县中心镇‘六个一’建设”进展情况。县长陈伟明、县政协主席钟梅芬等陪同。

28日 市安委会组织考核组到蕉岭对县党政领导班子2016年度安全生产履职情况进行考核。

3月

2日 市督查组到蕉岭督查活禽经营市场

临时性休市工作落实情况。副县长江运洪陪同。

6日　市农发行负责人朱亮率队到蕉岭考察。县长陈伟明、副县长徐杞文陪同。

7日　市政府副市长曾尚忠到蕉岭调研农业及春耕工作。县领导陈伟明、林文建、徐杞文陪同。

9日　省质监局调研组到蕉岭调研技术检测公共服务平台建设工作情况。

10日　全市农业工作暨春耕生产现场会在蕉召开。

24日　市人大常委会第三宣讲组到蕉岭宣讲《梅州市森林火源管理条例》。市人大常委会副主任张映平,县长陈伟明,县委常委、县委办主任林文建,县人大常委会副主任郭伟标参加宣讲会,县人大常委会主任卢尧生主持宣讲会。

27日　市政府副市长张晨到蕉岭调研卫计工作。县长陈伟明,副县长饶森健、刘素芬陪同。

29日　兴宁市政协主席罗利娜率考察团到蕉岭参观考察美丽乡村建设工作。县政协主席钟梅芬、副主席廖平、黄伟宁陪同。

29日　市政协副主席曾祥海率队到蕉岭检查挂钩联系重点项目工作进展情况。县政协主席钟梅芬、副县长徐杞文、县政协副主席黄伟宁陪同。

31日　省文化厅图书馆总分馆试点验收专家组一行到蕉岭开展图书馆总分馆试点验收工作。县委常委、宣传部长凌浚陪同。

同日　中国人民银行广州分行党委副书记、副行长李思敏到蕉岭督导农村承包土地经营权抵押贷款试点工作。县长陈伟明、副县长徐杞文陪同。

4月

10日至12日　省人民政府教育督导室组织省教育督导验收专家组对蕉岭县申报广东省推进教育现代化先进县暨教育强县复评工作进行督导验收。省督导验收专家组对该县的"争先"工作给予充分肯定和高度评价,蕉岭县成为首个通过专家组督导验收的山区县。

11日　市委常委、市纪委书记黄建固到蕉岭调研。市纪委副书记刘锐清,县领导陈伟明、李瑞金、林文建、汤维彬等陪同调研。

14日　团省委督导组到蕉岭检查督导推进共青团改革工作情况。县委副书记罗桂芳陪同。

16日　蕉岭和广东省老字号协会、北京梅州商会、客商(北京)国际文化传播有限公司共同在北京举行国家地理标志产品新闻发布暨世界寿乡招商推介会。会上,国家质检总局科技司副巡视员裴晓颖宣读了国家质检总局关于批准对蕉岭绿茶、桂岭蜂蜜等2个产品实施国家地理标志保护的公告,并授予牌匾,县委书记、县长陈伟明接受牌匾。

24日　省公安厅党委委员、副厅长郭少波,省公安厅禁毒局局长邓建伟到蕉岭督导检查省、市际公安检查广福站运作情况,副市长、市公安局局长陈俊钦,县领导陈伟明、张茂欣等陪同。

25日　市委举办全市县处级以上领导干部学习贯彻习近平总书记重要批示精神专题研讨班,传达学习习近平总书记关于广东工作的重要批示精神,梅州市委书记谭君铁在会上作开班讲话。县委书记、县长陈伟明在梅州主会场参加了会议。

28日　市委组织部副部长张海涛到蕉岭检查指导村(社区)"两委"换届选举工作。县委常委、组织部长李瑞金陪同。

28日至29日　全国百佳深呼吸小城评选专家组到蕉岭调研,通过实地调研,评选专家组认为蕉岭自然生态环境优美、空气质量佳,符合百佳深呼吸小城评选标准。县委书记、县长陈伟明,县委常委、宣传部长凌浚,副县长刘素芬等陪同。

5月

6日 副市长张晨到蕉岭调研卫生计生工作,县领导陈伟明、林文建陪同。

8日至10日 省教育厅副巡视员陈健率省测评组到蕉岭对中小学生的体质健康情况进行测试评估。县委书记、县长陈伟明,副县长刘素芬等陪同。

10日 深圳市蕉岭商会成立庆典在深圳麒麟山庄宴会厅举行。经推选,刘水担任深圳市蕉岭商会创会会长,钟铎民担任执行会长。

同日 市安委办主任、市安监局局长温勇登率调研组到蕉岭调研安全生产工作。

11日 省台办主任黄耿城率队到蕉岭参观考察海峡两岸交流基地建设工作。市委常委、统战部长张文广,县领导陈伟明、钟梅芬、林文建等陪同。

11日至12日 奥园集团及北师大珠海分校考察团一行到蕉岭考察在蕉投资项目发展、推进教育现代化发展等。县委书记陈伟明陪同。

12日 省粤东西北办调研组到蕉岭调研振兴发展情况。

16日至17日 省委农办农村改革处调研组到蕉岭调研国务院农村综合改革示范试点工作。县人大常委会主任卢尧生陪同。

18日 市政协副主席曾祥海到蕉岭督查挂钩联系重点项目"中心镇'六个一'建设"和"农村人居环境综合治理项目"的整体进展情况。县政协主席钟梅芬陪同。

19日 中国共产党蕉岭县第十三次代表大会第二次会议在蕉城召开。

22日 市督查组到蕉岭督查春夏季爱国卫生工作开展情况。副县长江运洪陪同。

24日 市供销社党组书记、主任杨伟南率队到蕉岭调研供销社综合改革工作。

25日 市政协副主席曾祥海率市政协科教卫体委部分委员到蕉岭开展"加强基层医疗卫生服务能力建设,推进分级诊疗制度落实"专题调研。副县长刘素芬、县政协副主席赖静兰陪同。

31日 蕉岭县第十五届人民代表大会第二次会议在蕉城召开。

6月

7日 市司法局调研组到蕉岭调研司法行政工作。

8日 台湾汉光果蔬生产合作社理事主席廖丁川率台湾农业考察团一行到蕉岭参观交流。县委常委、副县长李建辉陪同。

9日 省政协委员、人资环委专职副主任黄小汕率省政协调研组到蕉岭调研农村人居环境综合整治及美丽乡村建设。市政协副主席周秋明,县领导陈伟明、钟梅芬等陪同。

12日 市政协副主席李忠良、曾祥海率调研组到蕉岭调研中心镇"六个一"建设和美丽乡村建设进展情况。县领导钟梅芬、林文建、黄伟宁、赖静兰陪同。

13日 市委常委、组织部部长杜敏琪率队到蕉岭调研村级换届选举工作。县领导陈伟明、李瑞金陪同。

20日 市长方利旭率队到蕉岭调研。市人大常委会副主任张映平,副市长温向芳,市政协副主席叶解春,市政府秘书长、办公室主任林健雄参加调研。

22日 省地税局党组书记、局长吴紫骊率调研组到蕉岭调研地税工作。县长刘彩波、副县长徐杞文陪同。

23日 市"创建无传销城市"认定工作组一行到蕉岭对开展"创建无传销城市"工作进行认定。

29日 市委常委、市纪委书记黄建固率市纪委干部到挂钩扶贫点广福镇洪才村,开展

“扶贫济困暨教育助学”慰问活动并调研指导扶贫工作。县领导陈伟明、林文建陪同。

同日 省人大常委会副主任陈小川率调研组到蕉岭调研水库污染治理情况。市领导张映平、温向芳，县领导陈伟明、刘彩波、卢尧生等陪同。

30日 省质监局局长任小铁率队到蕉岭调研质监工作。副市长张晨，县长刘彩波、副县长饶森健陪同。

7月

4日 市委书记谭君铁率队到蕉岭调研。市委常委、秘书长余其豹，县委书记陈伟明、县长刘彩波等县领导陪同。

6日至7日 省委改革办副巡视员李周发率队到蕉岭开展农村综合改革专题调研。县领导陈伟明、卢尧生、徐杞文陪同。

6日 市人大常委会副主任蓝伟东率调研组到蕉岭调研富硒产业发展情况。县人大常委会主任卢尧生、副主任郭伟标等陪同。

10日 省督查组到蕉岭督查道路交通安全。副县长江运洪陪同。

13日 市委常委、副市长、广州对口帮扶梅州指挥部总指挥、梅州高新区党工委书记刘棕会率调研组到蕉岭调研产业共建工作。县委书记陈伟明、县长刘彩波陪同。

17日 全市村村通自来水工程建设现场会在蕉岭召开。副市长曾尚忠，县长刘彩波、副县长徐杞文参加现场会。

19日 市住房和城乡建设局调研组到蕉岭调研中心镇“六个一”建设和城乡环境综合整治工作。

24日 环保部组成专项督查组，对蕉岭进口废物加工利用企业开展督查。

同日，全市工商和市场监管工作座谈会在蕉岭召开。

25日 市政府副市长陈俊钦到蕉岭调研殡葬管理工作。县长刘彩波陪同。

同日 市政协主席陈建青率队到蕉岭督导挂钩联系的塔牌集团新型干法熟料水泥生产线项目。市政协副主席李忠良，县领导陈伟明、钟梅芬、陈德志、林文建陪同。

26日 省委政法委第六督导组到蕉岭检查督导全面推进“中心+网格化+信息化”工作体系建设。县委副书记罗桂芳陪同。

同日 市饮用水源保护和管理专项检查组到蕉岭检查饮用水源和管理工作。

27日 副省长邓海光到蕉岭调研。市委书记谭君铁，市委常委、秘书长余其豹，副市长曾尚忠，县委书记陈伟明、县长刘彩波等陪同。

同日 市人大常委会副主任、总工会主席曾小华率队到蕉岭调研基层工会工作。县委副书记罗桂芳、县人大常委会副主任钟豪才陪同。

28日 市委常委、市纪委书记黄建固到蕉岭蓝坊镇开展带案下访，面对面解决群众诉求。市纪委副书记张硕，县委书记陈伟明参加活动。

同日 大埔县委书记朱汉东率党政考察团到蕉岭参观考察。县领导陈伟明、刘彩波、罗桂芳、林文建陪同。

31日 市质量强市办组织考核组对蕉岭2016—2017年度质量工作进行实地核查。

8月

6日 北京大学城市与环境学院院长、教授贺灿飞等北大专家及深圳铁汉生态董事长刘水等到蕉岭考察调研长潭镇特色小镇项目。县委书记陈伟明、县领导丘德俊陪同。

7日 市委常委、秘书长余其豹率队到蕉岭检查督导重点项目建设、新农村建设和信访工作。县领导陈伟明、刘彩波、罗桂芳等陪同。

10日 国家开发银行广东省分行党委委员、副行长常守国率调研组到蕉岭调研。县长刘彩波陪同。

15日 市委常委、市纪委书记黄建固到蕉岭调研督导挂钩重点企业发展、新农村建设及扶贫领域监督执纪问责工作。陈伟明、刘彩波等县领导陪同。

16日 省军区办公室主任林楚明率省军区工作组到蕉岭检查指导征兵工作。梅州军分区政委彭延虎，县委副书记罗桂芳、县人武部部长唐章平陪同检查。

17日 市政协副主席曾祥海到蕉岭督查挂钩联系重点项目“中心镇‘六个一’建设”、农村人居环境综合整治项目、美丽乡村建设和挂点服务企业以及县政协委员工作室建设等情况。 县领导钟梅芬、江运洪、黄伟宁陪同。

23日 市委副书记、政法委书记彭耀新率队到蕉岭调研维护社会稳定工作。县领导陈伟明、刘彩波、罗桂芳、丘德俊陪同。

同日 市人大调研组到蕉岭开展《梅州市客家围龙屋保护条例》立法调研。县人大常委会副主任陈苑娜陪同。

24日 市委常委、宣传部长张丽霞率队到蕉岭调研宣传思想文化工作。县领导陈伟明、罗桂芳、谢涛陪同。

同日 全国第六次公共图书馆评估定级专家组到蕉岭开展图书馆评估定级工作。副县长江运洪陪同。

25日 省政府督察专员、省林业厅副巡视员林俊钦率省环保督察整改工作第四督导组到蕉岭实地督查落实中央环保督察组反馈意见整改工作情况。县领导刘彩波、陈德志陪同。

28日 市环保局到蕉岭督查乐干河污染整治工作。县委常委、常务副县长陈德志陪同。

29日 南方日报社社委郎国华率队到蕉岭采风，详细了解推进省级新农村示范片建设工作等情况。县委常委、县委办主任林文建，县委常委、宣传部长谢涛参加活动。

9月

1日 蕉岭县成功开通了蕉岭城乡公交，在全市范围内率先开通了粤运城乡公交车，极大地方便百姓出行的同时，也掀开了该县城乡公交改革的新篇章。

同日 位于三圳镇九岭村的全省首个美丽乡村培训学院开学，省委农办副主任刘洪盛作了首次讲座。分别由省委农办、省农业厅、省委党校在蕉岭美丽乡村培训学院设立的“广东美丽乡村建设(蕉岭)培训基地”“广东新型职业农民培训(蕉岭)示范基地”“省委党校干部教育学院现场教学点”同步揭牌。省农业厅副巡视员陈正辉；梅州市政府副市长曾尚忠，县领导陈伟明、刘彩波等出席了开班仪式，

同日 省委农办副主任刘洪盛在广东(蕉岭)美丽乡村培训学院主持召开省定贫困村创建社会主义新农村示范村工作座谈会。副市长曾尚忠，县长刘彩波参加座谈会。

5日 市商务局局长刘冲率调研组到蕉岭调研外贸工作。县长刘彩波、副县长徐永岭陪同。

6日 副市长、市公安局长陈俊钦率队到蕉岭督导省、市十件民生实事落实情况。县领导陈伟明、刘彩波、张茂欣陪同。

7日 平远县副县长李远林率队到蕉岭考察学习城乡公交一体化建设工作。

8日 省安监检查组到蕉岭检查指导矿山安全生产工作。县委常委、常务副县长陈德志陪同。

同日 国家土地督察广州局段怡春督察专员率调研组到蕉岭开展盘活存量城镇建设用地情况专项调研。县长刘彩波，县委常委、统战部长徐杞文等陪同。

10日 广东省2277个省定贫困村创建社会主义新农村示范村规划编制工作会议在蕉岭举行。省住建厅厅长张少康、住建厅副巡视员魏振发、住建厅总规划师李永洁，副市长

温向芳,县委书记陈伟明、县长刘彩波等参加会议。

12 日 紫金县委书记刘振林率考察团到蕉岭考察新农村建设。县领导陈伟明、罗桂芳等陪同。

18 日 市国土资源局到蕉岭督导绿色矿山建设暨安全生产工作。县委常委、统战部长徐杞文陪同。

20 日 副市长吴泽桐到蕉岭调研工业经济发展情况。县长刘彩波,县委常委、宣传部长谢涛陪同。

同日 市委常委、组织部部长杜敏琪率队到蕉岭调研省定贫困村党组织建设工作。县领导胡班陪同调研。

21 日 省人大常委会率执法检查组一行到蕉岭就实施开展《广东省城乡生活垃圾处理条例》情况进行执法检查。市人大常委会副主任张映平,县领导卢尧生、徐杞文陪同。

同日 市委常委、统战部部长张文广率队到蕉岭调研。县领导卢尧生、徐杞文、徐永岭陪同。

同日 团省委书记池志雄率队到蕉岭调研共青团改革和助力社会主义新农村建设等工作。县领导刘彩波、罗桂芳、林文建陪同。

28 日 省委组织部副厅级组织员、组织二处处长欧阳贵有率队到蕉岭调研抓党建促扶贫工作。市委常委、组织部部长杜敏琪,县领导刘彩波、胡班陪同。

30 日 市支持实体经济十条政策措施宣讲培训会走进蕉岭,深入宣传解读《广东省降低制造业企业成本支持实体经济发展的若干政策措施》。

10月

2 日 省公安消防总队后勤部部长杨焕龙率队到蕉岭督导国庆中秋期间消防安保工作。副县长、县公安局局长张茂欣陪同检查。

4 日 中国美术家协会会员、清华大学中国画高研班导师马顺先一行 30 多名艺术家到蕉岭采风写生创作。

11 日 省发改委副主任吕成蹊率督查组到蕉岭督查社会福利中心养老服务大楼项目建设情况。市委常委、常务副市长李远青,县委书记陈伟明、县长刘彩波陪同。

17 日 市委常委、市纪委书记黄建固到蕉岭调研督导重点项目建设、安全生产工作、信访维稳及惠民信息公开平台建设情况。陈伟明、刘彩波、罗桂芳、林文建、徐杞文、胡班等县领导陪同。

19 日,市食品药品监管局督导组到蕉岭督导食品药品监管工作。
副县长饶森健陪同。

同日 省政府发展研究中心党组成员、副主任谭炳才率调研组到蕉岭调研大健康产业发展情况。县长刘彩波陪同。

同日 副市长、市公安局局长陈俊钦率队对蕉岭十九大安保维稳工作进行检查督导。县委书记陈伟明,副县长、县公安局局长张茂欣的陪同。

23 日 台湾“中华航空公司”董事长何煖轩、洪远兰伉俪,携旗下子公司华信航空负责人和何氏宗亲一同到蕉岭参观丘逢甲故居。县委常委、统战部长徐杞文、副县长饶森健陪同。

同日 省老区建设促进会会长陈开枝率队到蕉岭调研原中央苏区政策对接落实情况。市政协副主席马志元和县领导罗桂芳、胡班、徐永岭等陪同。

24 日 深圳金地集团副总裁、华南区董事长张晓峰率考察团到蕉岭考察投资环境。县领导刘彩波、谢涛陪同。

同日 全省推进病死畜禽无害化处理工作现场会在蕉岭召开。省畜牧兽医局副局长李冠强,省畜牧兽医局兽医处处长蒋文泓,副县长江运洪,11 个地级市、12 个县(市、区)农业或畜牧兽医局相关负责人参加了现场会。

26 日 副市长、市级副总河长、石窟河市级河长曾尚忠率队到蕉岭巡查石窟河流域河长制工作落实情况。县委书记陈伟明、县长刘彩波陪同。

27 日 市政协副主席曾祥海到蕉岭督查挂钩联系重点项目“中心镇‘六个一’建设”、农村人居环境综合整治项目、美丽乡村建设和挂点服务企业以及县政协委员工作室建设等情况。县领导钟梅芬、徐杞文、古芹花陪同。

11月

1 日 市第三督查组到蕉岭开展县镇人大工作和建设情况专题督查。县人大常委会主任卢尧生,副主任温裕良陪同。

同日 全市中医药服务能力提升工程“十三五”行动计划暨中医馆建设工作现场会在蕉岭召开。省中医药局副巡视员华建,副市长张晨,县领导陈伟明、刘彩波等参加会议。

3 日 广州市工信委巡视员易鸣率考察团队到蕉岭考察特色农业发展情况。县委常委、副县长李建辉陪同。

8 日 市委常委、市纪委书记黄建固到蕉岭宣讲中共十九大精神。市纪委副书记谢志云,县领导陈伟明、刘彩波等参加会议。

9 日 蕉岭县在城区开通免费直饮水设备,极大方便群众。

11 日 塔牌 600 万吨首条生产线项目成功点火。

13 日 印尼化工有限公司董事长、印尼梅州会馆会长、印尼侨领陈志明回乡参观考察。县委书记陈伟明、县长刘彩波、县政协主席钟梅芬陪同。

14 日 中共中央台湾工作办公室、国务院台湾事务办公室主任张志军到蕉岭调研。市委常委、统战部长张文广,县委书记陈伟明,县长刘彩波等陪同。

同日 第五届客家文化创意产品博览交易会在梅城院士广场隆重开幕。蕉岭展馆展出的“文化+长寿食品”、“文化+竹工艺品”等众多文化创意产品受到了嘉宾们的热捧。省委宣传部巡视员、省文资办主任、省文改办主任赖斌,省文化厅党组成员、副厅长刘启宇,县委常委、宣传部长谢涛等领导嘉宾参观了蕉岭馆。

14 日至 15 日 省检查组到蕉岭检查国家重点生态功能区县域生态环境质量。县委常委、常务副县长陈德志,县委常委、副县长李建辉陪同。

17 日 参加第五届世界客商大会的嘉宾和蕉岭乡贤齐聚寿乡蕉岭,为寿乡的发展大计建言献策。

20 日 太平洋建设集团董事局副主席、粤商建设集团董事局主席邓曙光一行到蕉岭考察。县领导陈伟明、陈德志等陪同。

22 日 省委托市对蕉岭 2017 年度计划生育目标管理责任制开展考核调查。

同日 市政协副主席周秋明率视察组到蕉岭视察农村“村村通饮水安全工作”情况。县委常委、县委办主任林文建,县政协副主席廖平陪同。

23 日至 24 日 市食品安全考核组对蕉岭 2017 年度食品安全工作进行全面考核。

27 日 市督查组对蕉岭源头治超工作进行专项督查。副县长江运洪陪同。

12月

7 日 市交通运输局局长谢胜扬到蕉岭调研交通运输工作。县长刘彩波,县委常委、政法委书记丘德俊陪同。

11 日 第四批省级新农村连片示范建设工程培训班在广东(蕉岭)美丽乡村培训学院开班,省委农办副主任刘洪盛作开班动员和专题授课。省委农办新农村建设指导处处长温小峰主持开班仪式。县领导刘彩波、卢尧生、徐永岭和第四批 12 个省级新农村示范片所在市、县(市、区)分管领导、业务骨干等参加培训。

12 日 梅州市县级党委异地巡察在蕉岭

正式启动，对长潭镇党委和教育局党组开展为期45天的政治巡察。

15日 博罗县考察团到蕉岭考察新农村建设。县委常委、宣传部长谢涛陪同。

19日 市今冬明春火灾防控工作督导检查组到蕉岭督查今冬明春火灾防控工作。

20日 市政协副主席曾祥海到蕉岭督查挂钩联系重点项目“中心镇‘六个一’建设”“农村人居环境综合治理项目”和新农村建设的整体进展情况。县领导钟梅芬、徐杞文等陪同。

24日至25日 广州市委常委、南沙区委书记蔡朝林率队到蕉岭调研精准扶贫、对口帮扶工作。市领导刘粽会，县领导陈伟明、刘彩波、林文建、李建辉、徐永岭等陪同。

25日 中国工程院院士、广东省微生物研究所所长吴清平、深圳市铁汉生态环境股份有限公司董事长刘水分别率领省微生物研究所专家和铁汉生态公司考察团到蕉岭考察。县领导陈伟明、刘彩波、胡班等陪同。

同日 华中师范大学中国农村研究院名誉院长徐勇率队到蕉岭参观考察新农村建设。县领导陈伟明、卢尧生、徐永岭陪同。

28日 广州市南沙区区长曾进泽率队到蕉岭开展精准扶贫精准脱贫、省定贫困村创建社会主义新农村示范村、产业共建等对口帮扶工作。县长刘彩波，县委常委、副县长李建辉，副县长徐永岭等陪同。 （林景昌）

蕉岭概况

基 本 概 况

【建置沿革】 明崇祯六年（1633），设置镇平县。8月在怀仁里(原平远县属地，今蕉城)建县城。明崇祯七年(1634)，接管平远划割的石窟第一图、石窟第二图和程乡(今梅县)划割的龟浆第二图、松源第二图共四图完成镇平县建制，隶属潮州府。民国3年(1914)，因河南省已先有镇平县而改称蕉岭县。1952年8月，蕉岭与平远合县，称蕉平县。1954年3月，蕉平分县，恢复蕉岭县建置。1958年12月，蕉岭县与梅县合并，称梅县。1961年3月，蕉梅分县，恢复蕉岭县建置。

【位置、面积】 蕉岭县位于广东省东北部，韩江上游，地跨北纬24°25′~53′，东经116°01′~22′之间。西界平远县，东南与梅县接壤，北与福建省武平县、上杭县相连。205国道、国家高速公路网络主干线天汕高速公路南北贯穿，全县总面积960平方公里，其中山地7.47万公顷，耕地0.7433万公顷。

【地质、地貌】 蕉岭县地质构造比较复杂，岩石类主要有砂页岩、侵入岩、石灰岩、变质岩等。这些岩类构成山地、丘陵、盆地等地貌。县境四面环山，地势由北向南倾斜。山地、丘陵、盆地的比例为6:3:1。

境内山系排列有序，山脉走向有东—西走向和东北—西南走向两类。共有五列山脉，这些山脉是本县众多溪河的分水岭，河谷低地也大致分布在这些山脉中间。海拔千米以上的山峰有金山笔(1170米)、铁山嶂(1164米)、皇佑笔(1150米)、大峰嶂(1092米)、小峰笔(1057米)、樟坑崇(1020米)等6座。

境内河流属韩江水系，主要河流韩江二级支流石窟河在县境内长61.4公里，集水面积728.2平方公里，石窟河流域(含其支流高陂河、柚树河、石扇河、广福河、溪峰河)是蕉岭县较大的盆地和主要耕作区，耕地约10万亩，居住人口17余万人。其他河流还有高思河、南磜河、北磜河亦分别冲积成山间小盆谷。

【气候特征】 县境属亚热带地区海洋性季风气候，夏长冬短，光照充足，雨季长，雨量充沛，由于南岭山脉的屏障作用，使冷空气影响减弱，所以冬季并不十分寒冷。历史最高年降雨量出现在1983年2488.6毫米，最低年降雨量出现在1991年1063.9毫米；历史年平均气温最高出现在1998年22.1℃，最低出现在1976年和1984年20.4℃；历史年平均最大风速出现在1953年10月8日24.0米/秒。

【自然资源】 矿产资源主要有锰、铁、铝、钨、铜、铅、锌、锡、煤、石灰石、大理石、花岗岩、石英砂、稀土等。尤以石灰石居多，资源储量约23亿吨，煤储量约450万吨，锰储量约240万吨，花岗岩储量约2700万吨。水力资源10万千瓦以上。野生动植物资源丰富，药用植物有288个品种，分隶95个科。旅游资源丰富，主要有国家AAAA级旅游景区长潭旅游风景区、全国重点文物保护单位丘逢甲故居、镇山国家森林公园、省文物保护单位石磜土楼、省红色经典旅游开发项目谢晋元故居。

经济社会发展概况

【综述】 2017年，蕉岭县全面贯彻落实党的十八大、十八届历次全会和中共十九大精神，按照市委、市政府构建“一区两带六组团”发展新格局中“蕉岭组团”的要求，坚持创新驱动发展和加大有效投资，扎实推进十大重点工作、十大重点工程、十大民生实事，加快构建“一城两业三组团”发展新格局，经济社会发展取得明显成效。全县实现生产总值793846万元，同比增长7.5%，其中第一产业增加值125912万元，同比增长3.9%，对GDP增长的贡献率8.5%；第二产业增加值227628万元，同比增长6.7%，对GDP增长的贡献率27.9%；第三产业增加值440306万元，同比增长9.0%，对GDP增长的贡献率63.6%。生产总值中三次产业构成为15.9:28.7:55.4。人均生产总值37614元，同比增长7.1%。全县实现国税、地税收入116613.6万元，同比增长24.2%。公共财政预算收入87978万元，同比增长10.04%。全年居民消费价格总指数为101.5%(上年为100%)，上升1.5个百分点。年末，全县从业人员123874人，同比增长4.8%。年末城镇登记人口失业人员1347人，登记失业率2.46%，就业困难人员实现再就业212人。

【农 业】 全县实现农业总产值214395万元，同比增长2.5%。

农作物播种面积2.20万公顷，同比增长1.3%。粮食总产量65206吨，同比增长1.27%，其中稻谷59905吨，同比下降0.19%；烟叶总产量1375吨，同比下降1.43%；茶叶总产量2056吨，同比增长3%；花生总产量3287吨，同比增长2.62%；水果总产量45778吨，同比增长2.61%；蔬菜总产量118674吨，同比增长2.58%；果用瓜总产量3546吨，同比增长2.60%。

肉类总产量21444吨，同比下降2.58%，其中：猪肉产量17800吨，同比下降1.45%；当年猪出栏228758头，同比下降2.94%；牛出栏3110头，同比下降46%；羊出栏12713只，同比下降9.64%。年末生猪存栏116487头，同比增长10.15%；牛存栏5338头，同比下降35.02%；羊存栏5869只，同比下降12.56%。

渔业水产品产量7659吨，同比增长6.11%。

【工业和建筑业】 全年工业完成增加值219605万元，同比增长5.9%。在工业增加值中，规模以上工业完成增加值126805万元，同比增长5.2%。规模以上工业实现营业收入490228万元，同比增长13.3%；实现利税总额53315万元，同比下降8.8%，其中税金总额23237万元，同比增长2.3%；实现利润总额30078万元，同比下降15.8%；企业亏损额2709万元，同比增长55.9%。

全社会完成建筑业增加值33644万元，同比增长21.0%。全县资质以上建筑企业8个，实现总产值170452.8万元，同比增长100.3%；实现利润2963.4万元，实现税金2942.8万元。建筑企业房屋建筑施工面积292.34万平方米，房屋竣工面积17.69万平方米。

【固定资产投资】 全年完成固定资产投资(投资额500万元及以上)530095万元，同比增长34.67%。在城镇投资中，国有企业投资83441

万元,同比增长32.8%。按产业分:第二产业投资346894万元,同比增长22.2%,其中工业投资346894万元,同比增长22.2%;第三产业投资183201万元,同比增长66.8%,其中房地产企业投资93835万元,同比增长85.1%。

【交通和邮电业】 全年交通运输、仓储和邮政业完成增加值29337万元,同比增长3.0%。全年各种运输方式完成货运周转量116813万吨公里,同比增长10.9%;旅客周转量43724万人公里,同比增长12%。年末全县营运汽车拥有量24554辆,同比增长30.1%,其中私人汽车23655辆,同比增长3.4%;民用轿车保有量15693辆,同比增长31.1%,其中私人轿车15591辆,同比增长32.8%。

年末固定电话用户28826户,下降3.7%;移动电话用户205501户,增长18.6%,其中4G用户113297户,占移动电话用户比重达55.3%。当年新增移动电话用户47039户,比上年增长730.6%,其中4G用户全年净增43506户。年末互联网宽带用户56083户,比上年增长36.3%。

【国内贸易】 全年社会消费品零售总额达408089.6万元,比上年增长9.78%,从分行业看:批发零售贸易业消费品零售额379777.1万元,比上年增长9.5%;住宿和餐饮业消费品零售额28312.5万元,比上年增长13.7%。按城乡分:城镇消费品零售额288685.7万元,比上年增长10.2%;乡村消费品零售额119403.9万元,比上年增长8.8%。

【对外经济和旅游业】 全年外贸进出口总额2856万美元,比上年下降40.2%,其中贸易出口总额2853万美元,比上年下降48.8%。全年实际利用外资351万美元,比上年下降19.1%。至年底止,全县"三资"企业实现营业收入31376.9万元,利润总额4244万元。

全县接待国内外游客423.8万人次,比上年增长12.08%,其中接待国内游客417.7万人次,增长12.2%。全年旅游总收入331835.53万元,比上年增长13.04%。

【金融和保险业】 全县金融业增加值36919万元,增长2.5%。2017年年末全县金融机构本外币存款余额934072万元,比上年末增长9.58%,其中住户储蓄存款余额621570万元,增长7.38%。金融机构本外币贷款余额361891万元,比上年末下降2.32%。年末银行业金融机构不良贷款率为1.05%,比上年下降0.08个百分点。

全年财产、人寿实现保险费收入14093万元,比上年增长14.3%,其中财产保险费收入5858万元,比上年增长13.97%;人寿保险费收入8235万元,比上年增长14.57%。支付险赔金额7644万元,比上年增长31.03%,其中财产保险支付赔款金额2379万元,比上年增长6.8%;寿险给付及赔付金额5265万元,比上年增长46.01%。

【科技、教育、文化、卫生和体育】 2017年年末全县高技术产业企业6家,实现产值54938万元。全县获市级及以上科技成果奖2项。全年全市专利申请量91件,增长133.3%。其中:发明16件,增长433.3%;实用新型42件,增长100%;外观设计33件,增长120%。专利授权量37件,下降17.8%。其中:发明0件,下降100%;实用新型20件,下降23.1%;外观设计17件,与上年持平。

全县有完全中学2所、初级中学10所、九年一贯制3所,在校学生8695人,增长0.7%;职业中学1间,在校学生874人;完全小学17间,在校学生人数13376人,比上年同期增长3.96%。2017年适龄儿童入学率100%;小学生升学率100%;初中学生升学率98.3%;高中学生升学率92.3%。考入大专以上的人数1256人,比上年增长2个百分点,其中本科607人。2017年末黄桂清图书馆有藏书22.2万册,法刚博物馆馆藏物品 8531 件。积极组织文化“三下乡”活动,2017 年共组织送戏下乡 20 场,送电影下乡 1164 场,送书下乡 31000 册,受教育人数达 83.2 万人次。广播电视业不断发展。全县有 300 瓦立体声调频广播电台 1 座,有线电视在用用户 2.39 万户,城乡入户率 95%,电视覆盖率 98.3%。

2017 年年末全县共有各种卫生机构 163 个,床位 797 张,平均每万人拥有病床 33.57 张。卫生专业技术人员有 1101 人,其中执业医师 341 人、助理执业医师 119 人、注册护士 403 人。平均每万人拥有卫生技术人员 46.37 人,平均每万人全科医生数 6 人。

全县共有各类体育场、馆 2 个,其中标准运动场 1 个;举办了各大中型运动会 2 场,参加人数 2000 人。全县体育健儿在省、市运动会中获得了 36 块奖牌,其中金牌 16 块、银牌 11、铜牌 9 块。

【环境和人民生活】 全年平均降水量 1722.1 毫米,比上年减少 38.3%。年末全县大中型水库蓄水总量 11983.33 万立方米,比上年减少 4.12%。

年末全县共有环境监测站 1 个。共有生活污水处理厂 26 座,城市污水处理能力达到 2 万吨/日,城市生活污水集中处理率达到 98.6%,城市生活垃圾无害化处理率达到 100%。全县环境质量保持稳定良好,蕉岭城区空气质量 AQI 指数为 3.41,优良率 99.4%;主要江河水质达到功能区水质要求年均值Ⅱ类,水质达标率为 100%;区域噪声、道路交通噪声保持稳定,城市声环境质量较好,各功能区噪声达标率为 100%。

设立县级以上自然保护区 2 个,面积 12990 公顷。全县森林面积 75668.2 公顷,全县当年碳汇林改造面积 768 公顷,年末已建成生态公益林 3.67 万公顷。

2017 年,全县常住城乡居民可支配收入 19538.5 元,比上年增长 9.5%,其中城镇居民人均可支配收入 24084.8 元,比上年增长 10.4%;农村居民人均可支配收入 14783.8 元,比上年增长 7%。

年末,全县城镇职工养老保险参保人数(含企业离退休人员)有 37804 人,比上年末增长 2.6%;参加工伤保险的有 19510 人,增长 32.8%;参加职工基本医疗保险的有 26835 人,增长 0.5%;参加职工失业保险的有 15321 人,增长 23.9%;参加生育保险的有 17605 人,与去年持平。参加城乡居民养老保险的有 64907 人,增长 1.4;参加城乡居民医疗保险的有 206409 人;城乡居民医疗保险覆盖率 100%。全县五大险种社会保险费收入 286213.87 万元,比上年下降 27.7%。

全县有各类型社会福利院 13 间,床位 1352 张,收养人数 798 人。全县得到各级政府救济 9238 人次;全年共发放救济金额 2909.24 万元。享受低保救济的困难群众 4455 人,其中城镇,429 人,农村 4026 人,发放金额 1701.11 万元。

(汤秦雅)

政治

县领导机关

中共蕉岭县委员会

县委主要会议、决策、活动

【国家地理标志产品新闻发布暨世界寿乡招商推介会在京举行依托品牌优势 全力培育长寿健康支柱产业】 为进一步擦亮“世界长寿乡”的金字招牌,提升国家地标保护产品知名度,加快创新驱动,扩大有效投资,推动长寿健康产业在一、二、三产业上协同发展,4月16日上午,蕉岭县和广东省老字号协会、北京梅州商会、客商(北京)国际文化传播有限公司共同在北京举行国家地理标志产品新闻发布暨世界寿乡招商推介会,借力蕉岭绿茶、桂岭蜂蜜被认定为国家地理标志产品等品牌优势,加大招商引资,全力培育长寿健康支柱产业,加快蕉岭振兴发展。

会上,国家质检总局科技司副巡视员裴晓颖宣读了国家质检总局关于批准对蕉岭绿茶、桂岭蜂蜜等2个产品实施国家地理标志保护的公告,并授予牌匾,县委书记、县长陈伟明接受牌匾。

裴晓颖在致辞中指出,世界长寿乡蕉岭境内青山连绵、绿水环绕,空气清新、水质良好,自然风光优美,百姓安居乐业,种植茶叶和养殖蜜蜂的历史悠久,得天独厚的生态资源优势,让产出的蕉岭绿茶和桂岭蜂蜜天然优质、风味独特、与众不同。同时,蕉岭坚持以“绿水青山就是金山银山”为理念,走生态优先、绿色发展之路,推动发展转型、产业升级、城市升值;坚持以改善民生为根本,推动寿乡绿色经济发展和生态文明建设,营造和谐共生的美丽宜居家园。她希望,蕉岭通过国家地理标志产品的保护,让具有文化、具有特色、具有生态资源优势的产品得到开发和保护,走向全国、走向世界,为广大农民致富和社会经济发展作贡献,使世界长寿乡的品牌越擦越亮。

陈伟明代表县委、县政府向与会嘉宾介绍了蕉岭经济社会发展、长寿产业发展和投资环境等情况。他说,蕉岭是世界长寿乡、全国文明县城,文化厚重、生态优美、和谐幸福、宜游宜居。此次“蕉岭绿茶”“桂岭蜂蜜”获评国家地理标志保护产品,对蕉岭发展长寿健康产业意义重大。当前,蕉岭正充分依托“世界长寿乡”品牌优势,致力创新驱动和加大有效投资,大力推动长寿食品开发、健康养生养老、休闲度假旅游等长寿健康产业在一、二、三产业上协同发展,着力打造世界长寿乡特色产业体系,全力培育长寿健康支柱产业,努力建设梅州绿色发展先行地。

陈伟明诚挚邀请各位嘉宾、各界朋友常来指导寿乡发展、领略长寿魅力、感受悠然生活,热忱欢迎海内外有识之士前来考察,投资兴业、大展宏图、共创辉煌。

会上,北京市京纯养蜂专业合作社、北京格林洋行科技有限公司等六家企业分别与蕉岭有关企业签订了投资总额达1.8亿元的合作框架协议。会后,与会嘉宾还参观了北京广东大厦广东特色馆蕉岭体验店展出的长寿产品。

【蕉岭召开学习贯彻习近平总书记重要批示精神专题学习会】 4月26日，蕉岭县召开县委常委(扩大)会议，专题学习贯彻习近平总书记对广东工作重要批示精神，部署学习贯彻落实工作。市委常委、纪委书记黄建固到会指导，强调要以“四个坚持、三个支撑、两个走在前列”统领工作全局，全力打好供给侧改革、创新驱动、加大有效投资等攻坚战，推动经济社会健康发展。

县委书记、县长陈伟明主持会议。县委、县人大、县政府、县政协、县纪委领导；县人武部部长，县检察院检察长；各镇党委书记，县直各系统党委书记；县直有关单位的主要负责同志参加会议。

黄建固传达学习了习近平总书记重要批示精神。他指出，习近平总书记的重要批示，是对广东未来发展的总定位，是引领梅州未来发展的总纲领，是推进改革发展各项事业必须长期坚持的重要指导方针和根本行动指南。

黄建固要求，一要深刻领会习近平总书记重要批示的重大意义，把重要批示精神贯彻到经济社会发展各方面，转化为具体工作举措，形成加快构建“一区两带六组团”、全面建成小康社会的强大推动力；二要以习近平总书记重要批示精神统领蕉岭各项工作，深刻把握“四个坚持、三个支撑、两个走在前列”丰富内涵，打好供给侧结构性改革、创新驱动发展、加大有效投资等攻坚战，着力推进广州南沙(蕉岭)产业转移工业园扩能增效，打造长寿健康、新型建材两大主导产业，全力推动各项工作争先进位；三要认真抓好习近平总书记重要批示精神的学习贯彻工作，按照省委、市委的部署和要求，把学习贯彻习近平总书记重要批示精神作为当前和今后一个时期的首要政治任务，从严从实抓好学习，广泛开展宣传报道，深入开展调研活动，细化贯彻落实措施，确保把总书记的重要批示精神学深学透，推动全县经济社会健康发展。

陈伟明在学习会上作了发言，要求各级各相关部门要采取各种方式认真学习、深入研讨、广泛宣传，让总书记的重要批示精神入心入脑，确保“四个坚持、三个支撑、两个走在前列”成为各项工作的根本遵循。要瞄准“蕉岭组团”的目标定位，坚定不移走好绿色发展、特色发展之路，突出产业转型升级、城乡统筹发展、社会和谐稳定、民生持续改善、全面从严治党等“五大任务”，以“两大主导产业”“三大抓手”谋划“组团”项目，以项目建设推动有效投资和创新发展，全力建设“世界寿乡·富美蕉岭”，加快建成梅州绿色发展先行地。要紧紧盯住“十大重点工作”“十大重点工程”“十大重点民生”，把责任扛在肩上，把工作落在实处，以“三个十”干在实处，推动创新驱动发展，推动加快全面建成小康社会和建设社会主义现代化。要全面从严治党，营造积极向上、风清气正、干事创业的从政环境。

【中共蕉岭县第十三次代表大会第二次会议】

5月19日，中共蕉岭县第十三次代表大会第二次会议在县政府礼堂隆重开幕。会议的主要任务是：深入贯彻落实中共十八大、十八届历次全会和习近平总书记对广东工作重要批示精神，动员全县上下以振兴发展为主题，以推进供给侧结构性改革为主线，以提高发展质量和效益为中心，描绘新篇，干在实处，走在前列，全力建设“世界寿乡·富美蕉岭”。

上午8:30时，中共蕉岭县第十三次代表大会第二次会议在雄壮的国歌声中开幕。

本次大会应到会代表267人，实到会243人，符合规定人数。

县委书记陈伟明主持会议，并代表县第十三届委员会作工作报告。

陈伟明指出，“十二五”时期，认真贯彻落实中央和省市决策部署，立足蕉岭实际，坚持真抓实干，勇于奋起直追，实现“十二五”稳增长、“十三五”开好局。2016年，全县实现生产总值72.88亿元，同比增长6.1%；完成一般公共预算收入7.995亿元、固定资产投资39.36亿元，分别增长13.2%和38.66%。今后几年是蕉岭加快振兴发展的关键时期，市委在构建“一区两带六组团”发展新格局中，明确要求蕉岭建成梅州绿色发展先行地。要科学分析形势，敢于直面经济总量不大、产业基础不厚、制约因素不少等差距和短板，抢抓“两大政策”和省进一步深化珠三角地区与粤东西北地区全面对口帮扶工作的机遇，牢牢把握“蕉岭组团”的目标定位，充分发挥特色优势，传承创新，对表前行，努力在梅州苏区振兴发展、全面建成小康社会的进程中走在前列。

陈伟明指出，2017年工作的总体思路是：深入贯彻落实中共十八大和十八届历次全会精神，以及省市系列决策部署，以“四个坚持、三个支撑、两个走在前列”为统领，对表梅州构建“一区两带六组团”发展新格局中“蕉岭组团”的要求，坚持创新驱动发展和加大有效投资，扎实推进十大重点工作、十大重点工程、十大民生实事，干在实处、走在前列，加快构建“一城两业三组团”发展新格局，全力建设“世界寿乡·富美蕉岭”。

根据这一总体思路，2017年工作的总体目标是：全县生产总值增长8.5%，一般公共预算收入增长10%，规模以上工业增加值增长15%，固定资产投资增长30%，城镇居民人均可支配收入增长11%，农村居民人均可支配收入增长12%。

陈伟明强调，2017年和今后一个时期要按照市委构建“一区两带六组团”发展新格局中对“蕉岭组团”发展要求，立足建成梅州绿色发展先行地的目标定位，以“五大发展理念”为引领，整合全县要素资源，强化重大企业、重大平台、重大基础设施的支撑，增强城市核心服务功能，坚持全域差异错位发展，着力构建“一城两业三组团”发展新格局，推动发展转型、产业升级、城乡一体。

一城：即建设山水绿城，统筹蕉城、长潭建设，建成具有区域影响力和吸引力的宜居宜业宜游山水绿城。两业：即培育打造新型建材和长寿健康“两大百亿产业”，增强全县经济发展的内生动力。三组团：即文福广福组团、新铺三圳组团、蓝坊南磜组团。文福广福组团要围绕新型工业发展，建成新型工业聚集地。新铺三圳组团要围绕农旅融合发展，建成美丽田园综合体。蓝坊南磜组团要围绕休闲养生产业发展，建成休闲养生体验区。

陈伟明强调，发展才是硬道理。我们要把发展责任扛在肩上，顺势而为、开拓创新，全力以赴抓经济强实力、抓环境增后劲、抓民生促和谐，干在实处、赢在作风、强在党建，全力推动各项工作走在前列。要以“三个十”推动走在前列。全力抓实覆盖组织建设、纪律要求、转型升级、民生改善、安全稳定等重要领域的“十大重点工作”；扎实推进总投资93.5亿元、2017年计划投资23.7亿元，涵盖经济、环境、民生和城乡基础设施建等领域的“十大重点工程”；切实办好提高底线民生保障水平、加大扶贫济困力度、提升医疗卫生保障水平等“十大民生实事”。要以“三个加强”保障走在前列。要加强组织和队伍建设，加强纪律和作风建设，加强党风和廉政建设。各级党员干部，尤其是领导干部要率先垂范，抓好班子、用好干部、带好队伍，干在一线、抓好落实、抓出成效，为加快构建“一城两业三组团”发展新格局、建设“世界寿乡·富美蕉岭”提供坚强的政治、纪律和作风保障。

会议书面听取县经济社会工作情况、县纪委工作报告和蕉岭县2016年党费收缴、使用和管理情况报告。

县十三次党代会代表，不是县党代表的县领导，不是县党代表的市党代表、县纪委委员、县直副局以上单位正职，各村(社区)党支部书记等400多人参加会议。

【蕉岭县召开传达贯彻省第十二次党代会精神干部大会】 6月5日，蕉岭县召开传达贯彻省第十二次党代会精神干部大会，县委书记陈伟明强调，全县上下要迅速掀起学习热潮，切实把思想和行动统一到省委、市委决策部署上来，以省党代会精神为统领，进一步统一思想、对表前行，全力干在实处、努力走在前列，致力建设“世界寿乡·富美蕉岭”，在广东“四个坚持、三个支撑、两个走在前列”中体现苏区担当、贡献蕉岭力量。

县委、县人大常委会、县政府、县政协、县纪委领导，曾担任正处级职务的老同志，县人武部部长，县检察院检察长，县直副局以上单位主要负责人，各镇党委书记、镇长、纪委书记、组织委员、宣传委员等参加会议。

县委副书记、县长刘彩波传达了省第十二次党代会、省委十二届一次全会和市委传达贯彻省党代会精神干部大会的精神。县委副书记罗桂芳主持会议。

陈伟明指出，省第十二次党代会，是深入贯彻落实习近平总书记对广东工作重要批示精神的大会，是高举旗帜、继往开来、团结奋进、风清气正的大会，展现了广东在新的起点上再创新局的坚定决心和使命担当。全县上下要全面准确把握重点，迅速掀起学习热潮，深刻领会精神实质，凝聚加快振兴发展的共识和力量，确保省党代会精神和市委的决策部署在蕉岭执行有力、落地生根。

陈伟明强调，县第十三次党代会第二次会议确定加快构建“一城两业三组团”发展新格局，全力建设“世界寿乡·富美蕉岭”的总体部署，完全符合省党代会精神和市委市政府对“蕉岭组团”的发展要求。各级各相关部门要对表前行、创新突破，加快构建“一城两业三组团”发展新格局。重点要抓好桂岭新区，长潭休闲区和石窟河十里画廊建设，做精山水绿城，力争城市扩容提质新突破。要坚定不移地打造百亿新型建材产业和百亿长寿健康产业“两大产业”，力争实体经济振兴新突破。要充分依托各镇的资源禀赋和产业基础，把握重点、突破难点、争创亮点，做特文福广福组团、新铺三圳组团和蓝坊南礤组团，力争差异错位发展新突破。

陈伟明强调，贯彻落实省党代会精神，就是要干在实处、走在前列，全力建设“世界寿乡·富美蕉岭”。当前要采取有效措施，形成工作合力，突破瓶颈制约，扎实推进十大重点工作、十大重点工程、十大民生实事。要深入推进供给侧结构性改革、积极实施创新驱动发展战略、着力提升开放合作水平，在“三个支撑”中作出蕉岭担当。要牢固树立“四个意识”，切实担负起管党治党责任，严守政治纪律和政治规矩，夯实基层基础，锤炼务实作风，保持反腐高压态势，推动全面从严治党向纵深发展，为全县改革发展稳定提供坚强保障。

会上，陈伟明还就做好高考、防汛等近期工作作了部署，强调各级各相关部门要本着一切为了高考学生、一切服务高考学生的理念，周密安排，全情服务，全力做好高考相关工作，确保高考安全顺利进行；要坚决克服麻痹侥幸思想，严格执行汛期值班制度，认真落实各项防御措施，强化隐患排查治理，确保安全度汛；要严格落实一个项目、一位领导、一套班子、一抓到底“四个一”工作机制，扎实推进市县重点项目建设，以项目建设推动经济发展。

【市委书记谭君铁率队到蕉岭调研】　7月4日下午，市委书记谭君铁率队到蕉岭调研时强调，要立足当地资源优势，大力扶持富硒健康食品、环保智能设备等新兴产业发展，全力加快产业转型升级步伐。要持之以恒、深入推进城乡环境综合整治和美丽乡村建设，为加快建设“一区两带六组团”、如期高质量全面建成小康社会创造更加优美的环境。

谭君铁先后深入谢晋元故居，三圳镇九岭村、芳心村，蕉岭中学桂岭书院等地，实地考察爱国主义教育基地、爱莲长廊、基层卫生站、美丽乡村培训学院、农旅结合PPP项目、农村环境综合整治等建设进展情况，农业供给侧结构性改革、重点学校教育教学工作开展情况，新兴产业发展等。

谭君铁充分肯定蕉岭经济社会发展取得的成效。他强调，要充分发挥蕉岭“世界长寿乡”的品牌优势和土壤富硒的资源优势，结合农业供给侧结构性改革，提升富硒农产品的开发创新能力，充分发挥工业设计对提升农产品包装水平的作用，强化品牌建设提升附加值，积极培育富硒健康食品产业。要紧盯战略性新兴产业发展方向，积极主动提供优质高效服务，帮助企业解决发展壮大中遇到的困难问题，培育壮大新兴产业，加快实现新旧发展动能转换，为实现“弯道超车”打牢基础。要坚持以人民为中心的发展思想，切实把改善农村人居环境放在突出位置来抓，狠抓美丽乡村规划建设和生活垃圾、污水处理等关键环节，不断完善农村基础设施建设，加快推动基本公共服务向农村延伸，让广大农民群众更好地共享改革发展成果。要坚持目标导向、问题导向，紧紧围绕年初制定的目标任务，精准发力，确保如期完成全年目标任务。

市委常委、秘书长余其豹，县委书记陈伟明、县长刘彩波等市县领导及市直有关单位负责人参加调研。

【全省首个美丽乡村培训学院开学】 9月1日，位于三圳镇九岭村的全省首个美丽乡村培训学院开学，省委农办副主任刘洪盛作了首次讲座。分别由省委农办、省农业厅、省委党校在蕉岭美丽乡村培训学院设立的“广东美丽乡村建设(蕉岭)培训基地”“广东新型职业农民培训(蕉岭)示范基地”“省委党校干部教育学院现场教学点”同步揭牌。

省委农办副主任刘洪盛，省农业厅副巡视员陈正辉；梅州市政府副市长曾尚忠，县领导陈伟明、刘彩波等出席了开班仪式，并为“广东美丽乡村建设(蕉岭)培训基地”等进行揭牌。县长刘彩波主持开班仪式并宣读批复文件。

县委书记陈伟明作开班仪式致辞。他指出，广东(蕉岭)美丽乡村培训学院在蕉岭成立，是我县贯彻落实省十二次党代会精神，加快构建“一城两业三组团”发展新格局，以优异成绩迎接中共十九大胜利召开的重要举措。培训学院要围绕“村镇规划、创意农业、农村电商、乡愁文化、农村产权、基层治理、精准扶贫、农业现代化”等领域进行全方位培训、交流和研究，提高领导干部做好农业农村工作水平，提升农民群众运用实用技术增收致富能力，为社会主义新农村建设培养领导者和生力军。陈伟明要求，全县各级各部门要以更大的决心和力度，共同办好美丽乡村培训学院，统筹城乡一体化发展，共同建设村更美、民更富的“世界寿乡·富美蕉岭”，加快全面建成小康社会。

在开班仪式上，曾尚忠对蕉岭先行先试、积极探索，为梅州市全面推进省定贫困村创建新农村示范村探索经验打下基础给予充分肯定。他指出，把广东(蕉岭)美丽乡村培训学院作为新农村建设的培训基地，能为全市的基层干部提供政策和实践能力的培训，必将更加有力推动全市三农工作发展。蕉岭要把党领导下的美丽乡村建设和新型农民培育，作为贯彻落实省第十二次党代会精神的重要抓手和具体实践，推动三农工作和党校工作走在前列。

揭牌仪式结束后，刘洪盛为与会人员作了“抓住机遇、增强责任，扎实推进新农村建设工作”为主题的开班“第一课”。刘洪盛指出，全省首个美丽乡村培训学院在蕉岭建立，体现蕉岭对三农工作的高度重视，也是蕉岭近年来新农村建设成果的体现。他勉励蕉岭要不断提升新农村建设水平，全域推进新农村建设，打造精品。刘洪盛强调，省委省政府以贫困村建设示范村为突破口，下决心全面深化新农村建设，各地党委政府要抓住机遇，提高认识，认真谋划，梳理问题，把握重点。刘洪盛表示，推进新农村建设，关键是要充分发动群众的积极性和创造性，建好一个村民理事会、开好村民代表大会、确定一批好的项目、请村民签好字“四个好”，共同建设新农村。

【广东省2277个省定贫困村创建新农村示范村规划编制工作会议在蕉岭举行】 9月7日，广东省2277个省定贫困村创建社会主义新农村示范村规划编制工作会议在蕉岭县举行。会议对省定贫困村整治创建规划编制工作进行了全面部署,标志着省定贫困村创建新农村示范村正式进入一个全面实施阶段。

省住建厅厅长张少康、住建厅副巡视员魏振发、住建厅总规划师李永洁,副市长温向芳,县委书记陈伟明、县长刘彩波等参加会议或到现场观摩。

参会人员首先观摩了蕉岭县三圳镇新农村示范片建设情况和部分具有示范效应的新农村项目建设成果。随后,会议部署全省省定贫困村整治创建规划编制任务,对下一步工作提出了更加明确的要求。据统计,截至2017年8月底,2277个省定贫困村编制了村庄规划的仅有563个,占比24.73%,而省委、省政府提出的目标是2017年底要编制完成覆盖2277个省定贫困村所有自然村的示范村整治创建规划,时间紧,任务重。

张少康指出,当前广东省农村普遍缺乏规划指导,村庄建设杂乱无序,编制好整治创建规划,是新农村示范村建设的首要任务。张少康要求,各级各部门要加强思想认识,把规划作为创建社会主义新农村示范村的手段和过程,不能为了规划而规划,要编制整治型而非建设型、行动式而非蓝图式、村民主导式而非专家型的规划。他强调,要注意把握五项重点:一是整治提升村容村貌,二是推进基础设施建设,三是提升农民住房水平,四是提升基本公共服务水平,五是加强历史文化活化利用。

温向芳表示,梅州市将继续坚持"政府主导、村民主体、社会参与"的原则,通过政策、资金、规划等撬动梅州市349个省定贫困村发展的内生动力,形成新农村建设多赢局面。他动员全市相关部门,尽快完成全市规划编制任务,编制好能落地、接地气的规划,同时借鉴全省各地优秀经验,为梅州市新农村建设,加快苏区振兴发展做出贡献。

蕉岭县、惠州市、韶关市代表在会议上分别介绍当地的省定贫困村整治创建规划编制工作情况。陈伟明在会上表示,蕉岭县将认真贯彻落实此次会议精神,高度重视规划,突出示范带动,注重整体与局部融合、当前与长远融合、人居与文化融合、环境与产业融合,科学编制好整治创建规划,确保规划能够落地执行,以高质量的规划引领全县新农村建设。

【蕉岭县召开全域梯次推进社会主义新农村建设工作会议】 9月18日,蕉岭县召开全域梯次推进社会主义新农村建设工作会议,梳理盘点今年以来的工作进展情况,进一步统一思想、落实责任、强化措施,全力抓好新农村建设和脱贫攻坚、经济发展、"三个十"等各项工作的推进和落实,确保全面完成今年各项目标任务。

县委、县人大常委会、县政府、县政协、县纪委全体领导同志,县人武部部长,县检察院检察长,长潭省级自然保护区主任,县法院负责同志,各镇党委书记、镇长及分管新农村建设和扶贫工作的同志,县直副局以上单位主要负责人,县直单位挂钩分管扶贫工作和新农村建设的同志,各村(社区)支部书记、主任,19个省定贫困村驻村干部参加会议。

会议通报:2017年1—8月蕉岭县经济运行工作情况、"三个十"检查情况,部署蕉岭县经济、精准扶贫和全域梯次推进社会主义新农村建设等工作。并与各镇签订了省定贫困村创建社会主义新农村示范村责任书。

县委书记陈伟明主持会议,指出加快新农村建设、推动脱贫攻坚进程事关全年农村发展各项目标任务的实现。各级各部门要统一思想,坚持精准扶贫与新农村建设联动,以19条省定贫困村率先创建新农村示范村为突破口,力争把全县各村都打造成各具特色的新农村示范村。一要着力补短板。要在清理整治上下猛药,重点抓好"三清理、三拆除、三整治"行动。要在项目建设上出实招,加快推进镇区"六个一"建设、镇村污水处理设施建设、村村通自来水等系列重点工程建设。要在形成合力上下功夫,全力推进新农村建设。二要狠抓脱贫攻坚。要抓好资源统筹,形成专项扶贫、行业扶贫、社会扶贫相结合的大扶贫格局。要按照“一村一品”“一村一韵”的理念,建设一批精品民宿、游线项目,因地制宜发展特色种养、生产加工等产业。要抓好基础工作,做细做实做好精准扶贫精准脱贫工作。三要打造亮点工程。要突出规划引领,对全县村庄规划进行再补充再完善再提升。要坚持多村联动,逐步形成点上有特色、线上见风景、片上成规模、整体大提升的新农村。

陈伟明指出,今年以来,全县上下认真落实责任,全力抓进度、抓保障,部分工作、工程和民生实事进展比较顺利。但仍存在工作进度较慢,加大有效投资压力大等问题。各级各部门要保持头脑清醒,紧紧围绕一个目标,加快两个冲刺,抓好三个重点,再加力度、全力冲刺,确保全面完成年度目标任务。一个目标,就是要全面完成年初确定的各项目标任务,认真对照工作任务查找差距,紧密上下衔接、强化左右协调,全力推动各项工作落实,不折不扣地完成年初确定的各项任务。两个冲刺,即是在推动“三个十”工作、加大有效投资上冲刺。要提高工作的紧迫感和责任感,高质量、高水平抓好“三个十”工作。要把蕉岭县今年86宗创新驱动和加大有效投资重点项目牢牢抓在手上,全力推进项目建设。三个重点,即围绕两大主导产业、基础设施、城乡建设等重点,策划好招商洽谈活动,以项目招商迎接“世客会”;按照“四个确保不发生”的要求,全力抓好维稳工作,以和谐稳定护航十九大;沉下身心,多办实事,切实解决城乡困难群众的生产生活问题,切实做实做好各项工作,以优异成绩迎接中共十九大胜利召开。

县长刘彩波部署全县精准扶贫和经济工作,要求各级各相关部门要做实产业和就业工作,每个村培育1个以上主导产业,扎实推进转移就业,带动贫困户稳定脱贫。要做实示范创建,力争到2018年,完成19个省定贫困村基础整治工作,创建中等以上水平的新农村示范村。要做实督促检查,真正把真抓实干的规矩严起来。

就如何抓好经济工作,刘彩波要求,要加快推进重点项目建设,全力扩大有效投资。要加快推进产业优化升级,全力培育新增长点。要加快推进城乡一体发展,全力优化发展环境。要加快推进深化改革创新,全力激发发展活力。要加快推进重点民生实事,全力提高群众福祉。

【团省委书记池志雄一行到蕉岭调研】 9月21日,团省委书记池志雄率队到蕉岭调研共青团改革和助力社会主义新农村建设等工作。市领导彭耀新,县领导刘彩波、罗桂芳、林文建陪同调研。

池志雄一行先后走访了客家红文创体验中心、广东(蕉岭)美丽乡村培训学院、南山寿“领头雁”农村致富带头人示范点、三圳镇志愿服务队,通过实地考察、听取汇报等形式,全面深入了解蕉岭县各级团组织助力社会主义新农村建设和青年创业就业情况。调研组还召开座谈会,与基层团干、志愿者代表等进行交流,了解基层团组织在推进共青团改革、助力新农村建设过程中遇到的问题、取得的经验,共同探讨如何更好地推进工作。

池志雄充分肯定蕉岭和梅州市各级团组织、广大团干部围绕中心服务大局、助力新农村建设等取得的成效。他强调,各级团组织务必深入学习习近平总书记关于群团改革、共青团改革、共青团和青少年工作的论述和指示精神,切实把思想和行动统一到总书记重要指示精神上来,不断增强责任感、紧迫感、使命感,扎实推进共青团改革工作,全面落实南粤“美丽乡村”公益志愿行动。池志雄要求,各级团组织要进一步强化问题导向,自觉努力去除机关化、行政化、贵族化、娱乐化,把各品牌项目融合起来,利用多种工作手段,形成更广泛、普遍、直接联系服务青年的工作机制,提升服务水平。要真正以围绕中心服务大局、彰显共青团的先进性这一重要指标检验改革的成果和成效，发挥共青团组织优势，将共青团工作与党政中心工作有机结合起来，积极作为、共同推进。要千方百计、多管齐下推动破解基层团组织缺编制、缺人员、缺经费、缺场所“四缺”问题，抓住共青团改革机遇，突破重点难点；同时，要加强同其他群团组织协同合作，撬动社会力量和资源、吸引更多优秀青年参与到共青团工作中来，共同投身助力扶贫攻坚和社会主义新农村建设的伟大事业。要进一步强化核心主业意识，做好青少年思想引领工作，以“一学一做”教育实践为统揽，凝聚引导好广大团员青年，为中共十九大胜利召开营造良好氛围。

市委副书记、政法委书记彭耀新代表市委、市政府衷心感谢团省委长期以来对梅州工作的关心和支持，要求全市共青团干部、团员青年把池志雄书记的鼓励、鞭策转化为动力，坚决贯彻落实志雄书记的指示要求，紧扣强“三性”、去“四化”，深化共青团改革，吃透上情、了解外情、立足市情，找准服务市委市政府工作大局的切入点、结合点、着力点，为加快建设“一区两带六组团”、与省同步全面建成小康社会贡献青春力量。

县长刘彩波表示，蕉岭县将认真贯彻此次调研及座谈会精神，积极搭建平台，让全县各级团组织以深化共青团改革为动力，团结带领广大团员青年以饱满的热情、积极的态度、高度的责任感，主动助力全县新农村建设，为加快构建“一城两业三组团”发展新格局，全力建设“世界寿乡·富美蕉岭”再立新功。

【蕉岭县召开建设山水绿城工作会议】 10月25日，蕉岭县召开建设山水绿城工作会议。会议要求，各级各相关部门要围绕加快“一城两业三组团”建设，进一步凝聚共识、明确目标，同心同德、克难攻坚，匠心打造山水绿城，推动全县城乡面貌实现质的提升，推动“世界寿乡·富美蕉岭”建设取得突破性进展。

县委、县人大常委会、县政府、县政协、县纪委全体领导，县人武部部长，县检察院检察长，长潭省级自然保护区主任，县法院负责人，各镇党委书记、镇长、分管国土工作的负责同志及国土所所长，县直副局以上单位主要负责人，县国土资源局、水务局、住建局、城综局正股级以上干部参加会议。

会议回顾了蕉岭县城市发展历程，深入分析了城市发展短板，明确提出了建设山水绿城的工作要求，部署了城市规划建设和国土管理工作，相关单位主要负责人作了会议发言。

县委书记陈伟明指出，城市是经济增长的引擎，是美好生活的阶梯。经过不懈努力，蕉岭县城市建设走出了一条精致、绿色、和谐不平凡的城市特色发展之路。但也存在山和水互动不够、绿和城融合不够、建和管力度不够等短板。各级各部门要把准内涵，正视短板，紧紧围绕山水融合、景城融合、产城融合、人城融合“四个融合”，全力建设山水绿城。

陈伟明强调，城市兴则经济兴，城市美则生活美。要坚定不移贯彻五大发展理念，突出特点，抓住重点，以更有力的工作举措匠心打造山水绿城。一要提升城市规划水平。按照“适用、经济、绿色、美观”的方针，统筹县城建筑布局，协调石窟河沿岸、县城主干道等城市天际线景观风貌，以建设与管理相统一、开发与保护相结合、城市与自然相协调为原则抓好规划、执行好规划。二要有序推进城市建设。在山、水、绿、城四个方面做足文章，做出实效。大力推进森林进城围城工程、大力保障城市森林安全、大力培育城市森林生态文化，让山秀起来。按照“河水绕城”的理念，构建城市水安全、水生态、水景观，让水活起来。进一步提高绿化面积、打造花园景观、保护好绿化成果，让绿满起来。大力推进长潭示范片区、桂岭新区起步片区、长寿新城片区等新区开发建设，推进旧城改造提升、配套设施建设，加快完善文教体卫和商业服务设施，让城美起来。三要切实加强城市管理。围绕精细化、现代化管理的要求，逐步构建网格化城市管理体系，营造“人人爱护城市、人人参与城市管理”的氛围，提升城市管理水平。

陈伟明强调，建设山水绿城需要全县上下以众志成城的决心、敢于担当的勇气、令出必行的作风，一鼓作气、一以贯之地抓好落实。各级各相关部门要把建设山水绿城作为“一把手”工程，压实责任，狠抓保障，凝聚力量，强力推进山水绿城建设，为加快构建“一城两业三组团”发展新格局，全力建设“世界寿乡·富美蕉岭”作出新贡献。

县长刘彩波主持会议，要求各级各相关部门要以中共十九大精神为指引，认真贯彻县委、县政府工作部署，围绕山水绿城的定位，突出世界寿乡、山水资源等特色，高起点、高标准、高档次修编好城市规划。要加强城市空间立体性、平面协调性、风貌整体性、文脉延续性等方面的建设管控，有序建设好交通、燃气、通讯、供排水、污水和垃圾处理等基础设施。要抓住城市管理和服务这个重点，创新管理方式，发动群众积极参与，探索实施环卫、绿化、亮化、城市水系等工作绩效精细管理，提升管理水平和效果，共建共享山水绿城。

【蕉岭县召开传达贯彻中共十九大精神大会】

11月29日，蕉岭县召开传达贯彻中共十九大精神大会。县委书记陈伟明传达中共十九大精神，并就学习宣传贯彻中共十九大精神作出部署。强调要切实把思想和行动统一到中共十九大精神上来，坚持以习近平新时代中国特色社会主义思想为指引，把十九大精神贯穿到蕉岭振兴发展全过程，推动蕉岭在新时代实现新发展。

县委、县人大常委会、县政府、县政协、县纪委全体领导，县委委员、候补委员，正处职以上离退休老干部，各镇、各单位主要负责同志和十九大党代表徐文坚等参加会议。

会议指出，中共十九大是在全面建成小康社会决胜阶段、中国特色社会主义进入新时代的关键时期召开的一次十分重要的大会。大会通过的中共十九大报告，是开创新时代的政治宣言、引领新征程的思想旗帜、续写新篇章的行动指南，是具有划时代里程碑意义的纲领性文献。

会议强调，要切实把思想和行动统一到中共十九大精神上来。要把深入学习、深刻领会中共十九大报告作为学习十九大精神重点，坚决抓好贯彻落实。要坚决拥护以习近平同志为核心的党中央，坚持和维护党中央集中统一领导，增强“四个意识”，始终在思想上政治上行动上同以习近平同志为核心的党中央保持高度一致，不折不扣贯彻执行党中央的决策部署。要按照新时代党的建设总要求坚定不移推进全面从严治党，坚决贯彻落实好中央决策部署，把管党治党抓得更紧，把全面从严治党的思路举措完善得更加科学、更加严密、更加有效，推动全面从严治党不断向纵深发展。

会议强调，要不忘初心、牢记使命，以永不懈怠的精神状态和一往无前的奋斗姿态谱写蕉岭新时代发展新篇章。各级各部门要把学习好、宣传好、贯彻好中共十九大精神作为当前和今后一个时期的首要政治任务抓紧抓实抓好，迅速掀起学习贯彻十九大精神热潮。要精心组织好中共十九大精神学习培训、宣讲教育、新闻宣传、网络宣传等工作，推动广大党员干部群众原原本本、逐字逐句地学习领会中共十九大精神，用习近平新时代中国特色社会主义思想武装头脑、指导实践、推动工作。要紧扣十九大提出的新目标、新任务，围绕影响和制约蕉岭发展不平衡不充分的问题开展调查研究，找准破解途径和方法，完善发展思路和政策措施，以更加解放的思想、更加务实的举措，推进蕉岭改革发展各项工作。

会议强调，要努力把十九大各项决策部署落实到蕉岭改革发展全过程。贯彻落实好中共十九大精神，要与贯彻落实习近平总书记对广东工作的重要批示精神结合起来，对表梅州构建“一区两带六组团”发展新格局中“蕉岭组团”的要求，着力抓重点、补短板、强弱项，推动蕉岭在新时代实现新发展。要持续有效推进供给侧结构性改革，突出发展实体经济、突出创新驱动、突出基础设施建设，推动经济高质量高效益发展。要以19个省定贫困村创建社会主义新农村示范村为重点，全域推进新农村建设，全力打好扶贫攻坚战，加快发展现代农业，全面推进乡村振兴。要强化绿水青山就是金山银山的理念，切实加大污染防治力度，深入开展城乡人居环境整治，扎实推进美丽乡村、山水绿城建设，打造宜居宜业宜游环境。要以提升人民群众获得感、幸福感和安全感为落脚点，不断加强和完善就业、教育、文化、医疗、住房、养老等保障，着力补齐民生事业短板。要大力加强党的建设，提升干部队伍推动振兴发展的能力，为加快构建“一城两业三组团”发展新格局，全力建设“世界寿乡·富美蕉岭”提供坚强的政治、组织、作风、纪律和人才保障。

会上，十九大党代表、三圳镇九岭村党总支书记徐文坚回顾其参会时的所见所闻所感，分享对报告的学习体会，表示将积极当好大会的“宣传员”和实践者，激活沉睡资源，激发农村活力，让乡村更美丽、群众更富裕。

【蕉岭：第五届世界客商大会蕉岭系列活动】

11月15日，蕉岭县在美丽的石窟河畔举行隆重而简朴的45项重点项目动工、竣工仪式。这些项目计划总投资112.39亿元，涵盖了长寿健康产业、新型建材产业、新农村建设、民生实事等诸多领域，必将推动蕉岭在新时代实现新发展。

省人大常委会原副主任汤维英，来自马来西亚、印度尼西亚等国家的旅外侨胞和港澳台同胞，来自北京、天津、上海等地区的蕉岭乡贤，以及县五套班子领导等参加仪式。县委书记陈伟明在仪式上致辞，县长刘彩波主持仪式。

陈伟明代表县委、县政府，对前来参加第五届世界客商大会蕉岭县系列活动的各位领导、嘉宾表示欢迎，对一直关心、支持蕉岭建设的海内外乡亲表示诚挚的谢意。他指出，2017年以来，蕉岭县以习近平总书记系列重要讲话精神和对广东工作的重要批示精神为统领，对表梅州构建“一区两带六组团”发展新格局中“蕉岭组团”的要求，全力建设“世界寿乡·富美蕉岭”，经济社会发展取得可喜的成绩，2017年前三季度，蕉岭县的GDP增幅、公共财政收入增幅位于全市第一。表示今后将在中共十九大精神指引下，以此次系列活动为新起点，进一步擦亮“世界长寿乡”金字招牌，营造更加优越的投资发展环境，推动蕉岭加快振兴发展。希望各位领导、广大乡亲、社会各界朋友一如既往地关心、关注、支持蕉岭的发展，共创蕉岭美丽明天。

汤维英宣布，蕉岭县45项重点项目动工、竣工。

随后，老领导汤维英，县领导陈伟明、刘彩波，深圳市铁汉生态环境股份有限公司董事长刘水，奥园集团有限公司党委书记、总裁郭梓宁，中国书法家协会理事、解放军书法创作院艺委会委员丘仕坤，新疆广东商会监事长、新疆北园春海之城酒店董事长陈辉，全球客属常务理事、滴滴出行俱乐部深圳上超集团董事长曾志强，马来西亚蕉岭同乡会会长、永基企业有限公司董事长林柏辉，侨港蕉岭同乡会理事长聂振，澳门嘉应同乡会副会长兼监事长、澳门梅州商会副会长兼监事长郭守源，梅州市工商联副主席、蕉岭县工商联主席、广东塔牌集团股份有限公司总经理何坤皇共同为蕉岭45项重点项目动工、竣工推杆。

仪式结束后，参加活动的领导嘉宾还听取了45项重点项目情况介绍，认为这些项目的动工、竣工必将激发新动能，加快推动蕉岭振兴发展。

据了解，第五届世界客商大会蕉岭县系列活动包括45项重点项目动工竣工、考察塔牌新型建材产业园和客韵寿乡田园综合体、举行“县长杯”篮球足球联赛和“世界寿乡·富美蕉岭”摄影展，参观考察美丽乡村建设等。其中45项动工竣工重点项目总投资112亿多元，涵盖了长寿健康产业、新型建材产业、新农村建设、民生实事等诸多领域,既有补短板、强优势的发展类项目,又有打基础、惠民生的保障类项目,对推动蕉岭社会经济发展具有重要的意义。

(丘奋飞)

2017年中共蕉岭县委领导名录

常务委员会委员:陈伟明 刘彩波(5月任职)
罗桂芳(女) 陈德志
温健忠 丘德俊 林文建
谢 涛(7月任职)
徐杞文(7月任职)
胡 班(7月任职)
李建辉(3月任职)
温向芳(3月离任)
南岳华(3月离任)
凌 浚(7月离任)
刘仁忠(7月离任)
李瑞金(7月离任)
书 记:温向芳(3月离任)
陈伟明(3月任职)
副 书 记:刘彩波(5月任职)
罗桂芳(女)

2017年中共蕉岭县委办公室负责人名录

主 任:林文建
副主任:涂永平(12月离任)
徐志良(8月离任)
刘 华(8月任职)
李东晓(11月任职)

2017年中共蕉岭县党群系统党委负责人名录

书 记:古远基(1月离任)
林文建(1月任职)
副书记:钟肖荣(7月离任)
徐 锋(8月任职)

2017年决策咨询和政策研究室负责人名录

主 任:李东晓(11月任职)
副主任:涂建强(11月任职)

2016年县人大常委会工作

【坚持党的领导】 自觉把县委的领导贯穿于人大工作全过程,全力助推县委重大决策部署的落实。全情服务中心工作。围绕全县经济社会发展大局,科学制定2017年度工作要点和监督工作计划,先后对争创全省教育现代化先进县、重点工业项目、美丽乡村建设、平安蕉岭建设等工作进行视察调研,提出意见建议,为县委决策提供依据。同时,根据县委工作安排,组织常委会领导挂点全县各镇“六个一”建设,并对2017年“十大重点工作”“十大重点工程”“十大民生实事”进展情况进行交叉检查,促进全县各项重点工作的顺利开展。审议决定重大事项。2017年,召开常委会会议9次,主任会议18次,听取和审议专项工作报告18项,作出决议(决定)26项;组织各项视察4次,开展执法检查2次,向政府发出审议意见8份、执法检查报告2份,顺利完成县十五届人大二次会议确定的各项任务。严格依法任免干部。坚持党管干部和人大依法任免相统一的原则,依法按程序做好任前主任会议审查、法律考试,任命时投票表决,任命后颁发任命书等各环节工作。依法对人大机关、政府组成部门和“法检”两院的56名干部进行任免,通过向宪法宣誓、听取工作汇报等形式,提高被任命干部的责任意识和法治意识。

【强化工作监督】 以助推全县经济社会健康持续发展为目标,以保障和改善民生为重点,加强和改进人大监督工作,确保监督取得实效。强化财经工作监督。听取审查并批准2016年度财政决算,听取和审议2017年上半年财政预算执行、预算调整报告和2016年县级财政预算执行及其他财政收支的审计工作报告，依法作出相关工作的审议意见和决议决定。扎实推进人大预算支出联网监督工作，确保对县级预算支出全过程监督。对2016年度审计工作报告涉及问题整改情况进行专项督查，促进整改工作落实。助推经济社会发展。听取和审议2017年城市扩容提质建设情况、2017年交通基础设施提升工程进展情况、2017年十大民生实事办理情况和全县各镇“六个一”建设情况、精准扶贫精准脱贫工作情况等方面的专项工作报告，对重点工业项目、美丽乡村建设等重点工作进行视察检查，提出具有针对性的审议意见，有力推动全县重点工作的顺利开展。促进民生问题改善。对2017年度十大民生实事办理情况进行跟踪问效，督促县政府及相关部门加大工作力度，确保各项民生实事得到较好落实。把全县新农村建设作为监督工作的重中之重，重点关注城乡环境整治、农村基础设施建设、乡村基层治理等方面的建设情况，有效助推蕉岭乡村全面振兴。

【推进依法治县】 扎实推进依法行政、公正司法和全民守法，为全力建设“世界寿乡·富美蕉岭”提供强有力的法治保障。切实加强普法教育。利用“12·4”国家宪法日暨全国法制宣传日，听取县直执法部门“谁执法谁普法”履职情况汇报，大力开展普法宣传活动，带动全社会形成遵法守法的良好氛围。组织常委会领导和机关干部参加相关法律法规的集中学习，进一步提高法律意识。积极配合省、市人大开展立法计划调研，为推动省、市立法工作做出积极努力。着力规范依法行政。对《中华人民共和国社会保险法》《中华人民共和国食品安全法》贯彻实施情况进行检查，深入到各镇各相关单位和部分企业实地察看，督促相关部门和企业增强法治意识和责任意识。严格落实《中华人民共和国各级人民代表大会常务委员会监督法》相关规定，把规范性文件备案审查作为规范政府依法行政的一项重要工作来抓，对报审的13件规范性文件严格依法审查，确保文件的合法性。不断强化司法监督。听取和审议县人民法院、县人民检察院相关工作报告，加强对法院、检察院工作的监督，推动“两院”建立健全重要工作向人大报告制度。同时，高度重视人大信访工作，年内共受理群众来信来访38件次，通过及时交办、跟踪督办，督促解决了一批信访突出问题，为维护社会和谐稳定发挥了重要作用。

【开展代表工作】 积极搭建服务平台，拓展代表履职活动，增强代表工作的生机活力。精心组织代表活动。研究制定《蕉岭县人大代表活动经费管理办法》，明确县人大代表活动经费主要用途和具体标准。指导各镇人大开展县代表小组活动，并安排选联工委对各位代表进行授课培训。邀请人大代表列席人大常委会、参与视察调研和执法检查等活动，保障人大代表的知情知政权。坚持代表培训制度，把参加省、市人大培训班和以会代训相结合，进一步提高代表的政治素质和业务能力。密切与代表的联系。修订和完善《关于蕉岭县人大常委会组成人员联系县人大代表和县人大代表密切联系人民群众的意见》，明确常委会正副主任、委员中的党组成员直接联系5名代表，常委会委员直接联系2名代表，基本做到组成人员联系基层县人大代表全覆盖。坚持常委会领导挂点联系各镇人大工作制度，负责从组织建设、制度建设、能力建设等方面对各镇人大进行指导和规范。全力督办代表建议。建立并完善重点建议跟踪督办、民生建议现场督办、一般建议常态督办的工作机制，强化全程督办力度，促进代表建议由“答复满意”向“结果满意”转变。十五届人大二次会议代表建议全部按时办结并答复代表，满意率达100%。

【加强自身建设】 以学习贯彻中共十九大精神为契机，系统、全面地理解十九大作出的理论判断、大政方针、决策部署对人大工作提出的新使命新要求，切实加强自身建设，改进工作作风，提升工作水平。调整工作机构设置。2017年上半年，对县人大工作和办事机构重新作了调整，设置“一室六委”。全县8个镇单独设立镇人大办公室，配置独立的办公场所和必需的工作设备，并从2017年8月起各镇人大主席享受同级党政正职相同岗位补贴，优化和改善了各镇人大工作的环境和条件。推动县镇人大工作。贯彻落实中央和省、市文件及省、市会议精神，认真对照《关于大力推进县乡人大工作和建设的若干意见》（粤常办〔2017〕47号）中提出的“十项措施”，深入分析存在问题，通过增设机构、增加编制、健全制度、完善设施、配备人员等措施，全力推进县镇人大工作和建设，取得了明显成效。开展专题学习教育。深入开展“两学一做”专题教育，贯彻落实习近平总书记系列重要讲话精神和对广东工作重要批示精神，深入学习贯彻中共十九大精神，迅速掀起学习贯彻热潮，着力领会好中共十九大精神的精髓要义，把思想和行动统一到习近平新时代中国特色社会主义思想上来。（刘 宇）

蕉岭县第十五届人民代表大会常务委员会主任、副主任、委员名录

主　　任：卢尧生

副 主 任：张利民　罗兴梅

温裕良　钟豪才

郭伟标　陈苑娜（女）

委　　员：（以姓名笔画为序）：

叶国荣　刘雪玲（女）

宋觉川　张　利（女）

张政发（12月辞职）

张　慧（女，1月辞职）　林国良

罗国雄　罗晓霞（女）　钟振涛

徐　艾　徐金伟　徐晓楠（女）

涂永平　戴国富

2017年县人大常委会办公室负责人名录

主　任：宋觉川

副主任：叶国荣　林国良（8月离任）

刘宇（女，8月任职）

蕉岭县人民政府

【政府工作报告】 6月5日，代县长刘彩波向县十五届人大二次会议作《政府工作报告》。报告分为两个部分，第一部分是2016年工作回顾；第二部分是2017年工作安排。报告提出2017年经济社会发展的主要预期目标是：全县生产总值增长8.5%，一般公共预算收入增长10%，规模以上工业增加值增长15%，固定资产投资增长30%，城镇居民人均可支配收入增长11%，农村居民人均可支配收入增长12%，节能减排降碳约束性指标完成省下达年度计划。

【政府常务会议和县长办公会议】 2017年，县政府共召开常务会议、县长办公会议17次。主要讨论研究经济工作、安全生产、依法行政、本级财政预算方案、2017年十大民生实事、创新驱动与加大有效投资、广州南沙蕉岭集聚区（北区）控制性详细规划、蕉岭县贯彻落实中央环境保护督察组督察反馈意见整改方案、关于特定群体乘坐公交车优惠政策实施方案、2017年蕉岭县食品安全重点工作安排、蕉岭县城区禁止黄标车通行实施方案、蕉岭县进一步促进实体经济发展的若干意见、蕉岭县卫生与健康“十三五”规划（2016—2020）等问题。

【重点项目建设】 38宗重点项目完成年度投资45.23亿元。塔牌集团600万吨旋窑水泥第一条生产线建成试产，金发纸业高档纤维纸项目、县人民医院国荣、徐琳住院楼改造工程、县职业技术学校实训楼改扩建工程、三圳精品游线等项目已完工，新塔公司装配式建筑等新型

建材项目、广州南沙(蕉岭)工业集聚区基础设施建设、农村人居环境综合治理项目、桂岭片宜居城乡建设、生活污水处理设施全县PPP项目、长潭旅游区提升工程、桂岭学校等项目进展顺利。

【主要民生实事】 2017年,完成了提高底线民生保障水平、加大扶贫济困力度、提升医疗卫生保障水平、加强环境治理、提高防灾减灾能力等十件民生实事。已提高城乡居民基本养老保险基础养老金标准、低保人均补差水平、农村特困人员救助供养平均标准、孤儿集中供养水平、城乡医疗救助人均补助标准、困难残疾人生活津贴、老人补(津)贴、农村边远学校教师生活补助标准等;对城乡义务教育家庭经济困难寄宿生给予生活费补助;完成图书馆总分馆、10个农村文化俱乐部和5个镇的残疾人康园中心建设,改造升级69间村卫生站和17个中心村农村电网;实施24宗村村通自来水工程建设,完成2座镇级污水处理厂、27.48公里污水管网和51座农村污水处理设施建设;安装治安监控视频探头50个、治安卡口3个,在山洪地质灾害易发区新建2个、升级改造2个自动气象站。完成20户棚户区改造和412户危房改造,新增租赁补贴10户和新建公租房101套。

【出台的主要文件】 2017年县政府出台的主要文件有《关于公布蕉岭县国有建设用地使用权基准地价更新标准的通知》《关于公布蕉岭县第四批县级非物质文化遗产项目代表性传承人的通知》《蕉岭县人民政府关于禁止黄标车在蕉岭县城区通行的通告》《蕉岭县人民政府关于公布蕉岭县公共服务事项目录(第一批)的通知》《蕉岭县人民政府关于清理规范行政审批中介服务事项(第二批)的决定》《关于印发蕉岭县县级行政许可事项目录(2017年版)的通知》《蕉岭县人民政府关于印发蕉岭县"减证便民"保留证明事项目录的通知》等。 (谢源学)

2017年县人民政府负责人名录

县　长:陈伟明(5月离任)
刘彩波(5月任职)
副县长:陈德志　李建辉(3月挂职)　饶森健
江运洪　张茂欣　刘素芬(女)
徐杞文(7月离任)
徐永岭(8月任职)
党组书记:陈伟明(5月离任)
刘彩波(5月任职)
党组副书记:陈德志
党组成员:江运洪　张茂欣　刘素芬(女)
徐杞文(8月离任)
徐永岭(8月任职)　丘文慈

2017年县政府办公室负责人名录

主　任:丘文慈
副主任:陈春妮(女)　林剑锋(5月任职)
刘文龙(5月离任)
汤超宏(12月离任)
党组书记:丘文慈
党组副书记:刘文龙(5月离任)
陈春妮(女,12月任职)
党组成员:汤自政(7月离任)
黄宇灵(7月离任)
涂国青(7月离任)
林剑锋(5月任职)
江萍英(女,7月任职)
徐　刚(7月任职)
谢海婴(7月任职)

2017年县政府系统党委负责人名录

书　记:丘文慈
副书记、纪委书记:涂国青(7月离任)
副书记:谢永忠(11月任职)

政协蕉岭县委员会

【十一届二次会议】 政协第十一届蕉岭县委员会第二次会议于2017年5月30日至6月1日在蕉城召开,大会听取和审议钟梅芬同志代表政协第十一届蕉岭县委员会常务委员会所作的工作报告;听取和审议副主席罗威华代表政协第十一届蕉岭县委员会常务委员会所作的十一届一次会议以来提案工作情况报告;听取和讨论刘彩波同志所作的政府工作报告及其他报告。审议通过政协第十一届蕉岭县委员会第二次会议决议。

【开展“两学一做”常态化、制度化教育活动】

县政协根据中央和省、市、县委的统一部署,结合实际制定实施方案,对“两学一做”学习教育常态化、制度化作出安排和部署。坚持党员领导带头开展自学、集中学、交流研讨学,筑牢“关键少数”的思想基础,着力发挥领导干部带头作用,坚持层层示范带动、传达学习全员覆盖,开展支部主题党日活动,开展党员亮身份、戴党徽活动等。通过重温入党誓词、讲党课、观看电教片、下基层调研、党员考学等方式,组织党员学习党章党规、学习习近平总书记系列重要讲话,学习中共十八届五中、六中全会和十九大精神,做讲政治、有信念,讲规矩、有纪律,讲道德、有品行,讲奉献、有作为的合格党员。

【调研考察】 县政协紧紧围绕加快振兴发展“一城两业三组团”建设主线,组织委员分别到相关镇、县直有关单位和塔牌集团600万吨生产线、广东固特超声有限公司等机关、企事业单位调研考察,并积极撰写《关于百亿新型建材产业发展的调研报告》《擦亮“世界长寿乡”品牌,加快培育百亿健康产业专题调研报告》《蕉岭县人民医院中长期发展规划调研报告》《供给侧结构改革中,创意文化与长寿健康产业发展调研报告》《城乡环境卫生综合整治及美丽乡村建设调研报告》等6篇调研报告,在报告中提出具有前瞻性、可操作性的意见建议,为县委、县政府科学决策、民主决策提供参考。

【提案工作】 县政协十一届二次会议以来,委员们共提出提案21件,经审查立案20件。其中:涉及农业农村工作方面的5件,科教文卫体方面的4件,市政交通方面的8件,综合管理方面的3件。通过17个承办单位认真办理,提案办复率达100%,委员满意率和基本满意率达100%。政协提案在支持县委、县政府决策施政、推动经济持续健康发展、改善民生、维护社会和谐稳定等方面发挥了积极作用。

【反映社情民意】 县政协始终坚持把委员作为反映社情民意信息工作的主体,主动向委员了解、收集社情民意信息。一年来,通过政协全体会议、大会发言、常委会议、主席会议、走访委员等渠道收集社情民意信息30多条,县政协将收集到的信息进行认真筛选、整理,以报告的形式报送县委、县政府有关领导和相关镇、职能部门。

【文史工作】 县政协充分发挥地方政协文史“存史、资政、团结、育人”的积极作用。认真做好文史资料的挖掘、收集、整理、编辑及文史交流工作。继续收集整理蕉岭文史《古今蕉岭交通》历史资料。全力支持上级政协文史出版工作,为市政协提供6篇高质量的《梅州客家民俗精粹》“三亲”史料和图片。同时加强与闽粤赣边三省九县(区)、广州南沙区等地政协及上海淞沪抗战纪念馆、嘉应大学等单位开展文史资料的交流与合作,不断提升蕉岭县文史资料工作的影响力。

【健全机构设置】 2017年5月,依照《中国人民政治协商会议章程》的相关规定,县政协常委会审议通过并报县委同意《政协蕉岭县委员会机关工作机构调整方案》，按蕉机编〔2017〕20号《关于明确政协蕉岭县委员会机关工作机构级别人员编制和领导职数的批复》，将县政协机关原“一室两科”(办公室、联络科、文史科)调整设置为“一室六专委”(办公室、提案委员会、文史和学习委员会、经济委员会、党派和科教文卫体委员会、社会法制和人口资源环境委员会、宗教和港澳台侨委员会，均为正科级设置)，各专委会配备专职主任、副主任各1名。同时按照市政协统一部署及2017年县政协常委会工作安排，县政协完成了4个委员工作室(市政协委员蕉岭工作室，蕉岭政协城东委员工作室、桂岭新区委员工作室、珠三角及港澳委员工作室)的建设工作。委员工作室充分发挥桥梁作用，推动政协工作向基层延伸，把促进乡村振兴、增加农民收入、帮助农民脱贫作为重点，促成民生实事办实办好，架起了政协与基层群众的“连心桥”。

【搞好“扶贫助学爱心活动”】 县政协组织部分政协委员开展“扶贫助学爱心活动”，先后筹集助学金44.3万元，帮助21名蕉岭贫困学子解决在大学期间的部分学杂费(资助标准为每人每年5000元，连续资助3—4年)，圆了贫困学子们的大学梦。　(李　芳)

2017年县政协主席、副主席、秘书长、常务委员、办公室正副主任名录

主　　席：钟梅芬(女)
副 主 席：廖　平　彭　刚　黄伟宁
　　　　　赖静兰(女)　古芹花(女)
　　　　　罗威华
秘 书 长：丘文虎(12月离任)
　　　　　何国灵(12月任职)
常务委员：(按姓氏笔画为序)
　　　　　王锦华　丘文虎　尹立鹏　古德明
　　　　　江富友　汤　凯　刘钦均　朱发庆
　　　　　杨海军　李　斌　吴绍锋　何国灵
　　　　　邹　志　张晋悦　林伟烈　林厚平
　　　　　钟志勇　钟铎民　郭峰松　徐伟强
　　　　　徐志锋　徐国平　徐　鹏　翁振飞
　　　　　黄近芳(女)　黄　玲(女)
　　　　　曾志强　傅传琦
办公室主任：丘文虎(12月离任)
　　　　　　何国灵(12月任职)
副 主 任：徐　锋(8月离任)
　　　　　陈建新(11月任职)

中共蕉岭县纪律检查委员会

【主要会议召开情况】 2017年2月7日，中共蕉岭县第十三届纪律检查委员会第二次全体会议召开，县委常委、纪委书记向全会作题为《忠诚履职，不辱使命，推动全面从严治党向纵深发展》的工作报告。报告指出，2017年全县纪检工作将认真贯彻落实中央纪委和省、市纪委全会以及县第十三次党代会部署，深入实践“四种形态”，严肃党内政治生活，加强党内监督，推进标本兼治，加大巡察力度，强化监督执纪问责，驰而不息纠正“四风”，保持惩治腐败高压态势，维护党内政治生态，推动全面从严治党向纵深发展。重点抓好推动“八项规定”精神落地生根、巩固反腐败斗争压倒性态势、推进全面从严治党责任落实、努力构建标本兼治有效机制、扎实推进体制机制建设、加强纪检监察队伍建设等六方面工作。

【纪检监察工作任务落实情况】 法纪宣教形成常态，突出重点。深入学习贯彻中共十九大精神，按照“大学习”“深调研”“真落实”活动要求，抓好传达学习、研讨交流、宣传解读、调查研究、以学促干，推动纪检监察工作扎实有效开展。突出特色，结合美丽乡村建设，打造三圳镇九岭村“爱莲长廊”廉洁教育基地，对长廊内容实行动态管理，进一步增强党员干部忠诚履职信念。突出主题，通过开展“廉洁火炬杯”

党规党纪知识竞赛、“廉洁电影百村行”活动、排演廉政小品等手段，引导广大党员干部群众强化底线思维和红线意识，增强纪律观念和规矩意识。

持之以恒正风肃纪，明察暗访。2017年，县纪委共制作暗访片3期，通报曝光典型案例12起，暗访发现问题并立案查处6件6人，行政警告6人，诫勉谈话2人，谈话提醒16人，责令检讨48人。红脸出汗，2017年，全县各级谈话提醒2464人（次），其中科级以上干部764人(次)、一般干部1700人(次)；咬耳扯袖2441人(次)，红脸出汗23人(次)。加强监督，从细化监督内容、强化工作措施、完善工作机制等方面着手，加强党员领导干部“八小时以外”活动监督，密切关注领导干部的社交圈、生活圈，重在“德”“廉”监督。抓早抓小，2017年，依规依纪诫勉谈话23人，给予纪律轻处分38人，给予纪律重处分16人，严重违纪涉嫌违法移送司法机关的3人。全年共受理群众信访举报136件(次)，属业务受理范围的129件(次)，本级应核信访举报件103件(次)，已核103件(次)，核查率100%。信访谈话函询4件，提供问题线索39条，转初核39条，通过查办信访件，澄清保护党员干部32人。

扎实开展巡察工作，完成组建。共组建3个县委巡察组和1个专项巡察组，首轮对1个镇党委和8个县直单位党组开展政治巡察，对19个省定贫困村开展扶贫领域专项巡察。加强监管，在建立巡察工作人才库的基础上，采取印发文件资料、举办业务培训、开展会议讨论等形式，加强巡察干部的学习和培训工作。此外，还采取统一制定巡察组工作手册、全员签订《保密承诺书》、制作巡察人员工作证并持证进驻被巡察单位等措施，强化巡察队伍监管。发现问题，开展巡察工作以来，共发现问题线索52条，其中进一步了解关注类14条，了解关注类18条，参考类19条，组织处理类1条；巡察组已移交进一步了解关注类问题线索7条，涉及13人，已立案审查1件1人。

涉农腐败治理精准发力，聚焦扶贫民生。聚焦重点地区、重点人员和重点问题，重点对12项惠民项目特别是7项扶贫领域项目进行全面入户核查，剑指扶贫领域失职渎职、虚报冒领、贪污挪用等问题。2017年，共排查涉农领域违纪违法问题线索63条；其中扶贫领域线索23条。精准发力“拍蝇”，通过深入镇村摸排核查、专项巡察，有力地打击了一批基层“微腐败”及“小官巨贪”问题，形成了强有力震慑，2017年，蕉岭县涉农领域立案19件，结案17件，给予党纪政纪处分17人。公开惠民信息，2017年9月，建成开通蕉岭县惠民信息平台，运用大数据技术全面开展惠民、扶贫政策落实情况监督检查。据统计，蕉岭县惠民信息公开平台自建设以来，共录入数据约120万条，可直接查询、监督惠民政策的群众人数达8万多人。

坚持纪律挺在前面，案件数量呈增长。2017年全县纪委共立案审查58件58人，比上年同期45件45人增28.9%；结案57件57人，比上年同期37件37人增54.1%。2017年受处分的57人中，科级干部12人、一般干部16人，其他党员干部29人。办案质量创新高，2017年查处的案件中，大案要案(10万元以上案件、科级以上干部案件)数达16件16人，占案件总数的28.6%；其中，实现全市各县(市、区）唯一一件正科职干部案件移送司法机关。工作实现新突破，实行班子成员挂案包案制度，加强执纪审查工作的督促指导，基层执纪审查力度不断加大。2017年，蕉岭县8个镇纪委共立案查处违纪违法案件25件25人，每个镇纪委均立案审查2件以上；派驻纪检组立案审查2件2人，实现派驻纪检组立案“零突破”。办案安全零事故，在不断强化执纪审查人员安全底线意识的基础上，组建“两规”和“走读式”谈话专职陪护队伍，进一步夯实安全陪护基础。2017年共使用谈话室84人(次)，实现办案安全零事故、办案人员零违纪，确保执纪审查工作顺利开展。

【纪检监察干部队伍建设】 落实“三转”要求，打造业务精通的队伍。进一步优化整合监督执纪问责工作力量，在全县范围内遴选11位优秀年轻干部充实到纪检监察队伍，利用开展政治巡察、专项治理、信访办理、纪律审查、监督问责等工作的契机，采取岗位练兵、跟班学习、交流轮岗等多种轮训交流措施，有效提升纪检监察干部业务能力。加强制度管理，打造作风优良的队伍。从严要求、从严管理纪检监察队伍。年初，对已有的制度进行全面梳理，认真修订完善，并结合新形势新任务的要求，重新修订完善机关管理制度，涵盖执纪审查、案件监管、信访举报、干部管理等方方面面，共计28项399条，用制度制权管人监事。加强内部监督，打造纪律严明的队伍。依托纪检监察机关内务监督委员会，利用纪检监察系统外力量对纪检监察干部履行职责、作风建设、纪律建设和廉洁自律进行监督。对干部队伍中出现的苗头性、倾向性问题，及时提醒、及时纠正，把问题解决在萌芽状态，严防“灯下黑”。（彭心宇）

2017年县纪委正、副书记，常委、办公室主任名录

书　记：温健忠
副书记：陈运华　汤维彬
常　委：温健忠　陈运华　汤维彬
　　赖玉梅（女，8月离任）　徐凌球
　　丘应奋（女）　陈广文
办公室主任：徐凌球（10月离任）
　　卢　汕（10月任职）

2017年县监察委正、副主任，委员、办公室主任名录

主　任：温健忠
副主任：陈运华　汤维彬
委　员：温健忠　陈运华　汤维彬　杨　文
　　丘应奋（女）　陈广文　徐如初
办公室主任：卢　汕

民主党派·社会团体

农工民主党蕉岭县委员会

【概述】 农工党蕉岭县委会下设机关、教育一、教育二、人民医院、卫生、退休6个支部，现有党员73人，其中在职党员48人，退休党员27人。党员中有市政协委员1人、县政协副主席1人、县政协常委1人、县人大代表1人、县政协委员11人。

【加强政治学习，提高党员素质】 农工党蕉岭县委会始终把提高党员的自身思想建设作为第一要务，把加强党员思想理论学习作为重要任务来抓，通过“集中学习”“参观考察”和召开座谈会等多种形式，认真开展学习教育活动。一是组织全体党员开展学习贯彻中共十八届六中全会、第十二届全国人民代表大会第五次会议、习近平总书记对广东重要批示精神和中共十九大精神专题会议等系列活动。二是组织在职党员到中国农工民主党党史、党员教育基地梅县区水车镇黄琪翔将军纪念馆、松口镇丘哲先生故居喆庐开展“不忘合作初心，聚力决胜小康，同心共筑中国梦”重温党史主题教育活动。三是组织在职党员参加农工党梅州市委会开展的“高举旗帜不忘初心牢记使命砥砺奋进”为主题的到红色革命教育基地——大埔县三河坝战役纪念园参观学习党史教育和爱国主义教育活动。四是卫生支部、人民医院支部、直属支部、教育支部各自开展了政治理论相关的专题学习、交流活动。

【主动建言献策，积极参政议政】 深入开展调查研究。农工党蕉岭县委会结合工作实际，紧紧围绕蕉岭县委、县政府提出的“一城两业三组团”发展新格局，聚焦2017年“十大重点工作、十大重点工程、十大民生实事”，在供给侧结构性改革、加快创新驱动和有效投资、推进两大“百亿产业”发展、城乡环境综合整治、全面建成小康社会等方面开展多种形式的调研活动。一是组织县委委员、支部主任参加蕉岭县人民医院搬迁的调研活动。二是组织县委委员、支部主任到三圳镇九岭村荷花基地、九岭村卫生站开展加快建设“世界寿乡·富美蕉岭”的专题调研活动。三是组织农工党蕉岭县委会委员、人大代表、政协委员、支部主任到梅州市建丰粮业发展有限公司参观考察蕉岭县放心粮油旗舰店、标准化仓库和生产加工线。四是人民医院支部组织党员到三圳镇、长潭镇开展美丽乡村的调研活动；教育支部组织党员到文福镇丘逢甲故居和马甲头酒厂实地考察调研。农工党蕉岭县委会高度重视蕉岭县“两会”上的提案和建议，多次组织人大代表、政协委员讨论提案、议案事宜。在县政协第十一届二次会议期间，提交《关于解决县行政服务中心停车难的建议》《关于整顿我县老年保健品和保健器材市场的建议》《关于加快环东河整治的建议》三件集体提案，《关于在我县中小学切实加强禁毒宣传的建议》《预防青少年犯罪的建议》等个人提案。县委会在县政协第十一届一次会议上提出的《关于做好禁养区生猪养殖转产工作的提案》被评为优秀提案。

【注重组织建设，增强组织活力】 农工党蕉岭县委会高度重视组织建设工作,严格按照组织规定开展各项工作。一是吸收发展党员严格按农工党组织发展党员规定和程序，严把入口关,不断优化党员结构,丰富界别特色,拓宽参政议政渠道,成熟一个发展一个。在九届七次县委委员扩大会议上，讨论并全体通过谢利琴、林婉珠的入党申请。二是对部分支部进行调整。因原教育支部党员人数较多,不便开展支部工作,经九届八次县委委员(扩大)会议讨论通过,将教育支部分成教育一支部和教育二支部,教育一支部包括职业技术学校、蕉岭中学、蕉岭县广播电视大学在内的12名在职党员,确定陈移山为教育一支部主任;教育二支部包括华侨中学、镇平中学、实验中学在内的7位在职党员,确定钟森炎为教育二支部主任。

【立足本职工作，党员业绩喜人】 2017年,农工党蕉岭县委会各支部在职党员立足本职,爱岗敬业,努力工作,在本职岗位上取得可喜的成绩,受到各行业单位的肯定和表扬,树立了良好的农工党员形象，发挥了先锋模范作用。卫生支部赖银苑被评为优秀;人民医院支部徐丽虹、宋依奎受到本系统的表彰;人民医院支部邓忠耀在《数理医药学杂志》上发表《四联疗法幽门螺杆菌阳性胃溃疡的临床疗效及安全性分析》、在《实用临床医学》上发表《三明治栓塞法治疗上消化道出血的效果》、在《现代诊断与治疗》上发表《内镜下黏膜切除术治疗胃及大肠息肉47例临床观察》等三篇省级论文;教育支部王红梅老师、郭欢平老师被评为县优秀;镇平中学曾国强老师被评为县教育教学积极分子;蕉岭中学黄穗明老师的《化学课堂上怎样用问题促进学生思考》获广东省基础教育学会二等奖,《高中化学课堂德育教育的案例研究》广东省教育科研十三五规划立项课题，参与编写北京师范大学出版刊物《新高考二轮专题突破+考前集训》，还荣获2016—2017学年度蕉岭县教育教研积极分子称号;实验中学黄近芳副校长在山西省杂志《中学课程辅导(教学研究)》发表《合作学习在英语教育模式中的实践》,《初中英语教学中新课导入的探究》获县优秀课题;华侨中学郭淦铭老师发表的《数学教学中培养学生创造性思维的策略》在2017年梅州市中学数学教育教学优秀论文评比中获一等奖;机关支部徐玮珍在《梅州法官》发表《生活》《人生》《彩虹·石桥》等文章。

【情系困难群众,全力服务社会】 农工党蕉岭县委会按照省、市、县工作的部署,积极开展服务社会活动。春节前夕,农工党蕉岭县委会联合团县委、心连心义工协会开展扶贫送温暖活动,看望慰问贫困户徐伟芬、刘振龙、丁兰英等人。为贫困户们送上食用油、春联等慰问品和慰问金。机关支部赖家禄律师于2017年5月23日与蕉岭县心连心义工协会一起慰问蕉岭县消防大队因父亲患重病的消防战士朱志基;2017年6月3日至5日,远赴茂名为企业提供无偿法律服务;认真做好“一村居一法律”顾问工作,多次协助当地政府处理上访事件,为村民提供无偿法律咨询服务。 (谢利琴)

2017年农工党蕉岭县委会负责人名录

主　委:赖静兰(女)
副主委:汤超宏　黄近芳(女)
委　员:陈移山　钟森炎　余新跃

县总工会

【经济技术创新活动】 一是深入推进“践行新理念、建功十三五”主题竞赛。以重点工程劳动竞赛为龙头，以职工职业技能比赛为依托,以群众性经济技术创新活动为载体,从推动重点工程建设、提升职工素质和推进大众创业万众创新三个层面上构建平台，实施重点带动、关键支撑、常态发展,推动主题竞赛深入开展。二是做好“南粤工匠”培育工作。在各行各业深入开展寻找、发现、培养和选树身边的"南粤工匠"活动。在广大职工中深入推进"学工匠、提素质、立新功"活动,引导广大职工立足本职,培养德艺双全、爱岗敬业、精益求精、守正出新精神,让"工匠精神"落地生根、发扬光大。三是扎实做好劳模工作。按照德才兼备、公平公正公开、面向工作一线、廉洁自律、群众公认原则,经自下而上民主推荐,蕉岭供电局袁正文被授予广东省五一劳动奖章。5月,县电视台等新闻媒体对新表彰的劳模作了宣传报道。做好劳模困难帮扶和专项帮扶资金申报、发放,以及劳模"二次医保"、赠阅报刊等工作。组织1名省劳模到北戴河疗休养和体检,组织2名省、市劳模到惠州疗养休养,组织29名国省劳模到县人民医院体检,"五一"劳动节为全国、省、市劳模每人发放300元慰问金,认真落实劳模的各项待遇。

【服务职工工作】 全县各级工会牢固树立职工利益无小事的理念,增强维权意识,提升服务效能,把竭诚服务职工、维护职工利益作为工会一切工作的出发点和落脚点。

【推进法律政策的贯彻实施】 发挥工会系统人大代表、政协委员参政议政作用,配合人大执法检查、政府行政监督和政协视察调研,推动法律法规、政策执行与实施。学习宣传贯彻《中华人民共和国工会法》《中华人民共和国劳动合同法》《中华人民共和国安全生产法》《广东省实施〈中华人民共和国〈女职工劳动保护特别规定〉办法》《广东省企业集体合同条例》,督促企业履行法定义务,引导职工依法维权。全县累计签订工资集体协议45份,涵盖企业336家、职工人数8725多人。其中行业性、区域性集体协议14份,职工人数5295人,比2016年增长75%。

【维护职工队伍稳定】 推动建立完善劳资纠纷应急处置机制,妥善处置突发性职工群体性事件。会同县人社部门共同治理农民工欠薪问题。督促企业,尤其是农民工较集中的建筑行业尽快建立完善欠薪应急周转金制度。

【强化维权力量建设】 做好工会法律服务和聘请法律顾问工作,有6家企业工会聘请常年法律顾问,下拨工作经费2万元,做强工会法律服务品牌。加强劳动争议调解员队伍建设,推动企业劳动争议调解委员会和区域性行业性劳动争议调解组织建设。加强与法院沟通联系,推动群体性劳资纠纷案件快立、快审、快执,建立恶意欠薪案件沟通联系制度。

【着力做好为农民工服务工作】 贯彻落实《国务院关于进一步做好为农民工服务工作的意见》,多渠道促进农民工就业创业,积极参与实施农民工职业技能提升计划,推动全面治理拖欠农民工工资问题,促进农民工培训、管理、维权公共服务一体化。

【深化困难职工帮扶工作】 2017年元旦春节筹备送温暖资金46.66万元,慰问困难职工1214人,实施职工重病大病救助49人,发放救济款14.7万元。"三八"节慰问困难女职工41人,发放慰问金2.5万元,"六一"儿童节慰问特困职工子女21人,分别发给书包、文具和慰问金。7月开展送清凉活动,为620名生产一线职工发放凉茶和防暑降温物品用品合计5.2万元。8月开展金秋助学活动,为43名就读高中和大学的特困职工子女发放助学金10.75万元。充分发挥省职工保障互助会作用,完善职工互助保障机制,扩大职工"住院二次医保"覆盖面,参加在职职工综合医疗保险的职工达到5390人,比2016年增长116.8%。

【做好"互联网+"服务职工工作】 切实加强网上工会工作,开启工会联系服务职工群众新窗口,满足职工群众日益增长的个性化、小众化服务需求。进一步拓展职工节日文化服务活动等项目，以工会阵地为基础，整合更多社会资源，增加服务活动项目，丰富服务活动内容，更好做到精准服务。

【构建枢纽型组织体系】 开展与相关社会组织的联系合作，共同做好帮扶困难、技能培训、技能竞赛、职工文体活动、法律服务等项目，促进服务项目品牌化、标准化、专业化。加强与社会组织的联系合作，推广“三工”(社工、义工、志愿者)联动服务模式。

【加强工会自身建设】 努力促进“两学一做”学习教育常态化，组织开展中共十九大精神学习宣传贯彻活动。继续开展“农民工入会集中行动”，以“入会、建会”为工作目标，做好职工人数25人以上的企业组建工会工作。上半年，召开一次基层工会主席培训会议，着重提高履职能力。2017年新建工会15家，发展会员1440人，其中农民工会员1400人。基层工会数量比2016年增长1.5%，职工人数比2016年增长3.1%，工会会员人数比2016年增长3.1%。做好职工人数200人以上的非公有制企业工会主席津贴发放工作，已有13名非公有制企业工会主席享受岗位津贴待遇。按照“六有”标准，健全规范48家非公有制企业工会组织。开展园区工会联合会试点工作，从源头治理劳资纠纷。完成基层工会民主换届考核目标7家，完成基层工会民主建会考核目标10家。努力做好女职工工作，切实维护女职工合法权益和特殊利益。健全工会财务管理、资产监管和经费审查制度，以规范工会经费和资产管理为重点，依法合规管好用好工会经费和资产，2017年完成下审30家基层工会任务。完成上解经费任务38万元。组织开展6月30日扶贫济困捐款活动，积极开展扶贫攻坚工作。制订新时期精准扶贫实施方案，做好对蓝坊镇石湖村挂钩帮扶工作。 (郭晓渊)

2017年县总工会负责人名录

县人大常委会副主任、县总工会党组书记、主席：钟豪才

县总工会党组副书记、常务副主席：林敦权(8月任职)

县总工会副主席：刘小珍(女，11月离任)
徐　鹏(8月离任)
黄君玲(女，11月任职)

县总工会党组成员：刘小珍(11月离任)
陈　拥　刘　智
黄君玲(11月任职)

共青团蕉岭县委员会

【学习贯彻十九大精神，加强从严治党治团】 团县委按照《广东共青团贯彻落实全面从严治党推进从严治团的实施意见》要求，结合工作实际，“增三性补四缺”，不断深化“三严三实”专题教育和“两学一做”学习教育，常态化开展团干部健康成长教育，依托五四青年节、建队日等节日广泛开展“青春喜迎十九大”“不忘初心跟党走”“团干讲党团课”“十九大精神宣讲”等宣传教育活动30多场次，活动覆盖人数达9000人以上，积极组织全县中小学生开展“不忘初心·牢记使命”为主题的中共十九大精神学习心得征文活动，确保全县团员、青少年保持思想纯洁性和先进性。

【整合社会资源，服务中心大局】 一是创新公益模式，推动文明创建。2017年，团县委组织开展“青春情暖·幸福过年”“爱心筑梦”“文明出行，从我做起”、美丽乡村公益志愿暨“三清理”等志愿服务活动共15场(次)，参与志愿者800多人次。二是整合社会资源，抓好队伍建设。共青团紧紧围绕社会主义新农村示范村建设这个中心，抓准抓实，建立9支美丽乡村志愿服务队伍及大型会议、活动赛事服务队伍等，充

分整合资源，助力蕉岭县19个省定贫困村的社会主义新农村示范村建设工作。5月，组织全县公益组织、基层志愿者服务队代表共35人到兴宁、梅县、大埔进行志愿服务工作学习交流活动并召开2017年蕉岭县志愿服务工作推进会。三是提升服务质量，促进公益事业蓬勃发展。2017年，蕉岭县公益事业硕果累累，其中心连心义工协会先后荣获“广东省重点培育社会组织”“广东省爱心父母大联盟”银奖等荣誉，心连心“助学1+1”项目连续两年被获评广东省最佳志愿服务项目，阳光爱心协会的“阳光爱心，情暖学子”扶贫助学项目被评为梅州市最佳志愿服务项目；心连心义工协会志愿者汤娜获得“梅州市十大公益人物”“梅州市道德模范”第二季度“广东好人”称号。

【打造平台载体，创新青年服务】 一是网上共青团平台建设高效推进。积极构建“共青团+互联网”的网上共青团工作体系，连接融合“青年之声”线上平台与“青年之家”线下阵地，统一建设推广“智慧团建”系统；统一应用“广东志愿者”信息管理平台，推广使用“广东注册志愿者证”，推进信用体系建设，2017年，蕉岭县注册的志愿服务队达30家，新增在线注册志愿者1023名。二是联系凝聚青年，提供“定制”服务。2017年，团县委联合多家单位共同举办了蕉岭县广大单身青年举办交友嘉年华活动——“淘偶会”，获得青年一致好评，取得良好的社会效应。三是助力脱贫攻坚，服务青年创新创业。2017年，蕉岭县向团省委申请“广东乡村振兴战略青年人才（蕉岭）培训基地”授牌，积极筹建“蕉岭青年创新创业中心”，围绕“孵化场地保障、创业培训（实训）指导、行政公共服务、创业项目开展”等目标和功能，定位为服务返乡创业青年及外来创业青年创新创业。同时，深化“领头雁”农村致富带头人培养，开办“学习贯彻十九大精神·助力乡村振兴”农村领头雁培训班，助力脱贫攻坚。

【汇聚爱心力量，助力青少年成长成才】 在团省委、团市委的大力支持下，蕉岭县以北礤学校为试点，引进“免费午餐”和“幸福厨房”项目，并于9月27日正式开餐。2017年，蕉岭县助学工作得到了团市委、县政协、广东青少年发展基金会、广东省雁洋基金会、香港梅州社团总会、澳门嘉应同乡会、国酒茅台、薪火文化公益基金等多个部门和单位的大力支持，筹集助学金额达84万余元，帮助80名困难学子圆梦大学。 （黄欢欢）

2017年共青团蕉岭县委员会负责人名录

书　记：张政发
副书记：罗伟春（12月主持全面工作）

县妇女联合会

【实施妇女增收致富支持行动】 争取省财政贴息资金15万元，共审核发放2017年度妇女创业小额担保财政贴息贷款42户344万元；加强对巾帼创业示范基地、专业合作组织、女致富带头人的培育，蕉岭县中葛南药葛根专业合作社获评“全国巾帼建功先进集体”荣誉称号；联合梅州市宝嘉培训机构在蕉岭县妇女儿童活动中心举办了两期共100多名学员的母婴护理技能培训班，提升妇女家政服务专项技能，拓宽妇女就业渠道。

【深化城乡家庭文化建设】 一是推进家庭教育工作。深入贯彻落实习近平总书记系列重要讲话，特别是关于“注重家庭、注重家教、注重家风”的重要指示精神，联合县教育局共同制定并实施《蕉岭县指导推进家庭教育的五年规划（2016—2020年）》；组织开展家庭教育讲堂进村居、进学校活动，到白马小学、城东小学、县人民小学开展“感恩教育”专题讲座、“培养好习惯 成就好人生”专题讲座及“立家规 传家

训 树家风”手抄报大赛。二是参与各类评选活动。积极参与省妇联、省文明办联合开展的“画说好家风”征稿活动,推荐的实验小学丘珂如的作品《新农村我美丽的家园》、蕉岭中学徐梦可的作品《郊游》荣获优秀奖;积极参与梅州市优秀书香家庭评选活动,刘美芳家庭荣获2017年梅州市“优秀书香家庭”称号;积极参与梅州市文明家庭评选活动,深化家庭文明建设,杨凯桂家庭、刘秀香家庭、张慧家庭获评第一届梅州市文明家庭;积极开展寻找“最美家庭”“最美孝心少年”“孝老敬亲好媳妇”“自强不息好少年”等系列活动,李小珍、邱丽、卓冬兰获评第二届梅州市“孝老敬亲好媳妇”,赖梦谊、林江坤获评第二届梅州市“自强不息好少年”;推进家庭文明建设,三圳镇芳心村获评第三批广东省家庭文明建设示范点;组织动员广大妇女和家庭参与“巾帼心向党·好歌颂党恩”群众歌会活动,引导广大妇女听党话、跟党走。

【开展特色系列活动】 “三八”节活动:召开蕉岭县纪念“三八”国际劳动妇女节107周年暨县妇联十三届二次执委(扩大)会议,成立蕉岭县“巾帼志愿者服务队”并举行揭牌仪式,开展庆三八“奔跑吧·女王”趣味拓展活动和“关心贫困母亲,让爱相伴同行”慰问活动,与县人民小学联合举办“书香相伴 快乐成长”校园读书节,以及考察调研蕉岭县南方文化产权交易所钱币邮票蕉岭交易中心、长寿南北寨农业发展有限公司、广福镇丽玲家庭农场等基地,并授予广福镇丽玲家庭农场“蕉岭县巾帼创业基地”荣誉牌匾,同时确定了一批“蕉岭县巾帼扶贫创业基地”。“六一”节活动:深入全县各乡镇走访慰问失依儿童、困境儿童、重病症儿童和孤儿130名,并送上节日慰问金和慰问品共计3.9万余元;走进北礤学校,与全体师生一同开展以“快乐·情感”为主题的庆“六一”活动,为广大儿童送去节日的祝福。其他活动:一是充分发挥巾帼志愿者在志愿服务中的先锋作用,开展“清洁家园 爱护环境”巾帼志愿者服务活动,推进“文明城市·美丽寿乡”建设工作;二是联合团县委组织开展2017年蕉岭县单身青年嘉年华活动,推动妇联服务男女青年婚恋交友工作。

【关心关爱妇女儿童】 2017年春节期间,深入各镇村(居),走进贫困家庭,慰问特困妇女、困境儿童、特困老妇干、退休老干部以及挂钩村干部等,发放慰问金、棉被、冬季温暖包等生活用品一批;2017年“母亲节”到来之际,联合县总工会、心连心义工协会,走进蕉岭县洋臣木制品有限公司开展“情暖母亲节 关爱外来女工”座谈会,对外来女工致以“母亲节”亲切的问候并送上节日慰问金;争取全国妇联“贫困母亲两癌救助专项基金”4万元,对4名罹患乳腺癌、宫颈癌的贫困妇女进行援助;争取叶剑英基金助学金6万元,对60名困境儿童进行爱心资助;争取省援助孤贫儿童项目1万元,对20名孤儿进行援助;开展“爱心父母牵手困境儿童大联盟”活动,共收到市县爱心父母捐款8100元,援助困境儿童21名;开展城乡贫困妇女“两癌”免费检查活动,推动农村妇女“两癌”免费检查纳入政府民生工程。

【保障妇女儿童合法权益】 认真做好信访接待处理工作,热忱为妇女群众服务,2017年共处理来信来访案件50宗,调处率100%;充分发挥法律援助中心、“12338”维权热线的作用,加强与公安、检察、法院、司法部门的联系,以“三八”维权周等节日活动为契机,宣传《反家庭暴力法》等法律法规,有效地帮助妇女维权。

【做好挂钩村精准扶贫工作】 与贫困户“认门结亲”,2017年共给予近4万元支持挂钩村开展各项工作和关爱行动,并动员挂钩村妇女群众积极参与社会主义新农村建设,贡献巾帼力量。

【抓好组织建设】 一是着力抓好“妇女之家”建设。2017年,南礤镇南礤村、长潭镇白马村、文福镇坑头村成功申报为广东省第三期“妇女之家"示范点。二是全力推进女性进村(社区)"两委"工作。在蕉岭县第七届村民委员会换届选举中,100%的村(社区)均配备了1名以上女委员,全县女性进村(社区)"两委"达175人,其中女村委会主任9人,占9.28%;三是积极推进村(社区)妇代会改建妇联工作。及时制定《关于做好村(社区)妇女代表会改建妇女联合会工作的通知》(蕉妇字〔2017〕3号),确定了改建示范点、改建时间和工作步骤等;成立以县委副书记任组长,县委办副主任、组织部副部长、县妇联主席任副组长,各镇妇联分管领导任成员的蕉岭县村(社区)妇联建设工作领导小组;积极争取县委、县政府"会改联"专项工作经费,下拨给每个镇3000元,每个村、社区1000元。截至9月20日,蕉岭县8个镇107个村(社区)妇代会改建妇联工作全面完成,共选出妇女代表2163人,执委1177人,其中,正、副主席各107人,村级妇联组织组建率达100%。四是着力推进乡镇妇联区域化建设。根据《广东省妇联改革方案》(粤办发〔2016〕35号),以及《关于进一步加强我省党建带妇建工作的意见》(粤办发〔2008〕2号)中"乡镇(街道)妇联主席一般由乡镇(街道)党政班子中的女领导成员兼任,并配备专职或兼职妇联副主席"和"乡镇(街道)妇联专职正、副主席享受同级中层干部的政治、生活待遇"的文件精神,积极与县委组织部衔接沟通,落实镇妇联(副)主席政治待遇问题,蕉岭县8个镇妇联主席均由党政女领导干部兼任,并各配备1名专职副主席;同时,发展壮大镇妇联队伍,各镇妇联均全面配备25名执委;并积极筹措建立乡镇"妇女之家",完善乡镇妇联工作机制。

【推动"两个规划"全面达标】 一是统计2011—2020年蕉岭县妇女发展规划定量指标数据,做好2016年蕉岭县妇女儿童规划监测评估工作;二是协调组织、安排部署做好2017年度妇女、儿童发展规划的统计监测工作。

(张玉莲)

2017年县妇女联合会负责人名录

主　席:汤媚萍(女,8月离任)
　　　　赖玉梅(女,8月任职)
副主席:徐华丽(女)

县科学技术协会

【广泛开展各类农村科普活动,推动农民科学素质的提高】 一是结合"全国科技工作者日"活动,动员各学会组织科技人员深入农村开展科学技术普及工作。县科协深入基层学会,召开多场县级学会、科技工作者代表座谈会,指导学会通过自身能力建设,优化内部管理,提升学会服务的能力和水平,充分发挥学会为农村提供公共服务的专业和资源优势,开展群众性科普、青少年科技教育、各类技术人员培训、学术研究等工作,组织科技人员开展文化科技卫生"三下乡"等科普活动。2017年,县科协和各基层学会共发动科技工作者组织各类下乡活动35场250人次,赠送技术书籍2600本,宣传图册120份。二是加强农村科普队伍建设,强化农村基层科普服务能力。县科协为强化农村基层科普服务能力,提升农村科普队伍的产业聚合和引领带动能力,结合国家"农村科普行动计划"和"广东省科普惠农"项目的实施,加强了"科普示范基地、先进农技协会和农村科普带头人"的培育,逐步培养一批具有科学文化素质,掌握现代农业科技,具备一定经营管理能力的新型职业农民。2017年1月,县科协、文福镇柚果协会在文福镇联合举办柚果黄龙病防治技术培训,邀请专家进行授课,向果农传授黄龙病防治等柚果管理要点和关键环节的技术,认真解答果农在生产实践中的疑难问题。柚果协会还组织"三红柚"的引进种植、灌溉节水应用、海洋神有机肥改良土壤、产品注册包装等科技推广应用活动,经常为会员提供统一供苗、供药、供肥和适时产供信息服务。文福柚果协会发挥农技协会发展经济引领带头和农村科技普及应用的作用，被国家科协认定为“先进农技协会”，获得20万元的奖励资金。

【积极开展社区科普教育示范工作】 2017年，县科协以蕉城镇城西居委会为试点，完善该社区科普队伍的建设，拨出经费下发资料，添置科普长廊，充实电子阅览室、图书室等设备，结合自身实际开展各类科普活动：一是运用展示图片，赠送图书和宣传资料，提高老年人运用科学知识改善生活质量、应对城市生活突发事件的能力，丰富科学文化生活；二是组织各类就业技能培训，提高进城务工人员和待业青年的就业技能和生存能力；三是利用各种儿童游乐场所、兴趣班、夏令营等可作为青少年科技教育基地的场所，积极开展社区科技教育活动。2017年，城西居委会开展各类科普活动12场，张贴下发宣传图书650份。城西社区的科普教育深受群众欢迎，成效显著，被评为“广东省科普示范社区”。

【全面开展青少年科技教育工作】 一是由县科协、教育局联合发文举办每年一次的蕉岭县青少年科技创新大赛活动；二是筛选优秀作品参加省、市青少年科技创新大赛和省市中小学创客创作大赛；三是各中小学自行组织现场演练、科技节、科技实践等科普活动；四是组织现场观摩学习和经验交流，不断提高各中小学校科普活动的组织能力和中小学业生创新水平。在2017年举办的蕉岭县第三十二届青少年科技创新大赛活动及梅州市第2届中小学创客创作大赛上，全县共有3800多名青少年参加比赛活动，共收到各类参赛作品295件，评出获县级奖励作品248项（其中小发明、小论文83项、科幻画152幅、优秀科技实践活动13项）。向上级竞赛活动推荐参评作品23件，获市级一等奖1件，二等奖2件，三等奖4件，优秀奖2项，优秀组组单位和个人2个。在全市创客活动中，向上级竞赛活动推荐参评作品54件，获市级一等奖2件，二等奖2件，三等奖4件。

【做好县科协系统深化改革实施方案的调研准备工作】 根据省群团改革工作部署及《梅州市科协系统转变职能试点工作实施方案》的要求，县科协紧紧围绕有效增强政治性、先进性、群众性为主目标，以完善县科协组织队伍建设，落实群团组织职能职责，加强基层科协组织队伍建设，承接政府转移职能，整合全县科普资源，应用现代信息技术，全面提升科协组织为民众提供公共服务的水平和能力，逐步实现科协科普工作全方位覆盖的工作构思，在深入基层科协、学会、社会团体进行细致调研的基础上，初步制订《蕉岭县科协系统深化改革实施方案（草案）》和《蕉岭县科协所属基层科协（科普）组织有序承接政府转移职能试点工作实施方案（草案）》。

【依托科技优势，做好挂钩村精准扶贫工作】 县科协指派一名副主席挂钩长潭镇神岗村，需要帮助脱贫的贫困户92户253人。县科协结合部门的优势，组织两场种养实用技术培训，为村民提供各类种养技术资料和培训经费3万元，帮助村民树立“勤劳脱贫、科学脱贫”的思想，掌握脱贫技能。截至2017年，除划转国家政策保障41户58人外，其他有劳动力的贫困户年人均收入平均达到7500余元，比2016年底的2000余元增加275%。实施神岗村新农村示范村建设配套工程六项：湍塘优质水果基地道路硬底化及圳道改造；万福路等4条村道的建设；150盏的太阳能路灯安装工程；3条农田灌溉水渠改造工程；两个高标准公厕的建设；同心路绿化改造提升工程。各项扶贫计划顺利实施，取得初步成效。 （刘春玲）

2017年县科学技术协会负责人名录

主　席：徐向星（9月离任）

江　斌(9月任职)
副主席:陈巧芳(女)　徐洪杰(12月任职)

县工商联

【概况】　蕉岭县工商联下设蕉城、新铺、广福、长潭4个乡镇基层商会,日什百货行业、水电行业2个行业商会和福建商会1个异地商会,会员615人,其中担任各级人大代表、政协委员的有48人。

【队伍建设和组织建设】　一是开展中共十九大精神宣传学习。二是持续推进“两学一做”学习教育。三是召开十一届二次执委会议,增补2名常委、2名执委,工商联领导班子人数达63人。

【服务会员】　一是加强与县工商、税务、城综局等职能部门的协调沟通,为会员协调各种纠纷,化解矛盾,维护企业的合法权益。二是推行机关干部挂钩联系制度, 落实岗位责任制,为民营企业提供快速有效的服务。三是发挥工商联网站以及商会短信平台作用,免费为广大会员企业发布投资、融资、招商、招聘、产品推介等信息,共为4家会员企业发布相关信息。四是组织企业家参加第五届世界客商大会和客商大会期间该县举办的各项重大活动,发动企业家加入广东省蕉岭商会,搭建本地企业家与世界客属企业家之间沟通交流的平台。五是开展以“守法诚信、共促和谐”为主题的法律宣传月活动,为企业提供法律咨询服务,协助企业解决久拖未决的问题,维护企业合法权益。

【调查研究、参政议政】　一是组织正、副主席和各分会长到福星长寿新城、广福建材(蕉岭)精化有限公司、广东固特超声股份有限公司、广东塔牌集团股份有限公司考察调研。二是开展加强和改进基层统一战线工作、学习贯彻中共十九大精神等专题调研。三是认真完成市工商联布置的企业和企业经营者权益保护条例、民营企业成本与负担、上市企业及上市后备企业等问卷的调查工作。四是引导会员中的人大代表、政协委员积极参政议政,建言献策。在两会召开期间提出建设性的意见建议12件。

【光彩事业】　民营企业发展成绩喜人。该会不少企业都积极把握机遇,增资扩产,不断把企业做大做强,为蕉岭县各项事业的发展添砖加瓦。如塔牌集团总投资40亿元(含矿山)的600万吨熟料水泥项目建设, 建设规模为年产熟料600万吨、水泥800万吨。同时,塔牌集团积极谋求新兴产业发展,由宝新能源、塔牌集团等五家纯中资民营企业共同发起设立的梅州客商银行,是广东银监局辖内成立的第一家民营银行。客商银行注册资本20亿元,塔牌集团出资4亿元,为客商银行第二大股东。骏业房地产开发有限公司投资兴建的福星长寿新城,在完成一、二期建设后,占地面积4万多平方米、上千户纯住宅小区的三期东湖花园已开盘。广福建材新上年产30万吨超细粉体技术改造项目,项目用地80亩。固特超声坚定不移走“产学研一体化”的道路,不断使产品推陈出新。公司汇聚40多名专业技术领域的优秀人才, 目前已授权和正在申请的国家专利有70多项,产品200多种。还有不少企业顺应形势要求,转型升级,不断把企业做优做强,提高企业的核心竞争力。企业在发展同时,也取得喜人的成绩,蕉岭绿茶、桂岭蜂蜜被认定为国家地理标志保护产品,新铺商会副会长林榡良入选全省首届20佳种粮大户。

勇于承担社会责任,参与公益事业。基层商会发挥引领作用。一是工商联蕉城商会开展爱护环境承诺暨情系环卫新春慰问活动,为一线环卫工人203人每人送上一批食品和慰问金,企业家们还进行爱护环境承诺签名。此次活动县工商联捐款3000元。二是工商联蕉城商会支部组织支部党员企业家慰问长寿老人、困难群众,送上他们的一份爱心。三是工商联广福商会发动会员为因病致贫的贫困户捐款1万元。企业和企业家积极参与。据不完全统计，2017年企业捐资各项公益事业约500万元。其中塔牌集团股份有限公司捐资教育、新农村建设300多万元；新兴房地产开发有限公司捐资梅州客商大厦建设、黄田村道路建设、教育等14.6万元；骏业房地产开发有限公司资助了16名贫困学生，每人每年5000元；梅州皇马水泥有限公司捐资新铺北方村道路建设、慰问困难职工共100多万元；副主席徐国平捐资29.8万元支持暂垣村桃溪美丽乡村建设，还资助了8名贫困学生，一年2.4万元；副主席徐永信参与公益慈善、资助贫困学生捐款约10万元；副主席刘钦均捐资梅州客商大厦建设10万元；副主席陈永坚捐资广福石峰村新农村建设等约4万元。还有不少企业家通过不同方式、不同渠道在修桥筑路、捐资助学、扶贫济困等方面出钱出力，在全县营造了奉献社会、共建和谐的良好氛围。

【会务活动】 一是县工商联组织机关干部到梅县区工商联，学习其"五好"县级工商联建设情况。二是水电行业商会举办2017年小水电站安全生产培训班，参训率达80%，合格率100%。。三是蕉城商会在重阳节前夕为60岁以上的会员庆祝节日。四是新铺商会、广福商会、长潭商会、福建商会、日什百货行业商会通过外出考察学习、慰问等活动沟通联络会员的感情，增强商会的活力。

【挂钩村精准扶贫精准脱贫工作】 2017年，为切实解决村集体和贫困户的收入，经扶贫工作队和村委班子多次调研和论证，决定建设灵芝鸡的养殖项目，约需资金20多万元。工商联积极筹措资金2万元支持项目建设，此项目已经建成运作。 （钟满兰）

2017年县工商联负责人名录

党组书记、常务副主席：钟志勇
主　席：何坤皇
副主席：傅传琦　刘钦均　江富友　郭裕丰
徐新昌　刘雪玲(女)　巫祝友
徐国平　古德明　钟庆明　徐永信
郭月亮　林文贵　李　斌　陈永坚
吴鑫隆

县社科联

【推进社科理论宣传】 组建成立县委宣讲团，认真组织开展学习宣传贯彻习近平总书记对广东工作的重要批示精神、省第十二次党代会精神和中共十九大精神等主题宣讲活动，坚持以科学理论武装党员干部。2017年，共开展集中宣讲达200多场(次)，受众2万人。同时，组织开展"学习贯彻党的十九大精神"理论文章的征文活动，有多篇文章获市委宣传部奖励。

【打造社科普及基地】 在巩固提升原有丘逢甲故居、谢晋元纪念园等4个市级人文社科示范基地的基础上，大力挖掘红色资源，传承红色基因，认真打造提升三圳镇九岭村的蕉岭县第一党支部旧址、爱莲文化长廊等红色革命传统教育基地。其中，蕉岭县第一党支部旧址被评为市人文社科普及基地。

【开展社科普及活动】 9月25日，在镇山公园组织举办"律师宣传日暨公证咨询服务和法律援助宣传月活动"；9月30日至10月30日在县文体活动中心举办"世界寿乡.富美蕉岭"摄影比赛及优秀作品展览活动；9月30日，在县博物馆举办"感动蕉岭"十大人物事迹展览。

【组织社科课题研究】 加强调查研究，积极组织完成市级社科课题，县社科课题组撰写的

《实行土地流转,盘活农村经济》成果被市社科联审核通过。县社科工作者祝银清同志撰写的论文《精准构建特色产业带,加快振兴富美梅州》在《梅州社科》(2017年第1期、总第120期)上刊发;加强地方传统文化研究工作,县根土文化研究会会长李淼达同志撰写的《寻根问祖话族谱》分别在《梅州日报》(2017年8月6日)和《广东方志》(2017年第4期)上刊发。

(王文龙)

2017年县社科联负责人名录

主　席:刘红斌(8月离任)

　　　　丘仕松(8月任职)

副主席:张　华

县文联

【加强理论武装,在文艺导向上有新拓展】 认真学习贯彻中共十八届六中全会和中共十九大精神以及习近平总书记关于文艺工作的系列重要讲话精神,引领文艺界把思想和行动统一到习近平总书记的重要讲话精神上来,牢牢把握正确的文艺导向,增强文化自信和文化自觉,不断提高政治意识、大局意识,团结引导广大文艺工作者推出更多思想精深、艺术精湛、制作精良的优秀作品,为繁荣全县文艺事业作出新的贡献。

【开展主题活动,主题文艺实践取得新进步】 紧密配合县委县政府中心工作和重大活动,充分发挥文联工作优势,引领全县文艺界开展各项主题实践活动。一是县书法家协会举办"长寿之乡·翰墨飘香"梅州市书法作品巡展;二是美术家协会举办"长寿蕉岭,美丽绽放"全市女子美术作品展,参加梅州市"梅江颂?海丝情"全市美术作品展,吴均生、王志新、徐星球、谢振宇的作品入选;三是组织相关协会参加"广东省第十四届美术书法摄影联展";四是摄影协会举办"新铺古镇"摄影大赛并出版《漫步古镇》画册,举办喜迎中共十九大"富美蕉岭"摄影展和第五届世界客商大会"世界寿乡·魅力蕉岭"摄影展;五是积极组织广大文学、摄影爱好者举办"世界寿乡·富美蕉岭"征文、征诗、摄影大赛;六是诗词楹联协会举办"爱我中华"诗词楹联精品大赛。

【关注群众需求,文艺惠民展露新气象】 开展形式多样、丰富多彩的"为民惠民乐民"文艺活动,不断满足群众文化需求,丰富群众文化生活。一是音乐家协会落实广东音乐进校园的活动,实验小学申办全省20间广东音乐进校园的项目。音协排演的节目《排排坐,唱山歌》参加梅州市2017客家文化(非遗)艺术周客家山歌唱腔比赛铜奖。二是书法家协会开展"书法名家进校园"活动,书法家们走进校园,普及书法知识,传授创作技法。三是诗词楹联协会开展诗词楹联进校园、社区活动。四是组织书法家到挂点的省定贫困村进行"送温暖写春联"活动,并组织书法骨干"进机关,进社区,进校园,进农村,进工厂",开展送文化下基层活动,营造浓郁的书法氛围。

【聚焦精品工程,文艺创作取得新成果】 加大对优秀作品的扶持力度,初步制订《蕉岭县文艺创作和文艺人才奖励实施方案(试行)》,努力争取在2018年由县出台奖励机制方案。加强文艺阵地建设,促进文艺创作,如诗联协会编辑出版《桂岭风》诗刊,作家协会出版两期纯文学作品的《蕉岭文艺》刊物。文艺创作和新著出版成绩斐然,其中钟兆安的书法作品参加广东省书法协会举办的"第七届广东省新人新作书法展"评选为优秀作品,谢文馨的书法作品在首届汕头市、潮州市、揭阳市、汕尾市、梅州市五市书法家协会联合举办的"述古堂杯"粤东五市青少年书法作品展中荣获优秀奖;美术家协会会长吴均生出版《当代书画艺术精鉴—

吴均生卷》；作家协会会员王华出版长篇历史小说《英雄谢晋元》；汤裕新出版长篇小说《送不走的姑娘》、长篇小说《撑起娘家一片天》；钟伟泰出版诗文集《大爱无垠》；梁杰平出版长篇小说《教书匠》。丘艳荣的作品《家在、酒在、根就在》荣获全国首届客家女孩·娘酒杯征文大赛优秀奖。

【推进培训交流，文艺人才建设有新提升】 注重上引下联，加强培训交流，不断推进文艺人才队伍建设。一是加强文艺人才培养。通过“请进来”“送出去”等方式，支持引导各协会开展艺术门类的培训。二是积极开展对外交流。支持引导各协会加强与各地名家交流切磋，开阔眼界。如汉乐协会5月18日在锡林公园举行五周年庆典文艺专场演出，邀请梅州市、上杭县的代表参加庆典活动；汉乐协会10月24日晚到大埔县与梅州、大埔、蕉岭三地文化交流演出，社会反响良好；美术家协会与清华大学马顺先教授高研班一行在蕉岭进行写生，交流；诗联协会加强与岭南诗社和岭南诗社揭阳分社交流，同时派出代表参加大埔、兴宁举办的梅州市百人诗会。三是积极推荐蕉岭文艺家加入省市、国家级协会，2017年书法家家协会有2人加入省级会员，有5人加入市级会员。

与此同时，认真做好“广东省古村落”申报工作，深入各乡镇古村落进行摸底调查。2017年，新铺镇下南村具备第六批“广东省古村落”的申报条件，2017年正做好申报前期准备工作。此外，认真做好挂点省定贫困村金星村的精准扶贫工作，与驻村工作组一起制定精准扶贫、精准脱贫攻坚计划，深入农户建档立卡，落实扶贫措施，完成年度扶贫工作任务。

（黄小文）

2017年县文联负责人名录

主　席：黄　清（5月离任）
　　　　刘红斌（7月任职）
副主席：徐　瑜（10月离任）
　　　　黄小文（10月任职）
秘书长：黄雪慧

县残疾人联合会

【民生实事】 困难残疾人生活津贴从每年1200元提高到1800元，重残护理补贴从每年1800元提高到2400元。为符合条件的残疾人缴纳医保及养老保险。完善原有4个社区康园中心，新建广福、文福、蓝坊、三圳、南礤镇5个康园中心，为精神、智残和轻度肢残的残疾人提供丰富的康乐文化活动和手工制作劳动。目前全县各个镇9个社区康园中心已全面完善正常运行。

【康复服务】 2017年，完成白内障复明手术40例，成人偏瘫康复18人，成人脑瘫康复16人，0—7周岁脑瘫儿童康复20名，0—7周岁智残儿童康复25名，其他肢体残疾康复10名，精神病康复126人。儿童矫形器安装16例。免费发放轮椅、拐杖、座厕椅等辅具260件，为7户肢体残疾人家庭铺设坡道、安装卫生间高低扶手、浴凳、坐便器等，量身实施无障碍改造。组织县残联康复医院医生，定期上门为10名重度肢体残疾人提供康复训练、护理等服务。

【体育工作】 11月1日至3日，在梅州市体育中心举行梅州市第七届残疾人运动会，蕉岭县10名残疾人运动员参加了田径、飞镖、羽毛球比赛项目，取得9金、5银、5铜，团体总分在8个县区中排名第三的优异成绩。

【宣传维权】 8月25日是全国首个“残疾预防日”，举办了“推进残疾预防，建设健康中国”为主题的咨询宣传活动，为群众提供保健知识咨询并发放保健知识宣传资料，增进全社会残疾预防意识和预防能力。

【扶残助残】 1月19日,县委、县政府组织慰问活动,分别到长潭镇的特困残疾人黄蕾诗、三圳镇的特困残疾人江志平家中进行慰问,送上节日慰问金和慰问品;对全县175名特困贫困残疾人进行慰问,每人发放200元的慰问金;到挂钩新铺镇三坑村慰问10名贫困残疾人。第二十七次全国助残日举办了以"关注孤独儿童,走向美好未来"为主题的助残日活动,为肢体残疾人免费发放一批轮椅、拐杖、坐厕椅等辅具。

【组织建设】 成立股级事业单位"蕉岭县残疾人康复中心",编制2人,加强康复中心队伍建设。按照"公开、平等、竞争、择优"的原则,向社会公开选聘镇级残疾人专职委员8名纳入公益性岗位,进一步夯实基层残联队伍。

【换届工作】 完成县、镇两级残联第七次残疾人代表大会换届工作,选举产生新一届县、镇残联主席副主席、五大协会主席、理事长副理事长、理事会成员和出席市第七次残疾人大会代表人选。 (林菊香)

2017年县残疾人联合会负责人名录

理 事 长:陈汉铭
副理事长:陈先源 钟利美(女)

关心下一代工作委员会

【抓政治学习】 一是县关工委主任郭定国及驻会成员积极参加县委组织的学习十九大精神培训班、专题报告会、专题研讨班等学习共5场次,并撰写学习心得体会。二是组织县关工委常务班子、"五老"成员、各镇关工委主任、基层关工委主任代表,学习《中共中央关于认真学习宣传贯彻党的十九大精神的决定》,要求基层关工委参加十九大报告的宣讲学习活动。三是参与宣讲十九大精神进校园,开展社会主义核心价值观教育活动,在全县中小学校开展了15场次活动,受教育人数达13203人次。

【抓队伍自身建设】 打铁就要自身硬。一是加强学习,以创建学习型、服务型、创新型关工委为要求,不断提高政治素质和业务素质,不断提高领导水平。二是严格检查"双主任"制度落实情况,看是否存在死角和存在问题。三是调整充实班子,完善工作制度,使基层关工委班子建设有章有序地运行,确保各项工作落到实处。

【抓普法教育】 根据中关委、司法部、中央综治办的要求,开展历时3年"关爱明天·普法先行"教育,从2015年7月始至2017年6月圆满结束。3年受教育学校56间(次),受教育人数达4万多人(次),累计观看普法教育片或普法教育DVD教材近200套,出版法制宣传报500多期次。为了搞好教育,召集有关部门的人员,召开8次研讨会,及时解决教育中存在的问题。

【组织国学教育进校园】 3月,县关工委聘请马来西亚华侨林姗姗老师,到县境4所小学进行"国学"专题讲座。林姗姗深入浅出地阐述《弟子规》《孝经》的精髓,教育学生要孝敬父母,将国学发扬光大,代代相传。老师通俗易懂的语言,让孩子们领略国学的魅力,感悟中华文化的博大精深,享受中华文明之乐趣。

【做好留守儿童工作】 蕉岭县留守儿童2271人,占学生总数11.4%。为更好地做好留守儿童工作,凝聚更多的社会力量,关心、关爱、关注留守儿童,县关工委先后3次到心连心义工组织、阳光爱心之家进行调研。蕉岭县在城东小学、长潭镇白马村上合,挂牌成立2家"爱心之家"。开展资助贫困学生募集捐资19.8万元。

【帮助创业青年实现梦想】 做好创业青年工作,首先是抓好典型,培育典型,以典型带动更多的农村有志青年创业,把"大众创业、万众创新"落到实处。主任带领驻会成员到6个镇进行调研,和创业青年进行交流探讨如何创好业。8月21至25日,有4人送市级培训,先后到肇庆、云浮、惠州等地参观学习。11月,送省培训1人。县关工委还会同县农业局共同举办水稻种植班、水果栽培班、茶叶种植班。

(黄元生)

2017年关工委负责人名录

主　任:郭定国

副主任:黄远志(兼)　黄元生　黄秋新

军　　事

人民武装工作

【思想政治建设】 县人武部深入学习习主席系列重要讲话、中共十九大精神,刚性落实理论学习制度,定期组织体会交流,抓好"真学实做、知行合一"学风整顿,推动党的创新理论进入头脑、融入血脉。统筹推进"维护核心,听党指挥"主题教育和"两学一做"学习教育常态化制度化,运用多种渠道搞活教育。邀请十九大党代表徐文坚到县人武部作十九大精神宣讲报告,组织全体干部职工、专武干部和应急分队党员到古田会议旧址开展"重走红军路,重温入党誓词"主题党日系列活动,不断坚定"四个自信"、强化"四个意识"。针对国防动员系统深化改革、人员思想易发生波动的实际,强化政治纪律政治规矩教育,坚持定期组织思想形势分析,跟踪做好思想政治工作,确保所属人员政治立场坚定,始终向党看齐、对表聚焦、绝对忠诚。

【战备训练工作】 始终聚焦主业主责,坚持党委议训议战,紧盯应急应战职能使命,深化拓展军事斗争和动员准备,持续掀起聚焦打仗、聚力备战热潮。完成作战方案、日常战备和非战争军事行动等方案修订,按网络化、信息化配套完善作战室和作战值班室,规范战备库室,战备物资和指挥器材落实"三分四定"。对全县国防潜力数据情况进行调查采集,进一步健全军事地理情况、辖区内作战数据,定期组织民兵分队点验和紧急出动演练,积极参与并圆满完成应急救援、扑灭山火、治安维稳等应急任务,战备状态得到充分检验。狠抓民兵基础训练,严格按规定要求完成应急分队集训、轻舟分队集训、基干民兵集训、后勤综合保障队集训,突出队列养成、轻武器使用、战术基础科目、战场救护和专业技能等重点科目,在时间、人员、内容落实的基础上,狠抓训练质量,国防动员后备力量建设稳步推进。

【动员工作】 把国防教育纳入党委、政府工作日程,纳入学校教育课程,推动国防教育进机关、进学校、进社区、进企事业单位,利用党委议军、过军事日、重大节庆、学生军训等时机,组织国防法规宣讲和国家安全形势讲座,利用现代传媒资源,多渠道、多手段宣传国防知识,有效提升全民国防意识。扎实做好兵役征集工作,创新方法手段,借助微信公众号、微信等网络平台宣传兵役登记和征兵政策,通过校讯通给1100余名高中毕业生家长发送征兵信息,完成兵役登记,登记率100%;圆满完成征兵任务，新兵整体素质与往年相比有较大的提高，实现无责任退兵，无廉洁征兵问题。

【自身建设】 抓好党管党员党管干部落实，以“两学一做”常态化制度化为抓手，组织全体党员认真学好《中国共产党章程》《中国共产党支部工作条例》等党内法规，规范落实党日、党课等七项组织生活制度，确保党组织作用发挥。严格落实各级改进作风的制度措施，严格落实预算开支，大力削减行政性消耗支出，2017年特支费开支不到1万元。积极完善基础建设配套，完成地下车库改造、征兵体检站、车辆识别和门禁系统、网络舆情监控系统等建设，按标准对长潭镇白马村和三圳镇九岭村两个民兵营示范点进行配套完善，协调推进国防教育训练基地建设，已完成立项。不漏一人抓好经常性安全教育、警示教育落实，细化分解安全工作责任，刚性落实人员、车辆、枪弹、涉密载体、外来人员管理等制度，严肃处理违反制度的人和事，全年无事故案件、无安全问题。

（李琅娜）

2017年县人武部负责人名录

部　长：唐章平

副部长：翁振飞（6月离任）

　　　　李　宁（7月任职）

人民防空工作

【概述】 蕉岭人防工作坚持以习近平新时代中国特色社会主义思想为指引，深入贯彻落实中共十九大精神、第七次全国人民防空会议和全省人民防空会议精神，以建设“三强人防”为总目标，按照“政治坚定、依法依规、廉洁奉公、实事求是、备战为民”的总要求。坚持稳中求进，狠抓改革创新，严格依法行政，努力攻坚克难，人防稳步发展。

【指挥通信】 狠抓人防队伍建设和训练工作。严格落实全省人防军事训练动员部署会议精神，按照训练大纲和计划，通过训练演练不断提高干部职工的指挥通信能力，结合指挥通信信息系统建设安装调试工作，开展了岗位业务技能技术训练，人员的技能技术获得较大提升。12月12日，成功组织防空警报试鸣活动。

【人防工程】 抓住蕉岭中心城区扩容提质建设和城市地下空间开发利用两大机遇，坚持人防工程建设与城市建设相协调、与城市功能开发相结合，推进人防工程建设，提高城市整体防护能力。坚持“应建尽建、应收尽收”的原则，大力推进人防“结建”工作。结合上级人防部门关于加强人防工程质量管理相关文件，有效规范蕉岭县“结建”工程建设管理中的各方主体行为，提高管理工作水平，确保人防工程防护体系建设健康发展。

【依法行政】 大力开展执法检查。对在建、已建的人防工程质量进行检查，确保人防工程质量安全，同时也对城区内未报先建的民用建筑工程进行追缴完善行政审批制度，创新服务方式。结合人防办工作职责，创新人防行政审批服务方式，继续开展“微改革、微创新”活动，针对“工业生产厂房及其配套设施等生产性建筑”项目的人防报建审批实施即时办结服务，不断提升行政效率和群众满意度。推行审批改革。积极配合行政服务中心推进深化行政审批制度改革工作，清理非行政许可审批事项。优化服务工作。加快推进本办行政审批“一门式、一网式”政务服务模式改革工作。

【宣传教育】 充分利用信息网络、广播电视、报刊杂志等载体宣传人防知识。进学校、进居民小区宣传。向县城内各中学校初二级学生发放《空袭来了怎么办》宣传册，图文并茂、生动形象的把人防法律法规知识及自救互救、紧急避险等知识介绍到位。通过邮政视频广告发布平台播放图文并茂的人防知识播放人防宣传标语,方便广大市民了解人防知识。

【"准军事化"建设】 按照"准军事化"标准建设人防,县人防办干部坚持学习制度,不断提高政治素质和业务能力,增强法律意识和法制观念,坚决贯彻执行上级的命令、指示,作风优良,纪律严明,办公秩序良好,能熟练操作使用现代化办公设备和指挥通信设施。 (戴丹媚)

2017年蕉岭县人防办负责人名录

主　任:谢志鸿
副主任:傅心军(7月离任)
　　　　邓东贵(11月任职)

组织·人事

组织工作

【教育培训】 坚持以党的政治建设为统领,教育引导全县党员干部加强党性锻炼,牢固树立"四个意识",坚定"四个自信",严格遵守党的政治纪律和政治规矩,在思想上和行动上同以习近平同志为核心的党中央保持高度一致。一是抓好党员干部思想政治教育。县委领导班子成员带头到挂钩镇村宣讲十九大精神,以上率下带动各党委(党组)书记到支部讲党课,组织全县党员干部以召开党员大会、专题学习会、"学报告学党章"考学活动等形式,切实用新时代中国特色社会主义思想武装全党。制定周密的十九大精神学习计划,抓住"关键少数",组织县管干部分4期进行全覆盖集中轮训教育,切实学懂弄通中共十九大精神。充分利用和发挥蕉岭县十九大代表徐文坚同志的优势,开展"党代表宣讲十九大精神"活动,推动中共十九大精神进企业、进农村、进机关、进校园、进社区、进军营,让十九大精神深入人心。二是深入推进"两学一做"学习教育常态化制度化。在做好组织理论学习等"标准动作"的基础上,积极开展形式多样的学习教育活动。通过佩戴党徽、窗口设岗、悬挂标牌、公开承诺践诺等形式亮出党员身份,引导党员"不忘初心,牢记使命",增强党性意识、责任意识、服务意识,争做"四讲四有"合格党员,树立党员良好形象。明确每月第一个星期五为支部主题党日,以支部为单位,组织党员带头在扶贫济困、美化环境、尊老敬老等方面开展公益活动,拉近党群干群关系。在农村党组织中建立每星期五为支部服务日,安排党组织委员担任兼职工作人员于支部服务日到服务站重点为党员提供党务方面服务,拓宽服务党员渠道。三是扎实抓好干部培训工作。年初制定详细的干部培训年度计划,县财政专门列支100多万元用于干部培训工作,保障干部培训经费。以理论武装、党性教育、能力培训和知识更新为重点,推行"党性教育课程+专题课程"模式,突出抓好理论教育、党性教育和作风教育"三堂课",着力提高培训实效。在广东省干部培训网络学院进行在线学习的原有基础上,采取"中间在外,两头在内"的模式举办了"村(社区)党组织书记培训班""实施乡村振兴战略培训班" "全县科级干部学习贯彻党的十九大精神研讨班” 等11期专题培训班,共培训4600多人次。全县共选派56人次县处级领导干部和25人次科级领导干部参加省、市举办的培训班。四是搭建党员教育培训新阵地。在三圳镇九岭村建成广东首家美丽乡村培训学院,加强对全县涉农工作党员领导干部、村“两委”班子和农村党员致富带头人的培训,着力培养造就一支懂农业、爱农村、爱农民的“三农”工作队伍。2017年9月1日学院开班以来,已举办贯彻中共十九大精神、乡村振兴、基层党建、村镇规划等培训班13期,培训635人次。

【基层党建】 以发挥基层党组织领导核心和党员先锋模范作用为重点,推进各领域党建工作不断取得新成绩。一是农村基层党建工作不断夯实。采用“先支部后村委”的方式,强化党的领导,顺利完成村(社区)“两委”换届选举,共选举产生“两委”干部544名,学历年龄结构明显优化,年轻干部和女干部比例明显提高。实施强班子、强管理、强服务和党员带头联系服务群众、带头参加公益活动、带头支持村庄建设、带头创业带富的“三强四带”工程,让党组织真正成为村级事务的“主心骨”,引导党员以带头认种一棵树、认扫一条路、认管一条圳等形式,发挥党员先锋模范作用。推进村级服务站“一厅四室”和户外宣传阵地等基础设施硬件建设,突显党味,将服务站建设成为党服务群众的平台。二是抓党建促脱贫攻坚取得实效。推行“党组织+公司(合作社)+基地+党员+贫困户””扶贫模式,找准党员致富帮扶带头人,鼓励联结贫困户创办示范基地、发展家庭农场,带动群众脱贫致富。全县已建立10个党员创业带富示范基地、树立110名党员致富帮扶带头人、培育202家家庭农场。选树新铺镇为试点,建立“党建联强、产业联动、村容联洁、文明联创、管理联治、公益联办、困难联帮、资源联享”的“八联”机制,打造省定贫困村连片建设示范区,辐射带动周边乃至全县精准扶贫取得实效。三是驻点直联工作深入开展。继续坚持“1+2+4”的直联制度,严格执行“三级联办”问题解决机制,定期研办驻点工作中发现的困难和问题,驻点团队每月底对收集的问题进行梳理总结,做到限时办结、及时回复。2017年,全县各驻点团队共定点接访群众2万多名,上门走访慰问群众近6万户14万人次,解决群众反映问题2230个。四是软弱涣散党组织如期转化。按县镇党委书记挂点、县工作组进驻、第一书记专抓等办法,坚持“一村一策”,制订整顿措施、整改清单,明确目标时限,实行“靶向疗法”,确保党组织如期转化。2017年全县共派出8个工作组负责整顿工作,查摆解决问题26个,制定整顿措施61条,解决问题和民生实事80多宗。五是“两新”组织党组织不断扩面提质。成立三个专门党委,建立县“两新”组织党工委统筹,县非公有制经济组织党委、县社会组织党委、县个体私营企业协会党委主管,各镇、县直系统党委协管的“1+3+N”工作模式。2017年全县新成立5家、撤并2家“两新”组织党支部。

【干部人才】 围绕提高干部队伍整体素质目标,不断探索干部选任工作新途径,建立和完善干部工作制度,统筹培育任用干部。一是抓好干部选拔任用工作。根据加快建设“世界寿乡·富美蕉岭” 的需要, 扎实做好干部考核调配,积极为县委使用干部当好参谋助手。全年共提交县委常委会研究讨论干部10批次,调整干部261人,其中提拔(重用)任用34人,平职交流71人,行政体制改革35人,其他任免121人。二是强化干部日常监督。严格按照“四个凡提”“五个不准”等要求,坚持干部监督联席会议制度, 把干部监督贯穿于干部培养教育、考察考核、选拔任用、日常管理的全过程。坚持“三优先”“三不批”原则,进一步规范领导干部出国(境)管理工作,全年没有一例违规出国(境)人员。三是完善乡镇绩效考核制度。制定《关于2017年度镇级工作绩效考核的实施办法》,围绕激励推动、便于操作、重点突出、以绩论功等原则,涵盖乡镇基础工作、日常工作、重点工作多个环节,为乡镇党委政府各项工作开展建立了客观公正的考核评价指标及奖惩机制。四是实施年轻干部"双挂双培"计划。通过纵向、横向、上挂、下挂等交叉挂职的形式,加强对年轻干部的多岗位滚动培养。从乡镇选派8名副科级干部到县直机关挂副局长或副主任,提高战略思维和统筹谋划能力;从县直单位选派16名优秀年轻干部到乡镇挂任党委委员或副镇长,积累基层工作经验。五是统筹推进人才队伍建设。先后制定《蕉岭县人才工作协调小组工作制度》等工作制度,使人才工作逐步走上制度化、规范化轨道。通过"三个一批",即外派一批到发达地区挂职锻炼、选派一批到有关单位挂职、下派一批到农村挂职帮扶的培养方式,提升干部综合能力。在三圳创设集人才引进与孵化的综合性、多样性的"蕉岭客家红文创体验中心"平台项目,带动形成一条创作、研发、生产、营销、旅游、创业的品牌产业链,全力推进"客韵寿乡"新农村示范村建设。

【自身建设】 强化组织干部业务学习和技能培训,培养锻炼适应新时代发展的高素质专业化组工干部队伍。一是建立健全工作制度。修订完善《中共蕉岭县委组织部机关管理制度》,理顺机关工作管理机制,严格制度执行落实,提高机关工作效率。建立机关信息报送制度,以室为单位每周上报一篇组工信息并编印成《组工内刊》,提高组工干部学习自觉性和写作水平。二是加强交流学习教育。结合推进"两学一做"学习教育常态化制度化要求,严格执行每周五下午集中学习制度,实行各室(中心)轮流讲座,不断提升组工干部能力素质,做好全县党员表率。组织到井冈山、延安和周边红色基地锤炼党性,全面提升抓党建工作的理论水平和宏观视野,为推动蕉岭振兴发展打牢基础。

【其他工作】 顺利召开县、镇党代会年会,完善县党代表工作室,不断推进县镇党代表履职常态化。拍摄完成《让贫困村旧貌换新颜》《夯实党建基础 推进脱贫攻坚》2部党员教育专题片。认真抓好党员远程教育、公务员管理、事业单位招聘、军转干部、工资福利、职称评审改革等工作。 (李敏燕)

2017年县委组织部负责人名录

县委常委、组织部长:李瑞金(7月离任)
县委常委、组织部长:胡　班(7月任职)
副部长、老干局局长:郑善荣(5月离任)
副部长、县"两新"组织党工委书记:黄远志(5月离任)
副部长、老干局局长:黄远志(5月任职)
副部长、正科级组织员:朱发庆(5月离任)
副部长、编办主任:朱发庆(5月任职)
副部长:徐金伟
常务副部长:徐金伟(9月任职)
副部长、编办主任:黄苑琼(5月离任)
副部长、县"两新"组织党工委书记:黄苑琼(5月任职)
副部长、正科级组织员:涂永平(12月任职)

机构编制工作

【控编减编工作】 蕉岭县编办紧紧围绕县委县政府的中心工作,实行蕉岭县编委对控编减编负总责制度,严格执行省市编委下发的各类控编减编政策文件,落实工作责任,及时准确更新实名制系统,严格执行编制审核,确保到2017年实现本届政府任期内行政编制不突破中央和省核定的员额,事业编制实行总量控制,不突破2012年底上报的编制总数,财政供养人员按核定编制总数配备,确保只减不增,完成了控编减编的目标任务。至2017年11月底,蕉岭县行政编制958名,政法专项编制471名,行政执法专项编制156名,与省市下达的控编基数持平;事业编制5803名,比省市下达的控编基数5881名减少78名。

【开展问题专项排查、问题整改,推动审批联动工作情况】 根据《中央编办关于加强机构编制问题整改推进审批联动的意见》(中央编办发〔2017〕11号)精神,县编办高度重视,在全县387个机关事业单位开展自查工作,严格按照中央编办意见中所列问题类型进行归类,建立《问题整改台账》,并分析问题撰写情况报告。经过自查,全县因大部制改革、历史遗留问题等原因,主要存在以下问题:1.全县因政策原因造成27个单位人员超编问题;2.全县21个单位存在行政机关混用事业编制问题;3.全县仍有35个单位存在违规超编进人现象;合计问题基数83个。经全面梳理、认真排查,针对发现的存在问题,采取不同的整改举措,至2017年底已整改完毕9个存在问题。

【一门式一网式政务服务模式改革工作】

2017年3月起,通过各级相关部门的共同努力,全县一门式一网式政府服务模式改革按照推进会布置的时间节点和工作目标有序推进,基本完成县级改革和镇、村推广工作。县、镇、村三级一门式综合服务窗口启动运行。于7月上旬完成了行政许可事项标准化的录入,行政许可事项审批正式在网上办事大厅运行。

【清理规范行政审批中介服务事项工作情况】

按照国务院全国深化简政放权放管结合优化服务改革工作的要求,蕉岭县政府办公室再次下发关于清理规范政府部门行政审批中介服务的通知,组织各相关单位认真对照本单位实施的行政审批事项所涉及的中介服务事项继续进行全面清理。2017年6月底已经完成清理规范工作,7月印发《蕉岭县人民政府关于清理规范行政审批中介服务事项(第二批)的决定》(蕉府〔2017〕8号),共涉及12个单位24项中介服务事项。

【推行权责清单制度工作情况】 蕉岭县继续推行权责清单制度工作,认真抓好权责清单跟踪监督管理工作,及时对行政许可事项进行动态调整。根据《关于开展行政许可事项目录(2017年版)制定工作的通知》(梅市机编办〔2017〕485号),组织县直相关单位对照《广东省行政许可事项通用目录(2017年版)》,重新梳理行政许可事项。2017年12月蕉岭县印发《关于印发〈蕉岭县县级行政许可事项目录(2017年版)〉的通知》(蕉府〔2017〕20号),对蕉岭县行政许可事项进行修改完善。

【减证便民工作】 蕉岭县编办牵头组织县政府直属各单位、各镇开展“减证便民”行动,会同各单位对县级层面的摸查、清理、审核论证和公布工作,确保全县清理规范工作落到实处。2017年12月27日,蕉岭县人民政府印发《蕉岭县人民政府关于印发〈蕉岭县“减证便民”保留证明事项目录〉的通知》,明确全县“各单位要求其他单位开具的证明事项目录”共保留20项,“各单位为其他单位开具的证明事项目录”共保留14项。

【机构编制专项改革工作】 一是设立了中共蕉岭县委巡察工作领导小组办公室。2017年4月24日,根据《中共蕉岭县委关于成立中共蕉岭县委巡察工作领导小组办公室的通知》(蕉委发〔2017〕06号)精神,设立中共蕉岭县委巡察工作领导小组办公室,为中共蕉岭县委巡察工作领导小组日常办事机构,核定领导职数和人员编制,确保县委巡察工作的顺利开展。二是稳步推进城市执法体制改革。蕉岭县稳步推进该县城市执法体制改革工作,2017年9月完成单位名称更改,蕉岭县城市综合管理局更名为蕉岭县城市管理和综合执法局;蕉岭县城市建设管理监察大队更名为蕉岭县城市管理和综合执法大队并完成挂牌工作。三是有序推进食盐监管体制改革。为贯彻落实《国务院关于印发盐业体制改革方案的通知》(国发〔2016〕

25号)和《广东省人民政府关于印发广东省盐业体制改革实施方案的通知》(粤府〔2016〕141号)要求,进一步完善蕉岭县食盐监管体制,经过征求相关单位的意见建议,提请梅州市政府审定同意,蕉岭县印发《蕉岭县食盐监管体制改革方案》(蕉府〔2017〕19号),依时完成食盐监管体制改革工作。四是按要求依时完成事业单位一系列改革工作。2017年5月,先后完成蕉岭县教师进修学校蕉岭县广播电视大学联校、蕉岭县长潭库区林场、蕉岭县皇佑笔林场的更名工作,印发了蕉岭县国有长潭库区林场、蕉岭县国有皇佑笔林场的主要任务内设机构和人员编制规定,圆满完成全县国有林场改革工作。

【推进统一社会信用代码证赋码工作情况】 蕉岭县编办根据工作实际,确定蕉岭县事业单位登记管理局负责全县机关、群团统一社会代码管理工作,积极推动赋码工作扎实有效开展,至2017年12月完成全县67家机关、群团单位统一社会信用代码证书发证工作。

【事业单位登记管理工作】 蕉岭县事业单位登记管理局认真贯彻落实《事业单位登记管理条例》及其实施细则,不断创新工作方法和工作手段,组织完成2017年度事单位法人年度报告及公示工作,按时报送及公示123家,完成率100%。不断加强对事业单位法人事中事后监督管理,印发了《关于开展2017年事业单位法人公示信息抽查工作的通知》(蕉机编办〔2017〕9号)文件,通过网上随机抽查和实地核查的方式进行抽查。网上随机抽查单位5个,抽查率为3.8%,符合上级的要求。对网上随机抽查实地核查中存在的问题,核查组及时与主管单位领导及该事业单位领导进行反馈,提出解决建议,同时如实填写《事业单位法人公示信息实地核查记录》,并签字盖章确认,并将抽查结果在广东事业单位登记管理网予以公布,接受社会监督。

【中文域名注册工作】 截至2017年11月,全县共完成政务公益域名注册253个,域名注册覆盖率达到100%,网站挂标率达86.1%。

(曾令雪)

2017年县机构编制委员会办公室负责人名录

主 任:黄苑琼(女,5月离任)

朱发庆(5月任职)

副主任:林桂芬(女) 丘标元

2017年县事业单位登记管理局负责人名录

局 长:徐达云

老干部工作·党校

老干部工作

【落实老干部政治待遇】 一是加强思想政治建设。一方面,加强理论学习。不定期开展老干部活动日,开展学习讨论,组织老干部深入学习中共十八届历次全会和十九大精神、习近平总书记系列重要讲话精神,尤其注重加强习近平总书记对广东工作重要批示精神的学习,引导老干部树牢“四个意识”,严守党的政治纪律和政治规矩,不信谣、不造谣、不传谣,始终与以习近平同志为核心的党中央保持高度一致,坚定支持县委、县政府的工作。通过学习讨论,及时了解老干部的思想状况,了解改革发展中各种利益关系调整给老干部思想带来的冲击,做好宣传释疑工作,使老干部了解形势、支持发展,做到政治坚定、思想常新。同时,积极为老干部订报订刊,提供精神食粮,除在老干活动中心订有多种报刊外,2017 年全县征订《秋光》杂志共 650 份,订购 50 本《广东老干部政治理论读本》供全县离退休干部学习。另一方面,积极引导参政议政。坚持每半年一次由县领导向老干部通报全县经济社会发展情况制度,搭建交流沟通平台,及时向老干部传达中共十九大精神、习近平总书记系列重要讲话精神,以及政策法规、各级文件等,宣传县委、县政府决策部署,通报经济社会发展新思路,汇报经济社会发展新成效,提高老干部对党委政府工作的知晓率。坚持重要会议、重大活动邀请老同志参加制度。如县党代会、人代会、十九大精神报告会、十九大精神培训开班动员会等全局性会议均邀请老干部代表参加,共同为地方发展计、长远计。对老干部提出的意见建议,及时协调和督促相关部门抓好落实,并及时给予答复或说明,让老干部感受到他们的关注也是党委政府的关注,从而提升对党委政府工作的认同感。

二是加强党组织建设。把成立县委离退休干部党工委作为老干部工作的关键,纳入全县党建总体布局,着力构建离退休干部党工委的组织网络,健全完善县委主要领导、组织部门和老干部工作部门齐抓共管的党建工作责任制,推动建成增添正能量的“发动机”。根据《中共广东省委办公厅关于成立中共广东省委离退休干部工作委员会的通知》(粤委办〔2016〕83 号)精神,经县委同意,于 6 月 23 日成立县委离退休干部党工委,负责做好全县离退休干部思想政治引领和组织建设工作,办公室设在县委老干部局,由老干局局长担任党工委书记。

【落实老干部生活待遇】 按照上级文件要求和蕉岭县政策,离休干部从 7 月起,分别增加生活长期不能自理的离休干部护理费 600 元和住房维修和物业管理费 500 元。全县 17 名企业离休干部医药费共支付 85.5 万元,加大财政支持力度,确保离休干部医药费按规定实报实销。为了使老干部得到更好的医疗待遇,蕉岭县为 19 名符合条件的离休干部办理了生活长期不能自理的护理费。6 月,组织全县离休干部、副处职以上退休干部和团级转业退休干部进行体检。

【开展正能量活动】 按照《关于开展以“畅谈十八大以来变化、展望十九大胜利召开”为主题的正能量活动的通知》(粤老干通〔2017〕25号)精神,坚持把开展正能量活动作为2017年老干部工作的重中之重,深入开展“五项行动”,把老同志蕴藏的优势资源挖掘好、开发好、运用好,把“畅谈”和“建言”搞出味道,为全力建设“世界寿乡·富美蕉岭”,助力广东实现“四个坚持、三个支撑、两个走在前列”注入强大正能量,不断增强老干部服务经济社会发展的成就感。

一是开展“建言”“畅谈”座谈会。4月11日下午,组织老干部召开“建言”“畅谈”座谈会。会上学习传达市委老干部局《关于转发〈中共广东省委组织部 中共广东省委老干部局关于开展“以畅谈十八大以来变化、展望十九大胜利召开”为主题的正能量活动的通知〉的通知》。与会老同志对“建言畅谈”活动进行热烈的交流讨论。大家一致认为,中共十八大以来,在国家主席为核心的党中央坚强领导下,党和国家各项工作取得了重大进展,特别是全面从严治党、反腐败等工作取得了很大的成果。

二是开展“传播双100句”行动。根据主题活动要求,印发《我最喜爱的习近平总书记的一句话(100句)》正能量宣传小册子发到每一位离退休干部,形成传递正能量的良好氛围,使大家在日常生活中口口相传,在轻松领悟中升华境界,在相互影响中传播正能量。

三是开展参观学习活动。以蕉岭解放68周年为契机,丰富老干部的精神文化生活,组织在城身体健康的15位离休干部到瑞金参观学习。这次活动既是贯彻落实全国老干部工作“双先”表彰大会、全国和省老干部局长会议精神,也是落实离退休干部政治待遇的重要内容,既是“两学一做”学习教育的延展深化,也是开展“畅谈十八大以来变化、展望十九大胜利召开”系列活动的重要载体。

四是开展老年人群众性文艺会演活动。为深入开展党和人民的事业增添正能量活动,喜迎中共十九大胜利召开,9月举办“喜迎党的十九大、不忘初心跟党走”为主题的梅州市老年人文艺比赛和文艺会演。老干局高度重视,指定由县桂岭老干部艺术团负责组织实施,从优秀节目中挑选,选送节目获得二等奖。桂岭老干部艺术团还获邀参加中国老促会等联合举办的第二届电视网络春晚的节目录制。

五是开展参观考察活动。10月27日上午,蕉岭县委、县政府,组织16名离退休老干部参观考察了县重点工程建设项目。离退休老干部先后参观了广东塔牌集团新上年产600万吨水泥(熟料)项目建设、“一场一馆一中心”建设、桂岭学校项目建设、县人民医院整体搬迁建设、广东(蕉岭)美丽乡村培训学院及农旅融合片区,详细了解每个项目的建设和运行等情况。10月29日上午,再次组织老游击战士联谊会19名会员浏览了蕉岭县长潭AAAA景区,参观考察了县“山水绿城”、三圳九岭党史和廉政教育基地的建设等。

【落实好事实事】 一是扎实推进老干部学习活动场所建设。加快县老干部大学校舍建设进度,2017年2月13日与中标单位签订施工合同,并于5月初动工建设。

二是精心组织走访慰问活动。为体现党和政府对离休干部的关爱,在做好管理服务的同时,开展离休干部生日慰问活动,对高龄离休干部生日进行上门慰问,送上生日蛋糕和慰问金,为生日老干部送上祝福和问候。做好节日慰问。2017年春节,及早做好慰问计划,筹措慰问经费,组织对全县离休干部、县级(实职)退休干部和团级转业干部进行慰问,还远赴汕头、普宁、深圳、广州、珠海等地慰问外地居住老干部;“三八”“七一”“八一”及重阳节等均组织开展走访慰问老干部活动,使老干部倍感节日的温暖。做好平时慰问。坚持做到“有病必探、有事必访、有难必帮、有丧必奔”,只要有老干部住院或病故,都派员前往慰问和悼念,询问病情、安抚情绪、了解情况、帮助解决实际问

题。2017 年,共走访慰问老干部 200 多人(次),到各级医院探病 60 人(次)。（张丽芳）

2017 年县委老干部局负责人名录

县委组织部副部长、县委老干部局局长:
郑善荣(6 月离任) 黄远志(6 月任职)
县委老干部局副局长:张丽芳(女)

党校工作

【主体班培训工作】 2017 年县委党校举办各类培训 56 期,共 5093 人次,分别是入党积极分子培训班、美丽乡村建设培训班、青年干部培训班、创新发展培训班、基层党建工作专题培训班、"两代表一委员"履职培训班、全县村(社区)党组织书记、村(居)委主任培训班、全县科级领导干部学习贯彻中共十九大精神专题培训班、全县专业技术人员继续教育公需科培训班。

【外培班工作】 充分利用"基层治理实践成为全国基层治理改革样本"优势资源,在继续做好三圳芳心村、九岭村教学基地的基础上,打造新的教学基地长潭镇白马村,让外地学员更深刻感受"蕉岭创新基层社会治理所取得的成绩"。2017 年,吸引周边党校 27 批培训班,培训 1594 名外地学员,提升蕉岭对外的宣传力和影响力。

【外宣工作】 在抓好主体培训工作的同时,配合县委宣讲团,结合蕉岭县实际,围绕中共十八大和十九大精神,党章、习近平总书记系列讲话,中国梦、省第十二次党代会精神等专题,到各党委、县直单位进行宣讲。2017 年,该校领导和教师到各镇党委、县直单位宣讲 120 多场次,培训各类党员干部 10000 多人次。

【队伍建设】 一是选送教师到省、市委党校培训。2017 年,选送 5 名骨干教师到省委党校参加不同类型的培训,选送 5 名教师参加市委党校的培训。二是提升能力,全力培养"政治强、业务精、作风好"的党校教师队伍。2017 年,2 名教师评上高级讲师,并于同年被聘用。10 月底引进 1 名中学高级教师。

【扶贫工作】 该校扎实抓好长潭镇浒竹村的精准扶贫工作,多次到村了解该村基本情况及扶贫户的具体情况,2017 年安排扶贫资金 16000 元,帮助群众脱贫致富。浒竹村 29 户贫困户已全部脱贫。（钟国波）

2017 年县委党校负责人名录

校　长:黄金松
副校长:陈文峰 杨文敏

宣 传 工 作

宣传工作

【理论武装】 落实意识形态主体责任制，抓好相关文件精神的传达学习，与全县各基层党委签订了《落实党委(党组)意识形态工作责任制责任书》,确保全县意识形态领域安全。抓好党委中心组理论学习,发挥县委中心组龙头示范作用,举办“党的十九大精神”专题学习研讨,集中学习14次。深入开展基层宣讲活动,先后组织开展了学习宣传贯彻习近平总书记重要批示精神、省第十二次党代会精神和中共十九大精神等主题宣讲活动。全年宣讲达200多场(次),2万多名党员干部及群众参加了宣讲报告会。开展“学习贯彻中共十九大精神”理论文章征集活动，有多篇文章获市委宣传部奖励。扎实推进社科工作，搞好人文社科基地建设，蕉岭县第一党支部旧址被评为市人文社科普及基地。

【舆论宣传】 围绕县委县政府中心工作,通过开辟专栏、系列报道等形式拓宽新闻宣传的广度和深度。全年蕉岭台播出新闻1708条,上送市台播出新闻471条。在中央省市媒体发表新闻稿495篇。在《南方日报》《羊城晚报》《梅州日报》等主流报刊刊登新闻专题21期。精心制作了《世界寿乡·富美蕉岭》《国家地理标准产品冬笋淮山》《环境整治城市建设等系列暗访片》等专题片。策划制作《学习贯彻十九大精神》《习近平新时代中国特色社会主义思想》《十九大党代表徐文坚》《创建文明城市》等公益广告。面向全国开展世界长寿乡蕉岭logo标识征集活动,加大世界寿乡的宣传推广。精心制作融入百家姓家训文化元素的蕉岭竹板文化创意产品作为第五届世界客商大会的文化礼品。做好“行走梅州·美丽乡村”网络媒体采风团采风工作。办好中国·蕉岭网、蕉岭宣传网、“蕉岭发布”政务微博、“长寿蕉岭”政务微信,在无线梅州开通“蕉岭直播”。加强网络舆情信息监控工作，把握网络舆论的主动权,全年共监测到网络舆情20次,均进行及时处理。

【文明创建】 以梅州市启动创建全国文明城市为新的动力，扎实开展文明县城巩固提升。围绕县委县政府建设“山水绿城”的目标定位,大力加强城区“六乱”整治和规范城区秩序,实行网格化、常态化管理,推进县城美、绿、亮、净化。按照“七个一”要求,全力推进文明镇村创建活动,全县有3个农村祠堂被授予梅州市示范文化祠堂，三圳镇九岭村获评广东省文明村。大力挖掘和宣传“身边好人”,培育树立一批先进典型,汤娜、李小珍先后荣获2017年第二、第四季度“广东好人”称号,丘浩旋荣获第三批“广东省岗位学雷锋标兵”、广东省“最美志愿者”称号。大力加强未成年人思想道德建设,推进文明校园创建活动,开展“我的中国梦”“扣好人生第一粒扣子”等主题教育实践活动,加强感恩教育、法制宣传教育和“中国梦”学习教育。加强对4间乡村学校少年宫的指导和管理，完善未成年人思想道德教育阵地建设。2017年,蕉岭中学、田家炳实验中学、县人民小学、县实验小学、县友邦小学共5所学校获评第一届梅州市文明校园。

【文化建设】 扎实推进公共文化服务设施建

设，完成10个农村文化俱乐部、10个文化驿站和60个行政村文化服务中心建设任务。图书馆总分馆试点建设顺利通过省、市验收。加大文化遗产保护力度，完成丘逢甲故居和萱德楼修缮工程验收，编制石寨土楼、桂岭书院申报第八批全国重点文物保护单位推荐材料，做好省定贫困村不可移动文物和县级文物保护单位的保护标志挂牌工作，编印蕉岭县博物馆第一次全国可移动文物普查成果一书，完成蕉岭县图典资料的整理编撰，对全县的名人故居和古村落进行摸底调查，组织新铺镇下南村向省申报第六批"广东省古村落"。开展多元化的文体活动，组织开展了金狮大锣鼓表演赛、喜迎十九大"富美蕉岭"摄影展等系列活动。选派选手参加2017年客家文化（非遗）艺术周，荣获1个银奖、4个铜奖。创作排演小戏《糊涂案》，荣获剧目奖。参加深圳文博会、梅州客博会，作品《丘逢甲故居》荣获"中国工艺美术文化创意奖"银奖，作品"渔樵耕读"和"蕉岭赋"荣获第二届"客都文化杯"文化创意产品大赛银奖和入围奖。（谢舒悦）

2017年县委宣传部负责人名录

部　长：凌　浚（8月离任）
　　　　谢　涛（8月任职）
副部长：李　最　管煌南　刘燕玲（女）

精神文明建设

2017年，全县精神文明建设工作紧紧围绕服务县委、县政府的工作大局，突出迎接和学习宣传贯彻中共十九大和省第十二次党代会胜利召开这一主线，坚持以培育和践行社会主义核心价值观为根本，以创建新一轮县级文明城市工作为统领，扎实推进县、镇、村三级文明联创，为建设"世界寿乡·富美蕉岭"提供强大的精神动力。

【扎实开展文明县城巩固提升】 以梅州市启动创建全国文明城市为新的动力，对照新版测评体系标准，分解细化各职能单位的责任分工，补短板，促提升。全县上下紧紧围绕县委政府建设"山水绿城"的目标定位，大力推进实施城区扩容提质工程，不断完善城区功能配套，提升县城品位。同时，大力加强城区"六乱"整治和规范城区秩序，实行网格化、常态化管理，不断推进县城美、绿、亮、净化。4月1日至24日，组织举办了2017年"倡导全民阅读—共建书香蕉岭"大型惠民图书巡展活动。6月以来，组织县心连心义工协会、阳光爱心团队等众多志愿者，在城区各主要路段经常性开展以"文明出行·从我做起"为主题的文明出行志愿宣传活动，加大文明宣传引导，进一步规范市民日常文明行为。

【全面推进文明镇村创建活动】 各镇结合本镇实际，因地制宜，按照"七个一"（建设一批核心价值观主题公园、建设一批镇村"道德讲堂"、打造一批文化祠堂、组建一支志愿服务队、创建一批"星级文明户"、挖掘一批身边好人、开展一系列群众文化活动）的建设要求，大力推进文明镇村及星级文明户创建活动。三圳镇加大力度推进省级新农村文明示范片的建设提升，兴建了苏区党旗红展览馆，引资开办了蕉岭县客家红文创体验中心，建设打造了蕉岭县客家农夫农业公园、长寿文化公园、九岭荷花基地廉洁文化公园等。新铺镇大力推进中心镇"六个一"项目建设，着力打造"三园两桥一街一堤一镇一名居"。2017年，三圳镇芳心村戴氏宗祠、长潭镇白马村林氏宗祠、文福镇白湖村丘氏宗祠（福寿堂）3个农村祠堂被授予梅州市示范文化祠堂；三圳镇九岭村获评广东省文明村。

【大力挖掘和宣传"身边好人"】 2017年，培育树立了一批先进典型。如汤娜、李小珍先后荣获2017年第二、第四季度"广东好人"称号；丘浩旋荣获第三批“广东省岗位学雷锋标兵”、2017年广东省“最美志愿者”、梅州市“最美志愿者”称号;县心连心助学“1+1”项目再次获评2017年广东省和梅州市“最佳志愿服务项目”;杨凯桂、刘秀香和张慧3户家庭荣获首届梅州市“文明家庭”称号;卢燕彩、张荣福2人荣获第七届梅州市道德模范提名奖。同时,切实加强对身边好人的关爱帮扶工作,如2017年春节前夕,专门组织对谢豪、罗伟、丘丽3位“广东好人”进行了走访慰问,并送上每人2000元的关爱慰问金,大力营造德者有得、好人好报的良好社会氛围。

【大力加强未成年人思想道德建设】 继续推进文明校园创建活动,在中小学生中广泛组织开展“我的中国梦”“扣好人生第一粒扣子”等主题教育实践活动。加强感恩教育、法制宣传教育和“中国梦”学习教育,着力培养未成年人的社会责任感、创新精神和实践能力。加强对4间乡村学校少年宫的指导和管理,不断完善未成年人思想道德教育阵地建设。蕉城镇中心小学乡村学校少年宫项目申报获得2018年中央专项彩票公益金支持。2017年,蕉岭中学、田家炳实验中学、县人民小学、县实验小学、县友邦小学共5所学校获评第一届梅州市文明校园。

(谢舒悦)

2017年县文明办负责人名录

主　任:丘仕松(8月离任)
副主任:徐秋琳

统战·港澳台工作·外事侨务

统战工作

【强化理论武装,巩固统一战线共同思想基础】

组织统战干部、统战成员认真学习中共十八大、十八届历次全会和习近平总书记系列重要讲话精神,学习《中国共产党统一战线工作条例(试行)》,学习统战政策理论、中央、省、市关于统战工作的重大决策部署和重要文件、会议精神。中共十九大胜利召开后,全县统战系统迅速掀起学习宣传贯彻十九大精神的热潮,县委分管领导亲自为统战系统干部职工作专题辅导报告,并提出学习贯彻意见。统战系统各单位也结合各自实际,开展学习培训,引导统战干部、统战成员不忘初心,牢记使命,进一步树牢“四个意识”,坚定“四个自信”,推动统战工作在新时代实现新发展。

【服务发展大局,彰显统一战线重要法宝作用】

一是开展建言献策、参政议政活动。围绕“一城两业三组团”发展格局和建设“世界寿乡·富美蕉岭”发展目标,通过引导民主党派、工商联开展专题调研,组织召开党外代表人士座谈会等方式,鼓励党外人士调查研究、建言献策、参政议政,为县委、县政府决策部署提供了智慧支撑。县“两会”期间,县农工民主党共提交集体提案3件、个人提案2件,工商联会员中的人大代表、政协委员提交建议提案12件,涉及经济建设、环境整治和民生问题,多数建议提案被采纳并转化为工作措施和行动。如农工民主党《关于加快环东河整治的建议》,已作为该县重点项目,正在组织实施。二是围绕“两个健康”,服务非公经济发展。坚持团结、服务、引导、教育的方针,积极推动该县非公有制经济转型升级。县领导挂钩重点企业、重点项目建设,支持企业转型升级,做大做强。塔牌集团600万吨水泥项目一期工程点火投产,并以第二大股东身份共同发起设立梅州客商银行。固特超声坚定走"产学研一体化"的道路,目前已授权和正在申请的国家专利有70多项,产品200多种。蕉岭绿茶、桂岭蜂蜜被认定为国家地理标志保护产品,新铺商会副会长林榱良入选全省首届20佳种粮大户。加强工商联和商会组织建设,进一步充实工商联领导班子,做好会员发展工作,成立深圳蕉岭商会,筹建广东蕉岭商会。积极组织工商联、商会会员到发达地区、本地企业参观学习,开拓视野,增长见识,提高素质。三是发挥独特优势,服务改善民生。加大统一战线服务民生的力度,引导统一战线力量服务民生,造福社会。组织工商联会员参与支持美丽乡村建设,开展爱护环境承诺暨情系环卫新春慰问活动、长寿老人和困难群众慰问活动,在修桥筑路、捐资助学、扶贫济困等方面出钱出力,营造了奉献社会、共建和谐的良好氛围。组织各宗教团体、宗教界人士开展2017年广东扶贫济困日暨宗教慈善周活动,捐款5万余元。积极引导"三胞"参与公益事业,台胞吴发彬、侨胞陈志明,汤建英、陈慧娜(女)、汤会平(女)等在家乡学校以设立奖教奖学金、扶贫助学金、捐赠教学设备等各种形式支持家乡的教育事业,助力家乡教育事业发展。实施扶助贫困归侨行动,为全县147户因自然灾害、突发性事件、家庭成员患重病或其他特殊情况造成生活困难的特困归侨家庭发放扶持资金26.94万元。

【加强联络联谊,不断拓展统战工作】

一是加强侨情传播。通过《蕉岭乡音》、侨联网站、蕉岭"侨台之家"微信平台等,做好侨讯、侨情的传播,不断扩大对外宣传力度,架设"三胞"与家乡联系的桥梁,增进家乡情结。二是开展联络联谊。参加梅州市各级政协委员联谊会庆祝香港回归20周年暨第二届常董会就职典礼、澳区梅州市各级政协委员联谊会第二届领导架构成员就职典礼、世界客属第二十九届恳亲大会、澳门第三届世界客属青年大会等重要活动。全力以赴做好世界客商大会期间蕉岭籍嘉宾的联络接待服务工作,以及苗栗县县长徐耀昌、澳门嘉应同乡会创会会长黄铨昌、香港社团总会访问团、"2017海峡两岸青年广东客家文化夏令营"、第十六届梅台两地青年夏令营暨第十二届中华文化小天使交流体验营,印尼万隆客属联谊会"中国寻根之旅"夏令营梅州营等访问团体。全年共接待海外侨胞和港澳台同胞4350人次,侨团组织、港澳台回乡访问团43个4350人次。三是协助寻根问祖。协助马来西亚蕉岭同乡会会长林柏辉一行40人、印尼万隆客属联谊会主席黄裕琴一行20多人、台湾"中华航空集团"董事长何煖轩、巴西中华书法学会会长刘树德等寻根问祖,全年协助港澳台及海外侨胞寻根问祖达15宗,实现了他们认祖归宗的愿望。四是加强为侨服务。共有20多人次到侨联咨询涉侨法律法规,工作人员均作了详细的解释答复。五是创建侨界人文社区。按照"以人为本、环境舒适、配套完善、文明和谐"的要求,把三圳镇芳心村定为该县创建"侨界人文社区"示范点,标志着该县侨界人文社区工作迈上了一个新台阶。

【凝聚团结力量,促进民族团结宗教和顺】

一是抓好在蕉少数民族人员的服务管理。深入开展民族团结进步宣传教育活动,积极帮助外来少数民族解决实际困难,妥善处理矛盾纠纷。二是抓好宗教场所管理。对全县41处开放场所、1处临时登记场所的管理、安全、财务、活动等每季度进行检查,兴化寺、大佛寺、居士林、高台庵、蕉城基督教堂和叟乐天主教堂等6个宗教场所被列为消防安全重点场所。做好兴化寺停车场山体滑坡安全隐患警戒隔离和周边群众紧急撤离工作,确保宗教场所的安全。全县没有不合格的宗教活动场所,未发生安全事故,没有发生违法行为。三是注重教职人员素质提升。积极开展以“教风”为主题的和谐寺观教堂创建活动,进一步提高了教职人员从业水平和业务素质。四是做好突发事件防范工作。成立民族宗教领域敏感问题和突发事件应急处置工作领导小组,加大抵御境内外敌对势力的渗透和打击非法宗教活动力度,继续加强基督教私设聚会点的治理整顿巩固工作,有效地维护了宗教领域的稳定。

【涵养统战资源,开展两项调查摸底工作】

一是开展新的社会阶层人士调查摸底工作。为加强该县新的社会阶层人士统战工作,精心打造一支与党同心同行的新的社会阶层代表人士队伍,由县委办发出《关于做好新的社会阶层人士调查摸底工作的通知》,由县委统战部牵头,会同宣传、科工商务、民政、司法、财政、文体旅游局、人社局等有关部门沟通协调,密切协作,采取召开会议、走访等方式进行调查摸底,为下一步组建新的社会阶层人士联合会会员奠定基础。二是开展港澳台及海外乡亲数据调查摸底工作。通过文件、会议形式部署调查摸底工作,通过提供工作经费、镇村干部进村入户开展调查,进一步充实了港澳台及海外乡亲数据资料,为进一步做好联谊系情工作提供了可靠的基础。 (吴月环)

2017年县委统战部负责人名录

部　　长:刘仁忠(8月离任)
　　　　　徐杞文(8月任职)
常务副部长:夏新明(1月任职)
副 部 长:钟志勇　徐伟强(5月离任)
　　　　　杨燕春(女)

民族宗教、外事侨务、港澳台工作

【概况】 全面落实国家、省、市各项民族宗教、外事和港澳台侨政策;紧紧围绕县委县政府中心工作,加大外引内联的联情联谊活动,努力开拓侨台工作新局面,全县宗教活动场所和谐稳定,宗教活动开展健康有序,各项工作扎实推进。2017年,接待侨团组织、港澳台回乡访问团43个1350人次,为侨胞、侨眷、港澳台同胞和台属排忧解难17宗,海外侨胞、港澳台同胞捐资公益事业180多万元。

【民族宗教工作】 扎实开展全县宗教活动场所安全隐患排查整治。制定安全检查工作方案,落实消防安全职责,明确消防安全责任人,与各宗教活动场所签订《蕉岭县宗教活动场所消防安全宗旨责任书》,全年共对全县41个宗教活动场所进行了120多次全覆盖安全工作检查,确保了全县宗教活动场所的安全。

做好全县各宗教场活动场所统一社会信用代码赋码和信息数据采集工作。一是精心部署安排,制定实施方案,明确各宗教活动场所赋码和信息数据采集工作的任务、时间要求。二是严格审核把关,确保信息质量,确保各项信息的准确性、真实性,有效推动了全县宗教工作规范化、标准化建设。

积极开展抵制防范境外宗教渗透工作。一是加强对重点场所的管理和防控,及时掌握动态。二是及时处置基督教家庭聚会。要求其停止私设聚会的行为,到登记开放的合法宗教活动场所进行宗教活动。提高宗教教职人员的素质。为进一步推动全县宗教活动场所管理人员深入学习贯彻中共十九大精神,邀请县委党校高级讲师作《关于认真学习宣传贯彻党的十九大精神》专题辅导报告,准确领会把握党的十九大精神的思想精髓、核心要义,把力量凝聚到实现中共十九大确定的各项任务上来,同时,组织开展新修订的《宗教事务条例》学习。引导宗教界开展慈善活动。引导宗教积极参与社会慈善公益活动。据统计,全县宗教界捐助慈善款达25万余元,用于开展灾害救助、扶助残疾人、扶贫助困、捐资助学、新农村建设等公益慈善事业。

【港澳台侨工作】 一是交流交往工作。加大港澳台交流力度。接待了侨团组织、港澳台回乡访问团43个1350人次，促进了交流合作，增进了乡情乡谊。做好青少年夏令营的交流工作。印尼万隆客属联谊会“中国寻根之旅”夏令营梅州营一行41人，走进蕉岭参观访问、寻根访祖，感受寿乡文化，增进了印尼华裔客家师生对客家文化、世界寿乡——蕉岭的了解和认识。由嘉应学院客家研究院举办的“2017海峡两岸青年广东客家文化夏令营”一行60人，到蕉岭参加活动。为促进海峡两岸客家文化青年学子的友好交流，提升台湾客家青年对大陆原乡客家文化的认识与了解而举办的活动。台湾苗栗县政府劳工及青年发展处处长彭德俊率第十六届梅台两地青年夏令营暨第十二届中华文化小天使交流体验营一行30人，到蕉岭参访交流。主动出访联情和学习交流。县政协主席钟梅芬率团参加港区梅州市各级政协委员联谊会庆祝香港回归20周年暨第二届常董会就职典礼，参加澳区梅州市各级政协委员联谊会第二届领导架构成员就职典礼活动。县委常委、统战部部长徐杞文率团参加世界客属第二十九届恳亲大会。应澳门嘉应同乡邀请，县澳门回归纪念学校师生一行22人到澳门交流学习。二是为港澳台侨排忧解难，提供服务。2017年，协助港澳台及海外侨胞寻根问祖15宗。如帮助台湾“中华航空集团”董事长何煖轩在南礤镇蓝源村找到了根，实现了其认祖归宗的愿望。实施了扶助贫困归侨行动。争取省市侨办支持下拨专项资金扶持贫困归侨，为全县147户因自然灾害、突发性事件、家庭成员患重病或其他特殊情况造成生活困难的特困归侨家庭发放了累计269400元的扶持资金。

【扶贫捐赠助学助教工作】 抓好扶贫挂钩工作。该局挂钩省定贫困村蕉城镇湖谷村，发动农户种植木耳投入30多万元，安装光伏发电，投资约50万元，通过实施产业扶贫项目，带动农户脱贫奔康。台胞吴发彬回到家乡，为蕉岭中学、华侨中学、晋元中学、三圳中心小学等地颁发奖教奖学金和捐赠一批教学设备，助力家乡教育现代化建设和教育事业发展。(王广城)

2017年度县民族宗教和外事侨务局(县港澳台工作局)单位负责人名录

局　长：张晋悦
副局长：黄小文(11月离任)
　　　　陈仕荣(12月离任)
　　　　古利红(女，11月任职)
　　　　陈巧芳(女，12月任职)　陈振春
党组成员：刘丰波

侨联工作

【服务侨胞，维护侨益】 县侨联坚持“侨胞利益无小事”，贯彻落实《中华人民共和国归侨侨眷权益保护法》，关注侨界民生，加大为侨服务工作力度，情系侨胞，切实维护海外侨胞、港澳同胞、归侨侨眷的合法权益。

一是温暖侨心，开展送温暖活动。年初，县委常委、统战部长刘仁忠同志率领侨联干部职工到三圳镇看望慰问困难归侨，同时，对去世的归侨，县侨联均派员到其家中，送上慰问金和花圈，对家属表示慰问。

二是实施侨界助学行动。县侨联积极争取县委、政府及市侨联的支持，为县侨界困难家庭子女开展“侨界助学行动”，部分困难学生得到了帮助。据统计，市县侨联2017年资助了9位学子。同时，积极为县教育事业对外起到穿针引线作用，促成了侨领对助学和教育事业的大力支持。如陈志明、汤建英(女)、陈慧娜(女)、汤会平(女)等侨领在家乡学校设立奖教奖学金、扶贫助学金各种形式的支持和关心家乡的教育事业。

三是协助做好寻根问祖工作。县侨联积极协助做好华侨寻根问祖工作。马来西亚蕉岭同乡会会长林柏辉带领马来西亚侨胞40人到蕉岭寻根问祖;印尼万隆客属联谊会会长徐晋鸿等一行20多人回乡探亲、寻根;巴西中华书法学会会长刘树德回乡寻根等。

四是提高服务水平,维护合法权益。加强为侨服务工作,切实维护海外侨胞和华侨企业在国内的合法权益,是侨联的重要职能。如接长潭镇外出华侨亲属反映,他们名下侨房道路被邻居建房无故占用,接件后,县侨联积极协调职能部门,及时跟进事情发展,较好地处理事态发展。在做好涉侨调解工作的同时,县侨联还认真做好归侨侨眷的日常来访工作。2017年,共有20多人次到侨联咨询涉侨法律法规,工作人员均作了详细的解释答复。

五是扎实推进创建侨界人文社区工作。为贯彻落实省、市侨联《关于进一步做好创建侨界人文社区的通知》等精神,县侨联按照"以人为本、环境舒适、配套完善、文明和谐"的要求,把三圳镇芳心村定为县创建"侨界人文社区"示范点。在创建过程中,侨联领导经常深入到芳心村,从组织、队伍、经费、场地、活动等方面加以指导并专门拨出经费用于创建活动。此次创建侨界人文社区活动,得到了印尼侨领徐晋鸿先生的热心支助,使活动场所设施设备更趋完善。2017年9月梅州市侨联对县三圳镇芳心村成功创建广东省侨界人文社区示范点举行挂牌仪式,标志着县侨界人文社区工作迈向了一个新台阶。

【加强对外交流交往,进一步凝聚乡亲亲情】

一是做好侨领回乡的接待工作。2017年重点接待了美国帆布供应公司总裁吴灏、马来西亚同乡会长林柏辉、马来西亚中国客家商会会长蓝金海、印尼蕉岭同乡会及雅加达客属联谊会青年部主任汤新元及其父汤锡洪、马来西亚侨领林集贤及其子林荣忠、旅印尼杰出侨领黎次珊汤建英伉俪、印尼万隆客属联谊会创会主席梅州市侨联顾问黄裕琴、会长徐晋鸿、印尼中华总商会主席黄德新先生等重要侨领。对于他们回乡考察、参观、探亲,县侨联都做到热情接待。

在世界客商大会举行期间,县侨联全力以赴地做好重要侨领的对接工作, 安排好陈志明、汤新元、林柏辉、林集贤、林集群在梅州市及县系列活动中的行程,服从好大局,服务好侨领。

二是做好出访的联情工作。10月9日,县侨联林晓红、钟艳琴到澳门参加以"世界客青濠江聚,一带一路客家情"为主题的第三届世界客属青年大会。10月13日,县委常委、统战部部长徐杞文,县侨联主席林晓红参加了在香港举行的世界客属第二十九届恳亲大会。县领导在出访期间,与各地的乡亲亲切交谈,共叙乡情,共谋发展。同时还利用出访之机,拜访了大批社团乡亲,特别是重要人士,拓宽了工作领域,增进了感情。

三是做好侨情的传播工作。县侨联非常重视侨讯、侨情的传播,不断扩大对外宣传力度。通过《蕉岭乡音》、侨联网站、蕉岭"侨台之家"微信平台等, 弘扬侨胞爱国爱乡的光荣传统,大力宣传世界长寿乡蕉岭的发展、变化、所取得的成绩, 架设海外侨胞与家乡联系的桥梁,使海外侨胞第一时间知道家乡的情况,加深他们对家乡的了解,增进家乡情结,更好地为侨服务和为经济建设服务。 (汤锦元)

2017年县归国华侨联合会负责人名录

主　席:林晓红(女)

副主席:古利红(女,10月离任)

　　　　徐瑜(10月任职)

信访·接待·保密

信访工作

【概述】 全年受理群众来信来访810件人次，同比上年1123件人次减少313件人次，下降27.9%。来信4件，同比上年6件减少2件，下降33.3%。网上信访514件，同比上年989件减少475件，下降48%。全年实现了“无进京越级上访、无大规模到省集体上访、无因信访问题引发的极端恶性事件和舆论炒作”的目标，被国家信访局授予2017年全国信访工作“三无县”称号。

【优化工作机制，推动责任落实】 一是坚持领导“四访”制度。全年县党政领导定点接访群众109批250人次，下访接访群众196批322人次。二是强化研判机制。严格执行镇分管信访的党委副书记或党委书记每周召集一次，县委政法委书记或县委副书记每月召集一次，县委书记每季度召集一次的信访维稳工作研判制度。三是强化保障机制。按照“五统一”要求，从县委维稳办、公安、信访、人社和民政等部门抽调精兵强将，组建信访维稳突出问题化解处置工作专班。在经费保障方面，县财政专门拨出经费给各镇、工作专班以及信访部门，专项用于信访维稳工作。

【围绕“事要解决”，做好群众来信来访工作】

耐心细致做好来信来访群众反映问题的登记、受理，认真解释到访群众咨询的有关问题，尽力协调相关单位调处化解矛盾纠纷。全年为群众现场解释反映的问题77宗，现场成功调解矛盾纠纷34宗；同时严格实行党政领导包案制度，全年共滚动排查交办领导包案处理信访相对突出问题79宗，有效地减少了群众重复上访或越级上访的现象。

【注重业务基础，全面规范到位】 一抓办理水平提高。严格按照《信访事项网上办理工作规程》要求，加强对各镇、县直有关单位信访工作人员的培训，确保将来信、来访、网上信访提出的信访事项及时完整登记录入系统，确保办理程序规范，实体处理公正。二抓平台优化。创建蕉信工作微信群，将全县信访干部纳入其中，达到相互交流学习、共同提高业务水平目的。同时投入30万元，完善视频信访系统建设，实现了中央、省、市、县四级信访工作机构的纵向互通；开通了信访微信公众号和手机信访客户端APP，进一步畅通了群众的信访渠道。

【做好重要时期的信访维稳工作】 为切实做好全国“两会”、中共十九大特别防护期、第五届世界客商大会等重要时期的信访维稳工作，认真制订了相关工作方案，成立了县信访维稳工作临时领导小组，设立了应急劝返小组。各级各有关部门严格落实工作责任，实现了中共十九大期间等重要时期蕉岭县群众到市到省进京“零上访”的目标。

【加强督查督办，确保落实到位】 不断加大信访工作督查力度，促使基层排查更细、工作更实，全面筑牢第一道防线，着力从源头上减少信访突出问题的发生，将矛盾纠纷化解在萌芽状态。全年共督办具体信访案件 78 宗,其中电话督办 37 宗,现场督办 41 宗,有力地推动了信访事项的解决。（赖荣新）

2017 年县信访局负责人名录

局　长:林　威
副局长:肖玉华(女)　赖荣新
　　　　周月芬(女,10 月挂职)

接待工作

【概述】 2017 年县委接待科坚持“围绕发展搞接待、搞好接待促发展”的理念,突出“服务政务、服务经济、服务客商”的主题,上下一心、精心组织、周密安排、热情服务,圆满完成了各项接待任务。全年共承担公务接待任务 500 多批共 13000 多人次。出色完成了对省市领导、重要客商、新闻媒体、专家学者来宾的公务接待。同时,接待科与相关单位密切配合,圆满完成了全省 2277 个省定贫困村创建社会主义新农村示范村规划编制工作会、第五届世界客商大会等多场大型会议和重要活动的接待工作,以及该县党政领导赴外地学习考察的对外联络和后勤服务工作。

【加强学习,接待能力上新水平】 接待科始终围绕服务县委、县政府中心工作,服务该县经济发展大局这个核心,立足岗位实际,着力宣传,不断加强对科内干部、职工的业务培训和自我学习。一是组织全科人员集中学习中共十八大、十九大精神和习近平总书记系列重要讲话精神,学习党的各项方针政策及各项规章制度,传达上级有关会议精神,增强全局观念,坚定政治立场,严明工作纪律,明确工作方向,积极开展“两学一做”学习教育活动。二是认真学习贯彻《中共中央政治局关于改进工作作风密切联系群众的八项规定》《党政机关国内公务接待管理规定》《梅州市党政机关国内公务接待管理实施意见》等文件精神,严格按照中央、省、市、县的要求,切实转变工作作风,厉行勤俭节约、反对铺张浪费,严格执行用餐、住宿、用车标准。接待科干部、职工从讲政治、讲党性、讲大局的高度出发,求真务实,真抓实干,做到在其位、谋其政、尽其责,围绕全县重点工作扎实搞好服务。

【坚持厉行节约,接待工作更加规范】 严格按照《党政机关国内公务接待管理规定》《广东省党政机关国内公务接待管理办法》《梅州市党政机关国内公务接待管理实施意见》等有关文件要求,提倡厉行节约、反对浪费,对接待工作实行统一领导、统一管理、统一标准、统一报批程序,规范接待行为,无公函的公务活动和来访一律不予接待,公务活动结束后如实填写接待清单,使接待工作更加规范化、制度化。一是完善细化公务接待制度。进一步完善细化了公务接待有关规定,明确公务接待范围、标准,规范工作程序, 对能够合并的公务接待统筹安排,杜绝超标接待现象。二是强化接待经费预算管理。坚持“勤俭节约、优质服务、从严控制”的原则,加强对各类会议及重大接待任务的预算管理,将接待标准列入报批内容,做到“谁审批、谁负责”,不随意提高接待标准。对重大接待任务涉及的住宿、就餐、用车、活动等进行总体安排,做好接待经费预算,并从严从紧控制经费支出。除政策性增支等特殊因素外,对接待经费预算一般不再追加, 确需追加经费的,严格按照规定的程序和权限进行审批。三是明确公务接待用餐、住宿、用车标准。公务接待中坚决执行上级有关接待规定,结合该县实际把公务接待安排在桂岭宾馆或各机关食堂,以地方菜为主,不提供高档菜肴,突出蕉岭特色和文化品位,因条件所限确需在社会一般饭店用餐、住宿的,均按用餐标准配餐。住宿用房以标准间为主, 省部级及其以上领导安排普通套房,厅局级领导安排单间,其他人员安排标准间，出行活动原则上集中乘车，减少随行车辆，做到轻车简从，严禁违规驾驶公车、酒后驾车和公车私用。

【彰显特色，打造蕉岭接待文化品牌】 接待工作注重特色的把握，一是推介蕉岭特色饮食。打响生态牌，擦亮长寿牌，发挥山水人文优势，彰显“客家、绿色、宜居、养生”四大文化内涵，不断推出绿色食品、长寿食品等美食文化。在接待方面，认真拟订菜谱，让绿色食品当主角，同时大力宣传和推广本地的特色绿色长寿产品。二是加强接待文化建设。在接待工作中一方面向宾客认真介绍蕉岭的优秀的人文历史、优秀的生态环境、淳朴的民风等基本情况，另一方面积极收集整理名人政要在蕉岭的活动情况，把宣传推介蕉岭贯穿到整个接待任务中，并转化为接待文化，充分体现蕉岭特色，展现蕉岭浓厚的文化底蕴。 （李 珏）

2017 年县委接待科负责人名录

科　长：张　慧（1 月离任）
　　　　王　辉（8 月任职）
副科长：李文杰（8 月离任）
　　　　李　珏（女，8 月任职）

保密工作

【强化保密宣传】 一是通过召开县委保密委员会全体会议，传达贯彻保密工作会议精神。6 月 28 日，该县召开了县委保密委员会全体会议，会议的主题是传达贯彻上级保密工作会议精神，听取 2016 年全县保密工作情况，审议通过《中共蕉岭县委保密委员会 2017 年工作要点》。会上，县委副书记、县保密委主任罗桂芳作了重要讲话，罗桂芳动员全县上下提高认识，居安思危、落实责任，全力抓好保密工作，为加快构建“一城两业三组团”发展新格局，全力建设“世界寿乡·富美蕉岭”营造良好的保密安全环境。罗桂芳要求，各单位、各部门必须切实增强忧患意识和敌情观念，从维护国家安全和利益的高度，充分认识加强新形势下保密工作的极端重要性和紧迫性，时刻绷紧保密这根“弦”，全面做好新形势下的保密工作。要始终坚持防范为主的原则，从完善制度和强化措施入手，着手解决好保密工作中存在的突出问题，有效消除泄密隐患和堵塞泄密漏洞，坚持杜绝泄密事件的发生。会后，各成员单位迅速传达贯彻此次保密委会议精神，制订计划，部署工作，采取有力措施确保保密工作任务顺利完成。二是通过全县纪律教育学习月活动，开展保密法律法规学习宣传。该局以此次活动月为契机，按照贴近基层、贴近工作、贴近干部职工实际的要求，积极开展保密宣传教育月活动，做到有动员、有部署、有行动、有总结。据统计，全县保密宣传教育活动月期间共办保密宣传栏 35 个，召开座谈会、学习会 25 场，播放录像片 12 场（次）。与此同时，还做好通联工作，积极向省、市保密部门报送工作信息 8 篇，征订 2018 年度《保密工作》杂志 74 份。三是通过党校教育、“七五”普法阵地开展保密教育培训。继续在党校积极开展保密教育课，针对不同班次培训对象的具体特点，确定内容。2017 年，该局在 5 个县直部门的干部培训中作了《认清保密形势，增强保密观念》的专题保密教育课，取得很好的宣传效果。继续与县普法办公室合作，通过年度普法考试融入保密法内容，达到了以考促学的目的。通过党校教育、“七五”普法阵地这个平台，积极开展保密教育培训，不断增强党员干部的保密意识，帮助其掌握保密知识和保密技能。四是通过参加梅州市基于 RFID 的涉密载体与设备监管系统试点成果推介会进行保密宣传教育。12 月 21 日，县保密局积极争取县委领导重视组织人员参加了梅州市基于 RFID 的涉密载体与设备监管系统试点成果推介会，县两办分管保密工作领导、保密局全体干部及县重点涉密部门保密员 20 多人参加了此次活动。活动对密级文件管理从人工管理转变为数字化管理，对党政机关单位“三密”文件的流转实现科学化、规范化、智能化的安全管控作了全方位的演示。通过此次活动，参会人员对保密新技术、新成果有了更深入的了解，取得很好的保密宣传教育效果。

【增强保密能力】 一是加强计算机网络保密管理。认真贯彻落实《中华人民共和国保密法》关于进一步强化对计算机网络的保密管理等相关规定。2017年，该局不定期对全县涉密计算机及网络进行抽样检查，督促各涉密单位对涉密计算机贴上“密级”标识，实行专人专机管理，对检查中发现的各种有害网络病毒进行查杀。对各涉密单位的非涉密计算机及网络也不定时进行抽样检查，及时指出网络存在的各种风险和隐患，以确保各涉密单位网络安全保密。二是推进保密技术装备强制配备。严格按照省制定的领导同志和重要涉密单位保密装备强制配备标准和规范，推进保密技术专用防护系统的强制配置和使用。2017年，该局对县直5个单位7台安装了“三合一”防护软件的涉密计算机加强了管理，切实提高了保密要害部门、部位，涉密网络、涉密单机的技防能力，做到涉密信息与非涉密信息的有效隔绝，确保了计算机及其网络的运行安全。三是继续抓好涉密文件、资料的保密管理。按照“掌握接受份数、弄清清退份数、查处失泄密案件”的要求，认真搞好各类文件和资料的清退销毁工作，确保了所有涉密文件、资料得到安全处理。

【加强依法行政】 一是开展全县保密大检查。根据省、市工作部署，该局今年继续在全县各单位开展保密大检查，切实消除泄密隐患，确保国家秘密安全。6月至7月，在全县各机关、单位开展了保密自查活动的基础上，市、县保密局抽查了10多个单位。通过此次清理检查工作，该局针对暴露出的薄弱环节，督促各单位进一步完善相关制度，建立长效管理机制。加强网络失泄密防范工作，加大计算机网络保密的宣传教育力度，加深计算机、移动存储介质和网络管理；进一步组织各单位人员学习新《保密法》及保密工作基本知识，充分认识保密工作的重要性，增强保密观念；加强检查力度，对严重违规和泄密的，依纪依法严肃处理。二是抓好各类考试保密工作。按照“确保试(答)卷安全保密和考试公平、公正”的要求，认真做好各类考试各个环节的安全保密监督、指导和服务工作。除确保高考、中考考试保密环节万无一失外，还在公开招考粤东西北国家公务员考试及该县公开招聘事业单位工作人员的考试中，主动采取积极有效的防范措施，与组织、纪委等部门通力合作，加强各个环节的保密管理，为考生创造一个公平的竞争环境，促进了这些招考的顺利进行。 （陈 山）

2017年县国家保密局负责人名录

局 长：宋继平

副局长：陈 山

招商引资·综合政务服务管理

招商引资

【概述】 2017年,蕉岭县招商局贯彻落实中共十九大精神,不断加大招商引资工作力度,以打造“百亿新型建材产业和百亿健康长寿产业”为主题,以发展实体经济为主线,利用自身的资源优势、后发优势和环境优势,进一步加大招商引资工作力度,实行产业链招商、项目招商、以商招商,全面完成了2017年招商引资任务,2017年新引进签约招商项目7个,总投资额66.5亿元,招商项目质量有较大提高,延长了蕉岭县重点产业链条,对发展蕉岭县双百亿产业起到重要的产业支撑作用,有效推动县域经济发展。

【全力加强外引内联】 蕉岭县招商局充分利用资源优势,积极外出招商引资,抓好一对一的定向招商,积极发挥外出乡贤和企业家的优势,通过他们牵线搭桥、引资引智、寻找合作伙伴,寻找发展项目,邀请部分大中型企业尤其是有投资意向的企业家来蕉岭考察洽谈项目。此外充分发挥驻外产业招商队的作用,多渠道搜集项目投资信息,做到精准招商,力争引进一批好项目,逐步形成以大产业、大项目为核心,中小产业、项目为依托的产业招商格局。

【积极推进产业共建】 充分利用好南沙对口帮扶蕉岭的重大发展机遇,积极建设共享发展平台,积极争取南沙区对口帮扶支持,在南沙区设立了“广州南沙?蕉岭国际经贸合作中心”平台,并以平台为依托注册成立了桂岭招商服务(广州)有限公司,争取南沙区对口帮扶支持,充分发挥平台的优势政策,促进蕉岭经济发展。

【进一步利用好扶持政策】 研究国家经济政策走向,用好、用足、用活国家、省、市近期出台的一系列鼓励性政策及国家、省扩大内需促经济保增长方面给予的财政政策,竭力促使关系蕉岭重大发展的项目有新的突破,做好项目对接、跟踪、落实。

【进一步优化招商环境】 继续把环境作为招商引资的磁铁石和生命线,对于落地项目,县委、县政府高度重视,推行“一名领导主抓、一套班子负责、一套方案服务”的跟踪、洽谈、协调和服务机制,用好用足现有的相关政策。在千方百计抓好交通、水利、电力、市政等基础设施建设的同时,切实把招商引资的优惠政策和服务承诺落到实处,把蕉岭打造成兴业聚财的一方热土和投资置业的一块福地。 (赖文彬)

2017年县招商局负责人名录

局　长:钟礼海(7月离任)
　　　　汤东康(7月任职)
副局长:傅新锋　黄信浒(12月任职)
　　　　汤通明(12月离任)

产业转移工业园

【概述】 2017年,广州南沙(蕉岭)产业转移工业园管委会深入学习宣传贯彻落实习近平新时代中国特色社会主义思想和十九大精神,按照《广东省人民政府关于印发广东省促进粤东西北地区产业园区提质增效的若干政策措施的通知》(粤府〔2016〕126号)精神和市委市政府推动"一区两带六组团"建设的部署要求,围绕省市关于集聚地建设的目标任务,按照10平方公里的发展规划,以"两园一长廊"为发展格局,大力实施基础设施建设和重点项目建设,全力推动产业共建。2017年,集聚地完成工业固定资产投资12亿元,实现规模以上工业总产值41.15亿元,增速26.6%;实现规模以上工业增加值9.62亿元,增速11.7%,占全县比重75.75%;实现税收总额2.47亿元,增速25.1%。

【完善基础设施建设】 投入10亿元扎实推进广福园区、中心园区、205国道沿线工业长廊,即"两园一长廊"基础设施建设,提升集聚地的产业承载力和辐射带动能力,加快集聚地扩容提质增效。截至2017年底,已完成广福园区、中心园区和205国道沿线油坑园区三通一平建设、高压线路迁改、通讯光缆迁改等工程;正加快实施广福园区进园大道、路网管网、亮化绿化、污水处理厂、标准化厂房等建设。

【抓好项目建设】 全力抓好招商、抓好项目落地,力促企业上马,尽快产生效益。在抓项目的过程中,主动出击、全力配合、全身投入,帮助企业尽快解决项目落户或建设过程中遇到的实际困难,给予企业一个舒适的投资环境。2017年,塔牌600万吨旋窑水泥生产线首期项目、金发纸业高档灰纸板生产线项目、逾世纪蜡制品项目等顺利投产,新塔建材住宅产业现代化项目顺利动工建设。

【打造双百亿产业】 按照市委、市政府提出加快构建"一区两带六组团"发展新格局、蕉岭建设成"梅州绿色发展先行地"的要求,集聚地将全力发展现代产业。一是新型建材产业方面:全面落实省市县降低制造企业成本支持实体经济发展若干政策和创新发展"八大抓手",重点抓好塔牌集团600万吨旋窑水泥、新塔公司装配式建筑、文华公司新型墙体材料等项目建设,推动新型建材产业向高端化、现代化方向发展。二是长寿健康产业方面:充分发挥蕉岭"世界长寿乡"的品牌优势,依托广东省科学院吴清平院士科研团队和广州甘蔗糖业研究所团队,加快"蕉岭硒品"开发,有效推动长寿健康产业创新发展。

【提升服务管理水平】 通过举办政策宣讲培训大会、印制近期政策选编、微信公众平台推送等多渠道宣传省"实体经济十条"优惠政策,切实提升宣传贯彻实效,实现集聚地内企业政策宣贯全覆盖。深入集聚地进行全面摸查,进一步掌握企业情况,积极实施"暖企行动",加快完善投资融资机制,帮助企业解决实际困难,提振企业发展信心,多措并举扶持企业做大做强。 (陈敏、郭凤珍)

2017年广州南沙(蕉岭)产业转移工业园管理委员会负责人名录

主　任:曾祥志(12月离任)
　　　　陈　志(12月任职)
副主任:潘俊强　郑海万

县综合政务服务管理

【综述】 2017年,县政务服务中心实体大厅共有进驻单位29个,进驻人员121人。进驻事项

511 项,同比增长 175.4%。办件量 122339 件,同比增长 5.93%。县级网上办事大厅进驻 34 个单位,进驻事项 606 项,已办结总数 10746 件,行政审批事项网上全流程办理率 70.49%,网上办结率达 99.78%,到现场次数 0 次比率占 13.20%,1 次比率占 86.80%。梅州市"12345"政府服务热线全年共受理蕉岭县工单 949 件,派发工单数 406 件,按时办结率 100%,回访工单数 356 件,回访群众综合满意率 98.31%。

【设立蕉岭县电子监察监控中心】 根据《关于调整县纪委职能成立蕉岭县电子监察监控中心的通知》(蕉机编〔2017〕40 号)精神,承接原由县纪律检查委员会承担的"负责受理涉及行政效能工作"的职责,承办涉及行政效能监督相关事务性工作,设立蕉岭县电子监察监控中心,为正股级公益一类事业单位,负责全县行政效能监察监控工作;承担行政审批电子监察监管的相关工作;承担行政审批项目在线监控、预警纠错、绩效评估和信息服务等工作;负责受理对行政机关及其工作人员影响行政审批行为的投诉举报。

【完成"一门式一网式"政府服务模式改革】

按照服务便民高效、办事依法依规、信息公开透明、数据开放共享、效能监管到位的原则,开展"一门式一网式"政府服务模式改革。一是完善实体办事大厅综合服务窗口设置。按照"大厅之外无审批"的要求,根据各单位特点和单位之间业务关联性,调整进驻中心事项,在精减窗口数量的同时进一步扩大服务事项范围,窗口按服务主题整合为:登记注册类、经营许可类、公安专项类、不动产登记类、社会保障类、"一门式" 综合服务类六大类综合窗口,实行"前台综合受理、后台分类审批、统一窗口出件"的窗口运行机制,健全受理与审批既相对分离又相互衔接的运行机制,实现从"多窗办理"向"一窗通办"转变,并与网上统一申办受理平台无缝对接。二是加强综合服务窗口前后台工作人员的配备。按照窗口设置方案,由县委组织部牵头面向社会公开招聘 12 名合同制工作人员,开展业务知识、服务礼仪、轮岗学习等培训,提高窗口人员工作技能。同时编制配套的管理规定、岗位操作规范、绩效考核细则,进一步落实工作责任,强化机制保障。三是提升信息化水平。以办事群众需求为导向,完善现有服务系统平台部分软件系统开发和技术升级改造,包括开发完成一门式电子范例系统、自助填表系统、智能排队叫号系统、多媒体服务导航系统,更新智能排队取号机、高拍仪、服务评价器等硬件设施,为"一门式一网式"政府服务模式改革提供线上线下一体化的系统支撑。

【全面推进政务服务"马上办"改革】 一是优化办事流程,推动"马上办"服务便捷高效优质。对于相对简单的事项,采取即来即办、网上审批优化;对涉及跨部门、跨层级、跨地区的相对复杂事项,综合采取联合审批、多证合一、容缺受理、同城通办方式优化。二是夯实基础,推进"马上办"改革协同推进。动态管理事项目录,按照省公布的《广东省行政许可事项通用目录(2017 年版)》,按程序调整和完善全县行政许可事项。加强技术支撑,加快推进各部门审批业务系统与网上办事大厅的深度融合,推进实体办事大厅与网上办事大厅线上线下融合,目前入驻实体办事大厅的 511 个事项全部纳入统一申办受理平台。完善平台建设,全县 8 个镇 107 个村、社区公共服务站的办理事项全面纳入统一申办受理平台,实现县、镇、村三级流转,群众可以就近办事。 (丘梦珂)

2017 年县综合政务服务管理办公室负责人名录

主　任:罗建阳(12 月离任)
　　　黄万彬(12 月任职)
副主任:杨淑云(女)　陈贵平

党史·地方志·档案

党史研究

【党史编纂】 2017年上半年，对《中国共产党蕉岭历史》二卷初稿进行了3次修改，至9月完成征求意见稿。10月19日，县党史二卷编纂领导小组在县委组织部会议室召开了《中国共产党蕉岭历史》第二卷征求意见工作会议。党史部门根据各单位、各部门反馈的意见建议，进行修改、补充、完善，对《中国共产党蕉岭历史》二卷再次与中央党史研究室编纂的《中国共产党历史》第二卷进行对表。12月底完成《中国共产党蕉岭历史》送审稿。

【党史宣传】 根据省委《关于加强地方党史工作实施意见》的要求，党史部门认真宣传贯彻十九大会议精神，把宣传贯彻中共十九大会议精神作为今后的一项政治任务。把党史进基层作为一项惠民工作来抓，扎实开展党史进农村、进社区、进机关、进校园、进军营、进公园“六进”活动。在蕉岭第一个中共支部诞生地三圳九岭村、新铺镇滨水公园、蓝坊肚战场遗址东岭村、红四军来蕉驻地蕉城镇陂角村、刘安烈士家乡文福乌土村、广福大坝村、南磜步上村、县行政服务中心等地进行布展。党史进基层工作受到群众的称赞，也激发群众不忘初心，宣传革命事迹的热情。南磜镇三泰村立禾畲的村民自发收集整理曾在该村发生的革命事迹，办起了展室，传承后人。

【革命遗址保护利用】 对部分革命遗址重新进行拍照。争取了市委、市政府革命遗址修建专项经费100万元，用于新铺镇滨水公园兴建百米红色文化长廊。

【党史队伍建设】 7月6日至14日，党史干部参加市委组织部和市委党史研究室组织的全市党史干部赴延安《学习革命传统树立坚定信念》的专题培训班。9月，参加省委党史研究室举办的学习习近平总书记系列重要讲话精神及习近平总书记《在哲学社会科学工作座谈会上的讲话》。11月8日，全市党史系统干部学习中共十九大会议精神大会在蕉岭三圳镇九岭村召开，会议特别邀请了十九大代表徐文坚作十九大报告辅导。 （何松发）

中共蕉岭县委党史研究室负责人名录

主　任：张辉明
副主任：丘　虹（10月离任）
　　　　朱翠英（10月任职）

地方志工作

【编辑出版《蕉岭年鉴(2017)》】 蕉岭县方志办按年鉴编辑出版方案每年出版一部的要求，过“一修、二改、三校”程序，层层落实保证编纂质量。初稿形成后及时召开年鉴编辑交流会，取长补短，做好了补充与核实工作。同时，做好彩页认刊、制作工作。5月完成了初稿编辑工作，至10月完成了初稿的校对工作，11月送中国方志出版社完成终审并取得了正式出版物书号,使蕉岭年鉴编纂出版工作上了一个新的台阶。12月送印刷厂付印出版。依时出版发行《蕉岭年鉴(2017)》,走在全市前列。所刊内容为蕉岭县政治、经济、文化、和社会等方面的发展状况。设篇、章、节、目、及特辑、重要记事、等专刊,全书约43万字。

【蕉岭县地方志资料年报工作】 根据国务院颁布的《地方志工作条例》和《广东省地方志工作规定》《广东省地方志资料年报制度》文件精神,全面、客观地记载蕉岭县经济社会的发展情况,促进地方志资料收集和整理工作的制度化、规范化,为下一轮志书编修工作打下资料基础,为各级各部门和广大群众提供及时、有效的决策参考和信息服务。结合蕉岭实际,至12月各部门报来材料98份完成92%任务,将继续收集审查材料。

【自然村落历史人文普查】 为保存好岭南文化的根,挖掘和弘扬优秀岭南文化,省委、省政府作出开展全省自然村落历史人文普查的重要决策。为切实做好普查工作,县方志办制定可行的工作方案,扎实推进普查工作有序实施,8月全面完成普查资料入录工作,11月完成资料总纂,至12月自然村落历史人物普查完成了227个村的复审工作。

【地情网站建设】 全力做好“中国·蕉岭”门户网站的内容保障工作和“蕉岭地情网”的建设,该年“蕉岭地情网”栏目设置10个,比率达到100%,县志两部,年鉴12部、短文692篇、图片589幅,视频5部。

【精准扶贫】 按照县委的安排地方志办公室挂钩省定贫困村长潭高陂村,县方志办领导高度重视抽出专人负责,至年底已经实现了33户99人的脱贫任务。 (陈 军)

2016年县地方志办公室负责人名录

主　任:张　福

副主任:江萍英(女)　林景昌

档案工作

【基础业务】 县档案局积极开展档案接收工作,不断丰富档案馆藏。2017年共接收档案250卷又7643件。至今年馆藏档案总量为31115卷又31657件,其中文书档案为21449卷又29075件,专门档案9356卷又2582件,照片档案205卷,光盘档案61盒,实物档案44件。为了全面贯彻实施《中华人民共和国档案法》,6月9日“国际档案日”宣传工作列入了重要议事日程。该局集中开展“国际档案日”宣传活动,专门设计制作以“档案与民生”为宣传内容的流动展板,并组织相关单位开展以本单位档案工作内容为宣传主题的展板,增强宣传效果,有效提升了社会各界和广大人民群众的档案意识。认真安排部署各相关单位做好2017年度文件材料的收集、整理、归档工作。

【监督指导】 2017年,县档案局协助农业局做好农村土地承包经营权确权登记档案的收集、整理、归档、上架等工作,顺利通过省有关部门的验收。该局的业务指导成绩显著,得到省、市、县领导的高度表扬和肯定。

【开发利用】 档案的最终目的就是提供服务,一年来县档案局努力提高服务质量,突出服务为主题,制定了各项制度,建立了责任制,借助馆藏档案、现行文件利用中心和政务公开等平台,积极为社会各界提供档案信息资源的利用,全年共接待社会各界档案利用者124人次,查阅档案1952卷。为蕉岭的经济建设、编史、修志、政府文件清理、机关查考、调解纠纷、核实工龄、工作调动、户口迁移、复退伍军人安置、学术研究等方面提供了大量翔实的第一手资料,解决了大量的问题,取得了明显的经济和社会效益。

【信息化建设】 县档案馆档案目录录入、档案全文扫描工作有序推进,2017 年完成档案扫描 79160 页。该馆累计完成档案目录录入 37.4 万多条,电子目录录入比例达到 100%,完成档案全文扫描 27.6 万多页。同时,争取县政府的支持,在财政紧张的情况下,拨出专项资金约 50 万元,采取劳务外包的形式,聘请专业公司开展档案数字化扫描。 (江华丽)

2017 年县档案局负责人名录

局　长:陈晋芳(3 月离任)
　　　　徐向星(8 月任职)
副局长:汤中辉　徐洪杰(12 月离任)
　　　　陈仕荣(12 月任职)
　　　　黄群昌(1 月离任)

法　治

社会治安综合治理

【学习十九大扎实深入】 全县政法机关把学习宣传贯彻习近平新时代中国特色社会主义思想和十九大精神作为首要政治任务和最重要的"纲",着力在学懂弄通做实上下功夫。结合政法工作实际开展"大学习、深调研、真落实"活动,主动适应社会主要矛盾新变化,制定推动新时代政法工作创新发展的举措,全县政法工作迈出新步伐。

【服务大局主动有为】 政法系统各单位自觉围绕该县振兴发展大局,制订出台服务蕉岭振兴发展的实施方案,以服务重点工程和民生实事为抓手,主动提出法律意见建议,并加强协调配合,强势执法,着力打击破坏重点工程项目建设领域的违法犯罪行为,为项目建设扫清障碍;严厉打击阻碍蕉岭经济社会发展的各类犯罪活动,为该县"一城两业三组团"建设保驾护航。

【社会政治持续稳定】 深入推进社会矛盾"5+3"专项治理工作,不断提升预测预警预防各类风险能力。十九大特别防护期,该县共化解各类社会矛盾纠纷 40 多宗, 实现了 "四个不发生"的目标任务。维护国家政治安全五个专项整治工作取得阶段性成效,深化巩固无邪教创建活动,深入摸排梳理掌握"法轮功""全能神"等邪教组织的活动信息,做好对邪教组织的防范处置工作, 依法打击邪教违法犯罪活动,全年共破"邪教法轮功"专案 2 宗,抓获犯罪嫌疑人 5 名,依法逮捕 2 名,有效地削减了邪教组织"法轮功"的能量。

【基层治理效果明显】 紧紧围绕省委、市委政法委工作部署, 结合蕉岭实际,2017 年重点抓好全县"中心+网格化+信息化"建设落实。全县网格划分边界清晰明确,不遗漏、不交叉、无缝隙, 镇下乡组干部兼职网格员, 共划分为 387 个网格,配备了 499 名兼职网格员。各镇均按要求建设镇级综治信访维稳中心综治联勤指挥平台,已初步实现信息化管理。

【平安建设卓有成效】 通过不断推进“平安细胞”建设、公共法律服务平台建设、提升社会治理服务平台建设等,更加夯实了“平安蕉岭”建设的基础。公检法各司其职、密切配合,对涉黑恶涉枪、盗抢骗、黄赌毒,形成快侦快破,快捕快诉、快判快结的高效强势司法氛围,有效实现了刑事治安警情下降,刑事发案下降,全年共立刑事案件490宗,破422宗。深入排查整治公共安全隐患,加强严重精神障碍患者救治救助和其他特殊人群的管控帮教工作,认真开展危爆物品、寄递物流清理整顿。

【依法治县稳步推进】 全面启动“七五”普法工作, 健全完善县镇村三级公共法律服务体系,大力推进一村一法律顾问、政府法律顾问等工作。扎实推进司法体制改革,法官检察官员额制改革顺利完成,公安、司法机关各项改革按计划推进,办案质量、效率和执法司法公信力进一步提升。县人民法院共受理各类案件1350件,结案1248件,结案率92.4%。检察机关共受理公安机关提请批准逮捕案件76件116人,批准逮捕55件79人。

【队伍建设全面加强】 认真学习宣传中共十九大精神,深入开展“两学一做”学习教育,扎实推进全县政法系统全面从严治党和党风廉政建设,加强教育培训和实战演练,全年共培训政法干警300多人次,个人和单位均赢得了诸多荣誉, 政法干警政治业务素质明显提高,纪律作风持续好转。 (钟剑文)

2017年中共蕉岭县委政法委员会负责人名录

县委常委、政法委书记:丘德俊

县委政法委副书记:张茂欣 蓝 海 陈怀保 谢志铭

县委政法委常务副书记:邓小强

县政法系统党委书记:丘德俊

县政法系统党委副书记:钟剑文

法治政府建设

【抓好组织领导和规划部署】 县政府成立了县依法行政工作领导小组。由县长担任组长,分管领导担任副组长,成员由县府办、财政局、编办、人社局、发改局、统计局、法制局主要负责人组成。年初,由法制局起草制定报县政府印发县依法行政工作要点,对全年依法行政工作进行规划部署,分解落实工作任务。

【完善政府决策制度】 落实《蕉岭县重大行政决策程序规定 (试行)》《蕉岭县政府重大行政决策合法性审查制度》《蕉岭县政府重大行政决策听证实施办法》《蕉岭县政府重大行政决策实施后评估制度(试行)》《蕉岭县重大行政决策专家咨询论证实施办法(试行)》《蕉岭县重大行政决策和行政规范性文件合法性审查工作规则》《蕉岭县政府重大行政决策听证目录》等行政决策工作制度。发挥法制机构审查作用,保证依法科学民主决策。

【规范性文件实现制度化管理】 落实《蕉岭县行政机关规范性文件管理规定》, 严格执行制定程序和合法性审查、常务会决议、设立有效期、备案管理等制度。2017年设立规范性文件“三统一”制度,起草报政府办印发《蕉岭县人民政府办公室关于实行行政机关规范性文件统一登记统一编号统一印发制度的通知》(蕉府办函〔2017〕19号),政府规范性文件标注编号后方可发布,部门规范性文件由法制局审查后, 授予编号并要求在文件中标注后方可发布。凡县政府规范性文件按照规定上报市政府和县人大备案,没有发生因规范性文件存在违法事由被本级人大或上级政府责令改正或撤销的情形。

【完成县政府文件清理工作】 根据省、市文件清理工作部署，由县政府印发《蕉岭县人民政府文件清理工作实施方案》，由县法制局牵头对1981年至2016年所有以县政府及县政府办公室名义制发的现行有效文件进行全面清理。共1699件政府文件纳入清理范围，形成清理结果，经县政府常务会审议通过，并向社会公布《蕉岭县人民政府文件清理结果》，其中保留290件、废止393件、失效992件和待修订24件。

【推进政府法律顾问工作】 蕉岭县人民政府法律顾问室按有关程序组织了公开选聘法律顾问工作。通过刊登选聘公告、报名、县政府选聘法律顾问审核小组初审、县政府审批、网站公示等环节聘请了兼职法律顾问（律师）3人。推进政府部门、各镇法律顾问工作落实。全县有23个行政单位的法律顾问报县法制局进行备案登记，共聘请法律顾问28人。

【落实行政执法案卷评查工作】 起草报政府办《蕉岭县人民政府办公室关于开展2017年行政执法案卷评查工作的通知》（蕉府办函〔2017〕106号），由法制局牵头实施，对全县行政执法部门的行政执法案卷进行全面、客观、公正的评价，通过案卷评查工作，督促提高案卷质量和行政执法水平。

【落实依法行政考评】 县政府制定了《蕉岭县法治政府建设指标体系（试行）》、《蕉岭县依法行政考评办法（试行）》，推行依法行政考评制度。每年依照《依法行政考评方案》，由县法制局牵头，对全县8个镇人民政府、23个执法任务较重的部门、13个基本没有行政执法任务的部门和机构的依法行政工作进行考评。

【加强执法人员资格管理】 实施行政执法证网上办理，从严审核行政执法人员的资格和发证工作，全县共办理发放行政执法证650张。全面推行行政执法人员网上考试制度，2017年，举办2场行政执法资格考试，参加考试人员共110人。

【加强学法培训，提高领导干部依法办事能力】 一是开展领导干部学法，2017年组织县政府常务会议学法2场，开展年度法制专题讲座1场。二是举办4期行政执法人员法律知识培训班，共培训执法人员662人。通过学法，增强领导干部的法律意识和法治观念。

【抓好复议、应诉工作】 2017年，办理复议案件为2宗，受理率100%。坚持公正审理本级行政复议案件，引导行政相对人以法律途径化解行政争议和社会矛盾。

办理向市政府答复复议案件7宗；其中5宗维持，2宗未审结。无因行政违法被市政府撤销、变更和确认违法或无效的案件。

办理县政府行政诉讼案件，一审案件共8宗，其中4宗驳回原告诉讼请求，1宗驳回起诉，1宗裁定准予撤诉，2宗未审结；省高院二审案件，2016年度转结案件3宗，1宗驳回上诉，2宗未审结，2017年度3宗，3宗未审结；最高人民法院再审案件1宗，未审结。无行政诉讼案件被法院败诉案件，胜诉率100%。（陈金水）

2017年县法制局负责人名录

局　长：江庆昌（6月离任）
　　　　傅建新（6月任职）
副局长：黄胜松

公　安

【综述】 2017年，蕉岭县公安局紧扣“创新更多机制，迈向更高水平”的总要求，积极探索“五大机制”统筹系列安保维稳和“飓风2017”“梅安1号”等各项工作，打造“六大亮点”，取得了安保维稳“零差错”、公共安全“零事故”、全年197天刑事警情“零发案”、打击效能“一降三升”的成绩，建设更高水平的“平安蕉岭”。

【五大机制】 一是建立维稳层级管控机制，提升风险防控能力，维护稳定。该局针对十九大等系列重大安保维稳工作，按照“双层保底、两级责任、共同担当”的原则，通过对重点群体、重性精神病患者等风险源进行排查和评估，分级分类管控处置，采取惩戒敲打、排挤瓦解、情法并举的工作策略，依法打击处理，确保不漏控、不失管、不滋事，实现系列重大安保维稳期间赴省进京“零上访”“零滋事”。二是探索警务合成运作机制，提升协同作战效能，支撑实战。该局推进交巡联合执勤，担负城区巡逻防控、交通管理、应急处突等职能，提高见警率、管事率。落实移动警务车勤务制度，全年共接受群众求助210多人次、咨询服务130多人次，为群众做实事、好事40多件，塑造了为民、惠民新形象；所队融合执法，推行交警中队与派出所融合，优化资源配置，形成合力；推动网警与刑侦进行情报、图侦、网侦合成作战，提升了打击战斗力和精准性。三是升级农村治安防控机制，提升基层治理水平，凸显特色。该局在三圳镇实施“123”工程，建立“联动联防”一个机制，整合九岭等5村群防群治力量，强化巡防管控；融合公安机关一类平安视频和三圳镇综治联勤指挥视频2类监控平台，整合社会视频监控资源，提升动态管控水平；推动“网格化、信息化、特色化”建设，开发“世界乡寿·富美蕉岭”工作平台，丰富和完善涵盖实有人口、车辆信息、重点人员、安全隐患排查、突出治安问题等基础信息的采集，并实时传输到大数据综合应用平台，实现全要素关联、比对碰撞和推送处置。四是实施科技创新应用机制，提升打防工作效能，护航发展。该局与专业公司合作，研发了基于WiFi无线网络技术的“警盾”车辆防盗报警系统，提升防控和打击盗窃摩托车精准度。推广应用“世界寿乡·富美蕉岭”微信企业号工作平台，把县、镇、村干部和网格员集结在其中，通过大数据综合应用平台的运作，为实现“特色化”提供科技支撑。五是坚持严优并举管理机制，提升凝聚力向心力，奋发有为。以习近平同志“四句话、十六字”总要求为统领，坚持“精兵须严治、严治铸精兵”理念，把政治建警、从严治警与从优待警相结合，深入开展纪律作风和党风廉政建设；积极开展“一所一品”警营文化建设推进文化育警；积极实施暖警爱警“大举措”，落实战时奖励、慰问机制，努力改善办公办案条件，营造舒心、宽松的工作氛围。

【六大亮点】 一是打造铁关卡。该局投入250多万元建成集打防于一体的标准化广福市际检查站，充实警力，实现等级勤务响应保障，担负陆路毒品查缉、重大安保“过滤网”等功能。2017年共检查车辆2万多辆、人员5万多人次，抓获违法犯罪嫌疑人18名，查控涉稳人员26名。9月12日，粤东六市陆路查缉毒品工作现场会，省市领导和市县同行参观检查站建设及工作成效给予高度赞誉。二是打造标杆所。投入近260万元完成了长潭、新铺派出所示范所升级改造，取得了全市第5、第10名的好成绩。派出所改造升级写入政府工作报告，经费列入财政预算，打造标杆派出所，推进基层派出所的提档升级。新看守所、拘留所于2017年9月28日完成搬迁正式投入使用。业务大楼建设稳步推进，全新基础建设新格局初步形成。三是打造综合体。该局充分利用资源，着力打造融监管场所、执法办案中心、军警训练馆于一体的“两馆两中心”综合体，努力建设全省县级公安机关执法办案样板工程。四是打造红警魂。抓住业务大楼整体搬迁的机会，以建设警史馆、荣誉室、廉政警示馆等五个功能室为重点，在办公区悬挂张贴律警、励警格言、警句等新时代主题文化标识，提升民警文化素养和综合素质，培养民警忠诚、为民、公正、廉洁、奉献的核心价值观，打造鲜活的“红警魂”。五是打造大数据。该局2017年共采集各类信息1.1亿多条，同比2016年增长83.6%，新接入WIFI

上网采集点1200个，以海量的大数据支撑和服务警务实战。2017年应用大数据直接破案103宗，提供线索240条，配合破案180宗；运用大数据触发各类预警3250条，有力支撑了重大警务活动。2017年全县共发刑事案件490宗，同比上年下降6%；实现197天刑事警情“零发案”，同比上年提高42.8%；破获刑事案件422宗，同比上年上升9.6%，逮捕129人，同比去年上升6.6%，起诉196人，同比上年上升35.1%。六是打造特色化。运用“世界寿乡·富美蕉岭”工作平台，采集各类信息1200多条，通过大数据平台推送整改道路交通、消防安全41处，整治城乡“脏乱差”信息34处，成功调处民间纠纷56起。12月5日，县人大常委会视察“平安蕉岭”建设时对三圳工作平台应用给予了高度评价。（王广文）

2017年县公安局负责人名录

局　长：张茂欣

政　委：张永忠

副局长：赖仕锋　黄　戈　徐东航　刘青泰

检　察

【概述】 2017年，县检察院深入学习贯彻中共十八届五中、六中全会和中共十九大精神，准确把握发展新定位，坚持以法治为引领，以司法改革为动力，以执法办案为中心，忠实履行法律监督职责，扎实推进检察改革，切实打造过硬队伍，为蕉岭创新发展提供了有力的司法保障。

【围绕大局，服务“平安蕉岭”建设】 把维护国家安全和社会稳定作为重中之重，为中共十九大胜利召开营造安全稳定的社会环境。共受理公安机关提请批准逮捕案件84件124人，批准逮捕62件86人；受理公安机关和本院自侦部门移送审查起诉案件145件206人，提起公诉109件146人。严格落实检察长接访日制度、信访案件首办责任制、涉检信访风险评估预警机制等信访维稳制度，切实把矛盾化解在基层。受理群众来信来访26件26人(次)，均作妥善处理。继续深入推进“一镇一检察官”活动，结合执法办案，提出防控建议，促进农村基层治理依法有序。强化对未成年人的司法保护，大力开展“法治进校园”巡讲活动，组织6场巡讲。加强社区矫正法律监督，对129名社区矫正人员的执行情况进行监督，防止脱管、漏管、虚管。

【打击犯罪，维护良好政治生态】 以惩治和预防惠农扶贫领域职务犯罪专项工作为抓手，以零容忍态度严惩各领域职务犯罪。共依法立案侦查贪污贿赂案件2件6人，渎职侵权案件5件5人，其中依法查办涉嫌贪污种粮补贴资金案1件5人、玩忽职守导致农村专项补助资金流失案3件3人，有力地保障了涉农资金的安全和农村基层群众的合法权益。深入推进职务犯罪精准预防，综合运用预防调查、行贿犯罪档案查询等监督手段，把好工程建设项目的“廉洁关”。共开展预防调查5次，提供行贿犯罪档案查询860次。在全县107个村(居)委会设立检察机关法律宣传栏，加强涉选职务犯罪预防宣传。联合蕉岭县邮政分公司在蕉城繁华路段设点开展“预防职务犯罪邮路”宣传，通过邮政公司的100多个视频网点播放警示教育宣传片，推动廉洁理念进千家万户。

【强化监督，维护司法公正和权威】 强化刑事立案、侦查、审判活动监督，强化“铁案”意识，严把案件质量关。共不捕40人，不诉19人，退回补充侦查15件38人，提出量刑建议82件103人。健全“两法衔接”工作机制，运用“两法衔接”信息共享平台对行政执法案件进行备案审查125件。扎实开展“基层民行检察推进年”活动，办理民事行政监督案件3件；探索开展公益诉讼业务,开展公益诉讼线索排查和诉前程序工作,共立案4件,发出检察建议4份。严格案件录入、分流、移送等程序,规范管理涉案财物,扎实做好电子卷宗工作,确保案件依法、及时、高效、安全运转。

【深化改革,提升司法公信力】 推进检察人员分类管理改革,遴选15名员额内检察官,组建检察官办案组18个,入额院领导全部编入检察官紧缺的办案一线带头办案。细化检察官权力清单和检察官助理、书记员职责,出台检察官业绩考评实施办法和检察人员绩效奖金分配等办法,完善检察委员会、检察官联席会议、分案机制等制度,推动形成权责明晰、制约有力、运行高效的新机制。坚决拥护、坚定支持国家监察体制改革,深入细致开展涉改人员的思想政治工作,积极配合做好涉改部门编制的调研、摸底和案件线索清理、结案与移交,推动国家监察体制改革顺利进行。加大案件信息公开力度,公开法律文书116份,发布重要案件信息7条,提供案件程序性信息查询205条。主动向人大及其常委会报告工作,积极开展走访人大代表、政协委员活动,定期举办观摩公诉出庭、人民监督员案件监督评议等活动,进一步提升法律监督水平和司法公信力。

【筑牢基础,打造过硬检察队伍】 认真学习宣传贯彻中共十九大精神,开展多形式、分层次、全覆盖的学习培训,通过举办宣讲会、开展主题交流讨论、专题调研等方式,确保干警学深悟透中共十九大思想精髓和核心要义。坚持把思想政治建设摆在首要位置,扎实部署推进“两学一做”学习教育常态化制度化。加强干警学习培训,组织干警参加各类学习培训800多人(次);大力推进检察文化建设,对党建宣传室、图书阅览室、信息化设备设施、健身场所等进行升级改造;坚持全面从严治检,以落实“两个责任”为抓手推进党风廉政建设,扎实开展“加强作风建设,增强执行能力”教育实践活动,确保检察队伍不出问题。共有7个集体,30人(次)干警获省、市、县级表彰奖励。(陈婷婷)

2017年蕉岭县人民检察院负责人名录表

党组书记、检察长:蓝　海
党组副书记、副检察长:谢运新
党组成员、副检察长:丘文军
党组成员、副检察长、反贪局局长:杨　文
党组成员、纪检组组长:张世祥(5月离任)
党组成员、政工科科长:徐卫斌(5月离任)
党组成员、侦查科科长、反贪局副局长:温国常

法　院

【综述】 2017年,县人民法院认真贯彻落实党的十九大会议精神,牢牢抓住“公正司法、司法为民”的工作主线,深入推进各项工作,维护社会公平正义,促进社会和谐稳定,为加快建设“世界寿乡·富美蕉岭”提供了有力的司法保障。2017年共受理各类案件1452件,同比增长18.9%,结案1237件,同比增长10.05%,法定审限内结案率达99.73%。

【审判工作】 一是依法审理刑事案件,推进平安蕉岭建设。共收案122件164人,结案率100%。依法打击危害公共安全和人民群众生命财产安全的严重刑事犯罪,审结抢劫、强奸、故意伤害等案件11件13人;严厉打击涉毒型犯罪,审结24件25人;依法严惩电信网络诈骗、危害食品安全等涉众型犯罪,审结21件27人;依法惩治腐败和渎职行为,审结贪污、受贿、挪用公款、玩忽职守等案件6件10人;依法支持环境整治工作,审结了首例污染环境案件,对被告人作出有罪判决。二是依法审理民事案件,化矛盾保民生,受理各类民事案件814件,结案735件,结案率90.29%,解决诉讼标的额1.5亿多元,妥善化解群众矛盾纠纷,案件调

解、撤诉率35.6%。切实保障民生,审结交通事故、劳动争议、医疗纠纷等案件68件;注重维护社会和谐,审结离婚、继承、“三养”案件182件;切实规范金融秩序,审结借款、保险、信用卡等金融案件248件;对于事实清楚、权利义务关系明确、标的额较小的75件民事案件,依法适用一审终审的小额速裁程序,节约司法资源,提高审判效率。预防和反对家庭暴力,审结首宗申请人身安全保护令案件,依法发出首份“人身安全保护令”。开展巡回审判活动,在新铺镇高乾村公开开庭审理1宗典型的高龄赡养纠纷案件,达到了“审理一案,教育一片”的宣传教育效果。

【执行工作】 狠抓执行工作,保权益维法威。一是强力推进基本解决执行难工作,切实加强对解决执行难工作的组织领导,成立以“一把手”为组长的“基本解决执行难”工作领导小组,确保对执行工作的人力资源保障、物质装备保障。在工作中,凝聚共识,认真开展“攻坚执行难”专项活动,共受理各类执行案件516件,执结380件,执结标的金额2200多万元。同时用足用活法律规定的强制措施,拘留8人,移送涉嫌拒不执行判决裁定罪1人。对“老赖”实施信用惩戒,新列入失信名单45人,利用官方微信、新闻媒体、大型电子显示屏滚动播放“老赖”名单,通过禁止“老赖”乘坐飞机、列车软卧等对其进行信用惩戒。二是积极开展“去库存、补短板”清理积案专项活动,共清理积案207宗,其中清理计生类案件59宗,化解4宗行政机关为被执行人的历史积案,执结标的额400余万元,化解率100%,有效维护法治政府形象。同时,制定《蕉岭县人民法院案件财产保全实施细则》,以保全促和解,以保全促执行,从源头上化解执行难,提高执行效率。

【能动司法】 坚持司法能动,助推社会健康发展。一是围绕蕉岭县委、县政府推进产业转移升级战略,积极稳妥审理好各类案件。为推进桂岭新区的开发建设,及时依法审结相关案件,解决相关法律问题,有力保障建设工程的顺利开展。主动服务金融业健康发展,开展农信社等金融机构清贷专项活动,审结清贷案件52件,执结标的额582万元。服务供给侧结构性改革,助推产业转型升级,依法办理企业破产案件1件,涉案金额8200多万元。二是积极进行法制宣传,一方面通过组织旁听,办好司法公开宣传长廊,开展法制宣传和教育,另一方面利用市电视台“梅州法苑”“民生820”及报纸等媒体,加大法治宣传教育力度,组织了“模拟法庭”进校园活动、“12·4”国家宪法日暨全国法制日活动。三是积极参与社会治安综合治理,与有关单位联合对缓刑人员、监外执行人员进行帮教、回访,预防重新犯罪。延伸审判职能,向企事业单位发出司法建议13条,堵塞社会管理漏洞。

【司法为民】 完善诉讼服务措施,推行立案“一站式”服务。一是完善诉讼引导功能,方便群众诉讼。增设电子显示屏滚动显示开庭排期信息,更新诉讼指南、举证须知等便民材料,增加微信和支付宝缴交诉讼费方式,更好地满足群众司法需求。加大涉诉信访工作力度,依法办结1宗省交办的典型上访案件。二是实行司法救助,体现人文关怀。加强司法救助工作,建立专项执行救助金制度,公平公正向19件案件的当事人发放司法救助金41.5万多元。三是继续推进司法公开,实现阳光司法。大力推进裁判文书上网,新增上网公布生效裁判文书390份,年度上网率100%。加强人民陪审员工作,推进司法民主,普通程序案件陪审率100%,同比增长了6.9个百分点。加强联络工作,走访人大代表30人次,先后2次邀请人大代表、政协委员共30人开展“庭审观摩”活动。四是建章立制,大力推进司法拍卖新模式。开通网络司法拍卖平台,出台《关于网络司法拍卖工作的实施细则》,在淘宝网实施司法网络拍卖2件,成交2件,成交金额120多万元,提高执行财产变现率,通过公开透明实现双方当事人利益最大化。

【法院改革】 一是推动司法改革措施落地,有效落实司法责任制。完善主审法官、合议庭办案责任制,建立了11个独任审判单元和相对固定的7个审判团队,将“让审理者裁判,由裁判者负责”机制落到实处;落实院领导办案任务目标,发挥领导干部入额办案的表率作用;贯彻落实司法体制改革的要求,完成了2017年度员额法官遴选工作,并对审判团队进行了调整。制定《蕉岭县人民法院人员绩效考核实施细则》,充分调动全院人员工作积极性。二是加强人权司法保护,与县司法局联合建立了刑事案件律师辩护全覆盖工作机制。推动构建多元化纠纷解决机制,形成“党委领导、司法推动、多方参与”的“大调解格局”。

【队伍建设】 一是加强思想政治工作,不断提升司法素养。围绕“学懂弄通做实”要求,认真组织全院干警深入学习中共十九大精神,自觉用十九大精神武装头脑、指导实践、推动工作,在思想上、政治上、行动上和党中央保持高度一致。坚持“以党建带队建促审判”,完善制度,健全机制,充分发挥基层党支部战斗堡垒作用。组织干警参加重温入党誓词活动,教育干警严格要求自己,自觉践行党的宗旨。二是加强党风廉政工作,努力改进队伍作风,全面落实从严治党要求,扎实开展党风廉政建设和反腐败工作,加强廉政风险防控。狠抓司法作风转变,积极开展审务督察工作,加强队伍作风建设,全年累计开展12次审务督察活动,重点整治“庸懒散奢”问题,抓好风险防控。组织全院干警填报廉政档案,签订《党风廉政建设责任书》,定期开展谈话提醒活动,筑牢廉政“防火墙”。三是立足司法公正,端正司法理念,改进司法作风,切实把司法为民根本宗旨落实到执法办案各个环节,努力提升队伍素质,提升审判质效,提升司法公信力。 (徐映珠)

2017年县法院负责人名录

院　长:李苏明(6月免职)
　　　　刘志平(11月任职)
副院长:刘建宏　马琼英(女)

司法行政

【综述】 2017年,全县司法行政工作认真贯彻落实中共十九大以及习近平总书记系列重要讲话精神,紧紧围绕县委、县政府“一城两业三组团”发展战略,以省厅“固强补弱,创新创先”和市局“固本强基、创新引领”为重要抓手,充分发挥社会矛盾化解、法制宣传教育、特殊人群管理、法律服务和法律保障等职能作用,全面推进依法治县,为促进蕉岭振兴发展做出了积极贡献。

【法治宣传教育】 一是搭建法制宣传的网络平台,大力推进媒体公益普法力度。充分发挥网络、电视、手机等新媒体技术传播速度快、覆盖面广等特点,开辟法制宣传教育新阵地。蕉岭电视台“蕉岭新闻”节目常年开设“法治视线”子栏目,并将节目上传到蕉岭政府网和电视台网站,购买“法治中国”专题节目每天一期、日播三次、全年播放。现代传媒手段的运用,使法制宣传教育的渗透功能得到了延伸和拓展。二是扎实开展“主题日”法治宣传活动。抓住“三八”妇女维权周、“3·15”消费者权益保护日、“综治宣传月”、“6·5”世界环境日、6·25土地宣传日、“6·26”国际禁毒日等节点,协调配合各相关部门,开展集中宣传活动。县普法讲师团、志愿者深入机关、社区、学校、企业、农村举办法治讲座20多场次,受教育人数近8万人次。2017年国家宪法日暨全国法制宣传日的活动主题为“学习贯彻党的十九大精神 维护宪法权威”。县司法局以“12·4”宪法日宣传活动为契机,通过印发宣传资料、宣传图片展板展示、悬挂宣传横幅,制作法制宣传站牌,举办大型宣传咨询活动、举行一场“法润梅州 平安万家”法治文艺演出,并组织一场由县人大办牵头“12·4”国家宪法日座谈会暨“谁执法谁普法”履职汇报会等向广大群众宣传十九大会议精神和习总书记系列讲话精神,为“七五”普法依法治理工作顺利推进奠定了较好的舆论基础。三是结合工作特点,进行法律法规教育。依托四级同创活动,大力宣传法治城市、法治县、法治镇、民主法治村(社区)“四级同创”会议精神。四是组织开展了各类法律知识测试活动。为增强普法学习效果,组织全县司法行政系统举办了形式多样的法律知识测试,参考率都达到100%,总评成绩优秀。

【人民调解】 矛盾纠纷是影响社会稳定的隐患,为牢筑维护的第一道防线,营造和谐稳定社会环境,充分发挥人民调解的优势,重点抓好四方面工作:一是抓规范管理。继续修订完善基层司法所工作百分制考核标准,签订所长目标管理责任制,实行年终考核评优制度,使各项工作量化、细化、可操作化。加强对司法所内部管理,做好基层工作有关统计数字的准时报送,建立重大疑难案件研判台账,及时掌握工作动态和进展情况。二是抓组织建设。重点抓好行业性、专业性人民调解组织建设。成立婚姻家庭纠纷人民调解委员会,继续完善县医疗纠纷人民调解委员会、道路交通事故人民调解委员会,以及供电、金塔等企业人民调解委员会工作机制,发挥行业性、专业性人民调解组织特殊功效,在行业性、专业性人民调解组织建设方面取得实效。三是抓业务培训。以镇为单位,以法律知识、业务能力和调解技巧为主要内容,对全县8个镇分别组织开展镇、村两级调解主任培训工作,切实提高镇、村两级调解主任的调解能力和工作水平。四是抓排查调处。积极整合资源,把律师、公证、法律援助、法治宣传等部门与基层各调委会一起整合为调处矛盾纠纷的主要力量,依法调解,解纷止争,努力把矛盾化解在基层、把问题解决在当地。2017年,全县受理各类矛盾纠纷1464件,调处率100%,调处成功1464件,调解成功率100%,开展大排查18次,防止集体上访9宗,无民转刑案件发生,为维护全县社会平安稳定作出积极贡献。

【安置帮教】 加强刑释解教人员衔接管控工作,积极引导和扶持刑释解教人员就业,动员社会各方面的力量共同参与安置帮教工作,2017年接收刑释解教人员153人,安置帮教率均为100%,有效地预防和减少重新违法犯罪,努力维护社会平安稳定。

【社区矫正】 着力提升社区矫正监管控制水平、教育矫治水平和社会帮扶水平,推进平安蕉岭建设。主要抓好四个方面工作。一是贯彻落实省市县2017年十件民生实事工程,积极推进县社区矫正中心规范化建设。经请示县政府同意将县土地房屋征收安置中心第一层调配给司法局用于社区矫正中心建设。投入120万元资金,于6月底完成县社区矫正中心建设,实现名称、标牌、制度、程序、模式、设施“六个统一”,报到室、宣告室、监控指挥室等8个功能室配备齐全,使社区矫正中心做到环境整洁、布置规范、管理有序。不断推动社区矫正工作规范化,重点规范社区服刑人员的接收、管理、教育、考核、奖惩、解除矫正等各个环节的工作制度和工作流程。建立社区矫正人员两级档案管理体制,实行一人一档。统一印制社区服刑人员的登记表、询问笔录、矫正方案、监(管)护人协议书、公益劳动记录、每月小结等方面的资料,形成一套完整、规范的基础性台账。二是加强教育。采取个别、分散和集中等形式,组织社区服刑人员学习教育和公益劳动,组织社区服刑人员学习教育和公益劳动810人次。三是严格执法。认真开展集中清理判处实刑犯罪未执行刑罚专项活动,依法收监1名社区服刑人员。不讲人情,敢于执法,对因违反日常监管行为的3名社区服刑人员依法进行4次警告。2017年，累计接收社区矫正人员92人,累计解除社区矫正人员94人,全县在册社区服刑人员124人，其中缓刑114人，假释3人,管制7人。无脱管、漏管、虚管行为,无重新犯罪现象发生。

【公证工作】 该县有公证处1所，公证员2名,辅助人员3名。积极协助县委、县政府及相关部门,在依法征收土地、房屋等工作和企业建设中出谋划策,协助起草法律文书,办理相关法律事务,解决各种疑难问题,对全县经济建设起到一定的推动作用。如积极参与桂岭新区、保利园、福星长寿新城、碧桂园、奥园、塔牌600万吨生产线等工程拆迁、征地工作中,提供法律意见，促进蕉岭经济建设健康有序发展。今年来,公证处还积极为涉外、涉港澳台公证当事人办理出生、婚姻状况等有法律意义的实施和文书公证。全年办理各类公证共计431件,寄送涉台公证书副本103件;今年县司法局依照司法部、省司法厅的要求,对所有行政体制的公证机构进行全面改革,经过多方沟通协调，于2017年10月28日提前完成公证体制改革,蕉岭县公证处核定为正股级公益一类事业单位。

【法律服务工作】 围绕该县加快构建“一城两业三组团”发展新格局,不断强化服务职能,突出抓好四项工作。一是积极组织开展“一村(社区)一法律顾问”工作。2017年,村(居)法律顾问、各镇、村(居)、司法行政部门都能按照各自职责要求认真履职。法律顾问采取每月定期服务,平时应约服务、电话咨询等方式,为基层和群众提供法制宣传、法律咨询、人民调解、社矫安帮等一站式法律服务。多数镇、村(居)对法律顾问工作给予高度重视和大力支持，为村(居)法律顾问提供工作场所和专门联络人员,组织举办法律知识讲座、法律咨询活动等。司法所积极协助律师做好进村服务和日常沟通协调工作,为律师履职提供便利。县司法局采取平时检查和定期考核相结合的办法,通过到镇进村检查工作日志和台账、听取法律顾问的汇报、征求镇村干部和司法所意见等方式,加强对村(社区)法律顾问工作的检查考核,以此作为对法律顾问经济补偿的依据。据统计，2017年,全县村(社区)法律顾问为村(居)干部及村民解答法律咨询1100多人次,审查、修改合同、村规民约等265份,出具法律意见书25份，代写法律文书183份，调解民间纠纷120多件,上法制课及法律培训480多场次,取得了良好的效果,得到了镇村干部和群众的普遍好评。二是推进公共法律服务平台建设。继续抓好村(社区)法律顾问室、镇中心办公室为重点的硬件平台建设,把该镇各村的顾问律师姓名、联系方式及挂点村对外公示,为实现全民均等普惠、优质便捷、可持续的法律服务创造优质条件。继续抓好工作日志为重点的软件平台建设。建立工作台账制度和信息反馈制度,做到一村一卷,一事一记,一次一记,按照规范要求对法律顾问的工作情况由司法所按月统计上报,方便监督检查。三是依法依规注销广东青松律师事务所。因该所负责人退休,所内无执业律师，依据《中华人民共和国律师法》《律师事务所管理办法》相关规定,已不符合国资所成立的条件,2017年9月18日县司法局召开党组会议,一致通过注销广东青松律师事务所的决定。注销后本县律师事务所有2个，专职律师有5人。桂岭律师事务所、公职律师事务所全年代理各类诉讼案件58件、代写法律文书15份、担任法律顾问18家（不含村(居)法律顾问)、义务解答法律咨询439人次。

【法律援助工作】 认真贯彻落实《广东省法律援助条例》,进一步降低法律援助门槛,扩大法律援助范围,积极为困难群众、特殊案件当事人依法提供法律援助。2017年累计办理法律援助案件36多件(其中刑事27宗,民事9宗)，接待各类法律咨询八百多件,实现符合援助条件的案件100%受理。全年办理法律援助案件的数量、质量、结案率、台账、案件入网登录等各项工作都按照全省法律援助工作规范化要求圆满完成任务。

【基层基础建设】 2017年，该局加大硬件建设,积极筹集资金维修办公楼,为基层所更新了一批办公设备,添置了监控系统、人脸识别仪等社区矫正专用设备,改善了基层所的办公条件和办公环境,提升了基层工作的信息化水平。公开招录3名公务员充实到基层司法所工作,进一步加强司法队伍建设。

【队伍建设】 扎实开展理论学习教育,司法行政队伍履职能力进一步提高。一是政治理论常抓不懈。坚持业务学习和政治理论学习制度。始终把抓好学习作为干部队伍建设的首要任务,做到“学习计划、学习内容、学习时间”三落实,组织全局干部学习习近平总书记重要批示精神、中共十九大精神、中央、省、市、县政法工作会议和司法行政工作会议精神。用理论武装干部队伍的头脑,确保党的方针、政策得以正确贯彻实施。二是两学一做持续深化。为深入贯彻落实中共十八届六中全会精神,深化拓展“两学一做”学习教育,局机关出台了《关于推进“两学一做”学习教育常态化制度化实施方案》、“两学一做”学习计划和安排表,要求广大党员按照“四讲四有”标准,做到政治合格、执行纪律合格、品德合格、发挥作用合格。三是党风廉政建设不断加强。该局共召开4次党风廉政建设专题会议,贯彻落实中央、省、市、县各级领导机关关于加强党风廉政建设和反腐败斗争会议精神,要求全体党员干部务必遵守廉政各项规定,树立正确的世界观人生观、价值观。四是加强对外宣传,做好司法公开,提升司法行政形象。 (徐秋燕)

2017年县司法局负责人名录

党组书记局长:夏新明(1月离任)
古远基(1月任职)
党组成员、副局长:林忠平 林建平
李忠福(女)

普法教育

【概述】 蕉岭县普法办公室是蕉岭县普法领导小组下设的办公室。自1986年成立至今,是常设的临时机构。目前办公室人员有4人,分别从宣传、教育系统和司法局等单位抽调组成。办公室的主要职能是组织、协调、检查、指导全县的普法工作。

【组织领导】 坚持“党委领导、人大监督、政府实施”的领导体制,把法治宣传教育纳入全县经济社会发展规划,及时调整充实县普法领导小组,全力保障普法经费,大力表彰成绩显著的先进单位和个人。年初组织召开专题会议,研究部署年度普法工作,出台《蕉岭县2017年度普法工作计划》,细化工作任务,项目化推进年度工作。

【法制宣传】 一是开展以“网络诚信、消费无忧”为主题的“3·15”国际消费者权益日宣传咨询活动。二是举办了“绿色出行、税宣同行”大型骑行活动。三是开展“全民国家安全教育日”宣传教育系列活动,大力宣传国家安全法等法律法规。把国家安全教育纳入各类中小学法治宣传教育计划,组织青少年开展国家安全主题活动。把国家安全教育纳入普法讲师团讲座内容,组织专题普法宣传活动。四是继续组织开展蕉岭县第三届“关爱明天、普法先行”青少年普法教育活动，在蕉城的中小学巡回宣讲,历时三年的青少年普法教育活动圆满结束。五是举行以“计量与交通”为活动主题的“5·20”世界计量日大型现场宣传咨询活动。六是扎实开展以“无毒青春、健康生活”为主题的“6·26”国际禁毒日宣传活动暨“6·27”青少年毒品预防教育活动，1000多名师生先后在“珍爱生命、拒绝毒品”横幅上签名，并参观禁毒宣传画册及缴获的毒品。七是开展“守法诚信、共促和谐”法律宣传活动，向与会人员赠送法律书籍，开展劳动合同法知识讲座和律师咨询讲解服务。八是紧扣学习宣传贯彻中共十九大精神、维护宪法权威主题，从2017年11月中旬至12月中旬，组织开展法制讲座、大型法制宣传咨询、法制文艺演出、座谈会、履职汇报会、普法电影百村行等系列集中宣传活动。

2017年全县共下发《蕉岭“七五”普法学习资料(二)》12000多册、部门专业法律法规等宣传资料20多万份(册)，出版墙报专栏700多期次，悬挂横额张贴标语10000多条(张)；举行法律知识竞赛、有奖测试、挂图展出、法规政策宣传咨询80多场，举办法制教育培训8000多人次，召开法制教育座谈会10多场、法律讲座30多场，法制副校长及普法辅导员、普法宣讲员举行法制辅导课200多场，营造了全县法治宣传教育的浓厚氛围。

【法律六进】 一是推动法律进机关、单位，促进领导干部学法用法。全面建立各级党委中心组学法制度，进一步完善学法讲座制度，县委、县政府举办了多期领导干部法制讲座。把法治教育列为党校必修课，纳入干部教育培训总体规划，加强对领导干部任职前法律知识考查和依法行政能力测试。实行宪法宣誓制度，凡经人大及其常委会选举或者决定任命的国家工作人员正式就职时应公开向宪法宣誓。县普法办年初发放普法学习资料，使全县领导干部、公务员学有资料，全面提高公务员法律素质。

二是推动法律进学校，促进青少年学法用法。以在九年义务教育期间让学生掌握公民应当懂得的法律常识为目标，以法制副校长为骨干，以组织法制辅导、法律竞试、普法图片挂展、出墙报黑板报等形式深入开展法律进学校活动。县普法办与关工委、教育局等单位联合组建青少年普法教育宣讲团，开展“关爱明天、普法先行”主题活动，在全县20多间中小学校巡回宣讲，反响良好。

三是推动法律进农村、社区，促进农民学法用法。一方面，精准服务村“两委”换届选举。利用“普法电影百村行”活动、宣传广播、法律咨询等形式，重点宣传了选举法和《村民自治条例》等有关村“两委”换届选举工作的政策法律法规，为全县村“两委”换届选举工作的有序顺利推进提供强有力法律保障。另一方面，坚持走法律服务惠民新路子。县普法办向全县1400多个村民小组免费发放普法学习资料。县司法局通过驻村律师有针对性地开展农村法制宣传教育，采取在普法中调解纠纷、在调解纠纷中普法的方式，对排查出的家庭纠纷、土地纠纷、山林纠纷、婚姻纠纷等突出问题逐一进行实地调解，让群众在调解中受到教育，在教育中解决问题。据统计，2017年全县村(社区)法律顾问为村(社区)干部及村民解答法律咨询1100多人次，审查、修改合同、村规民约等265份，出具法律意见书25份，代写法律文书183份，调解民间纠纷120多件，上法制课及法律培训480多场次，法律援助20多件，取得了良好的社会效益和广泛好评。

四是推动法律进企业，促进企业经营管理人员学法用法。按照“谁主管、谁负责”的原则，重点加强企业安全生产、诚实守信、维护职工权益等方面的法律法规宣传。加大对民营企业主和管理人员为重点对象的普法力度，推动企业的法制建设和依法治理工作；加强对广大职工进行劳动和社会保障、工会及民主管理方面的法制教育，提高其合法维权的能力；坚持法制教育与诚信教育相结合，引导企业诚信守法经营。同时，以实际行动积极营造安全的生产经营环境，按照“全覆盖、零容忍、严执法、重实效”的要求，组织相关部门对县内旅游景点、宾馆、酒店、商场等人员密集场所以及使用特种设备的重点行业、重点企业进行安全大检查，实现源头防范和有效管理。

【谁执法谁普法】 建立国家机关“谁执法谁普法”的工作责任清单制，坚持执法办案和普法宣传有机结合，坚持日常宣传和集中宣传有机结合，坚持开展普法教育和解决群众问题有机结合，坚持与倡导文明新风有机结合，坚持与“法律六进”工作有机结合等“五个有机结合”的方式有序开展。与此同时，要求各级各部门特别是行政执法部门按季度定期报送相关工作落实情况，并在年终召开一次履职汇报会。实行“谁执法谁普法”责任制，有力促进普法工作从“主管部门独唱式普法”向“各部门参与合唱式普法”的转变，真正实现大普法格局。

【“民主法治村(社区)”创建】 按照省、市关于“民主法治村(社区)”创建活动的工作部署，蕉岭县2017年要完成50%以上的村(社区)达到省级创建标准。为此，县委、县政府高度重视，专门召开“民主法治村(社区)”省级创建工作部署会，将各项工作具体分解、细化，并拨出专项经费。一是整合资源。由县司法局、普法办、县民政局、县委农办及依法治县办等相关职能部门各司其职、相互协调、密切配合、共同负责抓好此项工作，各镇、村(居)委会具体落实，全县形成了县、镇、村三级创建网络。二是迅速行动。从5月份开始对“民主法治村(社区)”实际情况进行摸底，研究确定创建对象。通过实地考察，听取整合各镇、村(社区)意见，现场查看硬件设施及台账资料，确定57个村(社区)上报创建省级“民主法治村(社区)”。三是强化督查。7—8月，县司法局、普法办联合相关单位对2017年拟创建省级“民主法治村(社区)”的57个村(社区)进行了两轮督导检查，进一步查缺补漏，迎接省市考核验收。 (赖冬梅)

2017年县普法办公室负责人名录

主　任:林忠平 (8月离任)

　　　李忠福(女,8月任职)

经济

基础设施建设

交 通

【交通设施建设】 投入1.6亿元，完成新农村公路路面硬化改造和安全生命防护工程，以及蕉岭大桥、艾坝大桥维修加固和象岭大桥新建工程等11项城乡交通基础设施优化提升项目，进一步优化城乡公路环境，提升城乡交通通达能力，改善城乡居民出行条件。截至2017年底，全县公路通车总里程1385.4公里，公路密度144.31公里/百平方公里，其中农村公路约1253.4公里，农村公路密度达到130.6公里/百平方公里。

【公路养护管理】 坚持农村公路养护市场化改革和专业化发展方向，以强化养护目标责任制管理为手段，坚持"计量支付"的管理办法，重点抓好石窟河十里画廊绿化、亮化、美化工程，以及农村公路经常性养护、灾毁重建工程建设，有效促进农村公路养护质量进一步提高，2017年好路率为县道92%、乡道90%，道路硬件和环境品位得到提升，完成农村公路管养任务。

【交通综合执法】 持续深入开展城乡客、货运输市场违规行为、侵犯路产路权违法行为专项整治，切实规范运输市场经营行为，维护农村公路路产路权。2017年共出动交通执法、公安交警343人次，查处违法超限超载车辆265辆次，卸载货物1882.61吨，公安交警行政处罚3.95万元，交通违章记分累计177分。

【交通运输管理】 按照上级有关"放管服"工作部署，严格按照部门"权责清单"要求，依法做好行政许可审批和事中事后监管工作，2017年共办理营运车辆道路运输许可业务445宗，比去年同期增长218%，办理道路运输经营许可业务19宗，从业人员从业资格证续期业务135宗，均比去年同期减少21%；稳步推进长途道路客运、出租客运、机动车驾驶员培训等道路运输行业供给侧结构性改革；投入42辆新能源公交车，出台《蕉岭县特定群体乘坐公交车优惠政策实施方案》，在全市范围内率先开通粤运新能源城乡公交车，如期完成城乡公交一体化民生实事重点工作目标。

【交通运输安全】 以落实企业安全生产主体责任和政府监管责任为抓手，围绕迎接党的十九大特别防护期维稳安保工作要求，强化对道路客运、货物运输、公路桥梁和水路客运等重点领域和汽车客运站"三不进站 六不出站"等重点环节安全监管，全力做好春运、法定长假等重点时段运输安全保障工作，严格执行安全生产"一岗双责"制度，积极开展"平安交通"等一系列活动，采取有效措施，保障了交通运输行业安全生产形势持续稳定。 （郭雪平）

2017年县交通运输局负责人名录

局　长：黄志权（1月任职）

副局长：张远鹏　张运锦　谢其才

2017 年县交通运输系统党委负责人名录

党委书记：黄志权(1 月任职)

2017 年交通运输局综合行政执法局负责人名录

局　长：张郁鹏(12 月任职)
　　　谢汉平(12 月离任)

蕉岭汽车运输有限公司

蕉岭汽车运输有限公司隶属梅州市粤运汽车运输有限公司。现使用的车站于 1996 年建成并投入使用，占地面积 7630.6 平方米，建筑面积 2320 平方米。公司下设 8 个部门。公司现有职工 281 人，其中在册职工 153 人，退休职工 128 人，经营项目有旅客运输，汽车维修等。公司现有建制营运大客车 14 台，中巴车 9 台，城乡公交车 42 台。现经营有蕉岭至广州、佛山、珠海、东莞、深圳、汕头、兴宁、平远、梅县等客运班线。2017 年积极推进城乡公交一体化项目工作，于 2017 年 9 月 1 日顺利开通。截至 2017 年 12 月，投入 42 台新能源纯电动车进行营运，开通 13 条公交班线，全面覆盖蕉岭县各乡镇，97 个行政村已通 87 个，通车率 90%，方便了全县人民群众的出行。公司安全行车里程 567.8 万公里；完成客运量 23.63 万人，做到收支平衡。（傅传敏）

2017 年蕉岭汽车运输有限公司单位负责人名录

执行董事：徐思宝
副总经理：谢晋健

公　路

【概况】 2017 年，县公路局共有干部职工 196 人，其中，在职干部职工 114 人(在编的人员 88 人，收费站转岗 24 人)，退休人员 82 人，临时工 2 人；机关 60 人，道班 54 人。下设政秘股、人事监察股、财务股、养护管理股、工程管理股、计划股、路政股、安全生产股、工会 9 个股室和红岌、步上、同福 3 个养护中心(含 7 个养护组)。全局养护总里程 92.23 公里，其中 205 国道 42.2 公里、省道 50.03 公里(S223 线 26.03 公里，S332 线 24 公里)。

【公路建设养护】 1.启动四个工程项目的前期工作：一是省道 S225 线蕉岭杨梅坑至蕉岭平远交界电站段路面改造工程；二是省道 S332 线蕉岭油坑至新铺圩段路面改造工程；三是国道 G205 线蕉岭县樟坑至叟乐段 12 公里绕城改线工程；四是省道 S224 线蕉岭县长潭麻坑至新铺狮山段 20 公里改建工程。

2.加快推进已完工未完成交(竣)工手续的项目 2 项：一是完成 205 国道蕉岭县文福至新铺段改建工程的交工验收、结算资料审查工作；二是审查了 G205 国道蕉岭县文福至新铺段改建工程 T1 标段的工程交工验收资料，继续协助蕉华工业园管委会做好 T1 标段的交工验收工作。

3.抓好预防性养护及中修工程。2017 年累计投入 500 多万元，完成国省道砼路面挖补 8800 平方米、沥青路面修复 14000 平方米、沥青灌缝 5 万米。

4.投资 1000 多万元，做好“路网改造”工作。一是完成省道 S223 线蕉岭段 26 公里公路灾害防治工程建设；二是完成国道 G205 线白湖桥等四座危桥改建及加固工程。

5.投入 100 多万元，抓好沿线国、省道绿化新种、补种工作。累计新种、补种乔木 1000 株，灌木 1900 株，小苗及草皮 7700 平方米。此外还购置一批绿化机具，以加强绿化管护；继续完善乌土苗圃场，精心选苗育苗，以节约绿化成本。

6.强化应急抢险管理。面对“苗柏”等多次强台风侵袭，县公路局精心组织，做好各项应急抢险工作。投入500多万元抓好水毁公路抢通修复工作,在人员、物资、机械上做好充分准备,最大程度上预防、减少灾害损失,确保公路畅通。

7.做好“三个文明”创建工作。一是做好“文明示范路”建设。投资100万元,完善国道205线文福段绿化、美化、亮化和标志、标线、标牌等,把该段路打造成“文明示范路”。二是做好“文明养护中心”建设。投资100多万元购置洗栅栏等养护机械设备一批,加强各养护中心机械保养,投资50多万元修缮文福养护作业点,完善道班生产生活设施,努力把养护中心建成养护职工温馨的家园。三是做好“文明机关”建设。投资20多万元修建新的档案室及档案管理办公室,并购置一批办公设备。通过不断完善机关环境和办公条件,加强干部职工政治理论学习和业务能力培训,加强作风建设、党风廉政建设,增强干部职工的幸福感和归属感。

【安全生产】 坚持“安全第一,预防为主”的方针,贯彻执行“党政同责、一岗双责、失职追责”的安全生产责任制。加强组织领导和监督管理,强化责任落实和目标控制。结合“安全生产月”活动、组织应急救援演练及宣传教育活动,投入100多万元对全线范围内的危险路段、桥梁涵洞、公路养护机械、安全防护设施等进行安全隐患的排查整治工作,有效地保障安全畅通。全年,全局安全生产形势持续稳定发展。

【路政管理】 加大路政执法力度,坚持路政巡查制度。开展了路域环境综合整治行动,重点整治公路沿线摆摊设点,占道经营,违章搭建,乱堆乱放等行为。共清理占路堆积物35处20立方米,发现在公路建筑控制区范围内的违章建筑22宗,移交交通综合行政执法局22宗。拆除各类乱拉、乱挂横额120幅,查处车辆损坏路产案件38宗,追回路损赔偿费33万元,收取占、利用公路赔(补)偿费3万元。

(徐良初)

2017年蕉岭县公路局负责人名录

局　长:张　卫(12月任职)
　　　　陈　志(12月离任)
副局长:刁汉新　黄　晓　汤发群

邮 政

【概况】 2017年,蕉岭邮政全年累计实现业务收入2653.43万元,同比增长0.8%,完成市公司下达目标2910万元的91.18%,完成县分公司自定全年目标2674万元的99.23%。

【邮政业务】 1.代理金融方面:全年紧紧围绕“700亿”项目,切实做好代理金融发展,至年底,全县邮政余额净增1.2亿元,销售保费达1500多万元,全年实现总资产1.35亿元,完成“700亿”总资产目标1.74亿元的77.59%。(1)在余额方面:截至2017年12月31日,全县邮政时点余额为126276万,年净增12048万元,同比多增6316万元。主要措施:一是打好“开门红”;二是紧跟项目代发;三是灵活调整营销费用政策,应对市场变化;四是贯彻融合发展理念,整合产品与渠道。充分发挥农村电商点、助农取款点、便民服务站、广告传媒等渠道效能,实现融合发展。五是加快推进移动金融业务,适应互联网时代的发展需求。六是针对节假日、特定客户群开展专项营销活动,促进业务发展提速。借助春节、中秋、国庆等节假日,针对务工返乡人群、老年客户、教职工客户等开展形式多样的感恩回馈活动。(2)在代理保险方面:全年累计保费4458万元,同比增长84.62 %;累增中邮期缴保费468万元,年进度100%。主要措施为:一是结合母亲节、儿童节等节假日,邀约客户,有针对性地开展主题网沙、产说会、“宝贝520”等营销活动,促进期缴的提速发展;二是结合外拓走访、义诊等活动,把保险业务宣传、产品组合营销融入网点日常工作中。2.传媒业务方面:全年累计实现广告传媒业务95.59万元,同比下降11.4%,完成自定年计划80万元的119.48%,全市排名第三。主要措施为:一是以"谁执法谁普法""预防职务犯罪邮路""创建文明城市"等政府重点项目为切入点,充分挖掘政府、行政事业单位的宣传需求,整合视频类、户外广告、朋友圈等媒体资源为客户提供全方位宣传服务,积极走访开发政务类大客户;二是抓好老客户的二次开发,降低客户流失率;三是紧抓中小商家促销需求,积极开发传统DM广告业务。3.包裹快递方面:在巩固普包、标准快递业务发展的同时,重点做好电商国内小包的开发力度,全年国内小包收寄量达38197件,实现收入33.23万元,完成自定年计划20万元的166.17%,增幅为648.84%。电商快包业务的快速发展拉动整体收入增长,自3月开展"突围2017"专项营销活动以来,全县邮政电商快包业务逐季增量,尤其是第三、四季度,以蜜柚、沙田柚等农产品为抓手,积极发展农产品寄递项目,使得邮政快包业务量快速增长。4.农村电商方面:全县累计建设农电商站点(含邮掌柜站点)76个,全面完成全年建点任务。主要措施有:一是组织参加"百大明星站点"评选活动。二是开展电商点会员日活动。三是开展"919"、"双十一"电商节活动。四是开展"代购有礼"活动,有效推动代购业务大幅度提升。5.传统业务方面:(1)函集方面:由于受到函集业务市场低迷影响,全年函集业务呈下滑趋势,函件全年累计收入105.67万元,同比减少34.5%;集邮全年累计收入78.49万元,同比减少48.7%。主要措施有:一是大力组织集邮微商城线上营销活动,以元宵、七夕、国庆、中秋等节日为主题,整合与节日相关的题材邮品,组织开展限时秒杀、粉丝回馈、会员集钞抽奖等活动。二是抓好品鉴会、网沙活动的开展。三是抓好定向业务的开发。(2)报刊方面:全年累计收入104.75万元,同比增长4.4%,实现了近几年来业务收入持续下滑后的止跌回升。主要措施有:一是以"全民阅读"为契机,组织开展图书巡展活动;二是抓好政务图书、"七进"工程馆配图书、文创产品等图书项目营销工作;三是通过举办"关爱老人"健康与养生讲座,成功切入老年人阅读市场。6.车险业务方面:全年累计新增保费67.53万元,完成全年保费目标113万元的59.76%,实现收入16.47万元。主要措施:一是积极向合作保险公司争取提高代理手续费,增加车险收入;二是加大奖励及营销政策支撑;三是引导单位开展车险团购活动。

【设施建设】 1.能力建设方面:一是加大代理金融网点整治力度,自筹资金约7万元,对环东路支局进行了改造整治,为支局增加了理财室和独立ATM机加钞间;二是加强财政资金项目立项、建设和管理,更新邮车2部、投递电动车1部;三是加大邮政自助设备的投放,全年共投放智能包裹柜25组。2.网运投递方面:一是严格管控好快递包裹进、出口时限,以快递包裹省内互寄T+1时限(次日递)为核心管控指标,出口时限达标率稳定在99%以上,高于96%的考核要求,ABC区进口时限达标率(以妥投统计)为95%,高于93%的考核要求;二是通过开通邮运路线等方式提升网运能力。从11月起开通"蕉城—广福"邮路二班车,由市邮区中心邮车对文、广福下午进口的小包进行直运,进一步提升邮件传递速度;三是进一步拓展投递渠道,加强投递能力建设,落实农村电商智能包裹柜的安装工作,在全县城乡建设了12个邮件自提点。

【企业管理】 1.科学谋划计划财务运营。一是认真执行市、县财务维护一体化的各项要求,增强资金维护,对用户欠费及时催交,增强营业收款的维护,保证营业款及时足额,精确安全归集,确保业务款项上缴的时限。二是增强财务监督、检查力度,将不定期对各专业、班组、网点进行检查,以确保资金的安全,防止业务收入的跑、冒、滴、漏的现象发生。三是是进一步加大代理金融业务营销费用投入力度。以开展金融资产新增700亿元目标的营销活动为契机,聚集资源加大金融业务的营销支撑力度。四是持续压缩管理费用。加大成本控制力度,继续完备成本费用维护体系进一步提高企业经营效益,严控人均管理成本和接待费两项指标,持续压缩管理费用。五是加大闲置资产盘活力度。重点抓好闲置房产的盘活、使用,通过租赁权公开招租模式,提升租赁价格,加强对闲置房产盘活、使用,提高利用率,确保房屋资产保值增值。2.加强人力资源监督管理。一是优化资源配置,完善薪酬分配体系。二是按照集团、省分公司要求做好经营组织架构改革工作。于8月完成县分公司机构编制调整、人员调配、薪酬发放相关工作及ERP信息维护等经营组织架构改革人力资源管理系统配套调整工作。三是积极利用政策做好失业保险稳岗补贴和职工生育津贴单位申领工作。四是强化分类分级培训,提升职工能力素质。五是做好《工单管理系统》的使用及推广工作。为畅通基层单位反馈问题的渠道,提高管理部门的服务基层效率,服务基层项目增加"月工单"方式。3.加强金融内控和合规管理。一是紧紧围绕市分公司"三级机制,三个中心"的部署,围绕案件防控核心开展各项内控管理工作,经常性地开展常规检查和专项检查。二是为进一步加强企业内部合规文化建设,围绕"十条禁令"开展了金融从业人员排查等工作,并分析在检查中发现的问题,提出相关整改措施和要求等。三是在做好职工业务培训的同时,加强邮政金融合规文化的宣贯力度。4.强化安全管理。一是紧紧围绕市分公司"平安邮政"建设的总体目标要求,狠抓省分公司重点关注和考核的七大安全工作目标,顺利完成安保人员消防持证率、金融网点消防报警联网率、邮件场所监控本地安装率、机要汽车载视频安装率等5大目标。二是组织开展贯穿全年的"蕉岭邮政安全应急实操演练规范年"系列活动,围绕金融、消防、道路交通、邮件等安全工作重点环节,开展各项应急演练,培养职工熟悉预案和处置技巧,增强应对风险的能力。三是坚持按照《安全职责与履职规范》的要求认真开展履职工作,保障企业年度的各项工作安全。四是通过前期大量工作, 在完善各类安防设施和技防设施的前提下,经请示市分公司批准同意,自3月1日起对新铺、南礤和文福支局业务库实行异地值守模式。五是克服资金紧张的困难,为县城4个金融网点配备了专职的保安人员。六是按照公安、银监等监管部门的工作安排, 组织开展2017年—2018年度金融网点安全评估前期的自查整改和自评等工作,全县邮政自评分达到94.2分, 全部金融网点安全自评均达到优秀等级。5.提升服务质量管理。一是紧紧围绕"严禁触犯'两条红线'、严格合规经营、保障服务畅通"的工作宗旨,严格抓好普遍服务的四项基本业务、机要通信的保密、党报党刊服务、寄递渠道的安全、发行市场的净化等一系列重要工作,保障蕉岭邮政普遍服务各项工作任务圆满完成。二是狠抓快递包裹质量管控,通过完善考核办法、投诉工单全过程跟踪监控、指导代反馈、预通报考核结果等手段市、县联动,投诉及时率、重派率都达标。三是切实重视客户服务工作,继续深化和完善"代理金融服务品质提升"工作。同时,积极参与政府"创建文明城市"的公益活动,取得良好的社会效应和企业效益。四是严格履行信息检查、视频检查、现场检查三位一体的质量管控检查职责, 完善企业各项营业系统数据信息资料,提升管控手段,保障重要敏感时段邮政企业的通信服务质量全红。五是机要服务质量安全稳定。

【精神文明建设】 1.工会工作方面:一是加大对基层班组、支局建家工作的力度,不断改善基层职工生产生活条件。二是深入开展全省"我为金融献客户" 劳动竞赛活动, 着力营造"赶、学、比、超"氛围。三是积极组织开展职工文体活动。2017年10月,选拔15名男女青年职工组成合唱团,参加全市邮政"喜迎十九大,颂歌献给党”歌咏比赛,获得三等奖的好成绩。12 月 26 日下午，组织全体县分公司机关工作人员和各班组、支局长在长潭镇长东村开展徒步户外活动,使职工既亲近自然,放松身心,又陶冶情操,鼓士气,为筹备 2018 年保险开门红及“1000 亿工程”起到了鼓劲加油的作用。四组织开展“献爱心”活动。2017 年 11 月下旬,为帮助重病职工汤玲玲筹集医药费,以工会名义向全市邮政干部职工发出爱心捐款倡议,得到全市邮政干部职工积极响应,为汤玲玲筹得各类善款约 4.8 万多元。2.党建工作方面:一是按照省、市分公司要求,通过合理兼职方式,在综合办公室配置了一名兼职党建(纪检监察)工作人员。二是制定 2017 年全县邮政的党建工作和纪检监察工作重点,进一步地抓好党风廉政建设的“主体责任”和“监督责任”的推动落实。三是扎实开展“全省邮政代理金融新增资产 700 亿效能监察”活动,制订详细的预警和问责办法,有效地促进蕉岭邮政代理金融业务的持续发展。四是继续组织开展“两学一做”学习教育活动，增强干部职工的政治素质和思想认识。五是进一步完善党员联系基层工作。六是组织全体干部职工学习中国邮政企业文化体系和中共十九大精神。3.共青团建设方面。一是成立公司团支部，并配备三名共青团干部,具体负责青年工作。二是开展共青团活动,积极组织开展志愿者活动、义务献血活动和义务植树活动,组织参加各级“五四红旗团组织”“先进团组织”“优秀团干(员)”等评优推先活动,选树青年职工先进典型。4.企业和谐文化建设方面。为营造企业团结和谐的氛围,积极开展爱国主义、社会主义、民主与法制、纪律和职业道德等教育活动,组织开展了“读好书、看好片、唱好歌、做好事”专项活动,在党员干部中培育文明,倡导和谐。加强企业文化阵地建设,做好邮政企业文化宣传推广工作,因地制宜开展健康有益的文体活动，丰富职工文化生活。

(王洪斌)

2017 年蕉岭县邮政分公司负责人名录表

党总支书记、总经理:魏军文

副总经理:王裕庆

总经理助理:张东明　何平(女 11 月离任)

综合办公室经理:汤文元(8 月任职)

电　信

【概况】 2017 年，中国电信蕉岭分公司全面落实集团转型 3.0 战略,不断提升核心能力,推进网络智能化、业务生态化、运营智慧化,以服务蕉岭振兴发展为主线，以改革创新为驱动,以“智慧蕉岭”建设为主要抓手,助力地方经济社会发展。

【网络建设】 继续加快光纤网络纵深覆盖。全年投入建设资金 3000 多万元，新建光纤接入端口近 1 万个，全县光端口总数超过 5 万个，光纤网络全面覆盖到 15 户及以上常住人口的自然村。光纤接入渗透率超过 96%,居于全市前列。加快 4G 网络建设。全年开通 4G 基站 72 个,使全县 4G 基站总数达到 140 个,4G 网络覆盖、速率、性能得到进一步提升。加快传统通信网络优化升级。全年共完成 2 万线对公里铜缆退网，新增 5000 多用户优化接入光纤网络;实现老旧网络设备退网 300 台·套,改造接入网机房 10 个，在提升网络质量同时大幅节约能耗。此外,按照原中央苏区农村无线宽带接入试点工作要求，如期完成全县行政村 102 个点超高速无线局域网线路接入和设备调测任务。

【重点信息化项目】 协助制订“智慧蕉岭”三年规划方案,配合推进“智慧城管”等首期核心项目建设。完成新增 50 路平安高清视频监控建设，全县社会治安视频监控系统达到 530 路,实现平安“天网”在全县城区、镇(场)、行政村的全面覆盖。配合县政法委完成“综治e通”项目建设,为全县512名综治网格员配备专用终端,助力推进综治网格管理信息化。配合政务服务管理中心完成惠民资金大数据监管平台建设,助力强化惠民资金监管。

【社会责任】 完成中共十九大期间通信保障任务。保障信息安全,严格落实执行电信用户实名登记,协助开展打击治理通信网络新型违法犯罪活动。投入60多万元实施通信管线迁改,完成了新塔新型材料生产基地、城市扩容提质县城“六街”改造、各镇污水处理站、村卫生站建设等通信设施迁移改造和新建配套。继续落实提速降费惠民政策,率先取消国内手机长途和漫游通话费,推出手机上网不限流量套餐。通过实施光纤免费接入改造、免费提速、优惠提速等实现用户全光网络升级;同时,对贫困村实施信息化精准扶贫,切实减轻广大电信用户特别是农村用户的通信费支出负担。

(涂平峰)

2017年中国电信蕉岭分公司负责人名录

党总支书记、总经理:陈浩东
副总经理:江国中 谢 凯

移动公司

【概况】 2017年,中国移动通信集团广东有限公司蕉岭分公司加大资源投入,巩固网络优势,提升服务水平,全力推进信息基础设施建设。截至2017年底,无线网络综合覆盖率超过99%,移动电话市场份额超过86%,光纤宽带入户率超过99%,光纤宽带市场份额超过55%,推动信息基础设施建设跨上新的台阶,促进全县经济转型升级和社会事业全面发展。

【信息基础设施建设】 1.无线网络:2017年共投入无线网络建设及优化资金1000万元,新建105个4G物理站点,4G站点达到372个,4G网络综合覆盖率超过98%,已实现县城优质覆盖、镇村连续覆盖,基本实现全县所有行政村及大部分自然村4G覆盖到达。2.传输网络:2017年,机房建设投资650万元,新建13个OLT和2个传输机房。光纤建设投资450万元,年度新建光缆长约120公里。管道建设投资350万元,建设管道23公里。3.宽带建设:2017年总投资600多万元,新建光纤宽带预覆盖1万户,FTTB网络改造升级10119户,光纤宽带入户率达到100%全覆盖;新增光纤宽带用户9000多户,光纤宽带市场份额超过50%,为蕉岭县“互联网+”发展打下了坚实的网络基础。

【网络安全保障】 抓好基础维护工作,确保网络安全稳定运行,确保重大节假日、重要会议期间网络通信畅通,圆满完成通信保障任务。做好城市道路改造线路迁移,有环东河、宾水公园、东山路、新华街、东峰路改造等共投入200万元完成8段传输管线迁改工作。

【互联网+行动】 1.互联网+网络:持续打造以卓越网络为核心的蕉岭县“互联网+”基础网络枢纽设施及服务,进一步完善各级政府、企事业单位办公场所及工业园区光纤网络覆盖,光纤覆盖率达到100%,可为各单位提供质优价廉的光纤网络接入服务,助力“互联网+”行动的落实。2. 互联网+政务:加强新版政务办公OA的推广,提升办公自动化、信息化水平,较2016年,2017年新增政务OA10多家、新增专线50多条。3.互联网+家庭:配合政府启动“电信普遍服务”项目,充分发挥中国移动光纤宽带“高起点、高技术、低资费、低门槛”的特点,大力开展光纤入村到户建设,行政村光纤100%到达,光纤入户率超过95%,光纤使用用户超过3万户。4.互联网+4G:发挥移动通信领域的绝对领先优势,完善“移动互联网+”基础网络服务,实施4G+网络升级,网络速率峰值高达300Mbps;持续开展系列不限量流量优惠措施，超过50%移动客户享受4G、4G+畅快服务,4G市场份额超过90%。

【精神文明建设】 坚持“预防为主、标本兼治、重在治本”的方针,加大综治工作力度,全面落实综合治理的各项措施和目标管理责任制,确保火灾事故、通信事故、伤亡事故、违法犯罪和治安事故为零。履行社会责任,踊跃参与“爱国卫生运动”“扶贫济困”“义务献血”“义务挥春”“八一慰问”及青年志愿者行动等系列社会活动,履行社会责任,回报社会。 (黄利芬)

2017年中国移动蕉岭分公司负责人名录

总 经 理:傅庆强
副总经理:刘茂才
总经理助理:陈孝良

中国联通

【概况】 中国联通是党中央、国务院确定的首家集团层面整体进行混合所有制改革的中央企业，于2017年8月21日正式发布混改方案。联通的改革具有样本意义,是新一轮国企改革以来,力度最大的一次改革,被誉为“新一轮国企改革的标杆”。中国联通混改引入了具有战略协同效应的四大行业领军投资者,包括大型互联网公司、产业链垂直行业的领导者、具有雄厚实力的金融集团和产业集团,以及国内领先的行业产业基金。通过混改,以市场化为导向健全企业制度和公司治理机制,聚焦公司主业、创新商业模式,规模发展基础业务和创新业务,全面提高企业效率和竞争能力,实现公司战略目标，为国民经济和社会信息化、供给侧结构性改革、新旧动能转换做出积极贡献。2017年,蕉岭联通作为综合信息服务提供企业,持续从经营理念、运营模式、增长方式等多个方面加速转型升级，建立真正市场化机制,在“网络、云计算、物联网、大数据”等方面形成了优势。

【信息化基础设施建设】 2017年,蕉岭联通全面升级4G网络,全面完成8个乡镇的4G网络覆盖。以及风景名胜区实现了4G网络全覆盖,乡镇以下农村区域实现了4G、3G混合全覆盖,为用户提供网络峰值速率达370Mbps的高速上网体验。全力提速宽带网络建设。以“提速降费”为着力点,切实围绕客户需求,打造高速率的宽带网络,一方面,推进网络面向光纤化升级,加大新建小区光纤入户推进力度,加快老旧小区光纤入户改造，实现宽带网络全面提速;另方面,聚焦提升用户感知,在网络覆盖及带宽能力持续提升的同时,在用户密集区域积极部署4G+网络,4G+峰值下载速率由370Mbps提升至800Mbps。加强传输网建设,以打造可靠、安全、大容量的基础网络为目标,持续推进全县光缆建设,为全市固定及移动宽带用户提供了安全可靠的传输网络保障。加强工业园区通信基础设施建设。

【互联网+】 积极推进和落实互联网+行动计划。与蕉岭县政府签署《互联网+战略合作协议》。一方面着力打造优质的“互联网+”网络基础设施,另一方面依托广东联通强大的智能网络和信息化支撑,积极推进互联网+应用。2017年3月广东联通推出“沃·行业云”,以云网一体为基础,为行业客户提供按需而动、弹性灵活、安全可靠的行业云服务,重点推出政务、医疗、金融和智造四大行业云产品。同时还推出通信能力开放平台“沃企·云道”,将基础运营商的通话、消息、流量、码号等通信能力云化开放，转换成可通过互联网调用的API产品形态，可被开发者无缝的集成到其应用产品中,为其用户提供随时随地的通信服务,使得通信开发零门槛,助力创新创业者开辟应用新场景和模式新突破。

【客户服务】 为满足用户流量需求，中国联通推出全新“冰激凌”系列套餐，新套餐“语音”和“流量”均不限量，开国内移动资费不限量的先河。“不限量”套餐不仅打破以往套餐产品的界限，满足用户需求，更体现联通“不忘初心，客户为本”的服务理念，也是中国联通积极响应国家提速降费要求、提高用户获得感的重要举措。

（杨利红）

2017年中国联通蕉岭分公司负责人名录

总经理：林俊锋

供　电

【概况】 广东电网有限责任公司梅州蕉岭供电局，是广东电网有限责任公司属下的中二型县级供电企业。担负着蕉岭县和梅州市蕉华管理区的电力供应，供电覆盖面积986平方公里，供电人口约22万人，供电户数9.29万户，供电营业网点15个。

【经营管理】 累计完成购电量9.2亿千瓦时，同比增长9.44%；完成售电量9.1亿千瓦时，同比增长9.84%。综合线损率1.09%；全口径供电可靠率99.742%，客户平均停电时间（低压）完成值16.05小时，用户平均停电次数完成值为2.07次/户，综合电压合格率99.976%。截至2017年12月31日，全局实现连续安全生产2192天。

【党建工作】 2017年，以学习贯彻十九大精神为契机，全体党员干部员工深入践行《南网总纲》，坚持“抓补强”的工作方法，结合自身实际，抢抓机遇，扎实推进精益管理，从严动真带好队伍，着力提升企业服务能力和发展能力，完成全年目标任务。 （谢明灏）

2017年广东电网有限责任公司梅州蕉岭供电局负责人名录

局长、党委副书记：刘森泰
党委书记、副局长：涂文权
副局长：丘竟君　刘　河　黄雄文（8月任职）
纪委书记：黄建锦

城乡规划建设及管理

【概况】 2017年，县城规划区面积25.2平方公里，建成区面积7.61平方公里，城区绿化覆盖面积172.87公顷，人均公园绿地面积22.33平方米。桂岭新区规划范围涵盖石窟河城区段东西两岸用地，北至逢甲大道，南至福星大道，西至规划西环路，东到205国道，总用地面积约10平方公里。其中起步区包括城南片区和福星长寿新城，总用地面积约3.0平方公里。

【城乡规划建设方面】

（一）规划

1.规划编制

2017年编制完成蕉岭县城棚户区改造专项规划、县城“十三五”近期建设规划、县域乡村建设规划。

2.规委会

2017年召开两次规划委员会会议，会议审议惠民小区、福利中心养老服务大楼、东山雅苑、碧桂园·蕉岭首府、桂岭迎宾公寓、岭南院子六个项目的修建性详细规划方案以及奥园广场停车场规划修改项目。

（二）城区扩容提质

1.推动市政基础建设，健全和提升新老城区设施功能。一是抓好新老城区道路改造和互联互通建设。通过EPC总承包模式进行招标建设，实施东峰路、新华街、东山路、长兴路、东门路东段道路改造等项目，整个项目包造价约8453.42万元。二是配合县城综局推动福星大道周边区域市政基础设施建设、蕉城环东河黑臭水体治理工程和香港公园提升改造。福星大道周边区域市政基础设施建设总投资1600万元；环东河黑臭水体治理工程总投资8345万元；香港公园提升改造总投资249万元。三是配合县教育局推动桂岭学校建设。

2.优化县城人居环境，提升世界寿乡品牌形象。一是继续抓好蕉岭碧桂园项目。碧桂园·翡翠湾总用地面积25万平方米，建筑面积49万平方米，分三期建设，到2017年11月已全面完工。碧桂园·蕉岭首府项目总用地6.64万平方米，建筑面积19.68万平方米，2017年9月开工建设。二是抓好新区商业配套奥园商业广场的建设。该项目总投资1.09亿元，总用地面积99.5亩，主要建设大型商业综合楼、商业步行街和电商产业园等，打造桂岭新区商业中心，于2017年10月完成整体项目建设。三是抓好福星长寿新城的开发建设。福星长寿新城总投资10亿元，完成第一、二、三期建设；四是抓好保利园和伍福花园开发建设。其中保利园建设项目总投资6.5亿元，总建筑面积277566平方米，建筑占地面积20776平方米，于5月份开工建设；伍福花园建设项目总投资1.1亿元，总建筑面积53946平方米，建筑占地面积5936平方米，于5月开工建设；五是抓好岭南院子项目建设，于2017年10月开工建设。

【建筑及市场管理】 （一）严格落实安全生产"一岗双责"制度，积极强化安全防患工作措施，切实落实各方主体安全生产责任。组织全县建筑施工企业、监理企业负责人、建设业主等在县政府召开了全县建筑安全生产工作会议。2017年，特别加强了恶劣天气、节假日及中央、省、市、县各级重要会议期间的安全防护工作，加强对在建工地的安全巡查，要求在建工地加强值班，上报值班人员、联系电话，确保值班人员24小时在岗在位，密切关注天气变化情况，了解掌握雨情水情灾情，及时处置和报告各类险情灾情。对汛期易发生安全事故的深基坑、外排脚手架、起重吊装设备三个分部作了重点检查。2017年共开展5次全县在建工程质量安全生产大检查，共组织检查人员537/人次，检查在建工地73/个次，发出整改通知40份/次，发现安全隐患236项/次，已整改236项/次（逐步整改），整改率达100%。同时，按照《广东省住房和城乡建设厅建筑工程安全生产动态管理办法》，对安全责任落实不到位的施工、监理企业及其相关责任人进行了动态扣分。2017年发出动态扣分表33份73条扣204分（其中：施工企业4份6条扣22分，项目负责人11份24条扣75分，专职安全员14份37条扣101分；监理企业1份1条扣3分，总监理工程师6份9条扣35分，专业监理工程师12份26条扣69分）。

（二）建设工程交易情况。2017年进入交易中心招投标项目共22项，总造价58947.8万元，其中：房屋建筑及市政工程20项，工程造价57885.8万元，建筑面积8409平方米；造林工程2项，工程造价1062万元。公开招标22项，招标率和公开招标率均达到100%。

【房地产开发基本情况】 2017年全县房地产开发项目完成开发投资约10.49亿元，新开工面积约61.18万平方米，竣工面积约9.42万平方米，商品房销售面积约27.23万平方米，销售金额约14.19亿元，其中商品住宅销售面积25.96万平方米，销售金额约13.03亿元；销售均价约5020元/平方米。 （陈立鸿）

2017年县住房和城乡规划建设局负责人名录

党组书记、局长、党委书记：谢广宁（1月任职）
古添强（1月撤职）

党组成员、党委副书记：徐小烽

党组成员、副局长、党委委员：刘学远　傅小平
钟卫新

城市综合管理

【概况】 蕉岭县城市综合管理局为正科级行政单位,主要负责县城区城市市政基础设施建设管理和维护、园林绿化、环境卫生、路灯管理、景观照明、燃气管理、市容综合管理和市场物业等城市综合管理工作。局内设办公室、计财股、综合管理股、市政工程股4个职能股室;直属副科级单位1个:县环境卫生管理局;下设5个正股级事业单位:城市建设管理监察大队、园林所、燃气站、路灯所、物业站;下属企业1个:市政建设工程公司。

【市容环境】 一是大力整治市容环境,绿色管理取得新成效。1.整治市容环境。加强新东路、溪峰路、府前街等主要街道的占道摆卖现象进行整治,同时对经营户进行教育、引导"进店经营"行为进行规范,规定所有摆卖商户必须线内经营或进入市场进行规范摆卖经营;2.全年共开展了各单位联合四次整治"六乱"的专项行动,以整顿城区内乱摆乱卖、乱堆乱放、乱拉乱挂为重点,全面治理整顿县城城区"六乱"现象,通过专项整治行动,切实改善了市容环境,进一步巩固了文明县城、长寿之乡成果。

二是保持高标准常态化管理水平。以创文为契机,坚持标准,规范管理,突击治理城市乱象,包括乱伸店乱占道、乱停乱靠、乱泼乱倒、乱吊乱挂、乱摆乱放、乱搭乱建、乱贴乱画等,对流动摊点加强管控,确保城区市容整洁、规范。累计规范流动摊点30000处次,规范伸店、占道经营5000多处次,清理乱吊乱挂3000多处,清除占道物品4000多处次,拆除城区各类破损广告牌、违章设置指示牌10000多块,清理违章小广告份,设置公益广告300余处,查处渣土运输污染道路96例。

三是突出重点管好关键部位,规范执法更加有力。加强拆违宣传,发放拆违控违宣传资料5000份,并对拆违工作进行现场报道;执法人员采取轮班工作制,确保执法无缝隙,巡查无死角。共发现违法建设113处,拆除面积8100平方米。

【市政设施维护】 1.加强市政设施维护,提升完善城市功能。全年更换损坏的市政井盖215套,修复损坏混凝土路面约1300平方米,修复人行道透水砖约4565平方米,铺贴福建青花岗岩40平方米,铺贴火烧板约285平方米,修复花池路沿石,城区安装高清宣传画布8486平方米,城区安装铁皮围蔽14380平方米等市政设施;清理积水地段雨水井40多只、修复排水沟586米,人工清理堵塞市政排水沟2875米;新东路和溪峰西路碧水东西街交汇路口安装隔离栏392米;完成了学艺街的提升改造长247米,拆除原有水泥路面,建设排水涵、电缆管沟、人行道,铺设水泥路面,安装路灯等。2.加快市政工程进度,提升城市功能。一是蕉城环东河黑臭水体治理项目(第一期环东河截污及水体修复工程)已完成工程量的75%,第二期G205国道雨水分流工程正在进行招投标。二是新建长寿小镇市政基础设施完成了工程量的70%,完成福星大道沿长潭东干圳、公安业务办公大楼和水泥质检中心的市政道路路基土石方工程及铺设雨水管、污水管、电缆管。三是完成新东市场及周边环境的提升改造,新东市场东面门坪和农民三街、农民四街进行柏油路面升级改造约5000平方米,重新画线规范车辆停放秩序,对沿街商铺统一安装遮阳篷640平方米,正面张贴公益宣传画布210平方米,市场内柱子张贴宣传画布270平方米。

【园林绿化】 巩固绿化养护,保持四季有绿。为迎接2017春节,增添春节期间的节日气氛,按照城综局的部署,在城区主要街道、广场摆放、换种莳花,为节日增添喜庆气氛。加强园林绿化管养工作,对城市绿化老化严重、植物生长不良、残缺等现状,进行补植和提升改造;客商大会和文明县城复审,组织管养单位对城区主要道路对“五沿”地段进行绿化提升改造,合理利用城市原有地貌,丰富色彩,提升档次的标准对绿化进行提升改造,累计补植莳花苗木约10万株,为蕉岭的绿化景观添绿增彩。

【路灯管理】 实现城市照明智能控制,提高城市夜景品位。按照科学调度、分时管理、四季调整的工作模式,细化县城道路的路灯照明和大型建筑物亮化管理,实现了城市路灯节能及亮化的智能管理。处理各类亮化故障2000次,维修更换路灯3000盏,维修镇山公园及河堤各凉亭灯饰50多处。客商大会期间投入170万元对城区景观灯进行提升改造,城区公园景点、广场、一河两岸河堤、标志性建筑物、街道景观灯、路灯夜景进行整体的规划、设计、改造,当城市景点、建筑等叠加上光影后所取得的效果已成为蕉岭美丽寿乡的新名片。

【燃气管理】 加大燃气管理,建立安全生产体系。一是2017年底全县燃气普及率96%,全年对各气站及销售点累计检查70次,发出整改通知书7份;处罚了无经营许可证从事燃气经营活动的一宗,通过到各销售站点现场检查,发现个别销售站点存在安全隐患督促各气站对所属站点安全隐患进行整改,及时消除安全隐患。二是积极开展全县燃气从业人员《广东省燃气管理条例》及燃气基本知识培训学习,全面提高了燃气从业人员的安全意识和服务质量。

【市场物业管理】 改造市场环境,推进市场管理。提升改造新东市场一楼东面门坪以及南北两面街道修整路面,铺设柏油路达2000平方米;规范了用电线路问题;市场内设置弘扬社会主义核心价值观宣传墙面4处90余平方米;电子屏适时宣传文明和谐内容;对熟食防尘、防蝇罩,统一标准制作;市场内电子公平秤、大门及护栏等设施的去锈粉刷;发动职工对市场内卫生(瓷砖、墙面、顶棚)进行彻底清扫;更换市场内外污水管水泥盖11个,清理下水道900米,围墙翻新200平方米,大棚维修60平方米等各市场内实施了亮化、净化、美化、硬化工程。

【环境卫生】 不断创新保洁方式,城乡环境取得新突破。一是为保证创建国家卫生县城和城区卫生设施建设的需要,对城南垃圾中转站进行升级改造,将城南垃圾中转站改造成垃圾压缩站,目的在于提升城乡整体环境,避免在垃圾转运过程中出现扬、洒、漏现象,造成二次污染。二是继续完善了垃圾填埋场配套的设备设施建设,如:新建填埋气收集处理系统、新建导排水沟、地下水监测井、地磅升级改造等共投资80多万元。同时鉴于垃圾填埋场渗滤液的处理规模原日处理50立方米/天,已不能满足目前渗滤液处理需求。为此拟对蕉岭县垃圾填埋场渗滤液处理站进行扩容,扩容后渗滤液的处理规模由原日处理50立方米/天扩大到100立方米/天,能满足目前渗滤液处理需求。三是提升保洁质量。加强城区卫生巡查、督促力度,保证城区卫生干净整洁。一方面做好卫生检查监督促管理工作,每天环卫股工作人员分片到各辖区进行巡查监督,发现问题及时处理。另一方面认真执行好考评制度,并将考评结果与承包款挂钩,进一步确保保洁到位,不留卫生死角,保证城市街道的干净、整洁、有序。同时,认真贯彻落实上级的工作部署,深入扎实地开展城区环境综合整治工作,城区环境面貌明显改善。

【数字化城市管理平台建设】 2017年11月止指挥中心装修已完成;指挥中心大屏建设、视频管理平台建设均已经完成;95路视频建设完成80%;智慧城管系统完成部署;城市基础设施地理和影像信息采集完成90%。

【创建"平安蕉岭"】 至2017年11月受理提案议案5件(人大建议1件、政协提案4件),回复率100%,办结率达100%;2017年1至11月,累计落实办理信访投诉件26件;梅州民声150多件,群众来电来信50多件办结率98%。

(古苑晖)

蕉岭县城市管理和综合执法局负责人名录

局　长:曾艳贞(6月任职)

副局长:李　俊　赖会南(8月离任)

　　　　陈伟平(11月任职)

住房保障

【公共租赁住房建设】 全县截至2017年底政府投资建设公共租赁住房共开工建设437套,其中:竣工325套,基本建成56套,在建56套。竣工和基本建成的381套公租房安排入住288套。其中:2013年底前政府投资开工建设的公租房259套中,安排入住236套,入住率达91.11%;2014年开工建设的公租房66套中,安排入住61套,入住率达92.42%。入住情况达到考核要求。2017年发放城镇住房保障家庭租赁补贴46户,发放租赁补贴资金3.7万元,其中2017年度新增发放租赁补贴15户,完成率150%。

【棚户区改造】 2017年采取货币化拆迁补偿方式全面完成金晖园20套(户)城市棚户区改造项目,至2017年10月底有20户拆迁户与蕉岭县金盛房地产开发有限公司签订房屋征收和拆迁安置协议,完成率100%,完成货币化拆迁补偿1024.38万元。

【农村危房改造】 2017年全县农村危房改造已开工412户,开工率达100%;竣工410户,竣工率达99.51%;验收合格397户,合格率96.35%。其中:省定扶贫村农村危房改造任务数为142户,已开工142户,竣工142户;发放各级政府专项补助资金397户共1077.35万元。根据中央、省、市、县对农村危房改造领域腐败问题自查工作要求,蕉岭2014年至2016年农村危房改造共需核查改造对象共995户,3565人。结合2016年度农村危改造竣工入户验收的实际,入户核查已完成995户3565人,涉及全县8个镇92个行政村,并通过向县扶贫、公安(车辆)、民政、财政、房产登记等信息登记部门收集数据、相关资金补贴领取人及其直系亲属的比对信息。经梳理比较,查实不符合农村危房改造补助对象49户183人。收回违规资金5万元,挽回经济损失113.95万元。

(陈维院)

2017年房产管理局负责人名录

局　长:涂国青

副局长:钟祥科　郭荣平

城区环境卫生管理

【概况】 蕉岭县环境卫生管理局是副科级事业单位,主要负责蕉岭县城区卫生的净化工作。负责城区范围内共108.6万平方米面积的街、巷的清扫保洁;环东河穿城段河道清理保洁;负责城区内5座公厕的清洗、消毒和管理;负责城区(含城中村)范围内5100多间门店和单位、企业及全城27000户居(农)民住户的生活垃圾上门收集;负责蕉城2座垃圾中转站和县生活垃圾无害化填埋场的管理工作。

【环境卫生管理】 一、加强城区卫生巡查、督促力度,保证城区卫生干净整洁。一是做好卫生检查监督促管理工作,每天环卫股工作人员分片到各辖区进行巡查监督,发现问题及时处理;二是委托第三方加强对城区早中晚的巡查监管,保证全天16个小时环境卫生监管到位;三是执行好考评制度,并将考评结果与承包款挂钩,进一步确保保洁到位,不留卫生死角,保证城市街道的干净、整洁、有序;四是贯彻落实上级的工作部署,深入扎实地开展城区环境综合整治工作,城区环境面貌明显改善。二、加强对生活垃圾无害化填埋场运营的监督和管理。强化对垃圾填埋场运营方的管理,9月依据《广东省城乡生活垃圾处理条例》和省填埋场无害化Ⅱ级的标准要求,制定了《蕉岭县生活垃圾无害化填埋场测评办法》, 对运营方进行月考核,测评结果与运营费用挂钩,进一步促进垃圾填埋场的规范操作, 生活垃圾处理率100%。 三、完善环卫基础设施建设。一是对城南垃圾中转站进行升级改造,将原城南垃圾中转站改建成垃圾压缩站,目的在于提升城乡整体环境,避免在垃圾转运过程中出现扬、洒、漏现象,造成二次污染。已完成立项、招标等前期准备工作。二是继续完善了垃圾填埋场配套的设备设施建设, 新建填埋气收集处理系统、新建导排水沟、地下水监测井、地磅升级改造等建设共投资80多万元; 对垃圾填埋场渗滤液处理站进行扩容,扩容后渗滤液的处理规模由原处理50立方米/天扩大到100立方米/天,能满足目前渗滤液处理需求。通过上述配套设施的建设,生活垃圾无害化处理率达到100%。现已通过省级无害化等级评价, 评定为二级。四、抓好垃圾处理费征收工作,确保生活垃圾处理费应收尽收。根据(蕉府函〔2014〕1号)的文件精神,积极协调县自来水公司通过代收代扣城区生活垃圾处理费,防止少收、漏收,确保了收费工作的规范运行,2017年合计收费219万元。 五、抓好安全生产工作,确保安全事故零发生。按照"一岗双责、党政同责、综合治理"的原则,一是加强安全教育,重点是抓好龙吉顺公司、国源公司、爱心公共事业服务中心、阳森环境保洁有限公司的安全监管工作,切实强化全体职工安全意识,时时绷紧安全生产这根弦。二是加强安全督查,严防安全事故发生。三是严格执行各项安全生产管理制度,用制度管人管事。

(王满香)

2017年环境卫生管理局负责人名录

局　长:郭雪峰

副局长:黄志标　丘栋兴

环境保护

【概况】 2017年,蕉岭县空气环境质量保持优良,全年城区环境空气质量优良率99.4%,年均值达到环境空气质量二级标准。县城及各镇饮用水源保护区水质达标率100%。地表水水质保持稳定,其中石窟河段新铺市控断面水质均在Ⅱ类至Ⅲ类之间。城区环境噪声符合国家2类区标准。

【环境管理】 加强建设项目环境管理, 严把环保审批关,从源头控制新污染源。全面实行环境影响登记表网上备案制度。2017年以来,共审批建设项目59个,均为编制环境影响报告表。网上备案项目36个。组织建设项目环保设施"三同时"项目验收10个。

【国家排污许可证核发】 根据国务院办公厅《控制污染物排放许可制度实施方案》和环境保护部《排污许可证管理暂行规定》,2017年1月起启动了火电、造纸行业企业排污许可证申请与核发工作,通过分期组织相关行业企业举办排污许可证申请与核发专题培训,加强技术指导, 按时保质完成第一批、第二批火电、造纸、水泥等行业共9份国家排污许可证核发。另外,核发省级排污许可证62份,其中新核发排污许可证19份。

【环境监察】 深入实施"网格化"和"双随机"监管模式,打造"全覆盖"的环境执法网络。坚持日常检查与突击检查相结合，加强联合检查、交叉检查、跨界联合执法。开展环境执法大练兵活动，对重要水库、饮用水源地及其周边范围内污染源进行全面检查，开展涉重金属企业、危险化学品、危险废物、以及规模化养殖业专项整治。及时查处执法过程中发现的环境违法行为。据统计，2017年，出动876人次，累计检查企业329家；发出责令整改通知书43份，作出行政处罚决定书24件，罚款金额147.84万元，移送公安行政拘留案件2宗。全县未发生环境污染事件，环境安全得到有效保障。

【环境监测】 县环境保护监测站围绕环保工作的重点，完成全县大气、地面水、噪声环境质量监测和工业污染源的监督性监测任务，全年共取得监测数据24220个。组织开展国控5个土壤监测点位摸底调查和核实监测工作，完成土壤污染重点行业企业核实、土壤污染问题突出区域梳理、农用地详查单元划定和详查点位核实补充等工作。

【污染物总量减排】 围绕2017年省、市减排目标责任书确定的目标任务，扎实抓好结构减排、工程治理减排、管理减排等各项减排措施的落实，积极和各责任单位沟通，综合协调各项减排工作，分解落实各项工作任务，综合运用督查督办、定期通报、以奖代补等措施促进减排项目建设运行，推进县城污水处理厂运行管理及集污管网建设，中心镇及村级污水处理设施建设和运行管理、限养区规模化畜禽养殖整治、禁养区畜禽养殖整治、旋窑水泥行业的降氮脱硝、垃圾填埋场运行管理等减排项目，配合推进蕉城环东河黑臭水体治理等重点减排设施的建设工作，努力削减主要污染物排放总量。

【环境宣传教育】 开展"6·5"世界环境日集中宣传活动。活动期间，工作人员悬挂宣传横幅、展出宣传展板、向过往群众发放宣传资料，设立咨询台现场解答群众关心的热点难点问题。开展"环保讲座进校园"活动，组织广东环境保护工程职业学院和市环保局的专家先后到华侨中学、蕉岭中学举办"节能减排，你我同行"为主题的讲座。利用邮政局设在城区、各乡镇、公交车的95个宣传视频机，开展环保知识进社区、进乡镇视频宣传活动。按照市、县政府关于网站集约化建设工作要求，于2017年9月关停蕉岭环保公众网，网站相关内容和功能迁移到"蕉岭县人民政府门户网站"。

【环保责任考核及国家重点生态功能区考核】

蕉岭县2016年度环保责任考核结果为76.55分，为良好等次。2017年度蕉岭国家重点生态功能区考核结果为基本稳定，共取得生态转移支付资金8489万元。

【创建国家环保模范城市】 制定《蕉岭县创建国家环境保护模范城市2017年实施方案》，明确了2017年"创模"的目标任务和职责，并把"创模"工作任务和职责分解到相关部门。同时，对照创模考核指标及重点工作任务，认真查漏补缺，积极协调有关部门，群策群力，制定切实可行的完善措施，并不断加以解决，推进创模工作的开展。

【大气污染防治】 以改善环境空气质量为核心，采取多种措施，持续推进大气污染防治工作。制定实施年度大气污染治理工作措施和实施计划，并通过政府督办的方式大力推进各项工作。共完成淘汰工业燃煤锅炉25台。推动城区施工工地包括建筑、市政、水利、公路等工程工地采取施工现场围挡、工地路面硬底化、施工场地洒水等措施，有效减少施工扬尘。通过扩大限行区域、联合交警部门上路执法、安装及启用电子抓拍、执法系统等方式扎实推进黄标车淘汰工作。2017年，全县合计淘汰黄标车和老旧车数量为439辆，淘汰率94%，完成率在全市排名第一。

【水污染防治】 一是强化源头控制,严把项目审批关,禁止引入重污染项目。二是组织开展饮用水源地环境整治和规范化建设,全面消除了县城及镇级饮用水源地环境安全隐患。三是加强重点流域综合整治。继续做好蕉岭县多宝水库水环境综合整治工程二期工程、蕉岭县长潭水库环境突出问题整治工程及蕉岭县南礤镇水环境综合整治工程三个资金项目落实工作。四是开展蕉岭县农村环境综合整治示范县二期工程项目建设,2017 年完成 7 座污水处理设施建设,总处理规模为 1000 吨/天,并购置农村生活垃圾清运设备一批。

【乐干河生猪养殖污染整治】 县环保局会同广福镇、县畜牧兽医局等单位通过采取加大宣传力度,引导群众自觉关闭拆除猪舍;成立县联合执法队,全天候执法;标本兼治,实施水环境治理等方式全力推进乐干河生猪养殖污染整治工作。至 12 月底,广福乐干河生猪已清栏 2.07 万头,清栏率为 89.1%。同时积极进行河道清淤,全镇共清淤 7.2 公里河道。建设污水处理设施,现已正式投入运行。重点村乐干村的污水已通过集污管网进入污水处理设施处理达标后排放。通过整治,乐干河水质有了持续积极的改善。经监测水质达到Ⅲ类,比此前的劣Ⅴ类及黑臭水体有了很大的改善。(廖丙亮)

2017 年县环境保护局负责人名录表

党组书记、局长:赖天德(7 月任职)
罗威海(7 月离任)
党组成员、副局长:丘新强 何增辉
李小惠(女)

农 业

农 业

【概况】 蕉岭县农业有关部门围绕“世界长寿乡”品牌,以稳定发展粮食生产和农村综合改革工作为重点,有序推进各项农业农村工作,农业生产和农村经济继续保持良好的发展态势。

【农作物种植】 全年农作物总播种面积 329585 亩;粮油作物种植——水稻播种面积 160891 亩,总产 62210 吨;玉米种植面积 9866 亩,总产 2305 吨;花生种植面积 23535 亩,总产 3287 吨;大豆种植面积 6649 亩,总产 865 吨;薯类种植面积 6987 亩,总产 13682 吨。经济作物种植——全年水果生产面积 51302 亩,总产 45778 吨,主要水果有:柚类 20145 亩,产量 20381 吨;龙眼 7639 亩,产量 3950 吨;香(大)蕉 3967 亩,产量 5353 吨;李子 6298 亩,产量 3303 吨;荔枝 933 亩,产量 456 吨;橘子 3185 亩,产量 3762 吨;茶叶 10607 亩,产量 2056 吨。烟叶(未加工烟草)11445 亩,产量 1375 吨;全年蔬菜种植面积(含复种指数)83967 亩,总产 118674 吨。

【种粮补贴和政策性水稻保险】 2017 年,落实种粮综合补贴面积 90960.81 亩,补贴金额 853.57 万元;落实政策性水稻保险的承保户数为 35318 户,承保面积 14.56 万亩,总保险费 291.27 万元。承保面积占水稻种植总面积的 88.0%,达到省规定 80%以上的要求。

【长寿名优品牌】 围绕“蕉岭·世界长寿乡”这一品牌,发展优质大米、茶叶、蜂蜜等主导长寿农产品生产,打造名优品牌。至2017年,全县无公害农产品认证8个,形成6个广东省名牌产品,2个名特优新产品,蕉岭茶叶、桂岭蜂蜜、蕉岭冬笋、三圳淮山4个产品获得国家级地理标志。

【水产养殖生产】 2017年水产养殖面积达7245亩,水产品产量达6395吨。全年种苗场共繁育生产鱼花1.8亿尾;优质鱼放养面积达2165亩。同时积极开展人工增殖放流活动,投放各种鱼苗达200多万尾。

【农业产业化进程】 大力推进农业产业化经营模式,培育发展农业龙头企业和引导、扶持农民组建专业合作社,加快家庭农场发展。至2017年,全县有农业龙头企业45家,其中:省级农业龙头企业8家、市级农业龙头企业30家;农民专业合作社410家,同比增长7.05%。其中:国家级农业部示范社3家,省级示范社12家,市级示范社22家;已登记注册的家庭农场有238家,同比增长37.57%,其中县级示范性家庭农场22家。

【高标准农田基本建设】 完成蕉岭县长东村、百美村、铁西村等6个村高标准农田建设项目,进行高标准基本农田建设,实施土地平整、灌溉与排水、田间道路等工程建设,建成高标准基本农田5520亩。

【农村能源的利用】 大力推广“猪—沼—果(蔬)”可再生能源循环利用模式,新发展该模式5家。积极实施农村生态能源沼气建设项目,促进环境保护。全县拥有沼气池3426只,大中型沼气工程29座,沼气池总容积6万立方米,年产沼气730万立方米。

【农业技术推广体系建设】 一是做好全国基层农技推广体系建设示范县项目等项目实施工作,培育水稻、蜜柚栽培,茶叶生产以及农业经纪人、青年农场主和农机操作员等新型职业农民250多人。二是认真做好实施村级公益事业建设一事一议财政奖补项目279个,项目总投资2407.7万元,建设村内小型水利设施、村内道路、环境卫生、村容美化亮化、公共活动场所等项目。三是重点推广优质水稻高产栽培技术和引进推广优质杂交水稻五优3301、深两优870、天优1179等新品种12个,推广高产优质花生粤油7号、粤油13号等新品种5个,高产优质玉米美玉7号、美玉糯8号等新品种6个,高产优质大豆华春2号、华夏3号等品种6个,全县推广优质稻面积12万亩;全年推广水稻抛秧面积14万亩,推广测土配方施肥面积14.5万亩次,改造中低产田面积2.5万亩次,建立无公害栽培技术基地1.75万亩;做好病虫监测预警,发布农作物《病虫情报》10期,全年推广水稻病虫害综合防治面积14.5万亩,挽回损失2750吨,实际损失258吨。

【农村综合改革】 一是土地确权全国试点工作基本完成。至2017年,全县97个村已全面完成土地确权登记颁证工作,颁证面积10.78万亩,颁证率103%,建立了数据管理平台和档案室。充分探索确权成果应用,通过产权交易平台,在银信部门以农村土地经营权抵押贷款有316笔,累计发放1.17亿元。二是新农村建设扎实推进,抓好幸福村居示范片建设。中央苏区县幸福村居示范片(线)投入建设资金1800万,全县建成5个名村、4个示范村和2个名村示范点的名镇名村示范村建设。三是推进农业面源污染治理示范工作,完成长潭镇上村村、白马村,三圳镇招福村、芳心村,新铺镇尖坑村等5镇17个村的示范工作,共实施面积22142.92亩。

【农业综合执法】 以农资市场、植物检疫、农产品质量安全、渔政管理等四个方面为重点,进一步加大农业执法力度,着力提高依法治农水平。一是开展农业法规宣传。全年共印发农业法律、法规宣传资料 1.3 万份,张贴农药挂图 108 张。二是加强农资市场监管。2017 年共出动执法人员 615 人次,出动执法车辆 102 次,发出限期整改农资门店 3 家,发送安全生产信息 1263 条次。三是加强植物检疫工作。重点对农资市场的杂交稻种子、果树苗木进行检疫检查。四是加强渔业执法管理工作。2017 年,开展水产品检查 7 次,检查养殖基地 10 个点,流通市场 5 个点,出动执法人员 35 人次,执法车辆 9 辆次,责令整改 12 家。同时,开展打击电、炸、毒鱼等专项整治行动,共开展专治行动 27 次,出动执法人员 285 人次、出动执法车 55 辆次、快艇 26 艘次;拆除渔船非法电鱼装备 10 台,电机 10 台,收缴背式电鱼机 17 台,非法搭建撑网 29 张共 11000 平方米,拆除非法安装定制网 12 张。

【农产品质量安全】 2017 年,完善县级农产品检测站的仪器设备,建成全市首个农产品富硒检测室;完成 3 个农产品无公害认证申报工作。2017 年,每月抽检样品达 200 多个,全年共抽检 2559 个,合格率达 99.2%以上。各农产品合格率均排在全市各县的前列,全年未发生一起农产品安全事件。 (吴天德)

2017 年县农业局负责人名录

局　长:潘依珊
副局长:黄桂庭　谢志锋　陈德胜

2017 年县农业系统党委负责人名录

书记:潘依珊
副书记、纪检书记:赖会南

农村工作

【新农村建设】 一是新农村建设体制机制不断完善。采用突出重点、全域推进的新思路,将全县 97 个村划分为精品村、示范村、整洁村等三个不同梯次进行打造。先后实施《蕉岭县全域梯次推进社会主义新农村建设以奖代补实施方案》《蕉岭县新农村建设资金筹措方案》《蕉岭县乡贤企业支持新农村建设实施方案》《蕉岭县农村生活垃圾分类减量试点实施方案》等新农村规划设计、垃圾无害化处理、资金筹集和以奖代补管理、长效管护等机制,保障新农村建设高效有序推进。二是省级新农村示范片建设取得优异成绩。截至 2017 年末,完成省级新农村示范片建设补助资金投入 1 亿元,完成新农村建设项目 112 个,项目完成率 100%。九岭、芳心、招福、福北、龙安等 5 个主体村环境面貌得到极大改善,民生工程得到有效实施,群众获得感不断增强。特别是,构建一村一品产业带、实施精品游线工程、引进广东客家红文创中心、设立广东(蕉岭)美丽乡村培训学院极大促进了乡村旅游的发展,2017 年示范片共接待游客 120 万人次,拉动当地餐饮、民宿、土特产等消费 6000 多万元。12 月,省委农办组织有关单位对全省第一、二批示范片进行绩效评估,蕉岭县总分为 95.6 分,在参评的 28 个区县中排名第一。三是农村人居环境综合整治和美丽乡村建设扎实推进。2017 年,全县累计完成 360 个自然村环境综合整治任务,占比 81.8%,"三清理"面积达 65.7 万平方米,"三拆除"面积达 50.3 万平方米。通过在自然村建好一个村民理事会、开好一场户代会、确定一批好项目、签好一个行动公约、在行政村开好协商议事会这"五个好",充分发挥村民主体作用,激活了群众内生动力,掀起了全县新农村建设热潮,实现新农村建设共建共享。2017 年,592 个村民理事会发动群众和社会筹集新农村建设资金7450万元,村容村貌得到明显改善,为群众办理民生实事800多件,调处矛盾纠纷200多宗,农村稳定程度和幸福指数有效提升。四是农村综合改革有新的突破。在完成土地确权、构建农村产权交易体系的基础上,继续推进农村综合改革,选取三圳镇招福村、芳心村、九岭村、福北村作为"资源变资产、资金变股金、农民变股东"改革试点区域,鼓励农民利用闲置的房屋、土地等资源入股荷花基地、葡萄园、客家农夫农业公园、精品游线等项目,试点村农民人均收入19525元,同比增长15.2%。

(张伟凇)

2017年县委农村工作办公室负责人名录

主　任:涂政平

副主任:徐伟良　张红卫

扶贫开发

【精准扶贫精准脱贫工作】 2017年年初,省核定全县纳入新时期精准扶贫精准脱贫的贫困户3234户6495人。省认定的相对贫困村19个,有劳动能力的贫困户570户1942人。截至2017年12月底,全县累计筹集扶贫资金10973.59万元,其中:"631"财政专项资金4797.56万元,其他财政专项资金1649.7万元,帮扶单位自筹资金3213.61万元,社会资金325.02万元,行业资金987.7万元。实施户帮扶项目13887个,村项目101个。2017年市下达的脱贫任务1513人,实际预计可实现脱贫2294人,超额完成市下达任务。

【全面推进产业帮扶】 通过发展长短结合的产业项目,长期收益与短期增收相结合,在保障贫困户脱贫的基础上,提供后续收入保障,实现稳定脱贫。全县发展电商扶贫项目3个,惠及贫困户43户108人;发展旅游扶贫项目1个,带动贫困户59户123人;发展种养项目492个,带动贫困户847户2687人;实施光伏扶贫项目10个,带动贫困户253户806人。

【积极实施就业扶贫】 通过实施劳动力转移就业帮扶,制定出台就业扶贫以奖代补操作细则,加强有劳动能力贫困人口的技能培训,鼓励他们外出务工或经商,做到"一人外出务工,实现全家脱贫"。全县举办农村适用技术及转移就业培训47场次,培训贫困户劳动力2207人次。2017年贫困户劳动力转移就业计划总人数1022人,至年底转移就业总人数1099人,超过了年初计划。

【落实"三保障"等扶贫政策】 落实教育助学政策。2017年,全县农村贫困户子女九年义务教育阶段入学率达到93%以上;全县贫困户子女就读小学、初中、高中、中职(含技校)、大专的总人数564人,教育生活费补助已按政策全部发放到位。落实社会保障和医疗救助政策。全县贫困人口100%由政府全额资助参加城乡居民基本医疗保险,并全部纳入重特大疾病救助范围,救助人数1948人。对年满60周岁未享受职工养老保险和国家规定的其他养老待遇的贫困老人,全部资助其购买城乡居民养老保险。落实危房改造政策。2017年全县412户农村危房改造对象已全部开工,开工率达100%,因18户不是唯一住房或前期已补助、建筑面积超标和单人单户户主死亡等原因被房管部门取消补助资格,竣工验收394户,危房改造任务100%完成。落实政策性保障兜底。落实建档立卡低保贫困户1366户2310人、五保户712户712人、孤儿2户2人。其他不符合民政相关政策的建档立卡无劳动能力一般贫困户,根据出台《蕉岭县精准扶贫建档立卡无劳动能力一般贫困户享受基本生活保障金实施方案》,每月发放基本生活保障金,享受政策性兜底保障。全县有618人建档立卡无劳动能力一般贫困人口享受政策性兜底保障。

【贫困村创建新农村示范村建设】 2017年,19个省定贫困村103个自然村(20户以上)已完成编制整治规划和示范提升规划;基本完成103个自然村庄“三清理三拆除三整治”任务,其中,完成“三清理”1941处;“三拆除”2642处9.07万平方米;清理垃圾22736吨;“三整治”250处。101个自然村完成村委会至自然村道路硬底化;86个自然村实现村巷道硬底化,所有自然村成立了村民理事会并制定了村规民约和章程。 (谢勇明)

2017年县扶贫开发局负责人名录

局　长:徐伟良(12月任职)
　　　　徐文辉(12月离任)
副局长:汤国庆　钟丽阳
　　　　李雁玲(11月挂职)

畜牧业

【概况】 2017年全县畜牧业实现发展稳定安全的工作目标,畜牧业总产值4.9亿元,比上年减少4.61%;未发生重大动物疫情和畜产品质量安全事件,为全县经济社会协调发展做出贡献。

2017年,生猪出栏24.76万头,同比减少7.0%;存栏16.38万头,同比减少9.04%;家禽饲养量182.5万只,同比减少14.25%;存栏48.14万只,同比减少18.69%,出栏134.36万只,同比减少12.54%;牛出栏0.63万头,同比减少9.9%,存栏0.97万头,同比减少8.90%;羊出栏1.01万只,同比减少8.2%,存栏1.09万只,同比减少0.24%,饲养蜜蜂5.78万箱。肉类总产2.3万吨。畜牧业总产值4.9亿元,比减4.61%。

【动物防疫】 2017年,动物疫病防控已被列入省和县十大民生实事,全县共开展口蹄疫疫苗免疫,生猪38.26万头(次),牛、羊3.32万头(次),开展禽流感免疫172.98万羽,小反刍疫1.89万,应免畜禽密度达90%以上。对规模养殖和农村散养畜禽建立了防疫档案,家畜佩戴二维码,输入识读器,对免疫情况实行跟踪制度。全县畜牧业稳定发展,没有发生重大动物疫情。组织力量对畜禽养殖场强化监督管理,要求养殖场规范养殖管理,建立完善养殖档案,认真落实巡查监管、免疫、消毒等综合防控措施。开展疫情排查工作。对肉鸡存栏300只以上,其他禽类存栏100只以上的中小型养禽场全部普查登记,要求农户发现异常情况及时上报。加强公路沿线、河道的重点场所巡查工作,发现问题及时处置。同时,派出检查组对规模养禽场开展执法监督检查指导等工作,排除各种安全隐患。建立台账等溯源制度,规范经营秩序。严守操作规程,落实责任,严把产地、屠宰等检疫关。各镇畜牧兽医服务中心公布报检电话,要求畜禽出栏前6小时报检,坚持做到有报必检、有售必检、检疫必严,检疫时认真查看养殖档案和免疫证,认真检疫,经检疫合格才出具检疫证明,对检出病害畜禽及产品一律进行无害化处理,确保上市畜禽及肉品的安全,确保人民群众食品安全。从2017年开始对村级防疫员采取防疫工作考核奖励的激励机制,推动基层防疫工作的开展。采取集中免疫和平时补助的方式,按照“政府保免疫密度,业务部门保免疫质量”的要求,组织由镇村技术人员组成的队伍,落实防疫责任,逐镇、逐村、逐户、逐栏、逐头(只)对存栏畜禽开展高致病性禽流感、口蹄疫、小反刍疫等重大动物疫病的集中免疫工作。

【中蜂保护区】 2017年,根据中华人民共和国农业部公告(2535号),蕉岭被确定为国家级中华蜜蜂(华南型)保护区。蕉岭县桂岭蜂蜜申报国家地理标志产品保护通过审核。九月份国家蜂产业技术体系专家组来调研,举办了国家蜂产业技术体系广州综合试验站对接会。按照农业部和广东省畜牧兽医局对中蜂保护区建设的总体要求和统一部署，切实做好蕉岭县国家中华蜜蜂（华南型）遗传资源保护工作，并以做好“蕉岭县国家级中蜂保护区”工作契机，大力发展养蜂产业，做大做强“桂岭蜂蜜”地理保护标志产品。

【畜产品安全】 采取切实有效综合措施，确保“放心肉”上市。落实责任制。与各镇，与各屠宰经营单位，兽药、饲料生产、经营单位，规模养殖场分别签订食品安全工作责任书，依法经营饲料兽药承诺书，检疫工作承诺书，不使用“瘦肉精”等违禁药物承诺书等食品安全监管工作责任书。明确监管工作职责、目标，将食品安全监管工作层层分解，落实到各个生产经营环节，确保监管工作落实到实处，严格兽药处方药规范管理。组织力量，开展农资打假专项整治行动。对饲料生产经营和兽药经营企业和门店进行地毯式的清查，未发现违规使用饲料添加剂、违禁兽药和经营假兽药的行为，查收处理一批过期兽药，规范饲料兽药生产市场，保障畜禽生产投入品的安全。完善兽药、饲料经营门店管理制度和购销台账全面建立，推行兽药经营 GSP 认证，确保全县监管面 100%。严守检疫操作规程，依法实施检疫。严把产地检疫关、运输检疫关、屠宰检疫关、市场监督检查关。通过开展畜产品安全监管，确保畜产品安全，全县不发生重大动物疫情和重大畜产品质量安全事件，达到6个百分之百。确保人员、岗位、责任、时间“四”到位。对检出病死畜禽按“五不准一处理”的原则进行处置，杜绝染、病害畜禽及其产品进入市场，确保“放心肉”上市。组织开展严厉打击危害肉品质量安全违法违规行为“百日行动”，围绕生猪屠宰存在的突出问题，保持对生猪屠宰违法行为高压严打势态。制订动物疫病和“瘦肉精”等违禁药的监测计划，对养殖场、屠宰场等生产、经营销售环节定期开展口蹄疫、猪瘟、高致病性禽流感、布氏病、结核病等动物疫病和“瘦肉精”等违禁药物的监测抽查工作，落实屠宰场“瘦肉精”自检工作。

【科学宣传，技术培训】 加强科学宣传。通过印发宣传资料、窗口咨询、实地指导、边防疫边宣传、手机短信等形式，宣传科学防疫知识和有关法律法规。让广大群众充分认识免疫工作的重要性和必要性。树立相信科学，依靠科学，科学养畜，科学防疫的养殖理念，营造群防群控社会氛围。开展科技培训。培训方式上采取举办培训班、以会代训、现场指导、发放宣传资料等多种形式并举；培训内容上包括重大动物疫病防控、突发重大动物疫病应急演练、畜产品质量安全、养蜂技术和相关政策法律法规宣传、新型农民培训班等；培训层次上包括局直属各单位干部职工、基层防疫检疫工作人员、乡村兽医、养殖大户、屠宰加工场户等。共培训7期400多人次，印发宣传材料进2500余份。通过广泛开展技术培训，有效促进科技兴牧措施的落实，同时提高了广大养殖户的科学养殖水平，宣传法律知识，增强法律意识，促进了畜牧业增效，养殖户增收。

【畜禽养殖污染减排】 根据中央第四环保督查组反馈意见整改方案的要求，牢固树立“绿水青山就是金山银山”的理念，为切实做好养殖污染整治工作，按照《蕉岭县2015—2017年生猪养殖污染防治工作方案》，抓好限养区畜禽养殖废弃物综合利用的业务培训和指导服务工作，配合各镇做好畜禽禁养区的清理关闭工作，尤其是牵头抓好广福镇乐干河污染（生猪养殖）排查整治工作，全县城乡环境得到了较大改善。

【病死畜禽无害化处理】 采用政府主导、部门监管、企业自主经营的模式，对全县境内病死畜禽进行及时收集、及时处理、全程控制、严格监管，确保病死畜禽无害化处理依法依规进行，积极宣传病死畜禽无害化处理的重要性及国家相关法规，让全县养殖户全面了解病死畜禽无害化处理的急迫感，使养殖户、屠宰场知道在养殖、屠宰过程中出现病死畜禽要向病死畜禽无害化处理厂申报,由病死畜禽无害化处理厂对病死生猪进行无害化处理。

【票证使用管理】 规范检疫证、章、标志的使用管理工作。制订管理制度,对票证领用、出入库实行专人专账专职负责管理,定期或不定期对票证使用情况进行检查,发现问题及时采取措施,并从严处理,保证检疫证章的规范使用和严肃性。电子出证专用检疫证明实行“五专五统一”,实现了对检疫出证的实时监控和信息化管理,推进全县动物卫生监督信息化建设。

(何勇俊)

2017年畜牧兽医局负责人名录

局　长:钟俊峰

副局长:陈昌华　郭佳群

林　业

【概况】 2017年,县林业局坚持“绿水青山就是金山银山”的理念,扎实抓好“绿满蕉岭”大行动。2017年底,全县林业用地面积115.2万亩,有林地面积113.5万亩,其中省级以上生态公益林面积54.9万亩,占林业用地面积的47.7%。林地绿化率99.83%,森林覆盖率79.4%,活立木总蓄积量709.4万立方米,比上年增长29万立方米,净增率5.8%。全面完成2017年度森林碳汇造林11800亩、森林抚育48256亩、新建森林公园2个,完成11个村的乡村美化绿化建设,建立义务植树基地5个,面积1000亩,组织11万人次参加义务植树100万株,社会造林8000亩;做好森林防火工作,全年未发生森林火灾,加强森林病虫害防治,防治松毛虫面积0.96万亩。

【林业重点生态工程】 1.森林碳汇造林工程。全县共投入植树造林资金944万元,完成广福镇、文福镇、蓝坊镇、新铺镇、南礤镇、三圳镇、长潭镇、蕉华区碳汇林改造任务11800亩。2.森林进城围城工程。新建森林公园2个,分别是蕉岭县广福镇龙径岌(县级)森林公园和蕉岭县新铺镇尖坑(镇级)森林公园。3.乡村美化绿化工程。投资60多万元10个村乡村美化绿化,其中:省级示范村3个、市级示范村4个、县级示范村3个。3个省级示范村分别为长潭镇上村村、新铺镇镇郊村、三圳镇招福村为省级示范村。4.森林抚育工程。完成森林抚育工作建设任务48256亩(2017年森林碳汇林抚育18256亩、2016中央资金森林抚育30000亩)。5.苗木培育工作。培育各类苗木100万株,为蕉岭重点生态工程建设提供强有力的保障。

【森林防火】 蕉岭县高度重视森林防火工作,落实镇党委书记为森林防火第一责任人制度,进一步加强领导,提高全县森林防火工作水平。全年投入资金22多万元发放防火宣传牌110块;投资30多万元营造维修30公里生物防火林带;投入67万元抓好14个点的林火监控系统建设。全年,未发生森林火灾,确保森林安全,巩固生态成果。

【森林资源保护】 加大林业执法力度,开展严厉打击破坏森林资源违法犯罪活动,有效保护森林资源安全。2017年,实际下达采伐商品林15487立方米;县森林分局受理森林刑事案件8宗,破8宗;森林分局、林政部门查处各类林业行政案件20宗,处理违法人员20人次,查处违法木材26.61立方米,罚款2万多元;加强林地管理,全县审核上报征占林地2宗,面积161.355亩,审批临时征占用林地2宗,面积38.05亩,无越权审批征占用林地的行为;加强木材流通管理和野生动植物资源保护工作,检查木材经营加工厂企业120次、检查野生动物经营场所、市场共25间次,有效地保护蕉岭的森林资源和野生动物资源。

【森林病虫害的防治】 加强森林病虫害防治目标责任制考核工作,将森防目标管理指标分解到各镇、林场,责任落实到单位和责任人。制订了林业有害生物马尾松毛虫、松材线虫病、薇甘菊等灾害防治预案。配备专职测报员 54 人,建立一般性虫情测报点 11 个,监测面积达 438 万亩, 监测率达 100%; 防治马尾松毛虫 0.96 万亩;做好松材线虫病的防控工作。

【山林权属纠纷调处】 开展推动山林矛盾纠纷化解专项行动, 抓好涉林信访维稳工作,维护社会和谐稳定。2017 年,全县聘请兼职山林纠纷调解员 16 人,制定了完善的《林权争议调解员招聘和管理办法》, 调处山林纠纷案件 5 宗,其中:协商解决 1 宗,驳回申请 2 宗,政府作处理决定 1 宗, 政府延长作处理决定 1 宗,办理涉林信访案件 23 宗。

【加强生态公益林管理】 全县生态公益林 54.9 万亩,占林地面积的 47.7%,加强生态公益林建设管理工作,抓好生态公益林效益补偿资金专项整治活动。2017 年,省下达给生态公益林效益补偿损失性补偿资金 1236.91 万元、公共管护经费 362.87 万元。已发放损失性补偿资金 1089.9 万元,占应发放的 88%;其中属国有 223.65 万元,属自留山、责任山、承包山的 450.29 万元,属村、组集体统一经营的 415.96 万元。

【深化林改和集体林业综合试验示范区改革】

按照综合改革试验示范区的试验任务,明确指导思想,细化工作方案,确立阶段性进度目标,积极开展以集体林地所有权、承包权、经营权“三权分离”,建立健全林业要素市场,建立林权流转的机制和制度,积极发展农民股份合作赋予集体资产股份权能改革试点为主要内容的集体林业综合改革工作,深化林改工作和林下经济发展取得一定成效。2017 年新建家庭林场 4 个,股份合作林场 1 个,发展种植毛竹 5000 亩,其中笋竹两用基地 2000 亩;发展养蜂合作社社员 3000 多户、饲养蜂群 8 万多群,新增省级林业龙头企业 1 家(即蕉岭县福泰生物科技有限公司)。办理林权抵押贷款 1 宗,面积 3600 亩,金额 180 万元。开展政策性森林保险业务, 投保省级生态公益林面积 549714.5 亩,每年金额达 109.94 万元。

【国有林场改革工作】 按照广东省国有林场改革时间点,认真做好了相关工作,探索符合蕉岭实际的改革路子, 稳妥推进国有林场改革。已经印发国有林场改革方案,将长潭库区国有林场、蕉岭县皇佑笔国有林场定性为公益一类、副科级事业单位,经费实行收支两条线管理,明确国有林场的主要职责和任务,核定事业编制,皇佑笔林场事业编制人员 42 人,长潭库区林场事业编制人员 15 人。完成国有资产清理和在编在职及退休人员的核查,组织两个林场原有在编在职职工进行制度转轨考试,将两个国有林场的在职和离退休人员的工资全面转为县财政统发,国有林场改革任务已经全面完成。

【队伍和党风廉政建设】 抓干部队伍和党风廉政建设,保林业健康发展。深入推进“两学一做”学习教育常态化制度化工作,制订了《蕉岭县林业局关于推进“两学一做”学习教育常态化制度化的实施方案》, 党组书记为常态化制度化第一责任人,做到亲自抓谋划、抓推动、抓落实。党组成员落实“一岗双责”,结合分管工作加强指导。加强党员干部的思想政治建设,着力加强机关勤政廉政建设, 营造遵纪守法、廉洁从业、克己奉公、健康向上的反腐倡廉的良好氛围, 不断提升林业部门清正廉洁的形象,以党风廉政建设的新成效为加快“生态蕉岭”发展进程提供有力保证。建立健全完善的规章制度,加强党的政治纪律教育,认真执行县纪委制定的廉洁从政六不准,认真贯彻落实中央关于改进工作作风、密切联系群众的八项

规定,加大宣传力度,搞好党务政务公开,深化便民服务措施,亮化窗口服务形象。(李伟建)

2017 年县林业局负责人名录

党组书记:张永超(7 月任职)
林文建(7 月离任)
党组成员:王贵清 蔡增芳 利粤东 徐咏梅
局 长:张永超(7 月任职)
林文建(7 月离任)
副 局 长:利粤东 徐咏梅 汤丽芬

蕉岭长潭省级自然保护区

【概况】 2017 年,全区林业用地面积 5501.1 公顷,非林地面积(含水库水域面积)584.6 公顷,森林覆盖率 89.5%,绿化率 100%,森林活立木 70 多万总蓄积立方米。区内动植物资源丰富,有维管植物 1300 多种,其中国家珍稀保护植物 21 种;有动物 264 种,其中国家珍稀保护动物 31 种;有鱼类 40 多种。

【森林资源保护监管】 树立保护自然资源和自然环境是自然保护区建设管理第一要务的观念,深入开展打击破坏野生动植物资源的行为,强化林政、防火措施,加大巡山护林力度,区内自然资源和自然环境得到有效的保护。全面完成保护区森林资源二类调查,面积 5501.1 公顷;完成森林资源连续清查工作,涉及连清点 3 个;完成保护区范围和功能区边界矢量化工作,涉及面积 5586.1 公顷。

【植树造林资源培育】 积极开展春季造林和“五沿”范围造林绿化大行动,完成沿水(水库)、沿线(旅游景区景点)地段补植套种枫香、香樟、藜蒴等优良张土阔叶树种 3 万多株,大力培育森林资源,提高森林生态功能等级。

【宣传教育科研监测】 继续开展生物多样性和森林生态效益等多项监测与研究,并取得了显著成效,科研监测能力不断增强。采取网络、宣传牌、宣传车等多种形式加强对广大市民和青少年的科普宣传教育,全民生态文明意识不断提高。(杨凌云)

2018 年长潭省级自然保护区负责人名录

主 任:林文建(7 月离任)
张永超(7 月任职)
副主任:王贵清

皇佑笔林场

国有皇佑笔林场位于蕉岭县东北部山区,毗邻蕉城、文福、南礤、蓝坊四个镇,现有山林面积 7.8 万亩,活立木蓄积 48 万立方米,森林覆盖率 96%。蕉岭新八景之一——“皇佑叠翠”就坐在其中。辖区内还有黄竹坪和龙潭两座水库,库容总量达到 1608 万立方米,是广东省森林生态旅游示范基地。

2017 年,林场围绕人与自然和谐共生的目标,真正树立和践行绿水青山就是金山银山理念。在规定时间里完成国有林场属性、人员编制核定等工作。维修林区公路和防火线路 50 多公里,增强了山火抵御能力。全年没有发生一宗山火和没有发生一宗林政案件,全场森林资源得到有效保护。(邓 苏)

2017 年县国有皇佑笔林场负责人名录

场 长:郭建忠

水 务

【概况】 2017 全年营业总收入 2345 万元,其中发电收入692万元、供水收入412万元、自来水厂收入1241万元。争取上级补助资金8881万元,完成固定资产投资17621万元。

【民生水利工程】 一是石窟河十里画廊项目建设。石窟河十里画廊项目分两年实施,2017年计划投资7300万元,完成投资率127.7%,其中水务部门完成投资5801万元。建设范围为石窟河长潭引水陂至三圳九岭,分为长潭段、蕉城段、三圳段三个景观设计段落,对沿河沙墩、滩涂地进行美化绿化,对河堤沿线景观进行提升改造,在确保水安全的前提下,打造水生态、水文化,形成市民游客亲水、休闲、运动大公园。二是山区中小河流治理工程。2017年度实施的山区中小河流治理工程包括石窟河蕉城段治理工程、礤背水治理工程及石窟河三圳段治理工程,总投资7297万元,总治理长度25.7公里,完成投资率100%。三是村村通自来水工程。2017年完成24宗,投资3500万元,完成投资率100%。四是县生活污水处理设施全县捆绑PPP项目。主要建设内容为5个镇级生活污水处理设施建设和200套村级生活污水处理设施建设,项目总投资23073.26万元。2017年计划投资6000万元,完成投资率100%。五是蕉城供水扩建工程。蕉城供水扩建日产2万吨工程,工程总投资约为1500万元,分两年实施,2017年完成投资率60%,计划2018年6月竣工。六是蕉城污水处理厂二期集污管网工程。2017年计划完成投资2680万元,完成投资率100%。七是供水工程高端山泉水项目。项目总投资2300万元,2017年基本完成主体工程。

【三防工作】 入汛以来,县水务局与县三防办密切配合,认真贯彻上级有关防汛工作部署和要求,扎实抓好各项安全度汛措施的落实。投入资金150万元进行三防指挥系统升级改造;投入资金50多万元购置充实防汛物资,配备了冲锋舟13艘、橡皮艇77条、编织袋约11566条、救生衣332件、应急抢险灯76个、铁丝2000米、松木防洪桩560条、拖车1辆等必备物资,并按要求存放指定地点;同时落实防汛抢险队伍作为应急抢险后备力量,县人武部落实抢险队伍40人,各镇共落实抢险人员3230人。

【水行政管理】 按最严格制度要求管理水资源,积极推进总量控制、节约用水和水资源保护工作。2017年,共办理了3宗水土保持方案审查批复;批准新取水许可申请4宗,取水许可变更8宗,取水许可延续54宗;加强了水事规费征收,征收了水资源费153.59万元;发出各种责令通知书、整改意见书13份,有效地维护正常的水事秩序。实施2017年、规划2018年市水务局统一立项的梅州市革命老区及原中央苏区崩岗治理一期工程(2017—2019)本县项目,2017年投资152万元。

【河长制工作】 2017年,蕉岭县按照中央、省、市关于"河长制"工作的部署和要求,认真贯彻落实中央《关于全面推行河长制的意见》以及省、市对全面推行河长制的总体部署,结合县域河流情况,全面推动蕉岭县区域内主要河流生态保护及综合治理工作,"河长制"各项工作得到有效落实。一是根据国家、省、市相关文件要求,到9月初,县、镇二级《全面推行河长制工作方案》全部印发,对河长制七大任务等进行了细化实化。到2017年10月20日止,县、镇两级均成立了全面推行河长制工作领导小组,并设立了办公室。二是开展"一河一策"实施方案编制工作,2017年底已基本完成。三是开展河长制信息化建设、一河一档数据库建设。四是出台相关制度和政策措施。县级《河长制会议制度》等七项制度已全部印发,镇级《河长制会议制度》等三项制度已全部印发。五是设立河长制公示牌,目前全县各河流均设立了河长制公示牌。六是积极开展巡河工作。县级两位总河长及三位副总河长分别开展了巡河工作,镇级和村级河长也分别开展了巡河工

作,实现巡河全覆盖。 (林伟洋)

2017 年县水务局负责人名录

局　长:古育辉

副局长:李岭平　汤伟华(10 月离职)

　　　吴皖飞　徐成江(11 月任职)

气　象

【概况】

1.光照

全年日照时数 1876.6 小时, 比上年偏多 107.2 小时。相对日照百分率 42%。日照时数最多的月份是 8 月,为 236.4 小时;日照时数最少的月份是 3 月,为 69.4 小时。

2.气温

全年平均气温 21.7℃, 同历年平均气温 21.2℃相比偏低 1.6℃。8 月是全年最热的月份,月平均气温 28.7℃。年极端最高气温 38.1℃,出现在 7 月 29 日。12 月是全年最冷的月份,月平均气温为 13.5℃。年极端最低气温 2.5℃,出现在 12 月 20 日。

3.降水

全年降水量 1722.1 毫米,比历年平均偏多 63.5 毫米,降雨日数 157 日。1 月、12 月降水明显偏少。降水量主要集中在 5 月、6 月,5 月为 245 毫米,6 月为 636.7 毫米。汛期 (3 月至 9 月)降水量 1495.1 毫米。全年有 8 次暴雨,分别出现在 4 月 19 日 (50 毫米)、5 月 2 日 (78 毫米)、5 月 15 日(77 毫米)、6 月 3 日(98 毫米)、6 月 19 日(51 毫米)、6 月 14 日—15 日(156 毫米)。6 月 16 日—17 日(118 毫米)、6 月 27 日(48 毫米).

4.霜、雪、风及灾害性天气

本年初霜日为 12 月 20 日。无下雪日。全年平均风速每秒 1.6 米。热带气旋对蕉岭影响较小。

【业务工作工作开展情况】 全年共发布预警信号 78 次,累计发送《重大气象信息快报》34 期、发布决策短信近 14 万条,并利用好微博等新媒体发布最新的天气预警预报情况,为各级党政机关和广大人民群众提供准确及时有效的天气预警信息。2017 年局地短时强降水异常偏多, 其中 5 月至 6 月出现多场强降水,5 月 12 日至 16 日更是出现了连续多日的暴雨天气,在全年的灾害性天气过程中,蕉岭县气象局预报准确、预警及时,为气象防灾减灾工作争取了宝贵时间,使灾情损失降到最低限度。

公共气象服务能力全面加强。2017 年 9 月 29 日,蕉岭县气象局官方微信公众号“蕉岭天气”正式开通,开辟了一条全新的气象与公众互动的渠道。“蕉岭天气”微信公众号每天发布蕉岭未来 24 小时天气预报信息, 为公众提供方便快捷、图文并茂的气象服务信息、气象科普知识、气象预报预警信息、最新气象资讯及气象防灾减灾知识等,提高了蕉岭县气象局公共气象服务能力。

气象基础设施建设稳步开展。2017 年 6 月 20 日,完成回南天自动监测仪的安装,实现“回南天”天气现象的实时监测,为做好回南天预报水平奠定基础。2017 年,结合“平安山区”气象保障工程建设任务,共在山洪地质灾害易发区新建 2 个、升级改造 5 个自动气象站,提高蕉岭县的防灾减灾能力。 (谢龙生)

2017 年蕉岭县气象局负责人名录

局　长:古霖(12 月离任)

　　　姚建春(12 月任职)

副局长:潘光跃

农业机械

【概况】 2017 年, 蕉岭县农机局坚持稳中求进、服务大局,着力推进农业机械化供给侧结构性改革,优化管理、增添动能、补齐短板、壮大主体,加快“机器换人”,推动农业机械化提档升级,为农业农村经济发展提供有力支撑。农机装备结构不断优化,农机社会化服务质量效益明显提升,农机化公共服务能力进一步增强,安全生产形势保持平稳,巩固提高主要粮食作物生产机械化能力,稳步提升大宗经济作物生产机械化水平。全年落实购机补贴21万元,新购农机具95台/套;全县拥有各类农机具180627台(套),农机总动力1099万千瓦;农作物种植机械化作业综合水平达到71.5%。

【主要农机具】 拖拉机1245台,其中中型拖拉机77台,手扶拖拉机1168台,水稻联合收割机285台,水稻插秧机205台,农用车706台,旋耕机1254台,起垄机968台,电动脱粒机、农产品加工机械、植保机械、排灌机械、农田基本建设机械一批。农业机械拥有量可以满足全县农户的生产需求。

【农机化生产】 全年下田作业农机具17929台/套,农机具下田率98%,插秧机、收割机下田率100%。全年水稻生产机耕率90%,机插率43%,机收率93%,农业生产特别是水稻生产基本实现全程机械化。

【技术推广、培训】 印发农机新技术推广宣传资料6000份,举办技术培训6场次,新式农机具现场展示演示2场次,培训镇、村农机技术人员80人次,农户450人次;培训农机专业合作社社员、农机大户、种植大户等专业人员、操作人员等300人次。

【实施农机购机补贴政策】 2017年争取中央财政购机补贴资金21万元。3月底成立“县实施农机购机补贴政策领导小组”,制订蕉岭实施方案,召开专题会议。至年底总计落实购机补贴21万元,共订立指标确认书95户,受益农户85户,补贴机具数95台/套,落实购机补贴完成率为100%。

【农机生产安全监理】 农机监理工作遵循农业部、国家、省、市、县安全生产监督管理的有关规定,大力开展拖拉机道路交通安全整治活动,加强农机安全生产宣传教育,落实农机安全责任制,与镇农业站签订农机安全生产责任书。深入基层一线检查农机安全生产情况,并联合公安交警对重点地区、重点路段上路检查,集中力量打击拖拉机无牌行驶、无证驾驶、违法载人、超载超速、人货混载等直接危及人民生命安全的行为,确保全县无安全事故的发生。全年上路检查过往拖拉机12次,暂扣违规违章拖拉机28台,短期培训拖拉机驾驶员28人次,办理证照12例;检查农业机械400多台套,排查安全生产隐患16例,整改16例。农机安全生产全年零事故。

【农机专业合作社】 全县注册农机专业合作社13家,规模较大的有伟强、金珠、晟福等农机专业合作社。长潭镇白马村的晟福农机技术专业服务合作社拥有近500万元的各类新式农机具,是全县较大规模的农机专业合作社。农机专业合作社为全县农户提供大棚育秧、机耕、机插、无人机施肥、除虫、机收、烘干和机械化选米等一条龙的社会化有偿服务,是农机推广服务的重要社会力量和生力军,为农业增效、农民增收提供了机械保障。 (陈利娜)

2017年县农机局负责人名录

局　长:曾祥志
副局长:陈广志　邓程群

移民工作

2017年以建设库区移民的美丽家园为目标,积极争取资金,为移民办实事好事。一、解决移民行路难、食水难、看病难等系列问题，构建美丽和谐库区，全年向省、市申报项目14个，主要有：1.长潭村投入30万元实施村道改造工程、投入39万元实施应急抢险工程、投入84万元实施滩头美丽乡村建设工程、投入46万元实施上下龙美丽乡村环境整治项目；2.长东村投入30多万元实施村道改造工程、投入30万元实施洋均道路建设工程及渠道建设工程；3.投入67万元实施蓝坊村美丽家园项目工程。4.投入44万元实施多宝移民区道路硬底化。二、向省、市反映移民的困难，安排专项资金19.06万元缴交2018年农村合作医疗移民个人缴交部分(每人120元)，实实在在做到为移民排忧解难。三、做好大中型水库农村移民后期扶持人口核定登记工作。根据《广东省大中型水库农村移民后期扶持人口核定登记办法》认真抓好落实，做好政策宣传。对2006年7月1日至2017年12月31日期间的死亡、迁至外省水库移民后期扶持人口进行一次性核减，全县核减254人，核减的人口从2018年1月1日起不再纳入扶持对象。 (徐晓芳)

2017年县移民办负责人名录表

主　任：汤通明(12月任职)
副主任：赖保明　徐晓芳(女)　涂贵传

工业·贸易

经济贸易

【概况】 2017年全县35家规模以上工业实现总产值53.64亿元，同比增长14.3%；实现工业增加值12.70亿元，同比增长5.2%，排名全市第3；完成工业投资34.69亿元，同比增长22.2%，增速排名全市第二；技术改造投资11.13亿元，同比下107.5%，增速排名全市第8。

主导产业运行情况

2017年全县35家规模以上企业有20家同比产值实现增长。竹木、电力、电子等主导产业生产增速平稳。

1.建材业。2017年建材业规模以上13家，企业实现产值42.93亿元，同比增长28.8%。建材业产值占规上工业总产值80%。

2.竹木精深加工业。2017年竹木精深加工业规模以上4家，企业实现产值2.29亿元，同比增长9.3%。

3.电子业。2017年电子业规模以上3家，企业实现产值1.58亿元，同比增长-9.8%。

【资源电力】 1.强化节能降耗。做好重点耗能企业的节能专项监察工作，加大了对全县重点耗能企业的节能专项监察，积极配合省、市节能监察机构开展水泥行业能耗限额及阶梯电价专项核查，有效地提升企业产品能耗水平，鼓励企业挖潜节能降耗空间。2017年单位GDP能耗下降7.8%，完成市下达蕉岭县单位GDP能耗下降4.93%的目标任务。2.做好成品油的综合管理工作。认真做好全县26家成品油经营企业年检工作，开展成品油市场综合整治工作，2017年全县共出动执法人员1176人次，出动执法车辆348车次，检查加油站、厂矿企业等441家，检查车辆535辆。共查处4宗无照经营燃料油及1宗不按要求维修燃油加油机案件,查处违法产品燃料油33.6吨,罚款12.5万元。查处非法运输危险货物车辆1辆,罚款3万元,查获未带证运输危险货物车辆1辆,罚款200元,查扣非法销售成品油车辆5辆,未发现有走私成品油的现象。

【贸易市场】 消费市场:2017年,全县实现社会消费品零售总额40.81亿元,同比增长9.8%,增速居全市第3位。从分行业看:批发零售贸易业消费品零售额37.98亿元,增长9.5%;住宿和餐饮业消费品零售总额2.83亿元,增长13.7%。电子商务:2017年全县电子商务发展势头迅猛,继奥园跨境电商、云商易购、固特公司电商平台、延源公司电商平台后,其他各类电子商务平台如“乐村淘”、镇村电子商务服务站点如雨后春笋不断涌现。

【对外经济贸易】 外贸进出口:2017年进出口目标任务为33100万元。外贸进出口总额19351万元,完成目标任务58.5%。

合同外资:2017年合同外资1563万美元,实际外资与合同外资比率22.5%。实际利用外资:2017年实际利用外资351万美元,完成全年任务600万美元的58%。

【科学技术】 科技工作管理:全县存量高新技术企业6家:广福建材(蕉岭)精化有限公司、广东固特超声股份有限公司、梅州淦源建材科技有限公司、广东宏基新材料股份有限公司、蕉岭金鹏精细化工有限公司、梅州瑞胜科技股份有限公司,其中2017年新增2家:蕉岭金鹏精细化工有限公司、梅州瑞胜科技股份有限公司。2017年组织申报高新技术产品认定2个。截至2017年底,已有3家高新技术企业(广东固特超声股份有限公司、广东宏基新材料股份有限公司、梅州瑞胜科技股份有限公司)在新三板挂牌,其中2017年新挂牌2家(广东宏基新材料股份有限公司、梅州瑞胜科技股份有限公司)。

知识产权管理:加大对知识产权的宣传,提高公众的知识产权保护意识。充分利用网络平台、科技下乡和科普进校园活动宣传知识产权知识,法律法规。2017年全县专利申请量91件,专利授权37件。

抗震设防工作:加强了对广东省地震活动趋势的跟踪,协助省地震局做好在蕉城、广福、新铺三个地震重力测量点的工作,以及省地震预警台网台站蕉岭地震台工作。2017年4月下旬,联合县应急办、教育局等有关单位在县城东小学开展了地震应急演练活动。通过演练,进一步提高师生的防震减灾意识,提高师生承受地震的心理能力、紧急应对、自救互救能力。参加这次演练的师生1300多人,整个演练活动达到了预期目的。 (彭文君)

2017年县科工商务管理局负责人名录

党组书记、局长:罗建阳
党组副书记:李　辉(1月任职)
党组成员、副局长:徐湘琴(女)　赖育兵
　　吴诚锋　王爱民(挂职)
党组成员:林子锋　郭新期

2017年县经贸系统党委负责人名录

书　记:罗建阳
副书记、纪委书记:林子锋

二轻工业

【主要经济指标情况】 2017年完成工业总产值1239万元,与上年同期同比增长3.75%,其中建包公司同比减少2.34%、利华德公司同比增长20.89%;完成销售收入1308.53万元,同比增长0.38%。其中建包公司同比减少1.8%,利华德公司同比增长5.96%;工业利润亏损

65.72 万元,同比减亏 34.35 万元。其中建包公司对比减亏 13.07 万元，利华德公司对比减亏 21.28 万元。

【内部管理】 1.帮助企业积极应对生产销售滑坡的势态,在困境中求生存、谋发展,尽量保有市场销售的份额，较好地止住了生产大滑坡，基本维持企业的正常运转。2.认真抓好综治和安全生产工作。一是签订责任书,层层落实责任。公司第一责任人与县综治委签订了年度综治目标管理责任书,下属企业负责人分别与县和公司签订综治维稳责任书，确保综治维稳、普法工作落到实处;二是开展宣传工作,提高综治维稳、创建平安蕉岭和普法工作认识;三是构建防控体系,建设平安环境;四是落实信访工作,及时排查调处矛盾纠纷。确保二轻行业政治、社会稳定,为二轻经济发展提供了良好的发展环境。 (陈政清)

蕉岭县二轻工业公司负责人名录

经　理:赖宇民

安全生产

【概况】 2017 年,强化“红线”意识和底线思维,进一步建立深入开展“安全第一、预防为主、综合治理”的安全生产方针,健全“党政同责、一岗双责、失职追责”的安全生产责任制,全面落实企业安全生产主体责任，扎实开展“安全生产执法年”活动,深入推进隐患查治,主攻事故预防,全县安全生产形势的持续稳定好转。

【全县安全生产运行情况】 2016 年,全县共发生各类安全生产事故 8 起,死亡 5 人起数同比下降 50%,死亡人数同比下降 50%。其中:交通事故 7 起死亡 4 人，工矿商贸 1 起死亡 1 人，直接经济损失 100.2 万元。全县事故总数及死亡人数相比去年得到大幅下降，烟花爆竹、人员密集场所等重点行业(领域)实现了零死亡事故，全县未发生较大以上安全生产事故,生产安全形势总体平稳。

【深入落实“一岗双责”,责任体系不断健全完善】 强化“党政同责、一岗双责、齐抓共管、失职追责”制度落实,着力完善责任体系,保障安全生产各项工作落实到位。一是全县各级党政领导班子高度重视安全生产工作。县党政主要领导多次主持召开专题会议,听取安全生产工作汇报,研究部署安全生产重大问题,加强督查督办,保证各项安全措施落实到位。二是扎实推进《蕉岭县安全生产“点线面”全覆盖防控体系实施意见(试行)》工作,在全县范围内铺开“以企业主体责任为点、以行业监管责任为线、以属地管理责任为面”，通过全面排查治理事故隐患和薄弱环节,确保排查出的隐患及时建档,责任到人,立即整改,“点线面”结合保障生产安全,从源头上杜绝事故的发生。三是县委、县政府在财政较为困难的情况下,将安全生产专项资金纳入县财政年度预算,并保证足额发放;解决落实县、镇安监部门监管执法用品,充分调动全县上下抓好安全生产工作的积极性和主动性。

【强化安全检查,及时消除各类安全隐患】

围绕“查大风险、除大隐患、防大事故”，为十九大胜利召开营造了安全稳定的环境。坚持“全面检查、严格执法、彻底整治”持续开展安全生产大检查。组织开展元旦、春节、端午、“五一”、中秋、国庆等节假和十九大等重要会议期间等的安全大检查。突出全面覆盖、彻底治理、完善制度三个环节,全面开展隐患排查治理活动,落实隐患排查治理措施。突出非煤矿山、危险化学品、烟花爆竹、工贸企业、人员密集场所等重点行业和领域,持续开展打非治违和隐患排查治理专项行动,力求堵塞管理漏洞,强化源头管理,实现“发现一处,整治一处,安全一处”的目标,真正把安全生产各项工作措施落实到基层,落实到企业,落实到一线操作层面。重点开展长潭旅游区水上游船、校车安全运营专项督查检查工作,针对水上游船、校车安全管理方面暴露出的问题,开展联合执法督查检查,避免了群死群伤恶性重特大安全事故。

【夯实应急管理基础性工作，指导协调应急演练，强化应急管理宣教培训】 一是修订制定及完善了应急预案。二是指导协调常态化的应急演练,通过发文《蕉岭县安全生产委员会办公室关于进一步加强安全生产应急演练工作的通知》(蕉安办〔2017〕7 号),督促各镇人民政府、县安委会有关成员单位、各生产经营单位等行业企业定期开展演练。2017 年事故灾难类应急演练 85 次,参演人数 422 人。

【狠抓宣传教育,安全意识普遍提高】 1.加强安全监管人员学习教育。积极组织县、镇两级安全监管领导、干部和执法人员学习安全生产法律法规、隐患排查治理、执法监察业务知识;组织举办全县乡镇干部、村级安全生产巡查员业务技能培训班,集中学习安全生产法律法规、巡查业务知识,全面提升安全责任意识和业务技能水平,全年共 782 位县、镇、村干部参加安全知识专题培训。2.加强生产经营单位安全培训教育。一是开展企业安全培训和持证上岗检查,非煤矿山、危险化学品、烟花爆竹等高危行业企业检查率达到 100%。举办 3 期由生产经营单位负责人和管理人员县级安全生产培训班。二是扎实开展了安全生产月宣传,全县共安装播放安全生产视频广告机 40 台,向群众发放新《中华人民共和国安全生产法》等安全法律法规单行本 1500 余册,交通、居家、学校、避险防灾等各类安全常识资料 10000 余份,接受咨询 300 余人。 (古国贤)

2017 年市场与安全监管局负责人名录

党组书记、局长:古剑清
党组成员:黄德平
党组成员、副局长:徐绍明　陈晓欧
党组成员、执法大队长:徐锦平
副局长:陈建明

商业集团

【概况】 蕉岭县商业集团公司是自收自支的正科级事业单位,内设办公室、计财股和经济组,现有在职干部 3 人,退休人员 17 人。下属所有公司均已破产、解体、转制完毕。

【抓好食品公司的依法注销工作】 经 2016 年 11 月 8 日县长办公会议研究决定,同意在县政府收回叟乐食品站所有权后,依法注销广东省蕉岭县商业集团食品公司。目前,国税税务登记证已注销,固定资产已过户给蕉岭县财政局,注销地税税务登记证、工商营业执照、企业国有资产注销产权等业务已在相关部门受理、办理中。

【发展多项经营业务】 随着大部分商业下属企业全部退出市场,县委、县政府原赋予商业部门的管理、协调、监督、服务的职能已逐渐萎缩。面对这种情况,蕉岭县商业集团公司把寻求发展作为第一要务,切实转变商业职能,增强市场经济意识,努力探索实业经营型的路子。把酒品营销作为今后的发展重点,认真搞好自身品牌“一生相伴”喜宴酒的经营,把“酒”字文章做好做活。努力开拓市场,在转变职能的过程中实现经济效益的稳步增长。

【抓挂钩村帮扶工作】 认真履行挂钩帮扶责任,强化与蕉城镇下乡组和挂钩村(樟坑村)干部对接、协同,形成规划合力,力所能及地帮助挂钩村做好美丽乡村建设工作；落实一对一帮扶责任，采取定期入户走访、实地察看、面对面交流等方式，分户制定科学的脱贫计划，找准脱贫路子，落实帮扶资金，切实帮助贫困户脱贫。

（张利梅）

2017 年县商业集团公司负责人名录

总经理：刘应标

蕉岭县供销合作社联合社

【概况】 2017 年，蕉岭县供销社在综合改革取得阶段性成果的基础上，继续以深化和完善综合改革为主线，以为农服务为根本，推动内部建设，不断开创综合改革和发展新局面。全年商品总购进 27807 万元，比上年同期减少 18477 万元，同比减少 39.9%，其中农采 25171 万元，比上年同期减少 17265 万元，同比减少 40.7%；商品总销售 30369 万元，比上年同期减少 20279 万元，同比减少 40%，其中农资销售 1871 万元，比上年同期减少 685 万元，同比减少 26.8%。

【为农服务】 专业合作服务。做好鸿宇生态农林等 38 家专业合作社法人变更、工商年检、增加出资额和经营项目等；为激励农民专业合作社持续健康发展，制定《蕉岭县供销社系统农民专业合作社考核奖励办法（暂行）》（蕉供字〔2017〕9 号），组织召开全县农产品流通经纪人协会会员和农民专业合作社理事长会议，专门解读考核奖励办法；成立三个工作小组，采取深入基地与农民群众面对面形式，对系统内 111 家专业合作社开展全面调查、摸底和清理，进一步引导和加强农民专业合作社抓好规范化建设。农村综合服务。“五一”期间，神岗村综合服务社在原有公益性服务和经营性服务项目基础上，新上保险、家电配送、快递等服务项目，服务功能得到极大提升，惠及周边群众 2000 多人，成为县供销合作联社推进新农村社区服务网点建设、开展为农服务的重要载体和群众心目中的生产生活综合服务好帮手。农资综合服务。蕉岭县兴邦供销农资有限公司贴心为全县农民提供农资经营系列服务：开展配送服务，做好农资储备和春耕农资供应工作，为全县农民配送化肥 280 吨、农药 6 吨、农机具一批；开展农化服务，通过现场解答、上门服务等形式热忱为群众解决生产中遇到的困难和问题，派出农技人员 28 人次，解决测土施肥、排灌、病虫害等方面问题 26 个。农技培训服务。县供销合作联社与广东省供销合作联社广东天禾农资有限公司、梅州市农业局、梅州农业学校等建立合作培训常态机制，结合蕉岭农业生产和流通实际，分别在蓝坊、长潭、文福等镇举办养蜂、金柚、水稻等种养管理农技知识培训 6 场，参加培训的农民 412 人；依托社有企业、农民专业合作社为专业合作社社员、种植大户等举办各类型培训 3 场，参加培训的农民 68 人，送出宣传资料 135 份。信息宣传服务。通过单位网站和宽乐通短信平台为系统内农民专业合作社、社有企业、废旧物资回收经营门店等提供政策宣传、业务推广、安全管理等信息服务，做到对象全覆盖，及时准确；与蕉岭县广播电视台签订《电视宣传合作协议》，建立年度合作机制，通过制作宣传视频和加强日常重要事项报道，加大对供销社综合改革和发展的宣传力度，发布信息共 23 条。挂钩帮扶服务。发挥服务“三农”职能优势，携手梅州农业学校到挂钩的文福镇坑头村举办农技惠农服务培训会，组织全体干部职工于春节、中秋上门慰问贫困户和村委班子成员 13200 元，筹措 2000 元支持挂钩村完善精准扶贫宣传牌和宣传栏建设，为群众送农技知识，为贫困户送温暖，为村委会送资金。

【内部建设】 服务项目建设。在三圳镇九岭村建设一座集仓储、加工、物流、冷链和展示于一体的农产品综合服务中心，该项目是县政府实施供销社综合改革的一项重要工作，被列为蕉岭县2017年十大民生实事之一，截至2017年12月31日，已完成项目选址、测绘等前期工作。机关作风建设。以开展“两学一做”学习教育为主线，制订推进“两学一做”学习教育常态化制度化方案和开展机关作风整治的实施方案，完善请休假制度，规范请休假报批手续。供销社文化建设。根据《关于进一步加强我市供销合作社文化建设的意见》(梅市供销〔2017〕5号)要求，召开各类型会议进行宣传，派出工作小组到离退休老干部家中和样貌保存较完整的乡镇基层社进行老物件拍照或回收，并统一制成图片上传；将习近平总书记对供销社的批示精神“发挥供销合作社独特优势和重要作用，谱写发展农业富裕农民繁荣城乡新篇章”等字样制成红色宣传标语，张贴在单位显眼处，时时警醒干部职工心中的使命和肩上的重任；利用举办农技知识培训，向广大农民群众宣传推介供销社，进一步加深农民群众对新时期供销社的了解和认识。干部队伍建设。组织7人参加全国总社、省社、市委党校和县委党校培训；调入和提拔各2名年轻干部，调整人事教育股、合作指导股和业务股负责人，使干部队伍更年轻、更具活力。平安建设。成立综治、安全等工作领导小组，领导小组组长均由第一把手担任；全面落实安全工作“一岗双责”制，层层签订各项工作责任书，抓好综治和平安建设“安全生产月”、普法宣传月等活动；组织检查烟花爆竹仓库12次、出租门店和社有企业4次、废旧物资回收门店113家，整改安全隐患，并做好跟踪、回访，直至整改措施落实到位。

(傅　文)

2017年县供销合作社联合社负责人名录表

党组书记、主任：黄桂庭(12月任职)
　　　　　　　　吴晓东(7月离任)
副主任：黄海峡
党组成员、副主任：谢富伟

烟草专卖

【经济运行】 销售收入稳步增长，全年实现“两烟”销售收入2.96亿元，同比增长3.77%；实现税利8329.4万元，毛利同比增长11.83%。

【党建工作】 突出从严治党质效提升，提高党建工作水平。以思想建设为中心，学深悟透强党性。迅速学习宣传贯彻十九大精神。做好“九个规定动作”，在学通弄懂十九大精神上下功夫；深入推进“两学一做”学习教育常态化制度化，扎实开展基层党建提升年活动，以“三会一课”、组织生活会为载体，全面打造“主题党日+”新模式，全年共开展主题党日活动12次，召开支委会21次，支部集中学习22次，党小组学习123次。

【党风廉政】 落实全面从严治党主体责任，筑牢防腐倡廉防线。一是落实全面从严治党主体责任，逐级签订落实全面从严治党主体责任书11份，确保责任落实到位。二是强化执纪问责，推进党风廉政建设。认真落实省局(公司)党组巡察整改工作，对照省局巡察组反馈的4大方面、11个问题逐条自查，制定清单，形成24项整改任务，并立行立改，整改到位。三是以“支部主题党日”活动为载体，持续开展党性党风党纪教育，提醒党员时刻牢记自己的党员身份，不忘党性宗旨和使命初心。全年共开展主题党日活动12期，通过现场教学、专家讲座、红色教育、志愿活动、集中学习、走访慰问、扶贫帮困等方式，最终实现提高支部的凝聚力、战斗力、创造力的初衷。

【规范管理】 全年共实施“三项工作”项目7宗，发生金额5.28万元，同时做好采购资料整理、归档工作。深入推进办事公开、民主管理，按照局(司)务公开目录,对大宗物资采购、工程招标等重大事项、专卖许可、专卖行政执法及涉及企业员工切身利益的重大事项等情况进行定期公布;抓精益管理,制定涵盖“两烟”、专卖、基础管理等方面29项、95条管理提升措施,实现办公费同比下降2.87%、业务接待费同比下降93.98%、维修费同比下降44.15%、车辆维修费同比下降54.61%、会议费同比下降31.68%的管理效益。

【卷烟营销】 紧盯销量目标不松劲,持续提升卷烟营销工作水平。制定品牌培育目标,形成以省产双喜品牌为主打品牌,新品卷烟为潜力品牌,省外一、二类卷烟和省外重点培育的三类卷烟为辅助品牌的品牌组合拳,提升品牌销售结构,以实现企业增利、经营户增收。大力推进零售户自律互助小组建设。成立24组卷烟零售户自律互助小组,充分发挥自律互助小组在终端建设、服务客户、品牌培育等方面的作用,引导客户签订公约、互相监督,切实保障零售客户的利益。全年实现卷烟销售8780.084箱,完成年度计划的99.99%,单箱销售收入30556.13元,同比增加5.86 %,毛利6804.26万元,达到年计划的100.95%,同比增幅5.93%。

【专卖管理】 一是多措并举,严查大案要案。联合公安交警、打假办、工商质监等部门开展了一系列的打击制、售、运、储等各类专项行动、突击行动。二是深入贯彻落实涉烟打假打私专项整治工作。牵头组织各镇政府、派出所、工商所做好辖区的日常监管和排查工作。三是严格监管,强化规范经营。至年底,共捣毁卷烟制假窝点3个,查处涉烟案件246宗,查获各类卷烟407.094万支、烟丝烟叶100.84吨、滤嘴棒397.31万支、烟机2台,案值1615.79万元,同比增加4687.53%,至目前刑拘23人,逮捕19人,是近年来抓捕人数最多的一年。其中“8·14”“8·16”非法生产、运输烟丝烟叶系列案件被省局评为2017年全省十大经典案例。

【烟叶管理】 与全县6个镇26个村签订烟叶种植收购合同302份,落实种植面积9286亩,收购烟叶25994.94担,完成计划的99.98%,均价26.62元/公斤,同比增加0.8元/公斤,平稳有序高质量地做好第一年散叶收购、原收原调工作,“两条红线”和各项预警都得到了较好的控制。

【烟基建设】 全省唯一一条水利项目圆满完成。3月,烟基建设工作顺利通过国家局检查组抽查。做好全省唯一一条水利项目的实施工作,项目通过省、市局(公司)检查验收。项目完成长度1.63千米,补贴资金388.8544万元。

【班子和队伍建设】 高度重视员工教育培训工作。全年共举行培训34场;共组织4个批次8个学员参加技能鉴定考试,组织8位员工参加证书复核工作;大力推进党风廉政建设,认真履行“一岗双责”,抓实教育、监督、执纪、问责“四项工作”,抓好对“一把手”的日常管理监督,严防“四风”问题发生。全年开展集体廉政谈话1次、监督责任约谈2次、任前廉政谈话5次、部门日常谈话提醒3次;继续开展好“客融天下”职工文体活动,筹备节目参加全市文艺汇演,丰富了广大干部职工的业余生活,促进了“客融天下”企业文化的落地生根。

【精准扶贫】 成立扶贫工作和新农村建设领导小组,明确挂钩单位工作责任、“一把手”领导责任、挂钩干部帮扶责任,主动沟通、主动对接、主动服务、主动帮扶。向上级争取专项扶贫资金10万元。结合主题党日活动,协助挂钩村加强基层党组织建设;结合党员领导干部基层联系点制度,领导班子每月定期走访挂钩村、贫困户,开展调查研究,解决存在问题;积极筹措资金建成文体活动广场、烟田灌溉沟渠、机耕路路基建设等项目,为扶贫挂钩村带来实实在在的改变。

【安全工作】 切实加强安全维稳工作。严格落实“一岗双责”,层级签订综合治理、安全生产(经营)责任书。全年检查发现隐患81宗,投入78745元进行落实整改,全部整改完毕。

(李 琨)

2017年县烟草专卖局(分公司)负责人名录

党支部书记、局长、经理:许继荣
党支部副书记、副经理(主任科员):李林青
副经理:陈 文
副局长:丘乐仪

食盐专营

【概况】 2017年广东省盐业集团梅州有限公司蕉岭分公司,购进盐产品1200吨。销售盐产品1193.88吨,其中:食盐1133.63吨。销售工业盐及其他盐产品60.25吨。

【抓好食盐市场的安全保障工作】 2017年是盐业体制改革的第一年,广东省盐业集团梅州有限公司蕉岭分公司按照梅州有限公司统一部署,认真贯彻落实体制改革的要求,保障全县加碘食盐和生产用盐的供应。参与配合相关部门开展的联合执法行动,牵头组织工商和质监、卫生、药监等职能部门联合检查,重点对全县农贸市场、个体经商户及食品加工企业使用的盐产品进行全面检查。注重加强边界地区食盐流通市场的日常监管。在开展食盐市场巡查专项整治行动中,出动盐政执法人员检查食盐食品加工单位、单位酒楼饭店学校(幼儿园)食堂和个体经商户3826(个)次,派发宣传资料15400份,全年共查处违法案件14宗。2017年蕉岭县监测结果实现碘盐覆盖率100%,碘盐合格率100%,合格碘盐食用率100%,碘缺乏病健康防治取得显著成效。

【发展多项经营业务,开展非盐经济】 2017年广东省盐业集团梅州有限公司蕉岭分公司统一思想,充分发挥团队和广盐集团的信誉优势全力推进非盐产品的营销工作,提高员工对经营非盐目的性认识。人尽其责,同心协力搞好非盐商品经营;取得较好的业绩,实现销售收入80.78万元。

2018年1月1日起,广东省盐业集团梅州有限公司蕉岭分公司的食盐安全监管职能移交给蕉岭县食品药品监督管理局。广东省盐业集团梅州有限公司蕉岭分公司将配合蕉岭县食品药品监督管理局落实好蕉岭县食盐市场巡查工作,保证“放心盐”供应市场。(徐 庭)

2017年广东省盐业集团梅州有限公司蕉岭分公司负责人名录

经 理:陈 敏
副经理:徐 庭

中石化蕉岭石油分公司

【销售工作】 2017年市场形势是总体汽油需求增大,柴油市场需求由于受国际、国内经济形势影响,全年处于供大于求局面,批零价差较大,市场竞争更加激烈。围绕上级公司“强化营销,灵活制策;强化客户,稳量增量;强化管理,夯实基础”的经营管理思路。蕉岭石油公司一是按突出抓好新客户的开发,做好了县重点工程的供油;二是加强对辖区11座加油站的销售情况,进行日跟踪和月分析,找出加油站制约提量的瓶颈,制定切实有效的措施;三是加大对“广东石油APP”和加油IC卡宣传推广力度,利用办理加油IC卡并注册APP便于车队管理的有利条件,开拓行政事业单位车辆和私人企业用油;四是规范员工服务,积极开展“优质服务月”活动;五是重视加油站非油品业务发展,所辖的11座加油站全部都开展了便

利店销售工作,全年实现营业额2409万元,完成计划任务的109.4%,同比增加595万元,同比增长32.7%。2017年,蕉岭石油公司零售总量实现销售32426吨,完成年度任务的106%,同比增加1473吨,同比增长4.8%,其中汽油实现销售12585吨,完成全年累加任务的104%,同比增加724吨,同比增长6.1%;机出柴油实现销售16340吨,完成全年累加任务的108%,同比增加476吨,同比增长3%。

【开展多项活动】 2017年全年开展"全员开口营销、油非互促"活动,3月—5月开展加油站"优质服务月"活动,6月开展"全国安全生产月"活动,每月23日所有油站固定开展"加油站应急处置方案演练"活动,每月18日所有加油站固定开展"加油机计量自检"活动,同时积极开展由县政府组织县经信局牵头的"蕉岭县专项整治非法运输、经营、储存成品油工作"活动内容。

【安全生产】 加强对加油站现场安全管理,配合政府、安监、消防部门每月开展一次"重点部位隐患排查"活动,重点加强油站现场加油、接卸油和维修改造作业各环节安全管理,严禁加油场出现打手机、车辆不熄火加油、营业场所抽烟、塑料桶装油、摩托车用户不下车加油、收银台或员工腰包存放现金过多等不安全行为,确保现场安全管理到位,实现了政府和公司下达的年度安全上报等级事故为"0"的目标。

(丘文山)

2017年中石化蕉岭县石油分公司负责人名录

经　理:林　峰

金融·保险

金融局

【推进农村普惠金融工作,擦亮"八项行动"品牌】 在2015年普惠金融"村村通"试点工作、"八项行动"取得实效的基础上,2017主要抓好四件工作:一是更新升级县征信中心信用信息。将采集入录的农户信用信息42650户(占总农户95%)全部更新;入录企业和工商个体户信用信息1869家;税务、环保、安监、工商和质监等政府部门信用数据导入县征信中心系统,实现政银对接,共建共享。二是开展农村信用体系建设。创建信用镇7个;信用村77个;信用户3.4万户,占比分别达到87.50%、79.38%、73.53%。三是改造农村金融服务平台。加强97个乡村金融服务站管理;对全县140多个助农取款点170多台助农取款机进行更新改造,让农户就地得到更多更快更好的金融服务。四是普设"村级基金"。全县97个行政村均已设有"村级基金",为农户涉农贷款提供担保和风险补偿。结合农村土地承包经营权抵押贷款试点工作,实行"承包经营权抵押+村级基金担保"模式,普惠广大农民群众。

【继续开展农村土地承包经营权抵押贷款试点工作】 全县试点工作推进顺利,贷款笔数和总量不断增加,破解了把农村土地这个"死资产"变成"活资本"难题,激活了农村最大的"沉睡资本",增加了农民的财产性收入。至2017年12月31日,累计发放农村土地承包经营权抵押贷款315笔、11720万元,抵押土地125.40公顷,贷款质量状况总体良好。试点工作中,主要建立货币政策倾斜、风险补偿、抵押物处置、价值评估保障、土地流转五项制度。

【加强资金保障，服务经济发展】 一是按照“多沟通、多协调、优服务”的原则,发挥银行融资主渠道作用，引导银行机构增加信贷投放，加大对蕉岭县“三农”和实体经济的信贷支持力度；二是完善季度金融联席工作例会制度，加强与金融机构的沟通交流,了解银行、证券、保险的工作诉求;三是完善金融机构信息报送制度,及时掌握了解全县金融业现状。

【企业挂牌上市】 通过走访调研,从现有企业中推荐优质企业,调整充实到市县重点挂牌上市企业后备资源库,推荐券商实施跟踪对接培育,积极选送企业参加省市企业上市及资本市场专题业务培训，努力打造行业优势明显、经营业绩良好、市场竞争力强的企业挂牌上市。在原有1家企业“固特超声”挂牌“新三板”的基础上,2017年新增“瑞胜科技”和“宏基新材”2家企业挂牌“新三板”。

【精准扶贫精准脱贫工作】 在金融系统实施十项精准扶贫精准脱贫措施,即实施货币政策工具使用精准扶贫、实施特色信贷投放精准扶贫、实施财金融合精准扶贫、实施承包土地经营权抵押精准扶贫、实施金融产品创新精准扶贫、实施农业产业链金融精准扶贫、实施差别化利率优惠精准扶贫、实施支付结算工具精准扶贫、实施信用评级授信精准扶贫、实施金融宣传教育精准扶贫，拓宽扶贫开发资金渠道，支持全县扶贫攻坚工作。

【维护金融稳定,保护合法权益】 认真贯彻落实维稳安保指示精神,始终坚持“打防并举、综合治理、重在治本”的方针,积极推进金融稳定体系建设。在“四个着力”上下功夫:一是着力完善制度建设。建立健全金融联席会议制度，小贷公司日常监管制度、P2P网络借贷平台监管制度、交易场所排查制度等。二是着力开展宣传月活动。在2017年5月开展的防范和处置非法集资宣传教育活动和9月开展的“金融知识普及月”活动中,多渠道、多形式宣传非法集资活动的危害及其惯用手法,普及各类金融知识。三是着力排查潜在矛盾。经县政府研究，将“蕉岭县打击和处置非法集资工作领导小组”更名为“蕉岭县防范和处置非法集资工作领导小组”,并对组成人员及职责进行调整,加强对全县防范和处置非法集资工作统一领导部署,严格落实成员单位职责分工,强化沟通协调，将防范和处置非法集资工作落到实处。组织两类交易场所排查行动2次,对P2P网络借贷平台检查4次,发出监管意见1次,房地产项目预收诚意金检查1次,小贷公司现场检查4次。四是着力加强信息交流。加强与人民银行、公安经侦、工商质监、财政等部门联系，畅通信息互通渠道,了解掌握辖区动态,把握当前维稳安保形势,有重点地部署工作,将涉众型金融问题事故消除在萌芽状态。全县金融运行平稳,无涉众型金融问题发生,无负面事件发生。

(曾勇武)

2017年县金融工作局负责人名录

局　长:阮东凤(12月任职)
　　　　张　卫(12月离任)
副局长:曾勇武(12月任职)
　　　　汤国洪(12月离任)

中国人民银行蕉岭县支行

【概况】 2017年,在中国人民银行梅州市中心支行党委的正确领导下，蕉岭县支行以中共十八大、十九大精神及习近平总书记系列重要讲话精神为指导,按照上级行的统一部署,切实加强基层党组织建设、干部队伍建设和内部管理,有效落实稳健中性的货币政策,切实防范化解金融风险,稳妥推进金融改革创新,全面提升金融服务和管理水平,全力支持蕉岭经济加快振兴发展。一年来,各项工作取得新的成绩:支行领导班子连续三年被考核为“好班子”;支行业绩连续三年被中支考核为A等;涌现出广州分行党代会代表、梅州中支“青年岗位能手”等一批先进典型。

【货币政策】 1.加强窗口指导,完善货币信贷政策传导机制。贯彻落实稳健中性的货币政策,引导辖区金融机构围绕党中央的决策部署,调整和优化信贷结构,积极增加信贷有效投入,较好地满足了地方经济发展的资金需求。1月—9月,全县经济总体呈现平稳运行态势,据初步核算,全县实现地区生产总值60.15亿元,比上年同期增长8.1%,增长速度排全市第一位。截至2017年10月末,全县金融机构本外币各项存款余额94.16亿元,同比增长9.92%;本外币各项贷款余额34.49亿元,同比下降4.3%。2.发挥货币政策工具作用,加大对实体经济的支持力度。一是加强存款准备金考核管理。货币信贷管理部门与会计国库股按日考核法人金融机构存款准备金日终余额下限。二是开展中征应收账款质押平台推广工作。协助征信中心人员到广东塔牌集团和油坑集团开展中征应收账款质押平台推广工作,让更多的企业和应收账款参与到融资中来,盘活应收账款存量,提高市场效率,推动应收账款业务创新,解决中小企业融资难问题。三是充分发挥支农再贷款支农作用。修订完善了《中国人民银行蕉岭县支行再贷款审贷小组会工作规则》,继续运用好支农再贷款等货币政策工具,发挥支农再贷款杠杆效应,引导金融资源向“三农”倾斜。截至9月末,支农再贷款额度增加3000万元,累计发放支农再贷款金额0.3亿元。3.农村土地承包经营权抵押贷款试点工作成效显著。3月31日,中国人民银行广州分行李思敏副行长率员督导考察蕉岭县农村土地承包经营权抵押贷款试点工作,提出了明确具体的工作要求。蕉岭县支行以问题为导向,明确目标,补齐短板,积极协调、协助地方政府完善试点工作机制,制订出台实施方案,执行工作联席会议制度和定期报告制度,完善信用和风险补偿机制建设。同时,探索引入第三方担保公司和评估公司建立农地经营权价值评估机制,运用市场机制为金融机构提供专业化的农地承包经营权评估和担保服务,破解农地经营权抵押物价值评估难问题,为试点工作提供经验和模板。截至10月末,累计发放农地抵押贷款314笔,抵押土地1821亩,金额9520万元,余额7120万元。在全省农村承包土地经营权抵押贷款试点中期评估中,蕉岭县获得第一名。4.推进农村金融改革创新,助推脱贫攻坚。蕉岭县支行与蕉岭县金融局联合发文,向县政府申请拨款30万元用于梅州市农村信用信息和融资对接平台项目建设,获得县长的同意批示,为建成农村信用信息和融资对接平台提供有力保障。该平台的建成,将畅通该县农户融资渠道,让信用良好的农户及时得到生产急需的发展资金,实现脱贫致富,真正享受到金融助农实惠。

【金融管理和服务】 1.做好存款保险制度实施工作。按照上级行统一部署,按时完成存款保险保费收缴工作,做好存款保险标识使用的准备工作。同时加强宏观审慎评估,配合上级行对辖区金融机构开展稳健性非现场评估和综合评估工作,引导辖内金融机构依据人民银行的利率政策提高利率定价管理水平。2.加强重点领域金融风险监测和排查。完善信贷风险和交叉性金融风险监测报表,利用地方法人金融机构的风险机制、银行机构信贷风险和交叉性金融风险监测制度、区域重点行业授信风险监测机制等,加强辖区金融风险监测分析,对水泥建材、房地产等重点行业进行监测,就不良贷款情况、行业贷款质量问题等开展调查和分析,及时向上级行和地方政府报告辖区经济金融运行新动态。3.加强国库预算收支管理,确保国库资金安全。一是联合蕉岭县财政局开展国库集中支付业务培训，对全县96家预算单位和4家代理银行业务经办人员近150人进行了培训，有效夯实财税库行会商机制，解答各预算单位的疑难困扰，提高工作质效。二是加强国库监督检查，规范国库经收行为，防范和化解国库资金风险。三是认真做好日常国库会计核算工作。严把预算收入的支拨和退库关，确保预算拨及退库款项依据充分，数据准确，核算及时。至10月末，共办理国库业务287913笔，上解中央预算收入205次，金额28707.04万元，上解省级预算收入205次，金额15321.48万元，上解市级预算收入205次，金额13155.92万元，报解县级预算收入205次，金额80199.57万元，其中一般预算内收入67103.61万元。4.加强支付结算管理，提升支付结算服务水平。一是规范业务操作，做好辖内资金清算的会计集中核算工作。至11月15日止，支行办理ACS核算业务共227笔(不含国库)，差错率为0。二是做好辖区电子商业汇票的推广使用工作和蕉岭县农村信用合作联社介入电票系统的推进工作。三是继续做好助农取款服务点管理工作。优化全县助农取款服务服务点设置，至11月15日止，全县有助农取款服务点142个，累计办理取款10365笔，金额422.6万元，查询5518笔。四是强化支付服务市场监管，打击电信网络诈骗犯罪活动，继续以普惠金融为导向，建立广东省电信网络新型违法犯罪定点监测站15个，组织支付结算宣传活动共25次。五是积极探索优化对公结算账户开立审批流程，推进企业便利性改革的新模式。2017年3月，在梅州辖区率先搭建了“工商登记+金融服务”银政直通服务“专线”。5.金融消费者权益保护工作获肯定。按照上级行2017年金融消费权益保护工作部署，蕉岭县作为县域金融消费权益保护环境评价工作试点县，蕉岭县支行高度重视本次评估试点工作，成立县域试点评估小组，走访政府相关职能部门和金融机构，认真开展评估试点工作。评估试点工作获得上级行、地方政府和相关职能部门对金融消费权益保护工作的充分认可。2017年8月，蕉岭县支行以蕉岭县金融行业协会为平台，牵头主办的“金融行业志愿者金融宣传进社区”项目荣获广东开放大学、广东省金融消费权益保护联合会“金融教育进社区与助力青年创业创新项目”二等奖。6.创建反假货币跨地区工作交流协作机制。一是与人民银行福建武平县支行签订反假货币合作协议，建立反假货币长效机制，筑牢两省交界反假货币防线。二是与武平县支行在两省毗邻乡镇广福镇联合建立跨地区“反假货币协作中心、打击假币犯罪工作中心和反假货币宣传教育中心”授牌仪式。同时，结合“5.15打击和防范经济犯罪宣传日”活动，蕉岭、武平两县的政府办、公安、金融、银行、联社等机构的工作人员共同开展了跨地区反假货币协作宣传活动。“三个中心”的建立将成为闽粤两省加强反假货币跨地区联动，打击制贩假币犯罪活动向纵深延伸的重要抓手。(邓超凡)

2017年中国人民银行蕉岭县支行负责人名录

党组书记、行长：丘志书
党组成员、副行长、纪检组长：王伟胜(4月任职)
王利芳(4月离任)
党组成员、副行长、工会主席：钟超满

中国农业银行股份有限公司蕉岭县支行

【概述】 2017年，蕉岭农行认真落实上级行和县委、县政府工作部署，坚持以中共十九大精神为指导，围绕拨备后利润这一中心目标，紧扣“控险”一个中心、夯实“存款、中收”两项基础的工作目标，以开展“两学一做”学习教育制度化常态化及“春天行动”“平安农行”等活动为契机，及早筹谋，抢抓机遇，内强素质，外树形象，工作抓重点、做亮点，全力以赴抓业务发展，综合竞争力得到显著提升，有力地支持地方经济的发展。至年底各项贷款余额91879万元；本外币存款余额达180338万元，比年初增40372万元；全年实现拨备后利润3894万元，在梅州行内控评价考核中继续保持一类行。

【信贷业务】 该行坚持以支持地方经济发展为己任，在业务考核中突出资产业务重要位置，紧紧围绕县委、县政府经济发展布局，加大信贷资金投放助推蕉岭经济发展，全年累计投放贷款525笔、金额达42678万元。一是由各网点抽调一名业务骨干，与客户部客户经理组成了强有力营销团队，对全行信贷业务统一安排、统一管理，打破了各自单打独斗局面。二是重点拓展优质个人资产业务。该行面对新住房、商铺比前年同期下降的不利局面，加大对蕉岭碧桂园首府、香港花园、保利园、长寿新城楼盘的营销，累计发放个人住房、商铺贷款301笔、12242.2万元，年末审批未发放5000万元、已受理4000多元。三是加大支持蕉岭有发展后劲的优质企业。2017年，该行先后向市场前景好、发展后劲足的广福精细化、宽恒公司和顺安达公司累计发放贷款15425万元。特别是支持蕉岭县飞扬机电有限公司，新投放445万元支持公司扩大经营，有效地解决了流动资金不足的困难。通过加大信贷投放力度，有力地支持了县域经济的发展，巩固和发展了一批值得信赖的优良客户，为自身经营发展和蕉岭经济腾飞注入源源不断动力，得到县党政领导和客户高度赞誉。

【网点建设】 该行着力打造"客户满意银行"的品牌形象，年初就制定了规范服务的目标要求，召开专题会议研究加强网点转型措施和办法，以支行营业部为网点管理规范化试点单位，指定客户部负责零售业务的高级专员专门负责推广和落实。一是以网点规范服务导入为抓手。开展文明服务标准导入，以网点为单位进行服务礼仪、用语、物品摆放到营销技巧进行"一对一"的示范培训，要求网点大堂经理、柜员、客户经理逐个过关。二是全面开展网点压高转岗工作，通过转变观念、加强领导、强化责任等措施，持续推进"机器解放人"，充分发挥机器分流作用，使辖属三个网点空间布局合理，优化劳动动态组合，增强了网点核心竞争力。目前，全辖网点13个柜员压缩至7个，进一步夯实营销队伍力量。三是强化全员技能训练，提升综合素质，支行多次举办柜员业务技能的培训、测试和竞赛及岗位技能考试，对取得好名次的给予表扬和相应的绩效奖励，鼓励员工自觉提高业务技能。四是加大对服务意识、质量督导的力度。对各季度省市行门市服务检查通报中被扣分的员工，责成限期改正并扣罚相应的绩效工资，对连续扣分的员工由客户部经理、网点负责人和主管行长诫勉谈话，三次以上者年终考评不能在称职以上。通过有效管理方式，辖属网点服务质量、意识和水平均有很大的提高，深受当地党政和社会各界好评。

【内部管理】 一是完善和制订了《中国农业银行蕉岭县支行2017年"三化三铁"考评及部门尽职监督检查实施方案》等多项劳动竞赛考核办法和内部管理规定，建立了部门自律监管制度，规范操作规程，特别是加强业务一线的自身监督。二是加强业务部门自律监督，结合银监部门和上级行关于开展夯实"双基"、强化案防、市场乱象整治、"违法、违规、违章"行为专项治理工作活动要求，定期或不定期对所辖营业网点进行检查，检查面100%，特别是加强信贷、运营、个人业务、门市规范化服务、操作风险排查、反洗钱、人民币反假、"四项制度"执行、内控评价等业务的检查，对检查结果及时进行通报，有效地纠正了违章操作的行为，切实提高内控合规能力。三是行领导带头深入基层，调查研究，定期和不定期参加网点班前会、支部扩大会、跟班学习和调阅监控录像，及时了解掌握网点党建业务工作和内控管理情况。四是坚持以"合规文化建设"为指导，扎实开展

营业机构 “三化三铁”“三化三达标”“平安农行”建设推进工作,通过采取注重教育、健全工作机制、强化监督检查等方式,圆满完成综治与平安建设、运营等各项工作任务,实现内部管理与业务发展齐头并进, 取得显著成效,内控评价综合自评得分 95.74 分(一类 B 级行)、继续保持一类行标准;辖属蕉城支行 2017 年被省行评为“三化三达标”单位、城南支行被市分行推荐申报 2017 年总行“三铁”单位。

【干部选拔工作】 坚持贯彻执行党的干部路线方针政策和农业银行有关制度办法,以习近平总书记提出的“信念坚定、为民服务、勤政务实、敢于担当、清正廉洁”的好干部标准准则为指导,坚持党管干部的原则,严格执行《干部选拔任用工作条例》,强化管理和监督,认真做好干部选拔和任用工作。按干部管理权限,经过民主测评、组织考察、任前公示、党委研究、报批等程序,2017 年度该行任用中层干部 5 人次,其中新提拔使用 3 人、平级调任 2 人, 为业务发展提供有力人才支撑。

【党建和廉政建设工作】 一是扎实开展学习贯彻落实十九大精神、“两学一做”学习教育等活动。积极开展以“学党章党规,学系列讲话,做合格党员”为主题学习教育,通过有计划、有步骤抓好各个阶段、各个环节规定动作,扎实推进“两学一做”学习教育常态化,党员先进性得到提升。支行党委班子坚持从实际出发、先公后私,不怕困难、勇于担当,善于化解矛盾、解决业务发展中碰到的各种问题。二是日常工作中严格执行“八项规定”、坚决反对“四风”,党委班子率先垂范,高标准、严要求执行党的纪律和廉政建设各项规定,干部使用、财务开支、贷款受理严格执行制度规定,不合标准的人不提拔、不合理的钱不花、不踏实的贷款不放。三是坚持党委中心组和支部“三会一课”制度,班子成员通过为全体员工上党课,廉政教育讲座等形式,讲人生、讲工作、讲奉献,充分发挥党组织战斗堡垒和党员先锋模范作用。四是认真抓好党委主体责任、纪委监督责任和“三线一网格式”管理工作,落实党委、支部既要管业务,又要管人、管作风的一岗双责,要求部门、网点负责人既要管员工八小时以内,又要了解网格内员工八小时以外。坚持定期上门层级家访制度,既掌握了员工思想、又了解家庭情况,更能让员工感受到被行领导和管理层重视、关怀。五是严格执行党和国家及农业银行的各项保密制度, 认真落实保密工作责任制,实现全年无泄密、失密、窃密等事故。

(朱铭新)

2017 年中国农业银行股份有限公司蕉岭县支行负责人名录

党委书记、行长:张锐平

党委委员、副行长:郭再生　朱怀习(4 月任职)

党委委员、纪委书记:朱钦州

蕉岭县农村信用合作联社

【概况】 蕉岭县农村信用合作联社(下称:蕉岭联社)内设 10 个部室,下辖营业网点 19 个,在职员工 201 人。截至 2017 年末,蕉岭联社各项存款余额 26.50 亿元,各项贷款余额 12.60亿元,其中涉农贷款余额 11.80 亿元,存、贷款余额和市场占有率均位居全县金融机构首位; 财务收入持续增长, 全年实现财务收入 17349万元,经营利润 8144 万元,直接创造税收 2143万元。

【党建工作和企业文化建设】 持续强化党的建设,深入贯彻学习党的十九大精神和习近平新时代中国特色社会主义思想,全面落实“三会一课”学习制度,认真履行“一岗双责”、党委书记带头上党课等主体责任,切实提高党员干部的先锋模范作用。持续推进企业文化建设,积极开展反假币、反洗钱、普惠金融等主题活动和“3·15”金融消费者权益日、打击涉众型经济犯罪宣传日等主题日宣传活动，并冠名赞助“中国新歌声”和“网络春晚”活动，树立良好的社会形象。

【改制农商行】 按照省委省政府全面加快组建农村商业银行工作的统一部署，至2018年底，全省农信社全部完成改制农商行。2017年9月，蕉岭联社内部成立农商行改制领导小组，2017年12月，蕉岭县政府成立广东蕉岭农村商业银行股份有限公司筹建工作小组。在县委县政府的指导下，蕉岭联社积极开展股金清理、清产核资、不良贷款压降等筹建农商行相关工作，各项改制工作有序推进，确保按时按质完成筹建农商行工作任务。

【服务“三农”和中小微企业】 围绕“回归三农、植根县域、做大零售”的总基调，不断加大“三农”和中小微企业贷款的有效投放，全力支持县域经济发展。截至2017年末，涉农贷款余额11.80亿元，占各项贷款余额的93.66%；中小微企业贷款余额7.98亿元，占各项贷款余额的63.35%，进一步巩固农村金融主力军地位。

【产品和业务创新】 针对广大客户的多元化需求，积极转变观念，成功推出首款非保本型理财产品“金摇篮—安盈系列”，填补理财业务空缺；创新推出“地权宝”“精英、教师、商赢卡贷三宝”“随薪贷”等特色消费信贷产品；结合中小微企业抵押担保不足，以税收贡献来核定评估确定对中小微企业的信贷扶持力度，创新推出“税银通”信贷产品，满足中小微企业的信贷需求。

【网点转型升级和信息化建设】 开展以区域特色为抓手，推动“网格化”营销发展转型、采取“去繁从简”和“自我复制”方式，大力推动网点转型工作，创新推行“弹性排班”，充实理财经理和大堂经理队伍，为广大客户提供更加全面优质的差异化服务。同时加强信息化建设，上线优化广东金融结算服务系统功能模块优化、广东省财税库行联网系统（省ETS）优化、第二代国库信息处理系统优化（二代TIPS系统）等七个业务项目，并推广中国票据交易系统、广东省票据信息集中管理系统、银企对账管理系统和新省版公积金业务系统等四个新增业务品种。

【风险防控】 加强内部风险管控，以“严查严防”为基本要求，组织开展“三违反”“三套利”“四不当”“十大乱象”等专项检查工作，建立完善的整改台账，明确责任，并定期不定期开展“回头看”检查工作。强力清收不良贷款，制定“一户一策”的清收措施，采取联合清收、内外打包清收和创新推出以淘宝网络司法拍卖处置不良贷款抵押品的方式清收不良贷款，截至2017年末，不良贷款占比2.57%，比年初下降0.17个百分点。全面提升安防能力，进一步加强安保队伍建设和安防资金投入，组织枪支性能、结构讲解及操作使用、装拆，实弹射击等学习培训，提高安保队伍的整体素质。同时，对基层网点加装金库、异地值守操作系统和柜员机外墙钢板，提高安全防护硬件设施标准。通过“查、防、训”的措施，实现了全年安全无事故。

（廖俊捷）

2017年蕉岭县农村信用合作联社负责人名录

党委书记、理事长：张　信（2月任职）
　　　　　　　　　何镇新（2月离任）
党委副书记、主任：张　明（2月任职）
　　　　　　　　　谢纪文（2月离任）
纪委书记：杨新亮（10月任职）
　　　　　罗载新（10月离任）
党委委员副主任：朱志刚　李锡权

中国建设银行股份有限公司蕉岭支行

【概述】 2017年,建设银行蕉岭支行在县委、县政府及市分行党委的正确领导下,认真贯彻落实县委、县政府的工作会议精神,紧紧围绕省、市分行提出的"转型发展、创新驱动、合规保障"总体指导思想和目标,强化风险管理,做好营销拓展,将网点综合化建设贯穿整个业务经营过程,强化经营管理,增强营销能力,提高工作效率和服务质量,提升市场综合竞争能力,完成了全年各项业务指标,实现了合规平安年的目标。至年末,梅州市分行蕉岭支行全口径存款余额20.1亿元,比年初新增2.41亿元,新增市场占比39.40%,新增三大行排名第二位;一般性存款余额17.03亿元,比年初新增2.41亿元,新增市场占比16.5%,新增三大行排第二位。各项贷款余额7.06亿元,三行占比34.78%,排第二位,比年初新增2.57亿元,新增市场占比428.24%,新增三大行排名第一位。实现税前利润3932万元,实现中间业务净收入461万元,完成跨境人民币结算量5205万元,完成国际结算量1227万美元。不良贷款余额65万元,不良贷款率0.0017%。

【开展党的群众路线教育,抓好中共十九大精神的学习贯彻】 一是在10月18日,支行组织支委成员,各党小组长收看中共十九大开幕式直播,认真聆听习近平总书记所作的十九大报告。二是在10月24日,支行召开支委扩大会议,专题学习习近平总书记的报告及十九大会议精神。牢固树立政治意识、大局意识、核心意识、看齐意识,坚决维护以习近平总书记为核心的党中央权威和集中统一领导,不断把学习宣传贯彻十九大精神引向深入。三是在11月30日,支行与县人民银行开展党员共建活动,组织全体党员到蕉岭县第一个成立党支部的革命老区,固本强基工程镇级示范村—九岭村参观学习。重温入党誓词,听取十九大代表、三圳九岭村党支部书记徐文坚同志讲述作为一名基层党代表参加十九大的感受。四是严格落实"一岗双责",担负起全面从严治党主体责任,把党的领导落到实处,严格执行和维护党的"六大纪律",确保支行领导班子成员不发生违反党纪问题,不发生严重违反党纪问题,严格执行改进作风各项规定,确保不发生严重违反中央八项规定精神、总行党委"十项要求"及省分行党委"二十六条要求"的问题。

【银行业金融精准扶贫工作】 根据县委、县政府关于精准扶贫工作的安排部署,蕉岭支行驻村帮扶的联系村是广福镇豪岭村。扶贫工作开展以来,坚持把精准扶贫工作作为2017年工作的重中之重,统一思想认识,强化组织领导,按照精准扶贫、精准脱贫的要求,全面动员,迅速行动,深入贫困村户走访调研,制定帮扶措施,狠抓工作落实,确保各项工作顺利开展、有序推进。一是精准摸底。挂钩帮扶干部深入到村民小组,走家串户,摸清每家每户的详细情况、贫穷现状、对20户贫困户致贫原因进行详细分类,为工作开展奠定基础。二是节日慰问送温暖、精准扶贫暖人心,春节前,组织人员到挂钩村走访慰问生活困难党员、低保户、五保户,并送上慰问金和慰问物品,同时蕉岭支行向上级行申请捐赠资金2万元,帮助豪岭村完成灾后附属排水系统工程。三是支行党支部积极协助挂钩村做好村"两委"换届选举工作,支行挂钩帮扶干部配合当地镇党委、政府,确保换届选举工作顺利开展,做到换届和其他各项工作两不误,在规定时间内,支行挂钩的广福镇豪岭村"两委"换届选举投票工作顺利完成。

【基层机构合规管理工作】 为全面落实省分行"争先进位"和"合规是第一保障"的工作要求,以"价值创造"为核心,深化巩固合规管理基础,全面加强基层机构合规管理,实现“合规建行、平安建行”的管理目标。支行根据省分行《2017 年“合规平安年”工作方案》及市分行制定的《2017 年“合规平安年”工作实施细则》,深刻剖析潮州案件和发生在分行的违规案例通报,查找经营管理漏洞,继续开展“合规平安年”工作,落实全面从严治党、从严治行的客观要求。参与“警示教育”和“三线”教育活动。组织员工观看《不可逾越的底线》《不可触碰的红线》等警示教育片,开展“不越监管底线、不踩规章红线、不碰违法违规高压线”的专题教育活动,明确员工行为的正面清单和负面清单,指出违规所带来的后果,指导员工的日常行为,加强合规文化建设开展。提出具体的“人人合规、事事合规、时时合规”的活动口号,为2017 年“合规平安年”各项活动的开展营造了良好的氛围,今年利用下企业、进学校、社区等场所,开展 12 次内容多样化的宣传活动,参与员工达 80 人次。

【推动业务发展 支持县域经济建设】 一是在2017 年 3 月,蕉岭建行与工商局签订《商事登记服务合作协议》,系全市首个无偿为企业代办工商登记服务的先行试点窗口,率先在全市范围正式推行政银合作模式,推进工商注册登记便利化。自开办业务以来,蕉岭支行营业室已为企业代办工商营业执照约 150 份,实现了企业、工商及银行多方共赢。对于创业者而言,可以在银行网点享受“一站式”代办工商登记服务,即时办理单位结算账户,免去来回奔走办事难等情况。建行将为下一步电子营业执照推进七证合一做好准备工作。二是在 2017 年10 月利用科技金融手段,免费服务蕉岭县人民医院,实现县医院电子信息化建设,进一步扩大科技金融工作成果与县医院电子信息化建设进行全方位业务合作,并签订全面金融服务合作协议,新增授信额度 5000 万元,同时积极支持地方公益基础建设,免费提供 100 多万元的先进设备,与蕉岭县人民医院合作签订“银医一卡通”服务协议,启动银医通系统正常运行,将挂号、缴费、打印检查报告进行自助化,同时兼容多家银行卡和社保卡缴费优势,满足城乡居民日益不断提升的医疗服务需求

【加强服务建设,提升服务质量和服务效率】

支行坚持贯彻落实“以客户为中心”的理念,抓好网点服务文化建设和金融服务设施建设。一是蕉岭支行是唯一实现公积金自助转账还贷功能的银行,该功能的实施,减轻了借款人还款压力,优化了公积金贷款户支取公积金还款的流程。二是推进自助银行建设配置,为更好改善服务环境硬件项目,共增加塔牌大厦、县人民医院、洋臣工业园区三个离行式自助服务区,配置有自助银行,共有 18 台 ATM机,方便服务群众。三是打造智能科技、效率优先、人文服务理念,在网点配置智能化一体机共 7 台,拓展多渠道服务水平,让民众体验科技先进带来的服务效率,同时抓好网上银行、手机银行、电话银行等电子服务平台建设,拓展渠道服务,提高网点硬件设施配置,树立良好的金融窗口服务形象,将服务终端延伸,为客户提供高效、方便、安全的现代化金融服务。四是认真落实便民、利民措施。支行每个网点配置了万能充电器、小药箱、取款袋、大门口放置防滑垫、防滑提示牌、雨伞架等、张贴安全防范提示等便民服务设施,对特殊群体设置专窗服务,上门服务,充分展示建行服务贴心、人性化理念。五是注重行风建设,以围绕行风评议提出的意见和建议为重点,对意见和建议认真落实整改,做到不断完善,不断提高,精神面貌不断改变,切实转变工作作风,在民主评议行风建设中取得好成绩。

【加强营销,推动业务持续发展】 一是支行推出“小微快贷”和“云税贷”产品,支持实体经济、发展普惠金融,破解小企业“融资难、融资贵”,丰富小微企业金融服务方式和内容,提升小微企业金融服务质量,推进普惠金融发展。

截至2017年12月末，支行已营销20家小微企业并成功支用贷款210万元，普惠金融新增5户，投放额度达920万元。二是加大中小企业扶持力度，助推县域经济发展。针对中小企业因抵押资产、企业规范经营等因素造成借款、融资难等问题，支行想方设法为县域中小企业扩宽融资渠道，解决中小企业生产发展资金缺口，推出云税、税易贷、善融贷、龙信贷、普惠金融、房押快贷等，项目贷款以企业纳税和诚信经营所取得，免抵押由系统生成，满足企业融资需求，解决企业办理贷款业务繁杂、时间长等手续问题，由客户自行支用，随借随还。据统计，对全县如蕉岭县洋臣木制品、广东固特、广福建材、广东宏基新材料有限公司等重点扶持的招商引资、出口外贸中小企业，共计发放236笔，有效解决中小企业融资需求，积极推动县域经济发展。三是为广东宏基新材料有限公司授信2000万元，保障企业经营运转正常；为蕉岭县洋臣木制品有限公司新增授信额度达5亿元，该企业是全市各级政府大力支持的企业，发展前景向好且经济效益显著。为广东固特超声股份有限公司，授信2000万元，广福建材(蕉岭)精化有限公司授信5000万元。同时为上述四家企业积极申报技改项目贷款，累计金额达3亿元，为蕉岭碧桂园长潭项目授信房地产开发贷3.5亿元。 (陈伟剑)

2017年中国建设银行股份有限公司蕉岭支行负责人名录

行　长：陈增钦
副行长：傅林平(2月任职)

中国工商银行股份有限公司蕉岭县支公司

【概述】 中国工商银行蕉岭支行2017年面对更加复杂多变的宏观形势和日益激烈的同业竞争，突出质量效益，强化转型发展，深化细化“四大标杆”，突出以市场为导向、以客户为中心、以创新为驱动，践行“四大理念”，结合经营实际，提高联动能力和执行能力，提升市场营销能力、品牌影响能力、客户服务能力、风险掌控能力和保障支付能力，班子成员带领全行员工，加强各项管理，积极发展各项业务，开创工作新局面，努力实现“争先进位上台阶、提质增效创一流”目标。

【负债业务】 至年末，人民币各项存款余额(不含同业)68886万元，比年初减少3894万元，其中储蓄存款余额34398万元，比年初减少2637万元、对公存款余额34261万元，比年初减少1249万元，机构存款余额18134万元，比年初增加4799万元，公司存款16126万元，比年初减少6048万元。

【资产业务】 各项贷款余额40594万元，比年初增加4213万元，公司贷款余额3594万元，比年初减少2777万元，其中小企业贷款余额35941万元，比年初减少2777万元，个人贷款余额为37000万元，比年初增加6991万元,其中个人住房贷款余额14635万元，比年初增加3791万元，个人消费贷款余额14697万元，比年初增加3866万元，个人经营贷款余额为7668万元，比年初减少666万元。

【服务工作】 面对金融业竞争日趋激烈的环境，中国工商银行蕉岭支行把服务工作当作一项重要任务来抓，一是加强员工思想教育，教育员工牢固树立客户就是上帝、服务出效益的经营理念；二是提高服务质量，把方便客户，让客户满意作为服务工作的宗旨；三是做好业务分流工作，充分利用银行自助设备，引导客户能够在自助设备上办理的业务在自助设备上办理，减轻柜面业务压力，业务可分流率呈现逐步下降趋势。

【内部管理】 通过开展专项整治违反中央八项规定精神和“四风”问题,准确把握党风建设和反腐败形势,切实担当起全面从严治党、从严治行的主体责任和监督责任。抓住制度办法这个根本,进一步促进作风建设常态化、长效化。突出抓好重点领域、重点环节的专项整治,引导全行正确处理好“公和私”“内和外”的关系,坚持做到公私分明、克己奉公。严格落实执行各项规章制度,内部管理工作得到进一步加强,各项业务工作健康发展,支行内控评价被评定为一级。 (丘文生)

2017年中国工商银行股份有限公司蕉岭支行负责人名录

行长、党支部书记:邓卫军
行长助理:罗新权
内控主管:丘文生

中国人寿保险股份有限公司蕉岭县支公司

【概述】 中国人寿蕉岭县支公司是中国人寿的分支机构,下辖11个营销服务部,共有从业人员500多人,秉持“专业、真诚、感动、超越”的服务理念,依托覆盖城乡的服务网络,致力于为社会最广泛的大众提供优质的保险产品和提供全方位、多层次服务,2017年公司积极开展各项工作,取得了新进步,确保了在蕉岭寿险市场的领先地位。

【业务发展】 2017年,遵循总公司“重价值、强队伍、优结构、稳增长、防风险”的经营方针,坚持“保险业姓保”,转变思想观念,抢抓机遇,把握工作重点,业务持续增长。全年实现总保费收入8235万元,同比增长14.6%,上缴地方税收130万元,为公司快速健康发展奠定坚实基础。

【风险防控】 一是满期给付平稳推进。2017年公司全年给付各类保险金5260万元,其中处理理赔赔付610万元,客户满意度有所提升,未发生因满期给付相关问题引发的群体性突发事件。二是加强风险防范。定期召开案件风险防范会议,大力整治“五虚”问题,认真开展“治乱打非”工作,全面防范反洗钱、销售误导、违规宣传、非法集资等风险。

【党建工作】 一是落实“两学一做”学习教育。深入推进“两学一做”学习教育常态化、制度化,全面落实党支部“三会一课”制度,扎实开展“不忘初心、牢记使命”主题教育,以党的建设统领一切,坚决执行八项规定精神,坚决遏制“四风”反弹。二是学习宣传贯彻中共十九大精神。组织全员收听收看十九大报告直播,广泛开展专题研讨、集中学习、心得撰写、培训辅导、专栏宣传等多种形式的学习宣传,同时用十九大精神武装头脑,指导实践,将新时代思想内化于心、外化于形,推动公司经营管理再上新平台。 (钟丽娟)

2017年中国人寿保险股份有限公司蕉岭县支公司负责人名录

总 经 理:刘东彬(3月离任)
总经理助理:林荣春(3月起主持全面工作)
钟玉珠(3月任职)

中国人民财产保险股份有限公司蕉岭支公司

【概述】 中国人民财产保险公司股份有限公司蕉岭支公司主要经营范围:企业财产保险、家庭财产保险、货物运输保险、产品质量保险、各种责任保险、人身意外伤害保险、农村个人建房综合险及能繁母猪养殖保险、林木火灾保险等政策性保险。2017年全面完成各项任务指标，公司共实现保费收入5858万元，同比增长13.96%；实现利润1138万元，同比增长14%，其中车险保费收入3621万元，同比增长23%，实现车险利润212万元，同比增长-70%，车险赔付率57.8%，同比上升15.2%；非车险保费收入1832万元，同比增长9%，实现非车险利润615万元，同比增长55%，非车险赔付率21.9%，同比下降11.1%。

【保险业务质量建设】 在巩固制度体系建设各项成果的基础上，继续加强和落实业务管控措施，使公司保险业务质量有了实质性的好转。

【开拓市场，产品创新】 面对外部市场迅速发展的新形势，公司在分析总结制度体系建设成果的基础上，调整了经营策略，一方面继续加强业务管控的各项措施，另一方面加大市场开拓的力度，是公司业务发展不断提升。

【服务质量和服务水平】 进一步强化服务体系建设，从战略高度加深对服务的认识，通过明确服务内容、服务标准、具体措施、组织架构、职能职责定位和考核办法，建立具有人保特色的服务体系。公司以满足客户最迫切的需要为目标，以快速理赔服务为切入点，全面营造车险客户服务体系，提出“快速理赔”的理念。小额车损速赔缩短了理赔流程，简化了单证，公司现有计算机快速定损软件系统，GPS技术的查勘调度系统，实现远程核赔定损，提升了车险管理的技术含量。

【农业保险】 商业非车险持续快速发展。支公司积极加强政府业务开拓，成功续保自然灾害公众责任险。2017年，支公司在成功中标食责险、校园方责任险、精神障碍责任险和农险等一系列大项目业务。

【企业文化建设】 在战略研究和企业文化建设方面，公司坚持加强职工队伍建设，注重建设具有特色的企业文化，组织险种推荐、争先创优等活动，充分调动员工积极性，促进公司领导与员工间的交流与沟通的同时，树立了良好的社会形象。在党建工作方面，党建工作不断加强，公司党支部认真组织党员学习党的十九大精神，立足党员队伍建设和教育管理，发挥党员的带头模范作用，加强党的基层组织建设，为各项工作的顺利开展提供了组织保证。结合员工的要求，组织各种各样的文体活动，活跃了公司文化生活。 （王国雄）

2017年人保财险蕉岭支公司领导名单

经理、党支部书记：林文贵

副经理：林文丽

林和成（2月任职）

经理助理：林和成（2月离任） 钟雅菲

林敏（2月任职）

经 济 管 理

发展改革及物价工作

【简述】 2017 年是中共十九大召开之年。一年来,该局深入贯彻落实中共十八届五中、六中全会精神、认真学习贯彻中共十九大精神,习近平总书记系列重要讲话精神,以及省委、市委、县委全会和县党代会精神,以振兴发展为主线,认真落实原中央苏区和粤东西北地区振兴发展两大政策,全力推进"三大抓手"、生态环境和民生建设,发挥发改部门的职能作用,各项工作均取得良好进展。

【重点项目】 聚焦交通基础设施建设、重大平台建设、城市提质扩容、实体经济、重点民生工程五大领域,着力抓好项目的谋划建设。2017 年全县列入市重点建设项目 13 宗, 其中续建项目 8 宗,新建项目 5 宗,总投资 123.88 亿元,本年度计划投资 35.98 亿元。2017 年县重点建设项目 38 宗,其中续建项目 16 宗,新建项目 22 宗, 总投资 162.94 亿元,2017 年计划投资 45.64 亿元。

【项目审批】 做好"一站式一网式"行政审批工作,对发改局的行政职权事项进行了梳理清理,办理核准、审批、备案 452 宗(其中:备案 55 宗,总投资 35.7 亿元),项目总投资 75.7 亿元。

【项目稽察】 按照国家基本建设程序和有关法律法规的要求,进一步加强政府投资项目的程序管理和"四制"管理,开展了项目开工情况、存量资金情况自查,加强了项目监管的过程管理。全面完成全县 2013 年、2014 年两年度的中央和省级政府投资 46 个项目专项稽察,至 2017 年末,有 43 个项目已完工,有 3 个项目暂未完工;启动 2015 年、2016 年、2017 年三年 19 个项目建设的稽察。至年底,有 16 个项目已完工,有 3 个项目暂未完工。同时,从 2017 年开始,对出台的政策和文件进行公平竞争审查和内部控制审查,营造良好的营商环境。

【PPP 项目】 争取国家和省 2017 年专项建设基金,积极加强与国开行、农发行等政策性银行和商业性银行的对接,多渠道解决项目建设资金不足的难题。创新 PPP 推进模式,策划、打包和推进一批城乡环境改善、环保基础设施、公共服务 PPP 项目,力争纳入国家和省 PPP 项目库。做好城镇生活污水处理设施全县捆绑 PPP 项目申报中央预算内投资资金工作。该项目总投资 23073 万元, 申请中央预算内投资 6922 万元。至年底,已争取下达中央资金 100 万元专项用于支持项目的评价论证咨询、实施方案编制、招标文件起草、合同文本拟定、财务顾问和资产评估等工作。

【事业单位和国有企业车改】 依据《中共广东省委办公厅 广东省人民政府办公厅关于推进全省事业单位和国有企业公务用车制度改革工作的通知》(粤委办〔2016〕85 号)和《中共梅州市委办公室、梅州市人民政府办公室关于推进全市事业单位和国有企业公务用车制度改革工作的通知》(梅市办〔2017〕12 号)精神,做好全县事业单位和国有企业车改工作。至年底,事业单位237个(45个主管部门),车辆有139辆(含县林业局下拨至各镇林业8辆森防车辆),保留123辆,取消16辆。参改人员4616人。国有企业单位10个,车辆4辆,保留2辆,取消2辆。参改人员有162人。

【社会信用体系建设】 按照省委省政府决策部署,大力推进以“社会信用体系建设和市场监管体系建设”为主要内容的“两建”工作。认真贯彻落实省委省政府《关于印发〈广东省建设社会信用体系工作方案〉和〈广东省建设市场监管体系工作方案〉的通知》建立健全机制,扎实推进社会信用体系建设,重点是做好双公示工作的及时推送,取得了实效。

【创建特色小镇意向申报】 根据《梅州市发展和改革局关于转发广东省发展改革委关于做好全省特色小镇创建示范工作的通知》文件精神,虚心向市局相关业务部门请教并指导好各镇做好相关申报工作。据综合汇总:三圳镇创建申报富硒产业特色小镇、新铺镇创建申报运动休闲小镇、长潭镇创建大健康养生旅游特色小镇。

【新能源汽车】 按照上级文件要求与交管总站、公安车管所、汽车运输公司等部门沟通联系,汇总调查上报情况。全县发展情况:供电局2016年底投入30万元在蕉城营业厅建设分散式公共充电桩2个;2017年8月梅州市粤运汽车运输有限公司蕉岭城乡运输公司在蕉岭红炭公路养护中心投资330万元,建设38个充电桩,购买20辆新能源公交车。

【国防动员潜力数据调查】 根据国家国动委统一部署,为加紧做好军事斗争动员准备,全面掌握全国国防动员潜力资源相关情况,在各相关单位的紧密配合下,按时完成国防动员潜力数据调查统计工作。

【收费管理】 依法依规执行政府定价及政府指导价的管理,调整污水处理收费标准同时简化污水处理收费类别;调整蕉岭县城区管道天然气价格和实施居民生活用气阶梯价格制度,建立价格联动机制;制定全县城乡公交一体化票价。城区统一票价为2元。

【价格认证】 2017年共受理涉案评估74宗,涉案金额1581.51万元,其中行政案件13宗,涉案金额1.67万元,刑事案件52宗,涉案金额1579.84万元,其他案件9宗。

【价格监督检查】 按照省市发改部门开展了食盐价格、商品房价格、殡葬服务收费、春运客运票价、成品油等专项检查。联合与县食药局、县工商质监局开展老年人“保健品”专项整治。同时,开展了春节、元宵、国庆、中秋节日旅游市场、酒店、餐饮价格监管。据统计,2017年,共出动检查人员23人次,检查12个单位部门。完成了上级布置的各项检查任务,各单位收费较为规范,没有发现价格违法案件,维护了法规政策的严肃性。

【价格信访】 做好“12358”平台和“12345”政府热线投诉工作。2017年接到来访、来电、网络和政府转交“梅州民声”、梅州市“12345”政府热线、梅州“民心网”、市发改局在全国价格举报处理平台等投诉转办件,天然气阶梯式收费问题、碧桂园小区物业停车场管理费收费问题、房管部门收费、天然气安装收费、事故车拖车费、景点停车场收费、驾校科目二科目三单次补考费用等咨询、价格争议调解、、自来水厂装表收费问题等共28宗。发改局按照规章制度以及各项文件精神进行耐心答复,群众满意,办结率100%。

【精准扶贫】 按照省、市扶贫开发工作部署,新时期精准扶贫精准脱贫三年攻坚已于上年5月启动,指派一人专门负责扶贫挂钩点三圳镇招福村的扶贫联络工作,确定的46户贫困户已落实帮扶人员,全部建档立卡并制订了帮扶计划, 其中有劳动力的11户贫困户均已明确了脱贫时间。依时上报工作情况,同时完善好帮扶信息。县、镇、村三级帮扶干部按照精准扶贫工作要求帮助帮扶对象落实各项帮扶计划,发改局也筹措了14000多元帮扶资金支持扶贫挂钩点的46户贫困户发展生产, 做到责任到人、责任到户。 (赖来生)

2017年县发展和改革局负责人名录

党组书记 局长:丘 伟

党组成员 副局长:徐达新 黄伟忠 赖伟华

饶春雁(女,10月挂任)

审 计

【概述】 2017年,县审计局在县委、县政府和上级审计机关直接领导下,以习近平新时代中国特色社会主义思想为指导,坚持"围绕中心,服务大局;发现问题,完善机制;依法审计,秉公用权"的基本原则,扎实推进全省审计机关人财物统一改革, 全面依法履行审计监督职责,大力推进审计全覆盖,充分发挥审计在国家治理中的基石和重要保障作用。据统计,2017年共计完成审计(调查)项目34个,比上年增加5个,增长17%。查出违规金额7.58万元,管理不规范金额68311.85万元,固定资产补入账金额156.26万元,审减工程结算定案价24.22万元。向上级审计机关及县委、县政府提交审计结果报告、信息、专题共25篇,提出审计建议65条。

【财政审计】 县审计局对本级预算执行和部门预算执行审计重点是: 以规范预算管理、推动财政体制改革、促进建立公共财政体系、保障财政安全、提高财政绩效水平为目标,坚持"揭露问题、规范管理、促进改革、提高绩效"的审计思路,以预算执行的真实性、完整性为重点,同时关注地方政府负债情况,防范财政风险,促进规范地方财政管理,推动完善财政管理体制。据统计,2017年对2016年度本级预算执行和其他财政收支、7个单位的2016年度部门预算执行和其他财政收支情况进行审计。查出管理不规范资金36739.42万元,固定资产应补入账金额4.05万元,非金额计量问题8个。

【经济责任审计】 县审计局对经济责任审计重点是:审查内部控制,资金拨付、基本支出、项目支出、非税收入征缴、国有资产管理等,围绕中央八项规定精神和国务院 "约法三章"要求,加强"三公"经费、会议费使用和楼堂馆所建设等方面审计, 促进厉行节约和规范管理,揭示和反映普遍性、规律性问题,推动俭朴政府建设。据统计,2017年共对22个单位的22名领导干部经济责任进行了审计,查出违规资金7.58万元,管理不规范资金31546.85万元,应补入账金额152.21万元, 非金额计量问题22个。审计查出主要问题有:非税收入未严格执行 "收支两条线"管理规定,应缴未缴财政;会计核算不规范;固定资产管理不规范;现金管理不规范等。对审计查出的问题,有针对性地提出了审计意见和建议41条, 得到党政领导干部个人和被审计单位的重视,迅速得到整改落实,收到了良好效果。

【专项资金审计】 县审计局对专项资金和重点民生资金审计重点是:关注党委政府、人民群众关心的热点问题,以关系人民群众切身利益的项目资金为切入点。一是关注专项资金管理的规范性。二是关注资金运行的安全性。三是关注资金使用的成效性。2017年,一是对蕉岭县高效水产养殖机械化示范场专项资金40万元进行了审计。从审计情况看,农业机械化发展专项(渔业类)资金能够按照相关规定实行专账核算, 各项支出的审批手续基本齐备。但存在养殖场排灌系统及设备改造9.5万元未送县财政局投资审核中心审核的情况。二是对我县2014年度蕉城镇、南磜镇两个高标准基本农田建设财务收支进行了审计,审计结果表明,2014年度蕉岭县蕉城镇、南磜镇等2个高标准基本农田建设项目的资金拨付、支出手续基本完整。但存在项目业主管理费扩大支出范围、项目设计费由县国土资源局直接支付给作业单位、项目设计费未按合同约定方式支付的现象,涉及金额13538元。

【重要纪事】 8月17日,中共蕉岭县委发电《关于设立中共蕉岭县审计局党组的通知》(蕉委明电〔2017〕78号),中共蕉岭县委决定设中共蕉岭县审计局党组,核定党组成员5人,其中党组书记1人。 (吴春辉)

2017年县审计局负责人名录

局　长:林小琼(女,9月任职)
江　斌(9月离任)
副局长:张莉芬(女)　王良文
张秀红(女,12月任职)
总审计师:钟伟荣

统　计

2017年,县统计局全面贯彻中共十九大精神,以习近平新时代中国特色社会主义思想为指导,深入贯彻习近平总书记重要讲话精神,紧紧围绕县委、县政府建设"一城两业三组团"工作部署,以提高统计能力、提高统计数据质量、提高统计公信力为目标,充分发挥统计信息、咨询、监督的整体功能,为建设"世界寿乡·富美蕉岭"提供统计保障。

一、从严从实加强党建工作

坚持党管统计,切实把党建工作与统计工作同部署、同推进、同检查。一是深入学习中共十九大精神。组织全局党员干部认真学习中共十九大报告并开展专题讨论,撰写学习心得。二是扎实开展"两学一做"常态化学习教育。组织党员干部认真学习党章、党规和习近平总书记系列重要讲话精神,切实增强"四个意识",坚定"四个自信"。三是开展重温入党誓词活动。组织全体党员到大埔三河坝战役纪念馆参观学习,重温入党誓词,强化党员意识,增强党性观念。四是切实加强党风廉政建设。结合全县机关作风整治,重点整治统计队伍中存在的"弱、松、庸、慢、散、懒、推"等错误思想和不良作风,促进全县统计系统工作作风进一步转变,工作效能进一步提升。

二、全面提高统计数据质量

按照市局的统一部署,扎实开展"统计数据质量建设年"主题活动。一是结合《中华人民共和国统计法实施条例》的颁布实施,专题召开全局干部大会,传达学习习近平总书记等中央领导就提高统计数据质量、遏制统计造假作出的重要批示精神,组织学习(中办发〔2017〕76号)《关于深化统计管理体制改革,提高统计数据真实性的意见》。二是结合蕉岭县的具体实际,制订《蕉岭县统计数据质量建设年工作方案》,精心组织,扎实有序推进。三是落实"一把手"第一责任人的责任,明确领导班子成员的主体责任和专业人员的具体责任,采取多种措施,使"统计数据质量建设年"活动取得实实在在的成效,统计数据质量得到进一步的提高。

三、扎实推进"双基"建设工作

按照上级主管部门的要求,扎实推进"双基"建设,筑牢统计基础。一是加强镇统计工作站建设。帮助指导各镇统计站提升软硬件水平,不断优化统计工作环境,规范基层统计工作。二是严格落实企业统计台账制度。按照《广东省一套表联网直报单位统计工作规范》的要求,指导督促联网直报企业建立完善原始记录和电子统计台账,确保统计数出有据。三是加强基层统计人员管理和培训。各专业建立统计人员信息库,并及时更新统计人员变动情况。举办了11批次各专业人员业务培训,重点培训《广东省一套表联网直报单位统计工作规范(修订)》及专业统计知识,各镇统计站和有关企业单位共200多人参加业务培训。四是培育“双基”示范点。各专业分别选择了2家企业,进行有针对性的培育,加大投入和业务指导,使这些示范点成为联网直报企业的样板。

四、全面提升统计服务水平

坚持以优质的统计服务,为经济发展提供统计支持。一是紧紧围绕县委、县政府的中心工作,密切关注经济运行中的热点难点问题,为县委、县政府科学决策提供有参考价值的咨询建议。二是每月按时编印《蕉岭县统计快报》,并增加了本市各县主要经济数据及排名情况的内容,及时为领导及有关部门和社会提供服务。三是严格按规范要求做好综合、工业、能源、农业、住户调查等常规统计业务,及时维护更新名录库信息,确保符合条件的企业进入网报企业名单。四是加强经济运行分析。定期与县发改局、科工商务局、园区办等单位联合会商固定资产投资、项目投资、能耗等分析预警。各专业紧紧围绕全面建成小康社会总目标和“一城两业三组团”建设,积极开展调查研究,撰写统计分析报告,为县委县政府决策服务。全年为县委、县政府及各经济部门提供了10期《统计快报》、22期《蕉岭统计分析》、2期《蕉岭统计专报》、发布《2016年蕉岭县国民经济和社会发展统计公报》、完成《蕉岭县统计年鉴2017》的编辑出版发行。

五、强力推进统计法制建设

持续开展“统计法制建设年”活动,强力推进统计法制建设。一是树牢统计数据质量意识,夯实统计工作基础,坚持有案必查、有假必惩。二是加强统计法律法规宣传。印制统计法律法规学习笔记本400多本和统计法律法规宣传册1000多份发至各联网直报企业和有关单位,并结合各专业人员下企业调研和日常统计调查工作,扎实开展统计法制宣传教育活动,不断增强广大统计调查对象和统计从业人员守法意识。三是建立防范统计造假的工作机制。各专业制定完善数据管理制度,建立数据评估机制,明确数据采集、审核、查询等各个环节的工作标准和责任人,实现业务全流程、全覆盖的质量管控。四是开展统计执法大检查。对全县联网直报企业和乡镇统计站,随机抽取了10家企业和3个乡镇进行检查,发出责令改正通知书2份,全县统计执法检查面达到30%以上。

六、圆满完成农业普查任务

按照第三次全国农业普查现场登记工作的时间要求,精心组织,认真做好入户登记、数据录入上传、PDA错误修正、数据质量控制、数据质量抽查等工作,按时保质保量完成各项工作任务。在3月25日前全面完成PDA普查数据的上传,并按国家、省农普办反馈的各种核实清单,积极与各镇进行全面核实修正,圆满完成了蕉岭县第三次农业普查各项工作任务。

七、精准帮扶挂钩省定贫困村

按照上级扶贫攻坚的部署要求,高度重视,精心组织,周密安排,局主要领导多次率队深入到挂钩的省定贫困村新铺镇潘田村研究精准扶贫工作,现场帮助解决具体的实际困难,还派出一名党组成员脱产任挂钩村第一书记,认真抓好挂钩村精准扶贫和精准脱贫工作。通过重点实施基础设施、富民产业等项目,扶贫工作取得一定的成效,完成当年的扶贫工作任务。

(黄荣城)

2017年县统计局负责人名录

局　　长:丘佐平(12月离任)
　　　　　汤超宏(12月任职)
党组书记:徐文辉
副 局 长:林淼英　刘丽珍(女)　郭　玲(女)

国土资源管理

【土地规划与耕地保护】 坚持最严格的耕地保护制度,市政府与县政府、县政府与镇政府分别签订了《2017年度耕地保护目标责任书》,将耕地保护责任和目标分解落实到镇、到村,并纳入全县责任目标考核体系,实行耕地保护问责。全面完成永久基本农田划定工作,共划定永久基本农田7609.14公顷(含蕉华区120.6公顷),比上级下达的7248.4公顷(含蕉华区119.93公顷)的任务指标,多划360.74公顷(含蕉华区0.67公顷)。《蕉岭县土地利用总体规划》中期调整工作全面完成并经省政府同意审批通过。全年办理用地预审113宗,面积32公顷。大力推进垦造水田工作,6个开发水田项目面积224.38亩,3个耕地提质改造项目面积199.52亩,全面完成项目立项、规划设计、专家评审、招投标等工作,正在紧张施工。尖长大排圳项目完成工程量80%。2015年度高标准基本农田建设项目顺利通过市级验收。

【土地利用】 在用地报批方面:组织用地报批3个批次,总面积30.58公顷。在土地供应方面:全年划拨土地11宗,面积26.5公顷;出让国有建设用地146宗40.08公顷,出让金额5.66亿元;审批农村私人建房230宗,面积24000平方米。在土地储备方面:2017年新增储备土地16.159公顷。

【地籍管理、不动产登记】 在地籍管理方面:全面推进农村地籍调查工作,完成全县97个行政村地籍调查外业工作和19个省定贫困村的内外业调查成果上报工作。农村集体土地所有权数据库更新全面完成,并通过省厅验收。在不动产登记方面:全年共核发不动产权证书4786本和不动产权证明6349份。登记系统不断完善,按要求安装了不动产登记监管模块,实现了与国家、省、市不动产登记数据汇交。在数据整合上,完成房产电子数据的整合及1986年以来的2.4万宗纸质土地登记档案的扫描,建立完整的电子数据档案和图属关联数据库。对房管移交的32651宗纸质登记档案进行扫描,建立宗地、楼层表和分户图。

【矿产管理】 一是抓好矿山规范化开采监督管理。采取现场监督检查、实测图纸交换、开采情况月报等手段,监督各矿山企业规范化开采,全年没有发现有越界开采现象。二是严把采矿权审批关。依法注销“蕉岭县兴福镇叟乐大半岌石场”和“蕉岭县蓝坊镇高思采石场”的采矿许可证。三是做好安全生产各项工作。建立健全安全生产“一岗双责”制度。开展“安全生产月”活动,加大对矿山企业安全生产检查和安全生产宣传教育力度,矿山企业安全生产形势持续向好。四是按期做好矿业权人开采信息公示工作。全县27家持证矿山全面完成了网上信息公示,并顺利通过省市国土资源部门的抽查核实。五是开展绿色矿山建设工作。文华矿山长隆山石场和黄前岌石场列入绿色矿山建设试点,其中长隆山石场已基本完成建设任务。

【地灾防治】 一是开展地质灾害详查。聘请专业队伍,对全县地灾隐患点和山区削坡建房户进行详细调查,摸清全县75处地质灾害隐患点和1291处山区削坡建房户现状,并进行分类归档,建立数据库。二是编制预案。编制《2017年蕉岭县地质灾害防治方案》和《蕉岭县削坡建房综合整治工作方案》。三是落实责任。对全县地灾重要隐患点重新落实97位防灾责任人和2780位监测员。四是加大宣传。共计发放各类宣传册、宣传单、宣传卡等3000多张,发出预警信息500多条,转移群众150多人,并在蓝坊镇大光村成功举办了地灾转移群众应急演练。2017年,全县共出现小崩塌5处,房屋受损8间,没有发生人员伤亡事故。五是加强治理。争取地灾治理补助资金,加快全县地质灾害环境治理。矮岭煤矿地质环境补充设计治理工程已全面完成,并顺利通过了省级现场验收。

【测绘管理】 数字蕉岭地理空间框架建设暨“一村一镇一地图”建设项目基本完成,并申报市级验收。“蕉岭县旅游交通图”编制工作完成外业调查和内业绘制。实施长潭镇白马村 2.5 平方公里的 1:500 地形图测绘。

【执法监察】 一是抓好在线巡查。全年出动执法人员 (含国土资源所)3800 多人次开展在线巡查,发现各类违法用地行为 38 宗,涉及土地面积 4.68 公顷,其中制止在萌芽状态 13 宗,面积 0.79 公顷,立案 25 宗,面积 3.89 公顷,均严格依照相关法律法规进行查处。二是抓好卫片执法检查。按照分类处置原则对 2016 年度 24 宗卫片违法图斑进行处置,其中立案查处 14 宗,执罚金额 6.59 万元,非立案查处 10 宗。同时配合指导各镇对省厅审核未通过的 27 宗违法推填土图斑进行整改,复耕 11 公顷,复绿 7.67 公顷。三是落实共同管理责任。配合镇政府、公安、城综等相关职能部门开展联合执法行动 12 次,有力地维护了全县国土资源管理秩序。四是化解信访矛盾。全年共受理群众来信来访等各类信访事项 66 件,全部做到了来访有记录、问题有答复、处理有反馈。

(龙清云)

2017 年县国土资源局负责人名录

局　长:丘佐平(12 月任职)
　　　　张永超(7 月离任)
副局长:陈伟文　吴珍德　王永华
纪检组长:钟广斌(6 月任职)
执法监察队队长:林国俊

2017 年县国土资源局党组负责人名录

党组书记:丘佐平(12 月任职)
　　　　　张永超(7 月离任)
党组副书记:陈伟文
党组成员:吴珍德　林国俊
　　　　　钟广斌(6 月任职)

县工商和质量技术监督局

【概况】 1.主要职责:蕉岭县工商和质量技术监督局是蕉岭县人民政府的行政职能部门,担负着市场主体准入、市场秩序管理与维护、消费者权益保护、商标广告、市场合同、质量监管、特种设备安全监察、标准化和计量等 20 项工作职责,同时牵头落实全县“两建”、商事制度改革和打假工作。2.内设机构及人员编制情况:2017 年,蕉岭县工商和质量技术监督局有办公室(信息中心)、人事股、纪检监察股(督察队)、政策法规股(行政审批股)、登记注册股、企业监督管理股、经济检查股(打击传销办公室,与消费者权益保护股合署)、商标广告管理股、市场合同管理股、质量股、标准化股、计量股、特种设备安全监察股、市场监管体系建设协调股(“两建”办公室)等 14 个内设机构;稽查大队 1 个直属行政机构;蕉城、新铺、长潭、文福、广福、三圳工商和质量技术监督所 6 个派出机构;原蕉岭县质量技术监督局现有技术机构暂维持现状。蕉岭县打击制售假冒伪劣商品违法行为办公室设在蕉岭县工商和质量技术监督局。截至 2017 年 12 月 31 日,共有在职干部职工 103 人。3.蕉岭县工商和质量技术监督局办公地址:蕉岭县蕉城镇朝阳路 53 号,办公楼楼高七层。

【登记注册】 全县各类市场主体保持持续快速发展之势,截至 2017 年 12 月 31 日,全县市场主体总数为 13518 户。一是私营企业发展势头迅猛。实有私营企业 1334 户，从业人员 10537 人,注册资本(金)518015.75 万元,分别同比增长 10.89%、4.47%和 6.48%。其中,新登记私营企业 273 户,从业人员 1689 人,注册资本 81005.98 万元。二是个体工商户快速发展。实有个体工商户 11462 户，从业人员 21648 人，注册资金 84028.84 元，分别同比增长 5.61%、8.71%和 16.71%。其中,新登记个体工商户 1410 户，从业人员 3370 人，注册资金 16078.31 万元。三是农民专业合作社发展较快。农民专业合作社 411 户，成员总数 4324 人,其中农民成员 4124 人,出资总额 35943.27 万元，分别同比增长 4.85%、3.99%、4.59%和 11.63%。其中,新登记农民专业合作社 32 户,成员总数 337 人，出资总额 4473.81 万元。四是内、外资企业保持平稳发展。实有内资企业为 310 户,注册资本 191667.38 万元。其中,新开业登记的内资企业 33 户，注册资本为 38923.28 万元;注销的内资企业 19 户。进驻政务服务中心窗口连续获得“文明窗口”荣誉称号。

【企业监管】 一是完成 2016 年度企业年报工作,2016 年年报应报数 12127 户，已年报并公示 11512 户,年报率 94.92% ,其中企业应报数 1401,已报 1251 户,年报率 89.29%;农专社应报数 387 户,已报 305,年报率 78.81;个体户应报数 10339,已报 9956,年报率 96.29%。年报率超过 2014 和 2015 年度,年报率排名全市系统前列。二是强化后续监管,推进“先照后证”改革,促进“宽进严管”,进一步强化事中事后监管。建立经营异常名录管理制度,对逾期不按规定公示 2016 年度年报的企业和农民专业合作社共计 384 户列入经营异常名录、117 户个体工商户被标记为经营异常状态,并依法向社会公示;移出经营异常名录企业 84 户,恢复正常记载状态个体工商户 119 户;开展市场主体公示信息抽查,随机抽查 387 户。三是开展“清无”及安全生产工作。共出动执法人员 1993 人次,检查各类市场主体 3854 户次,立案查处无照经营案件 16 宗，罚没入库 16.55 万元,进一步营造了公平竞争的市场环境。积极参加全县“查无”综合治理工作,配合各行政许可部门开展清理取缔非法生产红砖专项整治行动、环保督查、人员密集场所消防安全检查等行动,组织开展安全生产大检查,依法打击非法违法行为。四是推进非公党(团)建工作,至 2017 年底，全县有非公有制经济组织 43 个,其中单独组建的党支部 41 个,联合组建的党支部 2 个,党员人数 651 人。11 月成立中共蕉岭县个体私营企业协会委员会。

【标准化工作】 一是推进标准信息公共服务平台公开。全年实施 9 家企业 9 项企业标准,2 家企业 2 项标准登记进行标准公共服务平台向社会公开。二是开展农业标准化工作。在巩固原有国家级示范区桂岭蜂蜜示范区以及积极进行省级示范区多宝富硒农业专业合作社建设的基础上,积极协助蕉岭县鸿宇生态农林专业合作社和梅州市均保实业有限公司申报省级标准化示范区。三是认真组织实施地方标准制订。组织实施桂岭蜂蜜、蕉岭绿茶按照地方标准审定会的要求完成地方标准制定。四是认真开展商品条码工作。累计为 9 家企业办理商品条码,为 16 家企业办理商品条码续展,为 2 家企业办理条码信息变更。

【市场合同】 一是加强禽流感防控工作。认真督促市场开办者和经营者落实主体责任,严格落实“1110”等市场管理制度,指导经营者做好个人防护工作。二是做好农资市场监管情况,开展农资专项整治。出动执法人员 269 人次,车辆 85 台次,检查市场 10 个,经营户 136 户。按照省局不合格农资商品名单,查处案件一宗,案值 0.56 万元,罚款 0.65 万元。三是做好全县商品交易市场信用分类认定工作,全县共有各类商品交易市场 7 个,其中 B 类市场 7 个。四是开展信用兴企。有 25 家企业申请并成功公示为“守重”企业,其中新公示企业 5 家,连续十年及以上公示企业2家。办理动产抵押登记13宗,主债权金额9499万元。五是做好旅游市场监管。按照县局的部署,会同相关部门在“五一”、国庆期间对全县的景区景点加强监管,确保旅游市场稳定有序发展。六是加强网络交易监管。2017年1月至12月,积极开展网络交易监管工作,做好省网络市场监管综合信息平台上线应用工作,及时将网络经营主体纳入监管数据库,为“以网管网”夯实基础。2017年,全县有电子商务平台2个(蕉岭乐村淘网络科技有限公司及固特电子商务中心);主体网站33个。做好“红盾电子标识”推广工作,以深化商事制度改革和电子营业执照推广应用为契机,全面推广网络经营者申领“工商红盾电子标识”。2017年全县核发红盾电子标识4个。

【政策法规】 一是加强普法宣传,利用“3·15”消费者权益日、“12·4”宪法日、定期学法等时机,积极宣传《广东省市场监管条例》《广东省商事登记条例》等法规,印制发放1000多份宣传资料,制作法规宣传栏12期。二是加强法治建设,促进依法行政。坚持“按规送审”“未审不批”“大案集体审议”原则,查处行政处罚案件64宗,罚没入库39.04万元,未出现行政复议和行政诉讼案件。落实机关法律顾问制度,聘请常年法律顾问。举办全系统行政执法案件评查会(学习交流)进一步提高执法人员的依法行政能力。落实行政许可和行政处罚“双公示”工作。加强行政指导工作,共发放行政指导通知书80份。三是加强“两法”衔接工作,对每一宗行政处罚案件都按照规定及时录入“两法”衔接信息系统,接受社会监督。

【计量工作】 一是强化民生计量,实现集贸市场、民用三表、液化石油气充装站、加油站、医疗卫生机构、道路交通等六大领域计量监管全覆盖。开展液化石油气计量专项检查,参与成品油市场专项整治,对个别加油站存在的计量问题进行整改并跟踪整改完毕。二是加强计量检定,集贸市场和基层医疗卫生单位免费检定工作被列入县十大民生实事,切实维护市场公平竞争秩序。三是加强计量日常巡查,对安检机构进行不定期巡查监督,严格督促安检机构在用计量器具和检测设备依时申请检定和送检;完成资质认定获证实验室的年度检查。四是强化计量宣传,举行“5·20”世界计量日宣传活动。五是加强计量基础工作,协助梅州皇马水泥有限公司通过中启计量体系认证中心颁发的测量管理体系认证(国家级);协助梅州皇马水泥有限公司、广东油坑建材有限公司、蕉岭县龙腾旋窑水泥有限公司顺利通过企业能源计量器具年度考核。

【特种设备安全监察】 截止至12月31日,蕉岭县境内共有特种设备使用单位246家使用的特种设备817台件,其中各类锅炉52台、各类电梯353台、各类压力容器270台、各类起重机械63台、场(厂)内机动车辆38台、大型游乐设施3台、工业压力管道38条。其中按标准三家使用单位的6台(套)列为重点监控设备;另有液化石油气钢瓶检测公司1家,气瓶充装单位3家。一是做好“定期为住宅电梯安全情况全面排查”民生实事工作,开展电梯安全知识“进社区、进企业、进学校”三进宣传活动,共发放1万多份“电梯使用安全常识”宣传资料,定期为住宅电梯安全情况排查达100%。二是实施安全生产“一岗双责”,主要领导和分管领导带队开展各类行动,认真做好特种设备安全监察、特种设备安全隐患排查、特种设备安全攻坚战等工作,保障特种设备安全。检查特种设备使用单位246家(次),制作特种设备安全监察检查记录246份;查处特种设备违法案件6宗,发现一般隐患23处,发出特种设备安全监察指令书35份,对三家企业作出行政处罚。对特种设备安全隐患责令限期整改,并彻底落实整改情况;同时继续开展气瓶两站专项整治,开展电梯监管制度改革。

【消费维权】 一是举办“网络诚信 消费无忧”为主题的“3·15”国际消费者权益日纪念宣传活动。发放宣传资料6800份，现场开展真假商品对比、曝光假冒伪劣商品20个品种，接受消费者咨询3850人次，现场受理消费者投诉1件；二是认真处理消费者投诉举报。受理、解决消费者投诉39宗，解决率为100%，为消费者挽回经济损失4.7万元；接待消费者来访来电咨询352人次；办结从“12345”等渠道转来的消费维权来信来电等39件。三是推进“12345”“五进”规范化建设，拓展“消费维权服务站”2个，全县建立“消费维权服务站”36个。推进消费维权体系建设，与人民银行、人民法院协作，建立健全金融消费维权工作信息资源共享、消费纠纷诉调对接工作机制，构建“维权共建”网络。

【商标广告】 一是加强广告管理。开展广告业统计，统计各类广告业主体34户，进一步摸清底数，为上级工商部门制定广告业发展措施提供依据。强化媒体广告监测，加强户外广告巡查监测，监测媒体广告、户外广告、印刷品广告等各类广告365条次，发现涉嫌违法广告3条次，发出责令改正通知书1份，查处广告案件2宗，罚没入库0.7万元。二是加强商标知识宣传。指导企业申请注册商标，引导企业申报著名商标，受理商标咨询60人次，引导南国白珍珠、皇马水泥申报省著名商标。9月份，固特公司“康道”商标认定为省著名商标，实现了该局近5年来省著名商标申报工作新突破。三是开展打击侵犯知识产权和制售假冒伪劣商品行动，配合做好长寿品牌保护有关工作，受理商标投诉举报2宗，发出责令改正通知书2份，查处商标案件2宗。

【经济检查】 一是加强市场执法检查。组织开展节日市场监管和消费维权、产品质量抽查、成品油市场整治、打假打私等专项行动，共查处各类案件64宗，案值37.45万元，查处一批假冒伪劣制动液、润滑油、无厂名、厂址等来源不明的电器、服装及电线电缆等。二是抓好打击传销规范直销工作。全面摸排辖区内从事非法传销的行为，检查直销企业其他分支机构、服务网点、专卖店、经销商、直销员等，营造创建无传销城市的良好氛围，打造规范、有序、健康的市场环境，行动中未发现违法违规行为。三是集中整治公用企业限制竞争和垄断行为突出问题。深入宣传反不正当竞争法、反垄断法等相关法律法规，突出对供水、供电、供气、公共交通、殡葬等重点行业开展全面摸底排查，重点整治限制交易、滥收费用、搭售、附加不合理交易条件等违法行为，未发现辖区企业有相关违法行为。

【质量监管】 一是依据生产许可证证后监管的相关要求履行证后监管检查工作，按照国家总局、省局有关规定，对全县10家获证企业进行分类监管，对工业产品生产企业基本信息进行登记普查并录入信息中心。配合省、市质监局监督抽查工业产品质量，专项抽查了水泥、碳酸钙、人造板、混凝土、食品接触材料（食品相关产品）和生物质燃料生产等行业共26家企业。二是开展质量强县建设。举行“质量月”活动。完成市对县2016年—2017年度质量工作的考核和配合食品安全工作的考核。三是做好地理标志保护的申报和巡查工作，2017年，在蕉岭绿茶、桂岭蜂蜜获批地标保护产品的基础上，又成功申请两个新地理标志保护产品，分别是“蕉岭冬笋”和“三圳淮山”，成为全市获批地标产品最多的一个县。四是服务供给侧结构性改革，对辖区内水泥产品生产许可证获证企业进行监督检查，推动化解过剩产能。五是扎实推进蕉岭县“广东省水泥产业知名品牌创建示范区”建设，验收工作已经完成工作量的70%。

【“国检中心”项目建设】 蕉岭县国家水泥及制品质量监督检验中心项目是市、县重点工作，是继北京、江苏之后兴建的广东首家国家级水泥检测中心，增加了全国唯一的水泥制品检测项目,建成后将使蕉岭又多了一张“国字号”名片,对于推动蕉岭做强做大百亿新型建材产业、打造广东绿色建材基地具有十分重要的意义。该项目于2013年1月15日经国家质检总局批准落户蕉岭,2013年3月5日经蕉岭县发改局批准立项;位于蕉岭县福星大道以北、205国道以西,实际用地面积12734平方米,建筑总面积12956平方米(其中:实验大楼6706.23平方米、检测车间3000平方米、配套楼3250平方米)。项目于2014年10月动工兴建,2016年12月19日基建项目工程全面竣工并验收合格。2017年1月上旬试运行,5月8日通过“三合一”评审。7月获得中国合格评定国家认可委员会颁发的实验室认可证书,标志着国检中心已具备进行高标准实验的能力和资质,11月5日,顺利通过资质认定扩项现场评审,标志着该项目通过国家质检总局验收打下良好基础。同时,该局在9月底前全面完成了“国检中心”水泥展馆建设。

【“两建”及服务发展】 一是牵头推进“两建”工作。部门各司其职,多管齐下铺开建设工作,2016年—2017年“两建”工作得到梅州市检查组充分肯定。二是深入推进商事制度改革。从2017年3月1日起,实行了企业简易注销登记改革,减少企业注销办事环节,简化企业注销申请材料,缩短登记期限,实现市场主体退出便利化。同年3月31日与建行蕉岭支行签署商事登记服务合作协议、率先在全市正式推行政银合作模式,5月23日发放全县首张电子营业执照,同时把登记注册全程电子化与推广“一门式、一网式”、“互联网+政务服务”工作一起统筹谋划,实现“让信息网上行、让群众少跑路”,促进了市场主体准入和退出便利化,促进了大众创业,万众创新,为经济发展注入了新活力。2017年,全县新增市场主体6073户,激活民间投资57.38亿元,全县市场主体总量达到13378户,历史首破1万大关。三是推进质量体系监管建设。完成了“蕉岭县国家水泥及制品质量监督检验中心”(以下简称“国检中心”)项目建设;固特超声的康道家用超声波清洗机、塔牌集团的普通硅酸盐水泥、皇马水泥的普通硅酸盐水泥、广福建材的碳酸钙等4个产品获评2016年度广东省工业类名牌产品;国家质检总局批准蕉岭绿茶、桂岭蜂蜜、蕉岭冬笋和三圳淮山等四个产品实施国家地理标志产品保护。四是推进消费维权和社会监督体系建设。县消委会以“3·15”国际消费者权益纪念日为平台,组织相关部门通过现场接受咨询、真假商品鉴别、散发宣传资料等形式,扩大对《消法》的宣传,提高消费者的维权意识,成立了梅州市装饰行业协会蕉岭委员会消费维权服务站。今年共受理消费者投诉42宗,解决42宗,解决率100%。

【打假工作】 牵头开展全县打假工作。全年各职能单位出动打假执法人员4720人次,检查各类单位8049家次,查处了各类制售假案件84宗,捣毁卷烟制假窝点3个,移送公安机关立案侦查11宗,刑拘27人,逮捕21人,判刑4人,未发生重特大食品安全事故和产品质量安全事故。一是抓好组织保障,落实工作责任。县领导高度重视打假工作,7月县政府组织召开了全县打假工作会议,签订了打假工作责任书。将打假日常工作机构的经费纳入政府年度预算,保障了打假工作开展。二是扎实开展行动,规范市场秩序。各职能部门各司其职,密切配合,组织开展了一系列专项整治行动,进一步规范市场经济秩序。三是推动打假“两法衔接”,提升工作效能。四是加强宣传教育,营造良好氛围。

【队伍建设】 一是开展“两学一做”学习教育工作。根据县委相关文件精神和省、市、县委的具体实施方案要求,扎实推进“两学一做”学习教育常态化制度化。二是加强队伍教育培训。组织举办了行政执法业务研讨会、特种设备和电梯安全知识培训及应急模拟演练活动等一系列培训，积极参加广东省干部网络培训、全县公务员培训班、行政执法人员法律知识培训班等活动，推进队伍职能融合，提升队伍素质能力。三是做好干部的选拔任用、人员福利慰问等工作，提任、选配主任科员、副所长(副队长)2名，举办“迎春节”趣味运动会等文体比赛活动。四是强化党风廉政和纪律作风建设，加强重点工作及作风纪律督查，保证队伍安全。通过新闻媒体扩大职能升级、服务发展、监管执法等工作宣传，展现良好作风形象。 (王飞达)

2017 年县工商和质量技术监督局负责人名录

局 长：刘碧华

副局长：刘建军(8 月离任) 黄文敏 邓 峰 汤伟华(10 月任职)

2017 年县工商和质量技术监督局党组负责人名录

党组书记：刘碧华

党组成员：刘建军(8 月离任) 黄文敏 邓 峰 黄小英(女)

食品药品监督管理

【概述】 2017 年，县食品药品监督管理局认真贯彻落实中共十九大会议精神，以落实“最严谨的标准、最严格的监管、最严厉的处罚、最严肃的问责”为统领，强化“四有两责”以保障安全为首要任务，坚持科学监管、依法监管，不断提升食品药品安全治理能力和水平，继续保持全县食品药品安全形势总体稳定向好，人民群众的满意度不断提升，促进了全县食品医药经济健康快速发展，为蕉岭振兴发展作出了积极贡献，2017 年全县无食品药品安全事件，食品药品安全指数得分位居全市前列，食品药品安全状况大力改善。

【食品药品安全监管】 一是着力落实食品安全属地监管责任。县食安办充分发挥综合监督协调职能，坚持强机制、抓整治、促协调，建立信息互通、工作例会、考核评价机制，推进食品安全监管责任制落实，强化属地责任，形成全县上下统一协调、责任明确、齐抓共管、运行高效的食品药品安全监管工作机制。推进网格化监管，分段、分片、分区落实责任，形成“县政府统一领导、镇村属地负责、部门集中监管、公众积极参与、各方联合行动”的食品药品安全社会共治新格局。二是着力加强日常监管。县食品药品监管局针对食品安全问题、药品生产流通领域、保健品化妆品存在的突出问题实施了有效地日常监管。在食品生产环节，加强对重点区域、重点企业有针对性地开展检查，依法加大对制售假冒伪劣食品等违法案件的查处力度，建立健全食品安全违法行为记录制度和违法案件信息库，完善监管档案，并加强对监管数据的统计分析。在食品流通环节，加强食品经营许可后续监督检查，把好食品经营的进货、运输、储存和销售关，积极开展季节性、节日性食品市场专项检查，加大监管执法力度，保障销售环节食品质量安全。在餐饮服务环节，坚持把许可、日常监管和重点整治相结合，严格落实餐饮服务安全监督管理办法，做好餐饮质量三年提升工程量化等级分级管理提升、“明厨亮灶”建设工作，全力抓好高中考期间和重大活动餐饮食品安全保障工作。在药品医疗器械和保健食品化妆品环节，坚持高标准抓好药械、保化品监管。加大对药品、医疗器械、保健食品、化妆品经营企业等重点环节、重点领域的监督检查，增加检查频次，采取例行检查、突击检查、暗访暗查、专项检查等多种方式，加大日常监督检查工作力度，对经营企业索证索票、台账记录、存储条件、广告宣传等行为进行检查规范，深入推进诚信体系建设。扎实做好中药饮片、药品分类管理等专项行动，2017 年共上报药品不良反应报告 112 例，医疗器械不良反应报告 41 例。在食品质量安全抽检方面，

2017年省市下达给蕉岭316批次的抽检任务已全面完成。通过抽验，及时发现食品安全在各个环节上存在的问题，以问题为导向，找准食品安全监管薄弱点和着力点，提高监管工作的针对性和有效性。2017年，县食品药品监督管理局出动执法人员4733人次，监督检查食品药品生产经营企业3567户次，受理举报投诉24起，立案查处食品药品违法违规行为52宗，结案52宗，移送公安机关立案处理3宗，无行政复议和行政诉讼行为。完成农贸市场食用农产品快检总数12105批次，全面完成国家和省、市下达的抽检任务，2017年11月蕉岭县被正式确定为第二批广东省食品安全示范县创建试点单位。三是着力创新监管举措。首先是率先在全市推进食品安全信息化监管平台建设。平台建设已进入应用和推广阶段，共计222家各类型企业录入相关数据（其中食品生产企业26家、食品经营企业92家、学校或托幼机构食堂25家、保健食品经营企业79家），推送相关生产经营信息63276条；视频接入平台企业63家(其中食品生产企业6家，学校食堂和餐饮企业51家，食品经营企业6家)。真正构筑了“从农田到餐桌”全过程追溯体系，实现食品“来源可追溯、去向可查证、风险可防控、责任可追究”的食品安全监管新体系，有力提升了监管效能。其次是推进“智慧食药监”和网格化监管平台建设，创新食品安全监管模式。按照分段、分片、分区落实责任，构建起台账明确、责任明确、任务明确、风险明确、精准监管的“智慧食药监”模式。按照“纵向到底、横向到边”和“综合监管、稽查办案”的工作思路，逐步建立起“全面覆盖、分级管理、层层负责、网格到底、责任到人”的网格化食品安全执法监管网络，共同构成“行政监管人员+巡查员+社会监督员+村协管员”的监管体系。全县聘请101名协管员，二、三、四级监管网格平均覆盖率为100%。再次是创建省级食品安全示范街和市级“放心肉菜示范超市”，发挥示范带动作用。严格按照创建标准，经上级部门验收，成功创建1个省级食品安全示范街(桂岭新区的奥园广场及周边地区)和2家市级“放心肉菜示范超市”(嘉荣超市、喜多多超市)，有力地促进了全县食品经营单位标准化、规范化发展，较好地发挥了示范带动作用。最后是整县实施食品安全责任保险，提升政府行政效能和救助能力。蕉岭县政府高度重视食品安全责任保险投保工作，经县长办公会议研究决定，从2017年9月起，统一为全县常住户籍人口(包括外来常住人口)向中国人保财险蕉岭县支公司投保食品安全责任保险，每年所需保费由县财政统筹解决。投保后，凡是在辖区内发生的食物中毒，每次事故每人责任限额20万元（其中医疗费用2万元)；全年累计赔偿限额500万元；每次事故赔偿限额200万元。通过整县推进食品安全责任保险，进一步提高了政府行政效能和政府救助能力。四是着力热点难点问题，开展食品药品安全专项整治。首先是认真贯彻落实市委主要领导批示指示精神。县直相关部门迅速行动，成立机构，制定方案，在全县范围内开展了规范狗肉市场经营管理专项整治行动。通过拉网式检查和整治，不存在销售来源不明活狗情况。对有狗肉招牌的经营店，做好思想工作，取得支持更换门店招牌和菜品菜单，避免出现狗肉字眼；对没有票据的餐饮单位发出了责令整改意见书。对狗肉经营档口引导转行经营“三鸟”或停业。县公安局还加大了打击偷、盗、抢狗肉的犯罪行为，及时查处偷、盗、抢狗肉的犯罪行为，并在县电视台进行曝光。其次是扎实抓好食用花生油专项整治。组织对辖区内所有食用花生油生产加工单位（现场制售单位）进行监督检查，做到发现在早、防范在先、处置在小、整治到位，及时消除花生油风险隐患。再次是扎实抓好畜禽水产品抗生素、禁用化合物及兽药残留超标专项整治。以农贸市场、商场超市等为重点区域，以鲜活的鱼类、贝类、虾类等水产品为重点品种，全面落实水产品质量安全专项整治工作。出动执法人员112人次，对8个集中交易市场(农贸市场)、56家水产品销售者进行检查，暂未发现违规违法行为；抽检重点水产品销售环节423批次(其中9批次不合格)，餐饮服务环节19批次(全部合格)。第四是扎实抓好农村食品安全重点问题专项整治。结合全县实际，制定了专项整治工作方案，加大对农村食品批发市场、农贸市场、生产加工小作坊等食品供货源头渠道的监管力度，有效打击农村食品市场违法违规行为，切实维护农村食品市场消费安全。共出动执法人员254人次，检查经营户319户次。第五是扎实抓好学校及其周边食品安全专项整治。重点检查是否取得证照、“五毛食品”、索证索票、环境卫生、食品储存、“三防”设施等情况。出动执法人员248人次，检查食品经营单位180家次(其中小餐饮40家次)，发出整改通知书68份，校园周边食品经营单位和农村食品经营单位“脏、乱、差”现象得到进一步遏制，食品经营秩序得到进一步规范。第六是扎实抓好活禽经营市场监督检查。出动检查人员184人次，检查全县禽类市场共108个(次)，检查全县固定门店禽类经营业户和临时经营家禽类摊档共489户(次)，立案查处2宗，发出责令整改通知书13份，印发宣传资料247份。第七是开展城乡接合部和农村地区药店诊所药品质量安全集中整治。着力规范零售药店和诊所药品购进渠道、储存条件及药学服务，查处药品销售使用环节违法违规行为，进一步保障城乡接合部和农村地区群众用药安全有效。第八是扎实抓好保健食品专项整治。以整治推销老年人“保健品”、保健食品非法经营、非法宣传、非法会议营销专项整治等行动为契机，重点检查保健食品经营企业营销行为和产品标识标签以及索证索票制度等。共出动执法人员252人次，检查保健食品经营单位147家，发出整改意见书5份，立案1宗。

【食品药监队伍综合素质明显提高】 一是继续结合“两学一做”学习教育活动，改进工作作风，深入基层，积极为企业和群众服务；坚持厉行勤俭节约，严格控制经费开支和公务车辆使用，着力建设“党风纯、政风清、行风正”的廉洁单位。二是加强班子建设。认真贯彻落实民主集中制，重点问题集体讨论决定，做到决策科学化、民主化；工作上自警自励，生活上自律自慎，形成了“心齐、气顺、风正、劲足”的良好工作局面。规范机关内部管理，形成了用制度管人、管事、管物、管权。三是加强教育，完善制度，强化监督，确保市场和队伍“两个安全”。四是积极开展扶贫挂钩工作和落实综治及计划生育目标责任管理。结合单位实际，因地制宜地开展扶贫挂钩工作和社会治安综合治理及计育工作，将工作同食品药品监管工作同部署，同落实。一年来，县食品药品监督管理局未发生任何安全事故，无贩黄、无吸毒、赌博人员，无一人违反计划生育政策。

【促进食品医药经济健康发展】 在做好监管工作的同时，县食品药品监督管理局积极为全县的食品医药经济发展服务，推动食品医药企业转型升级。经常深入药品生产经营企业进行现场指导，督促企业保证质量，满足供应，引导发展。加强食品药品从业人员的法律法规和业务知识的培训教育，累计培训3213人次，进一步提高了从业人员的综合素质和科学管理水平。规范行政行为，提高服务质量，认真受理行政许可事项，实现“零”投诉，为企业提供优质高效的一流服务。2017年，全县药品批发企业销售金额978万元，药品零售企业销售金额891万元。食品生产经营企业营业金额6730万元。

【酒检酒业】 2017年底，蕉岭县共有酒类生产单位44家，其中酒类生产企业13家，酒类生产小作坊31家。其中，酒类生产企业中包含11家白酒、7家其他酒、1家葡萄酒及果酒生产企业；酒类生产小作坊包含30家白酒和1家广东黄酒生产小作坊。2017年度酒类生产单位共抽检31批次。其中，酒类生产企业抽检11批次，1批次不合格，不合格项为检出甜蜜素；酒类生产小作坊抽检20批次,不合格2批次,不合格项为检出三氯蔗糖、糖精钠和甜蜜素。

表1

生产者名称	类别	备注
蕉岭县蕉城镇附城酒厂	白酒和其他发酵酒	
广东唐峤酒业科技有限公司	白酒	
蕉岭县山泉酒厂	配制酒和其他发酵酒	
广东一线天酒业有限公司	白酒、配制酒(露酒、其他蒸馏)	大型
广东玉纯酒业有限公司	白酒、黄酒、配制酒、其他发酵	大型
蕉岭县新泉酒厂(普通合伙)	白酒	
蕉岭县文福镇马甲头酒厂	白酒、配制酒	大型
广东南国白珍珠酒业有限公司	白酒	大型
蕉岭县高泉酒厂	白酒、配制酒	大型
蕉岭尚阳谷农业科技有限公司	葡萄酒及果酒	
蕉岭千泉酒厂(普通合伙)	酒类	停产中
蕉岭县高泉酒厂	白酒、配制酒	大型
广东梅岭泉酒业有限公司	酒类	
蕉岭县长潭安定酒厂	酒类	2018年已迁厂至平远

(谢雪玲)

2017年县食品药品监督管理局负责人名录

局　长:刘文龙(5月任职)
　　　赖天德(5月离任)
副局长:丘　锋　吴丽蓉(女)
　　　张裕美　曾海明

粮食储备管理

【概述】 2017年,蕉岭县粮食储备局以中共十八大和中共十八届历次全会精神以及中共十九大精神为指针,紧紧围绕保障粮食安全中心工作,牢牢抓住“确保国家粮食安全,把中国人的饭碗牢牢端在自己手中”的目标要求,进一步落实粮食工作安全政府责任制,认真执行蕉岭县委、县政府关于粮食工作和上级业务主管部门决策部署,全面落实国家粮食流通政策,加强粮食储备和流通市场体系建设,强化粮食安全保障能力,实施“放心粮油”工程,增加绿色粮食产品供给,确保全县粮食供需保持平衡,保证军需民食,较好地完成粮食各项工作任务,切实守住管好了“蕉岭粮仓”。

【仓储管理】 为切实推进粮油仓储企业规范管理,不断提高粮油仓储管理水平,确保粮食安全,蕉岭县粮食储备局坚持统筹兼顾,以实现“两个确保”为中心,按照“一符”“三专”“四落实”(“一符” 即帐实相符,“三专” 即专仓储存、专人保管、专帐记载,“四落实”数量落实,质量落实、品种落实、地点落实)狠抓仓储管理工作,严格遵守《粮油储藏技术规范》,在应用“双低储粮”机械通风、粮情电子检测等储粮措施的同时,积极探索科学储粮新方法,在红岗粮库八仓采用膜下环流熏蒸取得成功,极大提高了储粮熏蒸技术,推进了储粮安全工作;同时不断完善现行粮食仓储体系运作机制,按照省、市上级主管部门的有关要求,进一步细化仓储管理、科学保粮、制度建设等各项制度。利用春秋两季粮油普查契机及时消除储粮隐患，确保储备粮油数量真实、质量良好、储存安全。2017年，蕉岭县粮食部门承储省、县两级储备粮13941吨（其中省级2941吨、县级11000吨），储备油40吨，全部达到国家、省规定的粮油质量标准，实现“四无粮仓”100%。

【储备粮轮换】 抓好储备粮的适时轮换是粮食部门的工作重中之重，全年要完成省级储备粮轮换任务2941吨、县级储备粮轮换任务为3300吨。粮食储备局领导高度重视，成立储备粮轮换工作领导小组，制定轮换计划，落实各项措施，把握时机，抓住市场行情，及时向县财政部门申请轮换，并采取公开竞价的方式进行兜底轮换。在粮食入库工作中，制定各项管理措施和办法，落实具体负责人，严肃各项手续制度：一是做好入库前资金、入库器材、仓库腾并、清扫消毒等各项准备工作。二是高度重视入库粮源的落实和质量，委托有收购资格的省重点农业龙头企业梅州市建丰粮业发展有限公司负责组织入库粮源，由仓库管理人员负责入库数量和粮食质量，从而大大提高了完成粮食收购任务的速度和效率。三是加强粮食质量监督检查，凡是入库的粮食都必须经过仓库质检员检验，防止不合格的粮食入库，并且抽样到质检单位进行检验，确保入库粮食达到质量标准的要求。从而确保了全年储备粮轮换任务按质按量按时胜利完成。

【仓储设施建设】 蕉岭县粮食储备局高度重视粮食仓储设施建设，抓住仓库建设的短板，完善“蕉岭县粮食加工仓储现代物流中心”项目建设作为工作重点，积极打造现代化中心粮库。在蕉岭县粮食收储公司蕉城仓库旧址上拆除老式瓦面仓房，清理出建设用地17500平方米，其中扩建房式散装粮食储备仓房3座，占地面积12000平方米，仓容16000吨，于2017年10月竣工验收，为保障粮食储备安全打下了坚实的基础。同时筹集资金购进一批粮食仓储设备，推进粮食“四散化”运输，极大提高了粮食储备库现代化水平。

【“放心粮油”工程建设】 实施“放心粮油”工程建设，是蕉岭县委、县政府贯彻落实食品安全责任和粮食安全责任，促进社会和谐的一项重要举措。对保障人民群众身体健康，健全粮食市场体系，满足人们日益增长的粮食品质需求，确保蕉岭县粮食安全具有十分重要的意义。蕉岭县委、县政府高度重视这项工作，把放心粮油旗舰店建设列入蕉岭县2017年十大民生实事实施项目之一，蕉岭县粮食储备局根据《广东省粮食行业协会“放心粮油”实施办法》，结合实际、科学谋划、创新思路，制订了蕉岭县“放心粮油工程”建设实施方案，用粮食收储公司闲置的180平方米店面当作经营场所，按广东省粮食行业协会“放心粮油”店品牌总体设计要求高标准高规格装修。在粮食储局精心组织下，于2017年10月建成蕉岭县第一家“放心粮油”旗舰店。

【粮食安全责任制考核】 2017年粮食储备局认真贯彻落实党中央、国务院和省、市、县政府关于粮食工作的各项部署。落实粮食安全省长责任制为中心，加强宏观调控、稳定粮食市场、保障粮食安全为目标，着力抓好耕地保护、粮油储备、应急保障、质量监管、节粮减损、监督考核等重点工作；粮食储备局作为牵头部门，把牵头抓总职能与部门协调联动紧密结合，一方面加强内部沟通，组织好局内部分工和协调，承担起牵头责任；另一方面加强横向沟通，主动加强与各成员单位的协调沟通，同时督促指导各成员单位加强与省直、县直对口部门的联系，通过左右联动、上下结合，加快构建粮食安全责任制联合监管机制，确保完成了蕉岭县全年粮食安全省长责任制确定的各项工作目标任务。

【军粮供应】 蕉岭县粮食储备局着眼于新时

代国防建设的特征和要求,在军供工作中紧紧围绕“保障供给,规范管理,优质服务”来开展工作,树立“以兵为本”的意识,进一步完善军粮供应管理体系,稳定军供业务队伍,建立军粮供应应急保障机制,严格执行军粮供应“五统一”制度,确保供应部队的粮油质量安全。2017年,蕉岭县军供工作效率和服务水平深受驻军部队的好评,满意率100%,促进了军政军民融合发展。

【安全生产】 2017年,县粮食储备局健全完善安全生产工作领导机构,管理措施到位,全面落实“党政同责、一岗双责、齐抓共管”责任机制,经常性开展安全生产检查工作,及时督查整改安全隐患和问题,树立安全发展理念,严格落实安全生产责任制,以粮食库存安全和防火、防汛、防恐、防盗、防毒为重点,适时开展安全专项检查:一是开展2017年冬季安全生产大检查。对粮食加工和仓储企业加大检查频次和隐患排查力度,做到“有仓必到,有粮必查”。二是层层签订安全生产目标管理责任书。三是扎实开展“安全生产月活动”确保粮食系统不发生较大安全生产事故。

【队伍建设】 蕉岭县粮食储备局始终把队伍建设放在首要位置。一是结合学习贯彻落实十九大精神和推进“两学一做”学习教育常态化制度化,巩固提高“一规定两守则”学习培训效果、推动“深化改革、转型发展”大讨论活动深入开展,传承弘扬粮食系统“四无粮仓”精神和“宁流千滴汗、不坏一粒粮”的优良传统。二是严格落实从严治党主体责任,全面推进政治建设、思想建设、组织建设、作风建设、纪律建设,大力加强粮食业务知识和法律法规学习培训,持续提高党员干部特别是党员领导干部的综合素质,提升粮食安全保障能力和水平,为确保蕉岭县粮食安全和实现与全省同步全面建成小康社会提供了坚实的纪律组织保障。

（钟潜生）

2017年县粮食储备局负责人名录

局　长:付华艺(12月任职)
　　　　潘依珊(12月离任)
副局长:黄秋明　徐建伟

财政·税务

财　政

【概况】 蕉岭县财政局是主管本县财政收支、财税政策、国有资产的县政府组成部门。内设20个行政股室,现有行政编制人员32人,机关事业编制人员6人,行政工勤人员4人。参公管理单位2个,现有参公管理人员13人。下设事业编制单位4个,现有事业编制人员15人(至2017年12月31日)。

【财政收支运行】 蕉岭的财政总收入情况。2017年来源于蕉岭的财政总收入204973万元,同比增长29.03%。全县上划中央“两税”收入完成19451万元,同比增长24.67%;上划省市共享税收入完成17109万元,同比增长36.27%。一般公共预算执行情况。2017年县级一般公共预算收入87978万元,完成年度预算的100.04%,比上年增长10.04%。2017年县级一般公共预算支出239970万元，比上年增长7.05%。一般公共预算收支平衡情况。2017年县级一般公共预算收入加上税收返还、上级补助收入、调入资金、上年结余，收入总计243418万元;一般公共预算支出加上专项上解省市支出,支出总计242550万元;年终滚存结余868万元,全部结转下年支出。政府性基金预算执行情况。2017年政府性基金收入64815万元，比上年增长84.46%；政府性基金支出36016万元,比上年减少17.02%:政府性基金收入加上转移支付补助收入、债券转贷收入、上年结余收入等,收入总计79001万元;政府性基金预算支出加上调出资金、债务还本、付息等,支出总计70792万元,年终结余8209万元。社会保险基金预算执行情况。2017年,全县社会保险基金收入数23694万元,完成年度预算的35.97%。支出22028万元,完成年度预算的32.75%。当年结余1666万元,年末滚存结余15987万元。

【编预算，切实提高管理水平】 完成2016年度财政总决算和支出经济分类决算（试编)工作、权责发生制政府综合财务报告试编工作、2017年财政预算工作、部门预算编制工作等,经县政府研究后提交县人大审核并批准执行。2017年底,启动2018年预算编制工作,及时提交县政府研究，如期提交2018年1月召开的县人代会审议。

【抓收入,力促财政蛋糕不断扩容】 一是与税务部门保持密切沟通,准确掌握全县财源税源现状及变动情况,并通过涉税信息平台,与地税部门交换涉税信息,从而为地税部门汇总全县涉税信息、拓宽税源提供支持。二是按月分析财政收支执行情况。三是以“全省非税收入征管电子信息化”为抓手做好非税收入征缴入库管理,开展非税收入入库清理,全年非税收入24588万元,其中资产处置和出租出借收入9659万元。

【优支出,实现“保运转”目标】 一是较好地保证了全县行政事业单位人员工资、公务交通补贴资金足额发放。二是认真贯彻相关政策要求,积极筹措所需资金及时足额落实到位。三是适时提高财政供养人员工资福利待遇,从2017年7月起提高住房维修和物业补贴标准,从2018年1月开始提高节日慰问金标准。

【保重点，助力县域经济发展】 2017年一般公共预算支出239970万元,有力保障了“十大重点工程、十大重点工作和十大民生实事”建设。全面启动全域梯次社会主义新农村建设,拨付农口专项资金42543万元，其中专项26530万元,县级追加16013万元,筹措405万元推进新时期精准扶贫精准脱贫工作。统筹拨付城乡环境综合整治经费7821万元，成功申请市农行发行贷款资金3亿元,县级财政安排5000多万元,同时积极采用PPP的模式,多方位多角度筹措资金，争取2250万元专项资金扶持企业发展和生态保护,切实发挥了财政资金杠杆作用,通过增大有效投资,促进县域经济发展。

【惠民生,增强幸福获得感】 一是继续把提高底线民生保障水平作为今年工作重点,全年底线民生支出8336万元;县级投入1941万元继续推进城乡居民基本医疗保险；投入2642万元实施新建69个村卫生站、8个乡镇卫生院医联体建设;全面启动投资10亿元县人民医院、县中医医院、县妇幼保健计划生育服务中心迁建工作;投入204万元落实就业、再就业各项政策。二是落实惠农政策资金,对三个产业化项目进行县级初验,2016年两个高标准农田建设项目的招投标工作,并开工建设。落实惠农政策,发放生态公益林补贴、农业支持保护补贴、农村危房改造补助等各项涉农惠农补贴资金3198万元,提高财政支农资金使用效益。加强中央扩大内需基本建设资金的核拨和监管。三是扩大公共财政覆盖面，整合公共资源,优化提升村级公共服务平台建设,加大教育支出的投入,顺利创建“广东省推进教育现代化先进县”，人均公共文化财政支出达到了省定目标值,投入393万元用于“一场一馆一中心”项目前期工作。四是拨付公安业务技术大楼、拘留所、看守所、武警中队基础设施建设、镇级信访维稳中心规范化建设、视频监控、精神障碍患者监护人补贴、司法救助等经费7251万元,全力维护政治安全、公共安全、经济安全、网络安全,确保全县社会大局和谐稳定。

【推改革，推动财政管理科学化】 一是推进多项改革,开展2016年度政府资产报告试点,会同发改部门严格控制党政机关办公用房维修改造项目,完善项目审核。全面启动机关事业单位基本养老保险制度改革。规范党政机关会议定点管理，开展车改后违规用车专项治理,推进全县事业单位和国有企业公务用车制度改革,加快建立新型公务用车制度。出让重组国有“僵尸企业”，启动城乡公交一体化建设。推进“放管服”和“一门式一网式”政府服务模式等改革。二是继续实行国库集中支付,全县97个预算单位的授权支付资金共2377笔,合计54957万元,同比增长27.3%;直接支付专项资金共607笔,合计96386万元,同比增长36.2%。三是完善政府采购运行机制,严格执行采购法律法规，提高财政性资金使用效益，全县政府采购481宗，采购预算金额35649.95万元，实际采购金额34939.65万元,节约资金710.3万元,节约率1.99%。四是强化投资审核，审核工程项目549项，送审总额42763万元，核定总额37603万元，核减总额5160万元,审核率为12.1%。其中审核结算净核减不合理金额2230万元，预算审核净核减不合理金额2930万元,有效节约了财政资金,提高了财政使用效益。

【强监管,确保财政资金安全】 将县财政局支付系统的网络延伸到县人大财经工委会,使县人大常委会对财政资金管理实时发挥监督职能。协助上级财政部门开展2015年—2016年中央财政专项扶贫资金及省级财政专项资金、一般性转移支付资金重点检查,督促落实以前年度农业综合开发项目验收,妥善解决历史遗留问题,完善内部控制建设。做好村级换届经济审计,完善农村集体三资监管平台,实行长效监管机制,扎实推进蕉岭县农村集体产权制度改革试点工作。坚持签订党风廉政建设责任书,为做好勤政廉洁工作提供纪律约束。推进“谁执法谁普法”工作,2017年度被评为“蕉岭县普法单位先进集体”。规范票据管理，在领购、使用、核销三方面把好票据关。做好廉租住房保障资金归集工作，保障民生工作扎实推进。积极做好普惠金融、金融精准扶贫工作,加强互联网金融监管,防范金融风险。

【抓队伍,争做合格财政人】 以推进“两学一做”学习教育市级示范点建设为抓手,扎实推进新时代机关党建制度化常态化,实现党建工作和业务工作有机结合,相互促进。开展“勇于负责、敢于担当,做新时代合格的财政人”主题教育,强化责任意识,营造担当氛围。迅速启动中共十九大精神学习贯彻工作,多方式、全方位学习新理论、新战略。 (黄卫锦)

2017年县财政局负责人名录

局　长:徐杞文(7月离任)
　　　　吴丽丽(女,7月任职)
副局长:傅学秀(女,6月离任)　林英勤(女)
　　　　徐京雄　曾雪芬(女,5月任职)
农财办主任:林峰明

2017年中共县财政局党组成员名录

党组书记：徐杞文(7月离任)
吴丽丽(女,7月任职)
党组副书记：傅学秀(女,6月离任)
党组成员：林英勤(女) 徐京雄
曾雪芬(女,5月任职)
张荣涛(女) 张 生 徐海红(女)

国税

【概况】 蕉岭县国家税务局主要负责蕉岭县境内增值税、消费税、企业所得税、车辆购置税等征收管理工作,管辖的登记业户5889余户,其中一般纳税人310余户,小规模纳税人5465余户。全局内设办公室、政策法规股、收入核算股、纳税服务股、征收管理股、人事教育股、监察室、税源管理一股、税源管理二股、税源管理三股、机关党委办公室、直属单位稽查局和信息中心共13个职能股室。现有正式干部职工76人,其中在职中共党员59人,并于2010年成立中共蕉岭县国家税务局委员会。

【税收收入】 2017年,蕉岭县国家税务局凝心聚力,攻坚克难,全年共入库工商各税44162万元,其中增值税38536万元,企业所得税3866万元,圆满完成了组织收入任务。同时,紧紧围绕税收改革和税收现代化建设任务,全面贯彻落实税收优惠政策,全年办理减免税额共6734万元,持续释放改革红利,助力企业发展。

【廉政建设】 全面落实从严治党,切实抓好反腐倡廉,牢固四个意识,压实两个责任。一是全面加强党的建设,严抓党风廉政责任制的贯彻落实,持续构建管党治党新格局;二是坚决纠正“四风”,贯彻中央“八项规定”,加强内控机制信息化建设,把廉政风险防控各项制度及要求融入业务系统,坚持无禁区、全覆盖、零容忍;三是扎实开展廉政教育,组织开展“两学一做”学习教育、“纪律教育学习月”等活动,不断丰富教育内容,加强党员干部党性党风党纪教育,增强廉洁自律的自觉性。

【税收征管】 不断规范和优化税收征管,深入推进依法治税,有效提高征管质效。一是全面深化“营改增”后续管理。关注各行业税负增减情况,做好纳税辅导工作,全面推开减免税核算工作,持续做好优惠政策落实。二是凝心聚力推动税收征管体制改革。蕉岭县国税局积极加强与地税部门之间的合作,在联合共建办税大厅、联合推进信用系统建设、联合税务稽查等方面持续发力,全面落实开展了37项基本合作事项、三项创新合作事项,扎实稳妥地推进和深化税收征管改革。三是齐抓共管举推进依法治税。强化税警协作保障机制,加大稽查办案力度,扎实开展行业和区域风险评估和专项检查整治工作,有效消除行业性、区域性税收隐患。

【纳税服务】 2017年,蕉岭国税不断升级服务水平,完善服务举措,有效提升了服务质效。在全省纳税人满意度调查中,取得县区局全省第二、全市第一的佳绩。一是推进便民办税提档升级,增强纳税人获得感。因地制宜对办税服务厅进行升级改造,擦亮“文明窗口”。增设导税岗,落实好一次性告知事项。落实纳税服务规范,保障纳税人享受便民办税措施。二是推进“互联网+”税务,提升办税效率。通过成立“互联网+政务服务”工作推进小组,多部门协作做好纳税人电子税务局实名认证工作,积极引导纳税人通过电子税务局办理各项涉税事项,办税率达到97.64%。三是多措并举落实税收优惠政策,推出“暖企行动”、市县联动送政策等税收优惠宣传服务,帮助有关企业应享尽享税收红利;推动税、银、企三方合作,与地税、农信社联合开展“银税互动”助力信用良好的企业破解融资难题。

【队伍建设】 践行“绩效管理+数字人事”双轮驱动,打造队伍干事创业新引擎。一是发挥绩效管理“指挥棒”作用,不断优化调整绩效考核指标,依托“数字人事”,进一步建立健全干部日常考核制度,提升征收管理质效和税务行政效能。二是严格落实岗责体系建设,突出“以事定岗,以岗定人,以岗定责,人岗相配”,不断提高行政服务规范化、科学化、标准化水平。三是认真开展各类岗位业务培训,包括各项税收业务、风险防控、行政管理培训等,切实提升了干部职工的综合素质和工作能力,促进各项工作的顺利开展。 (李世明)

2017年蕉岭县国家税务局负责人名录

局 长:李郁轩
副局长:钟伟标(11月离任) 李 洪 钟伟青
丘昌辉 肖振城(11月任职)
纪检组长:韩世机(11月任职)

地 税

【概况】 蕉岭县地方税务局主要负责全县辖区内地方各税、社会保险费、教育费附加和上级政府规定的其他规费的征收管理工作。全局设办公室、税政股、征收管理股、人事教育股、监察室、纳税服务股6个股室,稽查局1个直属单位,蕉城税务分局、新铺税务分局、文福税务分局、蓝坊税务分局4个基层税务分局,现有在编干部职工98人,管辖固定纳税户5374户。

【组织收入】 面对县域经济下行压力持续加重、挖潜增收难度加大的严峻形势,县地税局积极作为、科学谋划,大力组织税费收入。全年共组织税费收入达10.39亿元,其中,税收收入7.25亿元,同比增长1.21亿元,增幅为20.08%。其中,中央级收入1.25亿元,增加113.17%,增收6619.86万元;省级收入6999.28万元,同比增长2.96%,增收201.40万元;县级收入5.30亿元,同比增加11.1%,增收5294.24万元。社保费收入2.90亿元,其他规费收入2437.70万元。

【税收征管】 县地税局不断规范和优化税收征管,深入推进税收征管体制改革,征管质效得到进一步提高。一是深入推进分类分级事项管理。制定实施办法,明确实施主体,及时转变蓝坊分局和蕉城分局管理职能,全面落实县局各部门各分局管理职责,逐步实现事前审核向事中事后监管、固定管户向分类分级管户、无差别管理向风险管理、经验管理向大数据管理的转变。二是加强税收风险管理。搭建县局风险管理机构,实施差别化的风险应对策略,积极应用金税三期决策二包税收风险管理系统,有序开展4次征管数据质量清理工作,全面防范、控制和化解税收风险。三是加强大企业服务与管理。推广广东省大企业税收服务与管理系统运用,有针对性地开展风险预警及提示工作和提供个性化纳税服务,促进大企业的持续、快速发展。四是深化国地税合作。进一步完善国地税合作机制建设,落实互派干部挂职交流工作,加快共建联合办税大厅步伐,先后开展大企业税收管理合作,联合加强对石灰石、水泥等行业的管理。五是全力做好环境保护税开征前准备工作。牵头制订了实施准备工作方案,成立了由主要领导担任组长的环保税开征工作领导小组和5个专项工作组,与县环保部门完成了《污染物排放监测数据》《排污单位环境违法处罚数据》的移交工作和排污费缴费人基础信息的核实工作。六是进一步规范税种管理。创新土地增值税的清算工作,在全市地税系统首次通过购买第三方服务,开展重点房地产项目土地增值税的清算工作。同时,进一步加强税种管理,个人所得税明细申报率和2016年度企业所得税汇算清缴率均达到100%;

【依法治税】 县地税局始终坚持依法治税,进一步规范税收执法,营造公平正义的税收法治环境。深入推进税收征管体制改革,征管质效得到进一步提高。一是推进依法行政。完成了4项行政许可事项和1项公共服务的办事指南和业务手册的编写和公开,在4个分局配备税收法制员,严格重大行政决策法定程序,完善"三重一大"决策制度,落实重大税务案件审理办法,进一步落实法律顾问制度。二是全面推行三项制度试点工作。对行政执法人员身份信息、行政权责清单、随机抽查事项清单等内容进行整理,进一步规范执法程序环节记录标准,配备税收执法仪等专业记录设备,认真做好执法全过程记录,推动行政执法全过程纪律工作落实,全面推行行政执法公示制度、执法全过程记录制度、重大执法决定法制审核制度三项制度试点工作。三是深入开展税收执法督察工作。对市局执法督察中共发现5个方面24条问题进行了全面整改,全面核查上级下发的两批疑点数据,自主开展税收执法督察和执法监察工作。四是落实税收优惠政策。全面贯彻国务院"六项减税"政策,不择不扣落实小微企业税收优惠政策,使国家新出台的各项税收优惠政策宣传到户、解答准确、办理简便、享受及时,全年享受小型微利企业所得税政策实际惠及面达到100%;五是加大税务稽查力度。落实《全国税务稽查规范(1.0版)》,加强国地税联合稽查,通过共享涉税信息资料,联合进户稽查,协同调查取证,协同案件审理和执行,对同一违法行为统一定性和税务处理处罚标准,联合对7户企业开展稽查工作。

【纳税服务】 县地税局始终坚持纳税人需求导向,落实服务规范,不断优化纳税服务。一是切实落实纳税人满意度整改工作。制定了包含十大整改项目、34条整改措施、65个工作任务的任务分解表,明确了责任部门、牵头部门、协办部门及各项任务的整改时限,严格按照各项任务的整改要求、时间节点和考核标准开展全面整改,纳税人满意度得到较大提高,全年纳税人满意度在全市地税系统中排名第二。二是切实强化税收宣传质效。与国税部门紧密合作,创新宣传方式,扩大覆盖范围,有针对性地开展"绿色骑行 税宣同行"骑行活动和蕉岭县庆七一"税宣杯"羽毛球友谊赛等特色活动,广泛宣传个税完税证明全省通办、6项减税政策和电子办税等税收政策和便民举措,在全县营造良好的舆论氛围,助力税收改革发展深入推进。三是认真做好互联网+政务服务。落实办税事项的二维码一次性告知,开通网上预约办税服务,大力宣传电子税务局、自助办税和微信办税等电子办税渠道,全力推进全省统一的电子办税服务厅、网上办事大厅、24小时自助办税服务厅的建设,有效降低纳税人等候时间,让纳税人少跑路,减轻纳税人办税负担。四是扎实推进纳税信用管理。联合县国税局,运用金税三期纳税信用管理系统,对全县1000户企业的纳税信用作出评价,评出A级纳税人46户,B级纳税人204户,C级纳税人94户,D级纳税人63户,同时落实守信激励和失信惩戒措施,与国税、金融机构联合为纳税信用等级A级企业提供便利的"税银通贷款"银税互动业务,提高纳税人依法诚信纳税意识。五是进一步优化纳税服务。深入推进"多证合一"、个体工商户"两证整合"等商事制度改革,全面落实税务登记、纳税申报、优惠办理等办税事项"全省通办"工作,进一步规范纳税人诉求受理、转办、反馈机制,认真解决当前纳税人反映强烈的问题。

【队伍建设】 县地税局坚持人才强税,切实加强人才队伍建设,有效促进了干部综合素质的全面提高。一是严把选人用人关。为更好地适应日益复杂的税收工作,结合实际,配强配优中层干部队伍,推荐选拔了3名副科级干部,对12名股级干部进行了转正考察工作,交流调整了3个股室的负责人。二是注重提高干部职工积极性。在绩效管理、行政管理、思想疏导、调动积极因素方面下了功夫,整个干部队伍处于积极向上的趋势,工作质量有了逐步提高的趋势,中层干部尽职尽责,一批年轻干部开始成长成熟,一批中年干部干事创业的劲头足,一批即将退休的老同志仍然工作在第一线。三是重视加强教育培训。先后组织开展了所得税汇算清缴、规费工作、纳税服务等各类业务培训,还举办了两期知识更新培训班。在2017年"岗位大练兵"中,有一名人员入选市局"纳税服务之星"。四是加强地税文化建设。建立新的文化阵地。组织文学爱学者成立编辑部,筹备创立了《桂岭税月》电子期刊,并编发了2期。

【从严治党】 县地税局不断严明纪律规矩,健全监督制约机制,不断推动全面从严治党取得新成效。一是深入推进党风廉政教育。开展领导干部上党课,举办纪律教育讲座和学习贯彻省第十二次党代会精神宣讲会,组织观看《将改革进行到底》等廉政教育片,开展网络答题活动,还组织了全局党员到南澳抗日纪念馆、韩文公祠进行以"缅怀革命先烈,重温红色历史"为主题的党性教育,进一步坚定党员干部理想宗旨。二是压实主体责任。制定下发了党风廉政建设工作要点和责任分工表,分别与基层税务分局主要负责人签订党风廉政责任状,将党风廉政建设纳入全年绩效考核,与地税中心工作同部署、同落实、同考核、同检查。三是抓好谈话提醒工作的落实。按照《全省地税系统坚持抓早抓小开展谈话提醒工作指引》和《梅州市地方税务局2017年度谈话提醒工作实施方案》的通知要求,累计开展谈话提醒49人次,其中科级干部10人次,股级干部14人次,一般干部25人次。四是抓好内外部审计自查自纠和整改工作。认真做好省局审计组对县局罗冬坚局长任期经济责任审计情况核查和整改工作,确保整改工作落实到位;对照省局内外部审计列出的11类问题认真开展自查,建立详细问题清单和整改台账,并采取有力措施进行整改。 (曾　昶)

2017年县地税局负责人名录

局　长:罗冬坚
党组成员、主任科员:饶光淡
副 局 长:汤向明　林展强
纪检组长:张秋帆
总经济师:池运军(1月任职)
　　　　谢石松(1月离任)

教科文卫体

教　育

中小学教育

【概况】 蕉岭县教育局位于蕉岭县蕉城镇镇山路。设有8个职能部门:办公室(含党委办公室)、人事股、计划财会股、基础教育股、职业教育与招生股、督导室、文体卫股、德育与学校安全管理股;3个下属机构:教研室、电化教育教学仪器站、信息中心。有工作人员61人,其中行政编制14人,事业编制43人,机关工勤人员1人,后勤服务人员3人。2017年,全县有教师进修学校开放大学联校1间。中小学校31间(不含7间小学教学点),中小学生及在园幼儿共29763人。其中:完全中学2间,中等职业学校1间,在校普通高中学生3598人,中职学生874人;初级中学9间,九年一贯制学校3间,在校初中学生4925人;完小16间,教学点7间,在校小学生12992人。幼儿园44间(其中:公办园17间,民办园27间),在园幼儿7374人。

【普通中小学教育】 2017年,蕉岭县高中阶段学校有2间,均为完全中学,初级中学9间,九年一贯制学校3间,完全小学16间,教学点7间。高中阶段有82个教学班,初中阶段有125个教学班(其中九年一贯制学校有12个教学班),小学阶段有349个教学班(含九年一贯制)。2017年,蕉岭县中小学校义务教育标准化达标率100%,小学适龄儿童入学率达100%,年辍学率为0,升学率100%;“三残”儿童入学率达97.05%;初中毕业生升学率达100%,初中毛入学率108%,初中三年巩固率99.81%,年辍学率为0。

2017年,蕉岭县被授予“广东省推进教育现代化先进县”称号,蕉岭县教育局获“广东省促进义务教育均衡发展先进集体”称号。全年完成8所学校运动场全面升级、6所学校基础设施全面改造。深入扎实推进桂岭学校、职校实训楼、教育展馆等重点工程建设。同时,安装102套电子白板,2间多媒体录播教室,实现全县中小学校(含教学点)宽带接入全覆盖,全面提升了学校教育现代化水平。

蕉岭长期坚持“以特色促发展,树品牌强内涵”的发展战略,聚焦国学、校园足球、客家文化、小乐器、诗词、书法等着力点,努力打造“一校一特色”。积极探索建立从小学到初中、初中到高中衔接贯通的素质教育实施机制和学生培养机制,注重学生社会责任感、创新精神和实践能力的培养,充分挖掘学生潜力,促进学生全面发展,真正落实素质教育。

【职业教育】 蕉岭县职业技术学校总占地面积35916平方米,总建筑面积12065平方米。学校全面贯彻执行党和国家的教育方针,以“欲要成才,必先成人”的育人观和“掌握技能、服务社会”的办学宗旨,坚持“四位一体”(办好“3+证书”高考班;与东莞市轻工业学校和纺织服装学校、佛山市华材职校等国家级重点职校“校校联合办学”;与塔牌集团和县直四间幼儿园等“校企合作”;与县社保局、县妇联等单位共同做好“订单式”职业培训工作)的办学方向。开设有“3+证书”高考班和电子技术、现代汽车、粤菜烹饪、学前教育、机电、物流、会计等8个专业。2017年,职校有10个教学班,学生766人;教职工72人,其中专任教师61人,本科学历教师 65 人,学历达标率达 90.3 %,高级教师人数 30 人,占教师人数的 41.6 %,双师型教师 65 人,占专任教师人数 90.3%。

【幼儿教育】 2017 年,蕉岭县共有幼儿园 44 间(公办 17 间,民办 27 间),共有公办幼儿专任教师 198 名,民办幼儿园专任教师 260 名,专任教师大专以上学历比例为 78.6 %;在园幼儿 7374 人,其中公办园幼儿 3656 人,民办园幼儿 3718 人,学前三年入园率为 98.52%。

【教育教学成绩】 2017 年,蕉岭县高考成绩再创新高,重点本科入围 184 人,重本率达 15.6%。其中,徐舒晴被北京大学录取,丘晓阳被香港中文大学录取。

2017 年,顺利举办了蕉岭县“校园足球学校”足球比赛、第 32 届中小学生田径运动会及各类书画比赛,开展了山歌、乐器进课堂等丰富多彩的活动,组织参与了电脑制作、教育软件评审等活动,教学成果获省、市级以上奖项 108 人次,共有 116 名学生荣获省、市级表彰。2017 年,县人民小学获评“广东省依法治校示范校”;县人民小学、友邦小学获评“广东省校园足球推广学校”。

【教师队伍建设】 2017 年,全县共有教职工 2411 人,其中:联校 32 人,职校 72 人,普通初中 712 人,普通高中 452 人,小学 935 人,幼儿园 165 人,教研室 22 人,教仪站 8 人,信息中心 13 人。现有专任教师 2255 人,其中:幼儿园 155 人(其中高中阶段毕业以上 155 人);普通初中 695 人(其中大专以上学历 695 人);小学 902 人(其中中专以上学历 902 人);普通高中 408 人(其中本科以上学历 408 人);职中 65 人(其中本科以上学历 65 人);联校 30 人(其中本科以上学历 28 人)。

2017 年,蕉岭县以“双引双培”和“强师工程”为抓手,大力引进高素质教育人才,共招聘 8 名硕士研究生,33 名华南师大等高校应往届毕业生。共选送 15 名骨干校(园)长参加省级培训;选拔 142 人参加国家和省、市级骨干教师培训;组织 5 人参加校园长任职资格培训;组织 153 名幼儿园教师参加信息技术应用能力工程培训,2072 教师参加全员职务培训,2330 名教师参加公需科培训;组织 3 名教师参加教育硕士进修学习。 (徐丹玲)

2017 年县教育局负责人名录

局　长:张　慧(女,1 月任职)
党组书记、党委书记:徐志良(8 月任职)
副局长:罗惠浩　高锡华　赖增平
党委副书记、纪委书记:陈应有(8 月离任)

蕉岭中学

【概况】 2017 年,蕉岭中学从育人为先,管理从实出发,强化精细管理、深度研究、实效评价、内涵发展举措;提升全员参与、高效育人高度;拓展紧抓课堂、推进教学研究宽度;促进学校内涵发展,实施品牌强校战略。

【队伍建设】 蕉岭中学把党的政治建设摆在首位,用习近平新时代中国特色社会主义思想武装头脑,重视发挥党支部教育管理监督党员和宣传引导凝聚师生的战斗堡垒作用,发挥党员教师的先锋模范作用。坚持党的组织生活各项制度,创新方式方法,增强党的组织生活活力。健全主题党日活动制度,加强党员教师日常管理监督。学校坚持以人为本,构建学校文化,创新学校管理,培育“诚、敬、勤、谨”的蕉中人精神;坚持条块结合,分管不分家,分工不分割;坚持刚柔并举,做到制度管理和人文关怀相统一;坚持制度但不迷信制度,无情制度、有情操作,做到“三个尊重”“三个宽容”,让管理满足教师的自由度。蕉岭中学行政班子加强学习,努力提高现代教育教学精细化管理水平、科学决策水平和执行能力，继续发扬求真务实、艰苦奋斗的优良作风，做到“五个带头”—带头学习提高、带头争创佳绩、带头服务师生、带头遵纪守法、带头弘扬正气，用实际行动做教师的表率。

蕉岭中学强调“爱与责任”是师德之魂，继续倡导“五重五拼精神”，弘扬“五种气质”，通过读书行动、青蓝工程、专家讲座等形式培养教师专业发展“追求卓越”的主动进取精神。2017年度有吴岭梅、黄金森等5位老师评为市级以上先进个人，江岸婷等21位老师评为县级以上先进个人。

【德育活动】 蕉岭中学在强化德育常规工作的基础上，努力创新德育，以学生存在的问题确定德育内容，以学生的需求为切入点，充分发挥学生的主观能动性、精细化创新德育管理，激发学生潜能、引导学生个性发展，运用充分发展、可持续发展的着眼点进行德育评价。2017年度周泽兵、徐红都等28位班主任获蕉岭中学“盛顺奖教金”优秀班主任奖励。

蕉岭中学德育工作坚持以活动为载体，通过形式多样的德育活动实现德育总体目标，成功地举行了高一级远足活动，高二级成人礼，高三毕业典礼，第九届科技文化节，第十届体育节，第二十一届校园文化艺术节，丰富多彩的活动展示了学生风采，促进了学生主人翁意识。学校还通过“三育人”活动培养学生为他人着想的意识，使学生在为他人的服务中学会关心；培养学生的组织纪律观念，使学生在参与管理中懂得自律；培养学生的劳动服务意识和吃苦精神。增强了学生的自豪感、责任感。2017年度有徐舒晴评为省级优秀学生，丘信彦被评为“广东省优秀共青团员”，徐笑妍、奚忆洋等37人评为市级各类优秀学生，利雯、林玮明等一大批评为县级各类优秀学生。

【教学教研】 蕉岭中学实行教务处、教育科研处和教学研究督导中心“三位一体”的管理模式，加强教学教研的管理、指导和服务工作。重视教学过程管理，营造良好的学习环境，实施素质教育，进一步加大教育教学改革力度，加强校本培训，积极实施有效教学，不断提高教育教学质量。

蕉岭中学强化精细化教学常规管理，教学研究督导中心及时、准确反馈教学过程检查结果，有效地帮助教师整改、完善、反思；建立有效交流的、互动的管理机制，帮助教师二次定位教学常规各环节的重要作用，提高执行教学常规的主动性、针对性、自觉性。大力推进“有效教学”，打造“高效课堂”，要求广大教师紧紧抓住课堂教学主阵地，不断深化课堂教学改革，向课堂四十五分钟要质量。根据该校学生实际，认真研究落实课堂教学的定位，确保课堂上学生“吃得下”“吃得饱”“能消化”“有思考”，从“有效备课”抓起，课堂教学范围要符合新课标和学科教学要求，帮助学生构建知识网络，实现“低耗时、高效率、高质量”的目标。

【高考成绩】 2017年高考，蕉岭中学一本上线人数181人，上线率24.1%，比去年上升4.2个百分点，高位继续攀升，一本入围人数和百分率居梅州市各县区重点中学第二位。本科上线620人，上线率82.8%；专科上线100%，600分以上12人。徐舒晴同学被北京大学录取，丘晓阳同学被香港中文大学录取，邓炜森同学被南京大学录取，钟馥蔓同学被北京师范大学录取，全校有24人被985院校录取，54人被211院校录取。

（曾国剑）

2017年蕉岭中学负责人名录

党支部书记、校长：林　敏
党支部副书记：谢志平
副校长：古芹花（女）　丘安清
　　陈纪雄（12月离任）　汤国柱
　　汪英巧（女）

华侨中学

【概况】 2017年，华侨中学有教职工241人，其中硕士研究生5人,高级教师97人。全校有42个教学班，学生1666人。基于学校培养目标，教学一线老师与后勤教辅人员全面动员，全员参与,投入到教育教学工作及相关服务工作中,全面关注学生的个体发展,促进学生成长成才。以班主任为核心,加强科任教师之间的沟通与合作，加强学科之间的协调发展,共同研讨班级建设与学生教育策略,共同推进班级整体进步。始终以规范为标尺,以养成良好的习惯为准绳开展教育教学工作,及时引导和规范学生,发现问题及时处理,使学生逐步认识自我,完善自我。该校一面开展好科学文化教育教学工作,一面结合校情、学情,认真研究、发展体艺特色教育，取得了较好的成果。县、局、学校重视侨中体艺特色发展。2月、4月,副县长刘素芬、教育局局长张慧等一行,巡视了学校的校容校貌,亲临各功能场室,听取学校的汇报,了解建设情况。刘副县长就学校建设提出了几点意见和要求:一是在调研论证的基础上对校园进行整合,各栋楼的功能设置再作调整;二是下功夫办出特色,学校认真研究如何发展特色教育;三是加强管理,完善细节;四是团结协作,共谋发展。3月,添好实业有限公司董事长吴发彬先生心怀慈善，心系家乡,倾情教育,关心侨中发展,关爱学子成长,在该校成立了“盛顺纪念奖教奖学助学金”,并为全校各班更换电子白板教学平台。3月17日,该校顺利通过由梅州市环境保护局组织的“梅州市绿色学校”检查验收。

【队伍建设】 学校坚持“以严格和关爱打造学生成才，以体艺特色发展推动学校发展”的办学思路,以“培养健全人格,提升教育教学成效”为工作目标,实行以人为本的管理理念,抓好校园常规管理。学校加强领导班子的建设,在班子内发扬民主作风,形成团结和谐的良好风气;提倡奉献精神,心系学校,情钟教育,在老师们中树立榜样,承担管理者的责任;逐渐提高自己的管理水平，变简单管理为科学管理,使管理科学化,有序化,有效化。健全管理网络。实行部门与年级条块结合的管理制度,明确岗位职责,自上而下分层管理,责任到人。每一项工作层层分配、担责，细化到部门、年级、班级、老师,落到实处,实事求是地解决问题。对人的管理刚柔结合,营造良好、和谐的氛围。为每一位教师创造良好的工作环境,信任、尊重教职工，创造条件服务每一位教职工,在教学用具、办公条件等方面,尽量满足老师们的工作需求,在业务培训、书籍借阅、参与议事等方面尽量满足精神需要,使教职工能安心工作,提高工作效率。另一方面,依制度管理学校,建立激励和约束机制,认真抓好教育教学管理工作，保证学校各项常规工作顺利完成。紧抓师德师风建设不放松，不迁就不放任,在教职工中避免了只管索取不顾责任的后果。在政治上、业务上、工作上时常作出要求、指导、培训,树立老师们的社会意识、责任意识,进而以学识、气度、言行影响学生,在学科教学中主动渗透德育,提高学生文化知识与个性修养水平,以教师的自觉促进学生的进步,以教师、学生的进步达成学校的发展。学校重视各类师生文体活动的策划、实施,不断增强学校的活力,提升集体的凝聚力和教育的影响力,提升学校的办学质量。

【德育与活动】 为了学生的良好发展、健康成长,学校遵循教育规律,依据学情,研究德育内容,探讨德育的时机、途径、方法,不断落实“先成人,后成才”的培养目标。学校实行以学生为本的教育理念。以学生为本,并不是放松要求,也不是弱化教师的教育、管理责任,丧失教育管理原则。全体教师尊重学生,保护学生的自尊心、自信心,关注学生的健康成长。严格执行管理制度，以规矩塑造学生品德、行为，去陋习强修身。在年级、班级管理上，突出针对性、参与性、主动性，建立学生自治、自我管理机制，给学生提供更多自我教育、自我管理的平台，培养学生的主人翁意识，培养学生爱校、爱集体、爱同学的情操。着眼于学生的养成教育，开展政治思想、礼仪情感、生存安全、诚信守规、珍惜自己、关爱他人、维护社会等教育、活动。充分利用节日、升旗礼、年级大会、班会及其他一切集会时间，开展形式多样的德育、审美教育活动，进一步改善学生的思想品德状况。加强法制、安全与心理健康教育。利用校会、班会、宣传栏等各种形式宣传法律、安全知识，邀请法制副校长来校作法制安全讲座。结合各班实际情况，加强对学生的教育和引导，预防事故的发生。重视学生心理健康与人格协调，引导学生关注自身心理健康，倡导及时发现问题及时寻求疏解。重点解决学习心理负担过重、人际交往中的心理障碍等问题。2 月 25 日，邀请孟凡坤老师作励志演讲。3 月 28 日，邀请国家注册高级培训师、国家二级心理咨询师梦子老师来校演讲。润物无声，教育无痕，华侨中学坚持以活动促发展，寓德育于活动之中。开展“醉美寿乡之行”活动，激发学生保护自然环境，锻炼身体，磨砺意志。4 月，高二年级举行“十八而志，青春万岁”成人仪式。4 月 8 日，侨中团委组织“桑梓文学社”“星歆摄影社”的老师、同学一行二十几人乘车到丰顺马山进行文学采风和摄影活动，旨在进行环保宣传。4 月 23 日，广播站钟杼灵同学在“梅州市青少年纪念叶剑英元帅诞辰 120 周年”吟诵比赛中脱颖而出，获得了二等奖。4 月 27 日，团委、校广播站和文学社举办了书香校园“经典伴我行”演讲比赛，引导广大同学为实现自己的梦想而发奋学习、努力读书。5 月，值共青团建团 95 周年之际，团委组织了“青春喜迎十九大 不忘初心跟党走”五四主题团日活动暨表彰大会，希望青年团员牢记嘱托，铭记在心，紧紧围绕在以习近平总书记为核心的党中央周围，用勤奋谱写未来，为实现中华民族伟大复兴的中国梦贡献青春和力量。校足球队参加了县校园足球比赛，队员们发扬了顽强拼搏、团结协作、奋勇争先的体育精神，获得了比赛的胜利。11 月，一年一度的校运会在建英运动场上举行。

【教学工作】 学校以教学为中心工作，按国家课程标准开齐课程，开足课时，抓常规促改革，在保证教学质量基础上突出体育与艺术特色的发展，并取得较好的效果。

常规管理抓落实不放松。明确教学规范和要求，逐步完善提升，不断提高课堂效率。加强教研组建设，组织开展日常教学教研活动，发挥教研组长、备课组长的领头羊作用，落实组长职责。切实发挥科组老师的集体智慧，探索有效课堂的模式，促进教学和教研活动并行发展。积极组织老师参加市、县教育局举办的各类教研活动及各类高考研讨会；组织音乐、美术老师参加市级基本功比赛，取得了优秀成绩；组织老师参加微课制作、教学设计、说课比赛，组织论文评比等系列活动。立足本校，加强校本教研。教研组内部开展观摩课、示范课等活动，举行了多媒体课堂教学比赛，营造教学科研气氛，形成互相学习、共同进步的良好风气。认真做好教育科研工作，有 7 位老师申报县级教育科研课题。聚焦课堂主阵地，要求科任老师着力建立融洽的师生关系，关注全体学生，教学内容、过程设计科学，分层讲解精当，发挥教师主导作用，注意激发学生的学习欲望，指导学生掌握学习方法，培养思考能力和创新实践的精神，落实学生的主体地位。教务部门经常性了解教学情况，建立校长、抓教学副校长、教务处人员巡查制度，确保每天巡视课堂，了解全校的教学动态。树立强烈的质量意识，加强检查督导。各年级都进行了多次作业、教案检查，并做好详细登记和评比。抓好高考、中考复习工作和体艺术科的训练工作，提高备考质量。不断探讨毕业班备考方法，埋头苦干、抬头创新，组织好每次考试，及时做好备考效果分析、备考内容分析,关注学生思想状态和情绪变化。一番努力,高考取得了可喜的成绩:一本上线4人,二本上线57人。

(徐　岭)

2017年华侨中学负责人名录

党支部书记、校 长:刘隆基
党支部副书记、副校长:江远芳
副校长、工会主席:钟森炎
副校长:古红梅(女)　罗仕东

镇平中学

【概况】 镇平中学创办于1990年,是梅州市一级学校。学校坐落在205国道旁,背靠横岗山,占地面积58445平方米,建筑面积11997平方米,校园绿树成荫,绿化覆盖率在83.5%以上,是梅州市"书香校园""美丽校园"。现有28个教学班,学生1377人,其中专任教师127人,取得高级职称资格47人,中级职称教师资格66人,本科学历117人,学历达标率100%,在职党员56人。学校教学设施先进,安装了校园网,有功能齐全的交互式多媒体教室30间,录播室1间。学校藏书31652册,生均图书27.4册,音乐舞蹈室1间,美术室1间,理化生实验室5间、有1300平方米多功能体艺馆1座,体育器材充足,体育运动场室生均13.9平方米,学校重视打造智慧校园,管理系统、门禁系统,自动阅卷系统、录播系统设备先进,各功能场室齐备,可满足教学需要。

【队伍建设】 学校加强思想政治教育,提升业务知识能力的培养,重视党建工作,提高行政管理人员的执政行政能力、服务教学一线的意识,让老师们树立主动学习、乐于奉献、团结协作的精神。教师通过学习,掌握党的教育方针、提高业务水平,与时俱进,不断更新知识,适应时代发展的要求,争做优秀教师。全体行政人员深入教育教学第一线,坚持上课,以身作则,发挥一位行政一面旗帜的作用,带好一个教研组备课组,向心力强。党支部和班子成员廉洁治校、重大事情由支委会议决议,民主决策气氛浓。

【德育工作】 牢固树立"安全第一"的意识,加强德育安全教育。利用升旗仪式、广播站、黑板报和主题班会等,进行防火、防水、防电,远离毒品系列安全教育。在该校举行了"关爱明天普法先行""交通安全""消防安全知识培训"等活动,通过讲座宣传、培训,使学生深刻体会到法纪、安全教育对健康成长的必要性,为构建平安校园夯实坚实的基础。健全管理制度,落实巩固工作措施,加强校园各类值日制度,每天安排值日老师认真履行校园值日、治保值日,校园周边交通安全值日,准时到位、到岗,特别是加强了学校附近小巷、后山的治保值日。加强与交警、保安员、派出所等的合作,发挥法制副校长等社会教育力量的作用,确保师生平安、校园和谐。实行星级班级管理。各班主任切实履行好岗位职责,重视班级管理,加强学生行为规范养成教育。认真落实文明班评比方案,充分发挥班团干部的主导作用,调动学生学习的积极性,努力打造文明班级,每月按评比方案,对各班的卫生、文明礼仪、纪律、两操、班容班貌等情况进行考核,评出星级班级,并进行表彰奖励,使全校形成了班班争先进的良好氛围。加强家校联系,发挥家长、学校、社会的教育合力作用。各班主任充分发挥校讯通平台的作用,通过电访、家访、家长来校等多种形式,认真做好与家长的沟通联系工作,作好充分准备,开好学生家长会。加强学生心理健康教育。关注后进生、留守学生等特殊群体,加强对特殊群体的引导和教育。学校积极探索贫困生、后进生、单亲学生、留守学生的教育和管理办法、途径。对身体有病残、表现不良的学生先摸底调查,建立工作机制,印发学习资料等形式,从生活、思想、学习上关心学生,促进他们健康成长。学校没有学生欺凌现象,犯罪率、辍学率均为零。

【教学科研】 明确新课改要求,落实新课程实施和教学创新。新课改中明确教学过程要体现学生探究、合作等活动,开发学生智力、培养能力为核心,彻底改变传统的灌输方法。要求教师转变观念,明确目的。新课程接近社会、接近生活、接轨世界、实施新课程有利于学生的发展、提高教育质量。要搞好新课改工作,要求各老师多学习、勤钻研、善合作、勇实践,以积极的智慧丰富教学过程,做到堂堂课皆精彩。严格按新课改课程计划开设课程,安排课时,组织教学,无占课现象,达到了办学规范的要求。科研引领教学,提升教学质量。有7位老师申报教改课题,其中有一位老师获省立项课题,有5位老师获市立项、1位老师获县立项。教师积极撰写教育教学论文,有38位老师的文章、论文,在各种刊物发表或各级各类论文评比中获奖,有18位教师分别在全市、县教学比赛中获奖。加强教研组、备课组建设,发挥骨干作用,每周开展教研组和备课组教研活动,各教研组均能按照工作计划开展教研活动,每周一研,做到有教研目标、有主题、有中心发言人,各老师畅所欲言,切磋问题,研有所得;注重以老带新、取长补短、互相促进。重视各级各类竞赛,在2017年学科竞赛均取得了优异的成绩,获国家、省、市、县奖共28人次;学校期末考试取得了优异的成绩,尤其是初三中考取得了镇平中学开办以来最好成绩,有234人上蕉中重点线,升重点率56.8%,初三中考十科中十科区域第一。2017年3月被市教育、市综治办、市公安局授予"梅州市安全文明校园";2017年5月获蕉岭县"校园足球学校"足球比赛中学组第一名;2017年6月学校被市环保局授予"梅州市绿色学校";被蕉岭县委、县政府授予"综治先进单位";由于德育工作突出,全年无事故,荣获县"德育、安全工作先进单位"。2017年学校王晓松校长获得蕉岭县委、县政府表彰"优秀校长";张亦忠老师获得市教育局表彰"优秀教育工作者";徐伟强老师获得广东省雁洋公益基金会"叶剑英基金优秀教师奖";罗伟华被评为德育安全先进个人;张冬玲、吴丽苑、赖丽喜被评为优秀班主任;汤美芳、丘赞、曾国强被评为教学、教育科研积极分子。

(林文勇)

2017年镇平中学负责人名录

校　长:王晓松

副校长:宋贤文　刘干华　钟　闻

县职业技术学校

蕉岭县职业技术学校成立于2004年2月,是一所县直科级中等职业学校。学校总占地面积35916平方米,总建筑面积12065平方米。现有教职工72人,其中专任教师61人,本科学历教师65人,学历达标率达90.3%,高级教师人数30人,占教师人数的41.6%,双师型教师65人,占专任教师人数90.3%。

学校全面贯彻执行党和国家的教育方针,以"欲要成才,必先成人"的育人观和"掌握技能、服务社会"的办学宗旨,按照县委、县政府"办活职中"的要求,坚持"四位一体"(办好"3+证书"高考班;与东莞市轻工业学校和纺织服装学校、佛山市华材职校等国家级重点职校"校校联合办学";与塔牌集团和县直四间幼儿园等"校企合作";与县社保局、县妇联等单位共同做好"订单式"职业培训工作)的办学方向,努力做好职业教育这篇文章。

2017年,在上级领导下,由中央财政专项资金1000万元建筑的面积4018.30平方米的功能齐全、设备先进的实训大楼已建成并于2018年春投入使用。现开设有"3+证书"高考班和电子技术、现代汽车、粤菜烹饪、学前教育、机电、物流、会计等 8 个专业共 10 个教学班，共 766 人(其中：在蕉岭学生 305 人，在联办学校的学生有 461 人)。学校装备有汽车实操室、财会模拟实验室等共 14 间。 (黄寿生)

2017 年县职业技术学校负责人名录

校　长：王洪兵
副校长：林文宇　陈移山　陈子龙

田家炳实验中学

【概况】 2017 年 9 月，蕉岭县田家炳实验中学有 39 个教学班，学生 1902 人，教职工 172 人。该校积极打造五个环境(校园环境、育人环境、教学环境、文化环境、课外环境)，全面提升学校品牌。2017 年 3 月被评为梅州市安全文明校园，2017 年 6 月被评为梅州市绿色学校，2017 年 11 月被评为《梅州日报》先进小记者站；2017 年 1 月被评为 2016 年度县社会治安综合治理及平安建设先进单位，2017 年 9 月被评为县德育、安全工作先进单位。

【队伍建设】 该校党支部组织教职工学习中共十九大精神、《关于进一步加强师德师风建设的意见》等文件精神，结合实际，制订学校师德师风建设实施方案、教职工考勤制度、教职工年度考核方案，严格执行坐班制度，落实教职工请假制度，营造教职工遵纪守法氛围。举办形式多样的师德教育活动，2017 年 5 月 11 日，邀请县委党校教师刘辉凤来校作学习贯彻习近平总书记对广东工作重要批示精神专题讲座，12 月 12 日邀请县委党校教师陈文峰来校作学习贯彻中共十九大精神讲座。全体教职工提高了素质，增强了服务意识。

【德育管理】 重视习惯养成教育。利用每周一次的班会课，开展“珍爱生命、谨防溺水”“手机给中学生带来的危害”等主题教育。开展“关爱女生、健康成长”公益巡回讲座、青春期教育讲座，加强学生日常行为规范的训练，促进学生人格的健康发展，形成优良的校风。加强法制教育，增强学生的法纪意识，开展依法治校创建活动。构建分级管理网络。学校实施分年级管理，学校副校长分别分管三个年级，各年级设正副级长若干名，均由学校中层干部兼任。年级组管理精细化，副级长分工细致、职责分明，各司其职，形成人人有事做、事事有人管的格局。实施学生自治管理。深入探索学生自治做法，形成学生自治的管理模式，单车摆放、课间秩序、大课间跑操、卫生保洁、教室用电等都由学生自主管理，学生在参与学校管理过程中充当被管理者和管理者的双重角色，做到自律自爱自强。确保校园安全和谐。聘请专业校警日夜值日，积极配合综治、交警、公安、卫生等有关部门开展校园及周边环境的综合治理，确保校园安全、和谐。执行行政轮流值日制度，课间维持楼层楼面秩序，放学维持安全回家秩序，加强校园及周边管理，筑牢安全防线。组织学生观看电影《水火无情》，写观后感，开展安全防范教育。与家长签订学生安全责任书，形成德育合力。

【教学科研】 完善教学设施设备。加大投入，购置电脑、电教平台等硬件设施，实现教师人人有教学用的电脑、班级都有电教平台，全力提升学校教育信息化水平。全体教师用好功能场室，充分利用多媒体辅助教学，推进教育教学信息化。教学常规常抓常新。教务部门组织好教研组长对教案、小测、作业认真检查评比，经常深入课堂听课、评课。各老师落实备课、上课、改作、辅导、反思等常规环节，促进了教学水平的全面提高。2017 年中考，学校考取重点中学人数达 286 人，占考生人数的 55%，平均每班 24 人。教学方法与时俱进。积极组织教师参加继续教育学习和培训，以备课组为单位加强校本研修，推行集体备课，促进教师专业成长。创新教学方法,提升教师驾驭课堂能力,打造有效课堂。2017年11月,开展青年教师高效课堂比武活动。10月23日至27日,梅州市校长培训班学员到学校跟岗学习。11月8日,香港仁爱堂田家炳中学到访学校进行交流。教育科研结出硕果。加强对《以学生为主体的开放教学在初中历史教学的实践研究》等市立项课题、《以生为本,培养学生创新思维的策略研究》等县级立项课题的过程跟踪和指导管理,注重总结和推广课题成果。《快速记忆英语单词的技巧》等论文发表在《梅州教育》2017年第2期,《打造五个环境 提升学校品牌》等8篇论文发表在《蕉岭教育》2017年第2季刊。《声音的产生与传播》等课例在"一师一优课,一课一名师"活动中被县教研室评为"优课"。

【特色活动】 抓好大课间跑操。利用每天上午第二节课后进行大课间跑操,练好强健体魄。继续推进"五球联动"发展战略,开展足球、篮球、羽毛球、乒乓球、排球等球类兴趣活动和各类比赛。9月30日,举行学校第11届学生运动会。重视传统文化的传播。设置国学宣传栏、具有个性特色的客家文化宣传栏、综合知识文化长廊、中国传统文化味道浓郁的文化墙,增加学生了解国学的机会。开展国学、传统文化讲座,丰富学生的课余文化知识。11月24日,全县中小学弘扬国学与艺术暨实验中学"品国学经典 做时代新人"现场会在学校召开。开展科技创新活动,11月5日,学校举办第一届科技节。深入开展特色学校创建活动,举办"读名著,做新人"演讲比赛,利用《晨曦》《名人树》等校报校刊,发表学生理解和感受传统文化的作品。 (钟新民)

2017年田家炳实验中学负责人名录

校　长:郭秋源

副校长:钟剑平　郭广华　黄近芳(女)
　　　　黄维锦

新铺中学

【概况】 2017年,新铺中学有9个教学班,学生人数402人;教职工人数64人,其中专任教师60人。

【党建师德工作】 在全校党员中开展学习十九大精神、"学党章党规、学系列讲话,做合格党员"学习教育活动;每月召开一次主题党日活动,增强学习"两学一做"的自觉性和坚定性;开展党员"亮身份 树形象"活动,让更多的党员一起擦亮为蕉岭教育服务的光辉形象;加强党风廉政建设,开辟"廉政文化"专题宣传栏,组织好民主生活会,提升党员教师在教育中的先锋模范意识;加强了"社会主义核心价值观"的学习,通过显示屏呈现、班会宣讲和宣传栏张贴,让全校师生牢记社会主义核心价值观的内容;开展了5次师德师风主题教育活动,签订了《师德承诺书》;坚持每周一次的班主任例会制度,学习德育工作中的新思想、新方法;对新班主任进行了4次培训,提升管理育人水平;进一步健全和完善了班主任工作考核,完善文明班级、先进班集体、优秀班主任和先进德育工作者的评比机制,坚持从形式和内容两方面公正、客观地衡量班主任工作,建设了一套较为科学、规范的德育评价制度。

【德育安全管理】 开展了10场"公民道德教育宣传日""培育民族精神宣传教育月""社会主义核心价值观"等主题教育活动,着重抓好爱国主义和传统美德教育;开展"教育系统社会治安综合治理"及"平安校园"等专项整治活动,规范学生的日常行为,培养学生的良好行为习惯;成立了法制安全领导小组,平时对学校周边环境进行调查摸底,对各种娱乐场所进行巡查,及时消除治安隐患,提高学生遵规守法的自觉性;11月举行防火、防震安全紧急疏散演练,提高该校师生的自我保护意识;组织学生观看交通事故、溺水事故、禁毒教育等图片音像资料,增强学生的安全意识;加强心理健康教育,成立了以校长室为领导,政教处为主体的心理健康教育课题研究队伍,健全心理咨询制度,帮助学生形成健康的品质和人格;关心困难学生和留守儿童,班主任和科任结对关爱留守儿童,当好代理家长和“爱心妈妈”,让家长放心、社会满意。

【教学科研工作】 坚持“质量立校”的方针,创新工作思路,强化工作措施,落实工作目标,克服一切困难,立足“初中三年一盘棋,教学科研一把抓”的办学思想,在狠抓薄弱环节、薄弱学科上下功夫,求真务实,全面提高教学质量;严格执行国家课程设置及课时计划,认真落实教学工作计划,把抓常规落实在教学的每一个环节中;鼓励教师参加“一师一优课,一课一名师”活动,促进教师的专业发展,课题研究立项申报获县级以上立项课题的有5个学科共计6人,其中丘敏华老师作为省级骨干教师到岭南师范学院学习培训并被聘为特聘教师;做好教学常规督查工作,教务处与各科教研组长联合对每位教师的业务进行检查和推门听课活动,及时推广优质课和个性化的教学成果,纠正和解决发现的错误、问题;开好质量分析会,做好问题学科、问题班级的解剖工作,达到以考促教、以考促学、以考促评、以考促练的目的,有力推动了教学质量的提高;体艺组及各学科兴趣小组经常开展丰富多彩的活动,丰富了学生的校园文化生活,增强了学校的向心力,参加蕉岭县中小学生田径运动会、艺术花会有21人次获优胜奖励。 (曾佛元)

2017年新铺中学负责人名录

校　长:宋伟清
副校长:曾佛元　廖广均

蕉岭开放大学

【概况】 蕉岭开放大学,原名蕉岭县广播电视大学,是一所运用广播电视、文字和音像教材、计算机网络等多种媒体进行现代远程教育的新型高等学校,是蕉岭县唯一国民教育系列的成人高等学校,也是国家开放大学和广东开放大学现代远程开放教育下属分校。2017年,学校有教职工36人,其中专任教师31人,12人有高级职称,16人有中级职称。2017年,该校在蕉岭县委、县政府和县教育局的正确领导下,积极贯彻落实中共十九大会议精神,坚持树立“立足基层、服务社区、服务农村”理念,坚持走内涵式发展道路,积极搭建开放大学学习平台,构建学习型社会,不断提升成人高等教育为本地经济发展的服务能力。在全体教职员工的共同努力下,该校完成了各项预期工作目标,实现了和谐、科学、持续发展。

【和谐校园建设】 该校以“三个结合”为抓手,促进学校和谐校园的建设。一是结合党建工作,认真开展各项政治、思想学习活动。学校坚持每周组织党员干部和教职工认真学习党章、习近平总书记系列讲话精神等内容,学校班子带领全体教职工以饱满的热情、端正的态度、良好的作风积极投身到教育实践活动中,着力解决了“四风”中存在的突出问题。通过抓学习活动,全校干部职工形成了为学校事业发展努力奉献的共识。全年,学校有8位教师被评为市、县级先进教师。二是结合平安校园建设,促进学校事业发展。该校高度重视综治、安全工作,全方位落实综治、平安校园建设、普法、消防安全等工作措施,切实保障学校师生和财产安全。三是结合精准扶贫工作,密切党群干群关系。按照县委的统一部署,该校挂点南礤镇三泰村。学校党支部高度重视精准扶贫工作,首先,在年初召开了专题会议,使全体干部职工都认识到精准扶贫工作的重要性和长期性。其次,成立精准扶贫工作领导小组,建立 8 个对接扶贫小组,使扶贫工作落实责任。再次,深入调研,理清思路,明确工作目标,从制约村经济发展、同群众关系密切的问题着手,解决问题。重点落实计划生育、种养指导、智力扶贫、给贫困户送温暖等帮扶工作,筹措资金落实篮球场建设工程,解决群众活动难问题;加强换届选举工作, 提高村班子整体素质和办事能力;积极开展"党员教育联学、贫困对象联扶、远教站点联建"活动,推进城乡基层党组织互帮互助活动,使精准扶贫工作初见成效。

【教育教学管理与科研工作】 主要抓好六方面工作:一是抓好师资队伍的建设。严格选聘开放教育教学专、兼职教师,为每门学科配备合格的专业辅导教师。抓好教师培训,选派教师参加省市业务培训, 提高教师的业务水平。二是抓好学生网上教育学习活动。学校充分利用国家开放大学、广东开放大学和学校网站的多种教学资源,加强网上自主学习辅导,引导学生开展师生或生与生的实时和非实时的教学活动。三是抓好抓网络资源的建设与应用。各门课程都有专业教师负责提供多种媒体的教学资源链接到学校主页,并将国家开放大学"直播课堂"刻录成光盘发放给学员,满足学员学习需要。四是抓好考风考纪落实。细化考试组织管理,利用各种形式对学员加强考风考纪诚信教育,将考风考纪教育关口前移,规范有序开展考试工作, 在全体教职工的密切配合下,该校顺利组织了 2017 年电大、奥鹏系统期末考试和试点高等学校、网络教育部分公共基础课统一考试等工作。五是抓好学生集中实践环节指导工作。严把论文质量关,成立论文指导领导小组,指导老师、班主任全面指导、督促学生落实论文写作。六是抓好科研工作。积极实施 "青年教师培养工程"、加强教师专业化建设、加强学习和培训等三项工作,有效地解决了学校师资结构不均衡问题,提升了师资队伍素质。2017 年,该校参与的梅州开放大学、梅州市现代远程学会的课题"电大转型期中基层电大教师继续教育研究"顺利结题。

【招生与人才培养工作】 该校以招生工作为抓手,促进人才培养社会效应。2017 年,蕉岭开大在上级部门和社会各界的大力支持下,通过全体教职工的共同努力,春、秋两季共招生 407 人。同时,与大连理工大学、福建师范大学、中国医科大学、四川农业大学等四所高校合作开设了网络学历本、专科教育,共招新生 123 人。2017 年该校共有各类专业专、本科毕业生 455 人,为各行各业输送了一批实用型人才,为建设生态文化蕉岭、为发展蕉岭县成人高等教育事业做出了贡献。非学历培训工作也有序开展。一是开展了社区教育培训工作,与团县委、金融机构等相关单位合作,组织蕉城镇社区居民,开展了三次社区教育讲座,在县电视台开展了多期社区教育的节目, 收到了预期效果。二是协助县组织部开展全县村(社区)公共服务站工作人员培训工作,扩大了学校办学的社会效应。

(黄英萍)

田家炳师范学校

【概况】 蕉岭田家炳师范学校是田家炳先生捐建的一所中等师范性质的学校,是经省教育厅评估审定的"广东省中小学教师继续教育培训基地""小学校长培训基地"。 2017 年,学校有教职工 36 人。根据《广东省中小学教师继续教育规定》,学校充分利用现代教育技术,优化教育教学资源,积极开展全县教师继续教育和非学历教育培训工作。

【师资队伍建设】 该校主要承担全县中小学校教师继续教育培训工作。为进一步提高师资队伍素质和教师的教学科研水平,该校积极加强教师队伍建设和学生服务平台建设,提升学校软实力。一是学期初明确了各部门岗位职责,明确分工、安排了各部门每位成员的岗位职责,做到责任到人,发挥教职工的主观能动性。二是坚持"培训是最好的奖励"理念,积极开展校本、校外培训。组织全校专业教师顺利完成了2017年专业技术人员继续教育公需科目培训和广东省高中教师网络职务培训。与蕉岭县人民小学、新铺小学、南礤学校合作,建立校外实践基地, 组织专业老师到基层学校听课,到农村社区调研,加强专业教师对全县小学教育教学情况的调研工作,提升专业教师的教学实践水平。

【教育教学工作】 该校依托"蕉岭教师继续教育基地、成人教育培训中心"平台,积极开展非学历培训和社区教育培训工作。为适应新形势下的教师继续教育培训工作,学校坚持教育服务育人,利用现代远程教育技术进行培训教学,根据培训内容与目标要求,采用集中面授、远程网络教学、专题讨论、网上答疑等灵活多样的培训方式,对学员进行培训,让学员学习新知识、新信息、新技术、新成果,提高了继教培训质量。2017年,该校积极开展社区教育培训工作,与团县委、金融机构、县妇幼保健院等相关单位合作,组织蕉城镇社区居民,开展了三次社区教育讲座,在县电视台开展多期社区教育的节目,收到预期效果;协助县组织部开展全县村(社区)公共服务站工作人员培训工作,扩大学校办学的社会效应。 (黄英萍)

2017年蕉岭开放大学、蕉岭田家炳师范学校负责人名录

校　长:傅建新(6月离任)
　　　陈纪雄(12月任职)
副校长:王卫东　陈　剑　钟苑苑(女)

文化·传媒

广播电视台

【宣传主业】 蕉岭县广播电视台紧紧围绕县委、县政府的中心工作部署,贯彻执行新闻宣传方针政策, 充分发挥广播电视的宣传职能,始终坚持宣传抓导向、播出保安全、事业谋发展、服务惠民生、队伍强管理,为蕉岭加快构建"一城两业三组团"发展新格局,全力建设"世界寿乡·富美蕉岭"营造了浓厚的舆论氛围。围绕中心、服务大局,主动深入策划并以开辟专栏、系列报道等多形式拓宽新闻宣传的广度和深度,进一步提升蕉岭新闻的影响力。深入宣传学习贯彻十九大精神、习近平总书记对广东工作重要批示精神、省党代会精神、"两学一做"学习教育及县党代会、人大政协两会精神,精心策划"喜迎十九大""关注十九大""学习贯彻十九大精神"等系列报道。围绕加快构建"一城两业三组团"发展新格局,对县"十大重点工作、十大重点工程、十大民生实事,两大百亿产业、美丽乡村建设、精准扶贫、基础设施建设、安全生产"等方面进行宣传报道,推动全县各项重点工作加快推进, 给力蕉岭经济社会发展。2017年,播出新闻1699条;上送市台播出新闻447.5条,继续位居全市各县(市、区)前列。不断改进专题广告制作、节目安排,精心制作了《乡村振兴再出发》《国家地理标准产品冬笋淮山》《十九大党代表徐文坚》《城乡环境整治暗访片》等专题片,开设《社区教育》等新栏

目。精心策划制作《学习贯彻十九大精神》《习近平新时代中国特色社会主义思想》《创建文明城市》等公益广告、专题。加强“中国蕉岭”网、蕉岭县广播电视台网站网络信息平台建设，完成政府信息公开和重点领域项目信息公开，完善充实网站各项功能和内容更新，不断提升网络安全和信息化水平，增强“中国蕉岭”网的宣传影响力。在无线梅州开通“蕉岭直播”，做好“长寿蕉岭”政务微信运维工作，为宣传蕉岭、推介蕉岭发挥了新兴媒体特有的功能应用和宣传效应。

【安全播出】 始终把“安全播出”作为重中之重工作之一切实抓紧抓好抓落实，不断完善事故信息报告和处置的工作制度，建立健全安全生产、安全播出等一系列制度，做到分工明确，责任到人。确保设施运行安全，加强对有线电视网络、电视台大楼的配电房、播出机房、制作室等的设施设备的检查和维护，加强对网站服务器、防火墙等设施设备的检查，加强网络安全技术防范，确保设施和网站安全运行。确保播出安全，严格执行安全播出规章制度，严格实行安全播出值班和快速、畅通的联络协调机制，确保“春节”“两会”等重大节日、重要活动和重点时段的安全播出；严格执行节目选题、采访安排、文字稿、成品节目、串联单、播出单三级审查制度，实行专题、节目重播重审制度及广告播前审核、换版审查制度。确保生产安全。坚持“安全第一、预防为主、综合治理”的方针，严格落实安全生产责任，及时排查整治安全隐患，牢牢把握全台安全工作主动权，实现生产安全。与此同时，发挥舆论宣传主阵地的职能作用，密切关注、深入报道全县各级各部门安全生产情况，加大公益广告宣传，及时宣传先进典型，披露违反安全生产法律法规行为，为全县安全生产营造了良好的舆论氛围。

【事业建设】 一是抓好城乡有线电视网络建设。在城区光缆建设上，新开通了碧桂园2、3期及奥园、老城区等38个光节点。光缆改造方面，城区线路光缆新敷设16079米，城区有线网络升级改造并更换电缆11870米。抓好文福、新铺、高思、蓝坊站做好雷击等网络抢修复通工作，开展广福、北礤、三圳、新铺、蕉城镇新农村建设有线电视线路的迁移工作。2017年全县新办有线电视入户1044户。二是谋求电视广告经营有新突破。2017年电视广告经营权实行面向社会公开招标，内生动力全面激活，广告市场向好发展，达到了“双赢”的预期目标。三是谋求事业有新发展。加强与广东广电网络梅州分公司合作，在网络优势小区开通数字电视U互动和时移、点播、宽带等新业务，提高市场竞争力。

【队伍建设】 一是扎实开展“两学一做”常态化学习教育工作，深入学习习近平总书记系列重要讲话精神、省党代会精神及中共十九大精神等，不断增强党性观念和宗旨意识，保持党的先进性和纯洁性。二是积极组织职工参加各种业务培训，鼓励干部职工积极参加学历进修、岗位培训、职称考试等学习教育，提高自身综合素质，努力建设学习型、创新型、服务型的广电队伍。三是强化队伍管理，健全完善管理制度，严格落实考勤请假制度，实行绩效考核机制，坚决贯彻执行中央八项规定，严肃党风廉政建设制度和财务制度，不断激发干部职工的积极性和创造力，形成爱岗敬业、干净干事的良好氛围。

（郭清梅）

2017年县广播电视台负责人名录

台　长：管煌南

副台长：徐国新（6月退休）　张丽春（女）

　　　　林　梦　张荣福（11月任职）

总编辑：利静荣（女）

卫生·体育

卫生计生

【概述】 2017年，蕉岭县卫生和计划生育局认真贯彻落实中央和省市的决策部署，深入贯彻省市县卫生与健康大会、计划生育工作会议精神，深化医药卫生体制改革和健全医疗卫生服务体系建设，创新人口计生服务管理机制，保障群众身体健康和优生优育需求，较好地完成了各项工作任务。全年，全县各医疗机构业务总收入19350万元，其中门诊医疗收入7963万元，住院医疗收入10656万元，门诊诊疗人数445971人次，住院人数19624人次。据统计，2017年，全县户籍人口、常住人口出生分别是3326人、2649人，户籍人口、常住人口政策生育率分别为98.02%、98.23%，户籍人口、常住人口出生率分别为13.52‰、12.36‰，户籍人口、常住人口自然增长率分别为7.29‰、5.54‰。

【建设卫生强县】 县人民医院新建项目于2017年11月动工建设。县中医医院新建项目于2017年12月进行招投标。县妇幼保健计划生育服务中心新建项目做好了前期各项准备工作。蕉城卫生院公共卫生业务大楼建设已全面完成。8间镇卫生院中医馆建设全面完成。全县69个村卫生站公建规范化建设2017年11月底全面完工，实现三年任务一年完成目标。完成1个出生缺陷干预中心、1个危重孕产妇救治中心、1个危重新生儿救治中心、2间艾滋病实验室和9个艾滋病检测点建设。

【深化改革】 完成公立医院基本药物制度改革，全面取消药品加成。分级诊疗制度建设有序推进，完善县镇医院一体化管理制度，全县镇卫生院门诊人次全年比增9.1%，住院人次比增3.5%，业务收入比增29%，住院人次均费用比减7.4%。推行家庭医生签约制度，常住人口签约率38%，重点人群签约率61%，居全市前列。医教协同深化医疗人才培养改革取得新成效，逐步形成以院校教育、继续教育、到省市合作医院跟班学习为主的人才培养制度，全年多种途径培训医师1100多人次、全科医生126人次，招收订单定向免费学医学生4名。推进卫生信息化建设，2017年6月率先在全市实现基础医疗机构管理信息系统的使用，全县居民电子健康建档率达91%。

【医疗保障能力】 继续开展医院管理年、创建“平安医院”和“三好一满意”活动，各医疗单位认真落实各项医疗核心制度，把三级查房制度、首诊负责制度、疑难病例讨论制度等作为医疗护理质量的重点，严格落实医疗护理缺陷、医疗纠纷、医疗事故和输液反应等报告制度，杜绝医疗事故的发生。国家卫生计生委办公厅公布2016—2017年度群众满意的乡镇卫生院名单中，广福镇中心卫生院、南礤镇卫生院2个乡镇卫生院入选“群众满意的乡镇卫生院”。进一步加强医疗服务能力建设，建设重点学科。县人民医院与广州市红十字会医院技术对口扶持骨科、妇产科等科室建设，聘任广州红十字会医院特岗专家，带动县人民医院骨科、放射科、妇产科整体水平的提高，以及与市人民医院签约合作，发展胸痛中心建设；县中医医院与省中医医院协作，建设骨伤科特色专科；县妇幼保健计生中心与市人民医院协作，建设新生儿科。通过建设重点学科，提高了该县的医疗服务能力，保障了人民群众的健康。2017年10月，江漫萍、古利晖、郭婷等三位同志评为梅州市最美护士；刘红玉、钟广彬、徐润锋、李金勇等四位同志评为梅州市好医生；朱远平、张伟明、徐亮能等三位同志评为梅州市好村医。加强血液管理，采供血工作有序开展，全县全年无偿献血1068人次，献血量21.36万毫升，全县临床用血得到保障。此外，扎实做好红十字工作，春节期间开展“红十字博爱送温暖”活动，为贫困家庭送上衣服、油物资一批；协助开展“贫困先心病”儿童救助筛查工作，对全县贫困家庭先天性心脏病儿童进行摸底调查并登记造册；借力“小天使基金”公益品牌，帮助贫困白血病患儿申请国家彩票公益金“小天使基金”。联合青少宫针对小学高年级学生约200人开展了四期的安全急救培训；为蕉岭供电局200多名职工进行卫生急救知识培训并取得了救护员的证书。

【人才培养】 在省粤东西北地区乡镇事业单位专项公开招聘卫生专业技术人员，2017年招聘了38名卫技人员。加大基层全科医生、转岗医生培训培养力度，以及订单定向培养，全年培训全科医生14人，招收订单定向本(专)科医学生4名。借力省人民医院、省中医医院、广州市红十字会医院、市人民医院、粤东医院等医院的帮扶，大力培养医技人才，加强重点学科建设，提升县直医院整体技术水平。

【卫生计生监督执法】 认真履行卫生监督职责，做好了公共场所卫生、饮用水卫生、学校卫生等卫生监督管理。2017年共受理卫生许可证241份，发放70份。严厉打击非法行医，共出动监督员60人次，出动执法车辆9车次，检查有关涉嫌无证行医的场所和门店24间，查处医疗机构超范围经营1宗，实施行政处罚1宗，罚款金额2000元。进一步加强医疗废物监督管理，防止疾病传播，保护环境，保障人民群众身体健康。加强出生人口性别比综合治理，印发《关于加强“两非”查处工作的通知》(蕉人口计生领办〔2017〕3号)，继续开展整治“两非”专项行动，进一步加强出生人口性别比综合治理。

【疾病预防控制】 2017年，全县“一类”疫苗平均接种率为99.91%，共报告乙、丙类传染病12种1910例，无甲类传染病病例报告。全年未发生人感染H7N9禽流感、不明原因肺炎、狂犬病等重大传染病疫情。认真抓好遏制与防治艾滋病工作，稳步落实“四免一关怀”政策。加强严重精神障碍患者救治救助工作，积极推进精神疾病医院——社区一体化管理模式。2017年，全县《严重精神障碍信息管理系统》患者在册数1178例，检出率5.62‰，管理率96.6%，规范管理率93.89%，服药率70.54%。2017年6月，南礤镇卫生院精防医生刘丽被评为“广东省第一届最美精防医生”。

【妇幼健康服务】 2017年孕妇地贫筛查2647人，筛查率81.3%，全县无重型地贫儿出生。积极开展阻断艾滋病、梅毒和乙肝母婴传播工作，2017年孕妇艾滋病检测率100%；梅毒检测率100%，乙肝检测率100%；检出梅毒和乙肝病毒感染产妇及所生婴儿均进行了规范的随访和治疗，提高了儿童的生命质量。2017年全县产妇3254人，住院分娩率100%，孕产妇死亡1例，死亡率30.4/10万。婴儿死亡率2.4‰；新生儿死亡率0.9‰；5岁以下儿童死亡率3.7‰；出生缺陷儿发生率32.74/万。此外，从2017年10月开始，在全县19个精准扶贫村实施免费“两癌”检查工作，至2017年12月，共完成筛查2471人。

【爱国卫生】 按照省市爱卫办的工作部署，该县于2月27日和4月19日在县城城区统一开展“清洁卫生齐动手，预防疾病保健康”春季爱国卫生运动和“为了人民的健康—65 年的历史与展望” 第 29 个全国爱国卫生活动月现场活动。2017 年度创建省卫生村 16 个、市卫生村 11 个，营造良好的卫生环境，为群众健康提供了有力保障。

【中医药事业】 新建县中医医院已于 2017 年12 月进行招投标。同时，投入 2000 多万元，实施全县 8 个镇卫生院中医馆服务能力的再提升建设，整合中医综合服务功能，打造含有中医康复区、中医诊疗区、中医保健区的中医综合服务区；提升中医文化宣传，运用中式装饰美化中医综合服务区；完善中医诊疗设备，增加中医服务范围，提高中医药服务能力；设置“桂岭名医”工作室，落实专家下沉和分级诊疗制度。在 69 间村卫生站内增设中医室，购置针疗、磁疗、火罐、刮痧等实用中医诊疗设备，发挥中医药在村级卫生公共服务中的独特作用，全面开展中医适宜技术。2017 年 11 月 1 日，该局代表县承担了梅州市中医药服务能力提升工程“十三五”行动计划暨中医馆建设工作现场会。

【计划生育】 蕉岭县紧紧围绕年度工作目标，强化领导责任，加强层级动态管理，全面提升计生服务管理水平，较好地完成了各项工作目标任务。一是做好优生优育全程服务。建立出生缺陷干预中心，以及危重孕产妇和新生儿救治中心，持续实施免费孕前优生健康检查的夫妇 931 对。已接受地贫干预服务的夫妇 321 对，已参加筛查 2211 人，有效提高出生人口素质。此外，按照《关于加快推进母婴设施建设的指导意见》，在医疗机构、车站等公共场所设置哺乳场所和设施，满足群众对母婴设施的需求，积极营造生育友好的社会环境。二是加强流动人口服务管理。开展元旦、春节“两节”流动人口卫生计生集中服务和在每年 5 月下旬至 6 月底扎实开展全省统一的流动人口计生服务管理专项活动，取得了较好的实效。实行双向管理、网格化服务管理、基本公共服务均等化，关爱农村留守儿童，在全县各小学开展留守儿童健康教育讲座。三是服务好计生家庭。全县 165 名农村独生子女户和二女户子女在中考享受加分政策。加大对计划生育特殊家庭的帮扶力度，由市、县两级财政投入 161 万元，继续执行农村纯生二女孩结扎家庭低保、医保优惠政策，继续为农村独生子女家庭、农村纯二女家庭和城镇独生子女困难家庭购买计生家庭意外伤害保险。对全县 20 户计生困难家庭进行救助。同时，积极开展实施蕉岭县三圳镇种植淮山计生“三结合”项目和县田家炳实验中学青春健康俱乐部等两个省级项目。四是加大政策宣传。坚持围绕中心、服务大局，加大宣传策划和新闻报道，规范新闻宣传制度，加强舆情监测，做好舆论引导。2017 年，被各级新闻媒体采用的计生新闻稿件数量比上年有较大幅度的上升，做到了电视上有影像、墙壁上有宣传板画、道路上有标语、群众手中资料。同时，做好卫计宣传创新项目申报工作，申报项目名称为《计生歌曲伴奏广场舞》。

【行风建设】 系统党委继续深入开展“两学一做”学习教育，以学促做推动各项工作。强化从严治党，扎实开展“医德润医·崇廉守纪”专题教育活动，推进党风廉政建设，促进卫计事业健康发展。据统计，签署医药产品购销合同 119 份，医患双方签署医药不收和不送红包协议共 1669 份，开展谈话对象人数 55 人次。坚持不懈纠正“四风”和行业不正之风，落实行风建设“九不准”“五不准”“五严守”等要求。根据市、县涉农领域腐败问题专项治理工作部署，印发了《蕉岭县卫生计生系统涉农领域腐败问题专项治理实施方案》(蕉卫计字〔2017〕1 号)，明确了指导思想、整治检查范围、整治内容和时间节点，坚决遏制基层腐败蔓延势头，切实纠正直接侵害群众利益的不正之风，促进强农惠农富农政策落地生根。 (叶海权)

2017年县卫生和计划生育局负责人名录

卫生系统党委书记、局党组书记、局长：
涂涤江(8月离任) 肖培彬(8月任职)
局党组成员、副局长：陈广平 傅延胜
王均平 曾利霞(女)
卫生系统党委副书记、纪委书记，局党组成员：
谢 丹(女，7月离任) 谢汉平(12月任职)

卫生监督

2017年，蕉岭县卫生监督所依法行政，积极开展"双随机，一公开"监督工作，完善执法程序，优化综合执法，严格执法责任，加快建设职能科学、权责法定、执法严明、公正公开、廉洁高效卫生监督机构，全面加强医疗市场和公共场所监管。

【卫生监督】 一是规范卫生行政许可，严把准入关。许可项目实行网上公示、网上受理、审批、办结，行政许可做到公开、公平、公正，达到了简化程序、规范审批，行政许可与行政处罚案件严格按照"双公示制度"的要求进行公示。行政许可按时办结，全年共受理行政许可241份，发放行政许可70份，未发生相关投诉。二是强化传染病防治监督，落实评价试点工作。该所对全县134户次医疗机构的传染病防治、消毒产品、医疗废物管理进行监督检查，向其中存在问题的12户医疗机构及时发出责令改正通知书，并按规定扣分。同时，该所联合疾控中心对13家医疗卫生机构传染病防治分级监督开展综合评价试点工作。三是医疗服务、放射卫生、血液安全监督。该所在医疗服务监督上积极开展执业许可证校验工作，全年共校验医疗机构174户次；在放射卫生监督上认真做好新建、扩建、改建放射诊疗建设项目的审查验收工作，对全县7户具有放射诊疗资格的医疗机构进行放射诊疗专项监督检查；在血液安全监督上规范用血单位的运输、贮存、使用、销毁，对县人民医院、中医院、妇幼保健院临床用血单位进行采供血监督。四是公共场所卫生和学校卫生监督。在公共场所卫生方面，卫监所加强预防性和经常性监督工作，对城区39家公共场所进行现场监测，并对存在问题的23户发出责令改正通知书；对31家住宿场所实行量化分级管理，重点督查B级以下住宿场所各项卫生保障措施落实情况，下达卫生监督意见书26份限期整改；做好重大节日期间的公共卫生监督保障，重点查看旅游景区或公路沿线的住宿场所。在学校卫生监督方面，重点抽查学校饮用水卫生、传染病和常见病防控、教学环境卫生等情况，共出动监督人员65人次，车辆18台次，检查中小学校10间，开展学校卫生综合评价10间，下达限期改正的监督意见书9份。五是饮用水卫生监督。2017年，该所按丰水期、枯水期开展饮用水监督工作，共出动卫生监督员56人次，对管理制度不完善、无卫生管理人员、水源防护存在问题、检验能力不足、消毒记录不完善等存在问题发出5份整改意见限期整改。同时还加强涝灾、旱灾后的水质监督，确保人民群众用水安全。

【专项检查行动】 打击非法行医工作是卫生监督工作的重中之重，常抓不懈。按照"政府主导、卫计牵头、部门协作、属地管理"的综合治理模式，始终保持高压态势，扎实开展打击非法行医专项行动。做到宣传到位、"打""疏"结合，逐步建立健全打击非法行医专项整治的长效机制。

该所对辖区8个镇卫生院、1个社区服务中心和其他医疗机构共168户开展覆盖性打击非法行医监督检查工作，重点查处无证行医、医疗机构聘用非卫生技术人员、医疗机构出租、利用B超非法鉴定胎儿性别和选择性别的终止妊娠手术和药店坐堂行医等非法行医活动。全年共出动监督员60人次，出动执法车辆9车次，检查有关涉嫌无证行医的场所和门店24间,查处医疗机构超范围经营1宗,实施行政处罚1宗,罚款金额0.2万元,医疗机构执业不良行为记分12分。

【培训和宣传】 制订和完善各项培训宣传计划和实施方案,组织全所职工开展政治学习和业务培训。派送11人次监督员分别到各地学习卫生法律法规知识和技能培训,增强业务素质,加强内涵建设,提高依法行政能力。

为让群众更多地了解法律、法规和卫生知识,利用"3·15 "法制宣传日,开展《中华人民共和国传染病防治法》《中华人民共和国执业医师法》《中华人民共和国医疗机构管理条例》《中华人民共和国母婴保健法》《公共场所管理条件》等宣传活动,全年共编印《蕉岭卫生监督信息》4期,发放宣传资料1300多份,举办公共场所负责人、村医个体诊所负责人、卫生监督协管员培训班2期,共123人参加。培训期间进行卫生法律、法规知识学习,提高了各类从业人员和广大人民群众的知识水平。

【能力建设】 为促进卫生监督工作有效开展,该所切实从制度、人员、设施等方面强化能力建设。在制度上,所规范和完善考勤制度和卫生行政许可,实行许可责任制和责任追究制,加强卫生监督稽查工作机制和目标责任管理,落实执法责任制。落实值班制度,切实加强应急和投诉举报处理力度;在人员上,结合单位实际和工作需要,该所公开招录2名专业技术人员,加强了监督工作的人力资源保障;在设施上,充分发挥财政资金作用,将原卫生和计划生育局办公用房改造为快速检测室,并配备可吸入颗粒物分析仪、一氧化碳分析仪、二氧化碳分析仪、风速测量仪、照度测定仪、水质快速测定仪、声级计、温度计等设备,为日常卫生监督执法、突发公共卫生事件现场处置和重大活动卫生保障工作提供便捷、准确的技术支撑,切实提高工作效率,保证监督质量。

【其他工作开展情况】 一是完善"双随机"抽查机制。首先制定随机抽查事项清单,明确随机抽查的项目、依据、主体、内容及方式等;其次建立抽查对象主体和执法检查人员名录库(包括抽查对象主体名录库和执法人员名录库),建立健全"双随机"工作机制(包括合理确定随机抽查的比例与频次、建立健全长期的随机抽查运行制度);最后充分运用抽查结果,实行"一抽查一通报"制度,责令整改落实,并推进抽查结果与社会信用体系相衔接。二是卫生监督稽查。成立卫生监督稽查领导小组,制订了《蕉岭县卫生监督行政处罚案件审查、评查制度》,根据年度计划,开展投诉举报、行政许可、行政处罚案卷、日常监督等稽查工作。三是精准扶贫工作。该所助力国家扶贫攻坚,派出业务骨干刘晓红同志到单位帮扶点省级贫困村三圳镇铁西村任第一书记,给予技术上的支持,同时为铁西村提供持续性资金支持,截至2017年底累计资助达5万元。 (廖静宜)

2017年县卫生监督所负责人名录

党支部书记、所 长:刘仁方
副所长:何增权 刘晓红(女)

县疾病预防控制中心

【概况】 县疾病预防控制中心重点加强传染病的预防控制,认真开展传染性非典型肺炎和流感、人禽流感、艾滋病防治知识的培训以及预防知识的宣传工作,完善疾病监测,疫情报告系统。

2017年,筹集资金重点抓好职业病健康体检和实验室建设工作,充分利用检验设备,加强实验室能力建设,提高仪器的利用率,不断提高检测检验能力和水平。积极参加省、市疾控系统组织的各项实验室质控和能力验证活动,顺利完成各项卫生检验任务。全年共完成生活饮用水水质检测183份（其中全分析45份），合格率为59.7%（其中县东宝供水有限公司水质样品60份，合格率100%）；公共场所卫生监测32间次，合格32间，间次合格率为100%，采集并检验各类公共场所样品148份，合格148份，样品合格率100%；医疗机构消毒质量监测30间次，采集并检验各类医疗机构样品149份，合格149份，样品合格率100%；食（饮）具消毒卫生监测16间次，采集并检验样品160份，合格率为91.30%；重点职业病监测与职业风险评估227间企业；按照全国碘盐监测方案，完成该县城乡居民用户碘盐抽样检验300份（儿童200份、孕妇100份），合格率为100%，尿中碘含量监测200份合格率100%；通过宣传教育，群众的碘缺乏病防治知识得到较大提高；开展蚊媒密度监测检测间数80间，覆盖3个乡镇。完成食品、公共场所从业人员预防性健康体检3597人，机动车驾驶员健康体检5520人，职业健康体检552人次。

【计划免疫工作】 全年计划免疫用苗（含纳入计划免疫管理疫苗接种）查册接种、基免、加强达到99%以上，新生儿建卡、建证率达100%。全县8个乡镇卫生院和蕉华医院都开展麻疹主动监测工作和接种率监测，其中县人民医院和新铺镇卫生院是AFP的哨点医院。全县未报告疑似预防接种异常反应病例，报告一般反应9例，异常反应3例，均为过敏性皮疹。共举办两期全体防疫人员专业知识培训班，内容涉及蕉岭县中小学学校传染病防控知识和蕉岭县疾病预防工作上半年总结会暨疾控业务技能培训会，使广大防疫人员进一步掌握预防接种相关知识。

【传染病防控】 通过《国家疾病监测信息报告管理系统》及《突发公共卫生事件信息报告系统》对SARS、人感染高致病性禽流感、不明原因肺炎、狂犬病、流感等急性传染病进行动态监测。根据《国家疾病监测信息报告管理系统》数据统计，2017年共报告乙、丙类传染病12种1824例，其中乙类传染病7种730例、丙类传染病6种1094例，无甲类传染病病例报告，报告总发病率为869.79/10万。该县辖区内未发生SARS、人感染高致病性禽流感、不明原因肺炎、狂犬病等重大传染病疫情。2017年全县共报告手足口病病例708例。与上年同期相比上升了365.77%；2017年全县共报告流行性腮腺炎病例17例，与上年同期相比上升了13%。根据梅州市疾病预防控制中心《关于开展禽类市场环境禽流感病毒污染监测的通知》梅市疾控字〔2014〕11号文件精神，全县开展禽类市场环境禽流感病毒污染监测工作，共采集禽类标本130份，其中有4份检出性H7亚型核酸阳，其余均为阴性。接到该县禽类市场环境标本检出H7亚型核酸阳性的报告后，县委县政府非常重视，组织召开联防联控成员单位工作会议，落实各部门工作职责和任务，认真落实部门职责，防控工作取得了实效，全年该县未报告人禽流感病例；为全力做好登革热防控工作，中心开展蚊媒监测及风险评估，从3月开始采用布雷图指数法和诱蚊诱卵器法进行伊蚊密度监测，监测结果为伊蚊诱蚊诱卵指数风险等级为控制登革热传播的阈值。县爱卫办定期组织消杀专业队在公园、广场、公厕等蚊虫孳生地开展杀虫药剂滞留喷洒，彻底清除蚊虫孳生环境。动员群众参与防蚊灭蚊，通过出版宣传栏等多种方式向广大群众宣传防蚊灭蚊的知识和方法，动员群众参与防蚊灭蚊，全年未发生登革热疫情；在狂犬病防控方面，全年监测狂犬病门诊暴露人群共1659人次，按时统计上报。开展公安司法监管场所被监管人员HIV监测工作；县疾控中心、县人民医院、妇幼保健院三个HIV自愿咨询检测点均按规范开展自愿咨询检测工作，并将数据及时上报至艾滋病咨询检测信息报告系统。

全年共发放各类宣传单13000张、宣传折页1500份、知识手册300份，张贴宣传海报250张。

（黄茂开）

2017年县疾病预防控制中心负责人名录

主　任：杨继荣

副主任：钟　毅　古尧平　许　涛　梁奋峰

县人民医院

【概况】 2017年，全年总诊疗22.62万人次，同比增长13.7%、出院1.56万人次；实现业务总收入1.38亿元，较上年增长6.81%；病床使用率为86.21%；社会满意率98%。

【硬件建设上台阶】 旧楼改造顺利完成搬迁。徐琳、国荣住院大楼改造工程自开工建设以来，克服徐琳、国荣楼老旧等困难，并对医院就诊环境作了重新规划布局、合理安排，于2017年9月顺利完成全部搬迁，大大改善住院环境。

设备设施进一步完善。2017年，医院购置的1.5T西门子磁共振(MRI)于2月15日正式上线使用，并结合医院实际，新购进进口高清胃肠镜、进口腹腔镜、进口运动心脏测试系统及血液透析机等设备，促进医院健康持续发展。

信息化建设顺利上线。医院信息化工程经过前期大量调研、测试和反复讨论实施，于2017年3月11日完成上线，使医院信息化管理迈上新台阶，全面实现医疗、管理信息共享，提高工作效率。并配备银医通、检验报告自助打印、微信充值、检验报告、检查报告查询等功能，优化服务流程，方便群众。

就医环境不断提升。徐琳、国荣住院大楼的顺利改造，完成五官科、内三科、儿科、新生儿科、超声科、胃肠镜中心等科室的搬迁，全新的环境为患者朋友提供一个更加良好、舒适、便捷的就医环境，提升医院的形象，使群众认可进一步提高；在志明住院大楼一楼候诊大厅设置休闲体验区、在超声科候诊区增加候诊椅、提供热水、口杯等更体现人文关怀；在康复科庭前的小绿化带创造一个幽雅安静的绿化环境，有利于患者的康复。在后勤保障上，对医院宿舍区停车场进行重新建设，进一步缓解医院大院内车位的紧张，院内车位留给来院就医的群众，方便患者朋友。

新院区建设循序进行。根据《广东省人民政府关于印发广东省医疗卫生服务体系规划(2016—2020年)》、蕉岭县人民政府《同意〈蕉岭县人民医院迁建方案〉的批复》等文件精神将人民医院迁建工程列为蕉岭县2017年十大重点工程，迁建工程于2016年11月底动工，按三级综合医院标准建设，规划设置520张病床，建设项目总建筑面积69000平方米，计划4年内全面建成搬迁并投入使用。

【内涵建设提水平】 加强学科建设。一是持续加大对重点建设专科和扶持专科的支持力度，规范科室管理。各科积极开展新技术：影像科开展核磁共振成像技术；超声科开展产科胎儿三维超声检查及产科NT超声测量；内一科开展平板运动心电图试验；内三科开展无痛胃肠镜技术；外一科成功开展腹腔镜联合胆道镜下胆总管切开取石术，经尿道前列腺剜除术；外二科开展膝关节置换术等。二是通过加大与上级医院沟通，提高院内技术服务水平。邀请省中医院、广州市红十字会医院、深圳眼科医院等多名专家来院进行业务指导、现场查房、疑难病例讨论、学科建设、义诊等活动；参加由广东省人民医院主导的“广东地区人民医院联盟”及“中山大学附属第三医院联盟医院”，实现合作共赢。三是继续聘任特岗专家，带动医院骨科、妇产科及放射科等整体诊疗水平的提高。

抓好人才培养引进。2017年共招聘医疗技术人员31名，充实了专业技术人员队伍。在人才培训方面，举办各类学术讲座16次，邀请上级医院专家来院讲课14次；选派13名医务人员到省医、中一、市人民医院等省市医院进修学习，派出约60人次参加全省的各类短期培训和学术活动，从而引进新技术，带动医院诊疗水平的提高。

强化优质护理服务。坚持护理目标管理，强化培训，完善"护理部—护士长—质控员"三级管理体系；坚持护士长例会制度、护理查房制度，定期考核，不断提升护理服务质量。进一步巩固优质护理活动成果。在管理方面，坚持护理查房，定期对危险因子、护理不良事件及护理缺陷进行分析讨论，提高防患意识，全年无严重差错及事故的发生。

惠民利民行动继续推行。为进一步关爱孤寡老人，在重阳节期间该院推出"关爱孤寡老人复明行动"的慈善行动，据统计，自开展免费白内障手术惠民活动以来，医院共投入20余万元，为全县300余名白内障患者成功实施手术，使得他们重见光明。该院医护人员为新铺镇、南礤镇全体干部职工进行心肺复苏知识培训；组织健康教育进校园等，通过多项惠民活动，服务群众。

【齐抓共管，党建工团和谐发展】 扎实推进党员廉政建设活动。在医院发展的各项工作中，把好党的政策方针这个大方向，结合医院实际，深入学习中共十九大精神，坚持"两学一做""以德润医"活动，以不断提高自身的政治业务素质和应变能力立足现实，着眼长远，大力推动该院新时期不断发展。一是进一步健全机构、完善各项规章制度，落实民主集中制原则和重大事项集体决策原则，凡是涉及事关全院发展、组织人事、工程招投标、较大开支等重大问题，交由集体研究决定，重大制度变革交由职工代表大会征求意见。二是严格执行医患双方签署不收和不送"红包"协议工作的规定。三是不断完善公开制度，以会议、公示栏、网站等多种形式进行院务公开，发挥社会监督作用，使院务公开逐步走向一个较为完整的运行体系。四是委托第三方中介组织机构开展第三方调查，从医疗质量、服务、人文关怀、就医流程、费用等各方面入手，进行患者、职工满意度调查。

文化活动丰富多彩。成功举办"三八"妇女节长潭徒步活动、"5·12"国际护士节晚会等活动，邀请县消防中队到该院进行消防安全讲座及实际演练，在"七一"、元旦前夕开展退休党员座谈会等。检验科丘海峰顺利完成为期一年半的中国第28批援赤道几内亚医疗队任务，并于2018年1月22日凯旋；涌现外一科工会小组"广东省模范职工小家""梅州市女职工文明岗"，"广东省三八红旗手" 徐晓楠、"梅州好医生"刘红玉、"梅州市最美护士"江漫萍、"蕉岭县普法先进工作个人"钟樱花等先进集体及个人。同时，在"七一"、春节前夕，党总支部对生活困难党员和职工进行慰问，把慰问金送到他们手中，同时也送去党和医院的问候与关怀。

（邓文轩）

2017年县人民医院负责人名录

院　长：郭峰松

副院长：彭　刚　徐晓楠（女）　林关朋

　　　　张东文

县中医医院

【概况】 2017年，蕉岭县中医医院坚持贯彻落实省委、省政府提出的"资源人才两下沉、服务质量效率双提升"重要决策，紧紧围绕卫生系统工作中心，积极履行公立医院的社会职能，深入开展党风廉风建设，坚持以病人为中心，以"医疗质量、医疗安全、医疗服务"为核心，全面加强医疗、护理质量管理、专科专病建设和人才学科建设，鼓励开展科研，加大中医药知识宣传，突出中医特色，各项工作均取得新进展新成效。医院有正式在编职工98人，院聘职工49人，退休职工50人。在职人员中有高级职称10人，中级职称39人，初级职称42人。卫技人员占职工总数的95%。全年共收治门急诊人次84436人，收治住院病人2937人次；医院总收入3793.9万元，与上年同期对比增加555.8万元，增幅17.16%，其中业务收入2781.5

万元与上年同期对比增加 446.8 万元，增幅 19.13%；医院总支出 3783.7 万元，与上年同期对比增加 83.3 万元，增幅 2.25%，其中人员经费支出 1807.4 万元，与上年同期对比增加 162 万元，增幅 9.84%。

【整体迁建项目】 2017 年年初，确定该院按照二级综合医院的标准进行整体搬迁升级建设。项目建设规划用地 3.33 万平方米，设置床位 250 张，配齐 76 种关键医疗设备，突出“以病人为中心”，建立高效、安全的信息系统，总投资金额 2.67 亿。为做好医院整体迁建工作，县政府高度重视，多次召集县住建、县发改、县国土、县财政、县卫计等有关部门负责人召开工作协调会，研讨迁建工作，并成立迁建工作领导小组，已完成新院初步整体规划、设计，项目资金申报，项目入库、立项等前期准备工作。

【医德医风建设】 该院始终把开展学习教育作为重大政治任务和党建工作重点，坚持全覆盖、常态化、重创新、求实效，组织广大党员学思践悟。在“学”中筑牢思想根基，在医疗业务工作中，大力继承和发扬“患者为先、质量为本、服务至上、信誉为重”等优秀医德医风，涌现出“梅州好医生”钟广彬、“梅州最美护士”古利晖等许多先进典型，处处彰显积极向上的正能量；结合“精准扶贫”活动，不断增强医院职工政治意识和大局意识，树立中医药行业良好精神风貌。

【基础设施建设】 *1.以病人为中心，全面开展信息化建设*。该院信息化建设按照“立足当前、着眼长远、方便患者、规范工作”的原则，强调临床实用性、规范性和就诊流程的优化，2017 年又开始进行检验 LIS 系统、影像 PACS 系统建设，实现检验、检查结果即时传输。下一步将紧跟时代发展，进行智慧医院建设，实现医院信息系统与互联网、电信运营商的互联互通，实现微信支付费用等，减少诊疗流程，方便患者。智慧医院建设各项准备工作已就绪，该系统在 2018 年 1 月投入使用。通过医院信息化建设，不断优化就诊服务流程，为患者提供方便快捷的服务，减少等待时间，进一步规范诊疗行为，使医院的管理水平和服务水平明显提升，患者满意度明显提高。

2.进行重症病房改建。为了发展业务，提高服务质量，医院在急诊科、骨伤科、内儿科各装修一间重症病房，并完善抢救设备设施，开展与医联体分院之间的危重病人转诊转运工作，真正意义上实现急救绿色通道畅通无阻，为急危重症患者的综合救治奠定坚实的基础，最大程度的为病人提供生命支持。

【中医药事业发展】 该院通过积极争取，先后获得“治未病”预防保健服务示范单位建设资金 200 万元、广东省县级中医药适宜技术推广视频平台建设专项资金 40 万元和中医药特色专科(骨伤科)建设项目 50 万元。各个项目建设均取得了较好的成效。

1.“治未病”建设情况。为做好“治未病”工作，该院设立“治未病”科，建立健全“治未病”工作流程和服务规范。把“治未病”与健康体检、临床医疗相结合，在到院体检人员和住院患者中全面开展中医辨识体检，提供养生保健指导服务，并为一些有系统保健需求的人提供包括中药、微针、刮痧、拔罐、药熨、熏蒸等中医传统疗法的综合养护。在“治未病”科室带动下，医院健康体检人次和体检收入取得较大幅度增长。

2017 年，该院与北京恩福健康科技中心开发团队合作，进行“互联网+治未病”服务信息平台建设，该平台启用后，能实现移动医疗，开展个体化诊疗方案及线上线下服务，一对一实时解决健康问题，惠及更多患者。

2. 中医药适宜技术推广视频平台项目建设。该院于 2015 年建成了面积约 110 平方米，并按要求购置了投影仪、音响、视频传输、播放设备等，使用专线与省级平台对接，实现国家

级、省级教授专家远程授课。示范教室面积约110平方米，能同时容纳120人左右现场授课，2017年，该院和各乡镇卫生院、卫生站医务人员在示教室参加了32场专家实时的中医适宜技术视频培训，约1600人次受益。

3.中医特色专科(骨伤科)建设情况。该院骨伤科为广东省中医特色专科，亦是该院的龙头科室，在项目建设过程中，医院从加强基础设施建设着手，为骨伤科各个病房配备了液晶彩电、安装热水器、改善病房环境。按照特色专科建设要求，该科室积极加强内涵建设，如：加强人员进修、加强中医药文化建设、对科室优势病种中医诊疗方案不断优化完善，开展科研、推广使用中医适宜技术，突出中医特色优势等。通过建设，骨伤科服务能力和知名度日益提升，2017年9月正式成为广东省岭南骨科联盟一员，并与广东省中医院形成协作关系，对在该院诊治的一些疑难患者可直接联系省中医院专家会诊，或请专家到院诊疗、手术。

【医联体工作建设】 为调整优化医疗卫生资源配置，带动镇卫生院服务能力、技术和管理水平的提高，蕉岭于2015年开始实行县镇一体化医疗服务改革。一是根据上级部署，将广福镇卫生院、三圳镇卫生院、文福镇卫生院、蕉城镇卫生院并入该院实行县镇一体化管理。为妥善做好改革各项工作，该院成立县镇一体化改革领导小组，制订实施方案和相关工作方案，完善有关制度；在每个分院派出1名副院长和1名院务委员挂点，协助分院负责人共同做好所属分院县镇一体化改革各项工作。二是结合乡镇卫生院工作的需求，选派卫生院急需的专业技术人员下沉到分院开展门诊、住院病人诊疗、预约诊疗和疑难病例会诊等，对基层医技人员进行带教和培训，提高基层医疗机构对农村常见病、多发病的诊疗服务能力；同时免费接收各分院医务人员到总院进修培训，通过系统培训尽快提高基层分院诊疗技术水平；开通总院和分院双向转诊绿色通道，对各分院不能诊治的患者可即时转诊到中医医院，经过中医医院诊治进入恢复期的病人可以转诊到基层分院康复，减少患者的奔波劳顿和诊病经济负担。三是根据国家卫生计生委、中医药管理局《关于开展2017年“服务百姓健康行动”全国大型义诊活动周的通知》(国卫办医函〔2017〕846号)文件精神，为切实缓解偏远乡村群众“看病难、看病贵”问题，该院组织开展以“义诊下乡行，健康千万家”的下乡义诊公益活动，让群众切实感受到在家门口享受优质医疗资源的待遇。 (张瑜钰)

2017年县中医医院负责人名录

院　长：范发君

副院长：刘仁淼　杨凯桂(女)　黄德民　钟其正　林辉霞(女)

县妇幼保健院

【县妇幼保健计划生育服务中心迁建】 根据中共广东省委办公厅 广东省人民政府办公厅印发《关于加强基层医疗卫生服务能力建设的意见》(粤办发〔2017〕2号)、广东省财政厅 省卫计委《关于印发财政支持加强基层医疗卫生服务能力建设的实施方案的通知》(粤财社〔2017〕33号)、广东省卫计委 广东省财政厅 广东省中医药局关于印发《县级公立医院升级建设项目申报指南》的通知(粤卫函〔2017〕243号)等文件精神，该中心已纳入升级建设项目单位。同时该项目已列入蕉岭县2017年十大重点工程。中心整体迁建选址在城南桂岭新区，规划用地面积约30亩(20000平方米)，计划总投入1.27亿元(含土建设备配置)，新建业务服务大楼10800平方米、新建公共卫生服务大楼4900平方米、新建负一层地下室8000平方米，总建筑面积达到23700平方米，床位达到120张。建成后将成为科室设置齐全，保健专科特色突出，就诊环境优美的专科医院，为妇女儿童提供常见病、多发病的诊治，达到二级甲等妇幼保健院标准。2017年迁建项目已得到省批准立项，已完成迁建项目的选址规划、土地预审、规划设计平面(效果)图、可行性研究报告等工作，进入建设用地审批阶段，争取早日动工建设，造福广大群众。

【专科特岗建设】 根据广东省卫生计生委办公室(粤卫办〔2016〕)34号)《广东省县级公立医院专科特设岗位计划实施方案》的要求，该中心认真做好专科特设岗位实施工作，针对中心新生儿科建设存在薄弱环节问题，引进梅州市人民医院新生儿科陈宏香主任团队，从2017年5月份开始每周一次到该中心进行坐诊、教学查房和学术讲座等，帮扶设立新生儿科病区，提高中心新生儿科医疗技术水平。

【法治建设“双十示范工程”依法治理示范创建】 2017年3月，该中心被广东省卫生计生委指定为卫生计生系统法治建设“双十示范工程”——依法治理示范创建活动实施单位，创建周期为2017年—2019年。通过三年的创建，依法治理示范单位在全面落实依法执业、依法治理，推进卫生计生机构现代化治理和维护良好医患关系方面成效显著，在法治建设中起到示范引领作用。中心高度重视，精心组织。一是加强宣传，广泛动员。充分利用中心微信公众平台、宣传栏、建立微信群等，广泛宣传创建活动的重要意义，切实把握依法治理示范工作的良好机遇，全面深入推进中心依法治理建设工作。二是加强职工的普法教育和职业道德教育工作，提高职工法治意识。三是依法依规执业，保障医疗安全。四是聘请法律顾问上法律辅导课、组织职工观看违法典型电教片等形式，大力弘扬社会主义法治精神，培育法治文化，促进社会公平正义。11月10日下午，省卫计委政法处张心明处长一行莅临中心督导检查依法治理示范创建活动工作。对中心认真贯彻省卫计委文件精神，扎实推进“双十示范工程”—依法治理示范创建活动工作作了充分肯定，并对下一步创建工作提出新的要求。中心将以此次督导检查为契机，全面加强依法治理示范创建工作，把中心依法治理工作推上新的高度。

【业务建设工作】 2017年，根据省卫计委 省中医药局《关于印发广东省2017年医疗质量巡查工作方案的通知》(粤卫函〔2017〕1421号)和梅州市卫计局《关于开展2017年梅州市医院医疗质量管理综合督导检查的通知》(梅市卫函〔2017〕479号)文件要求，中心高度重视，对照广东省医疗质量管理巡查表内容，认真组织落实。一是充实医护力量，2017年补充医生4名、护士6名，聘请原局妇幼股退休的张似娜股长(主管护师)任该中心保健、护理管理顾问，切实加强妇幼保健和护理工作的管理，提升妇幼保健和护理质量，保障医疗安全。二是设立医疗质量管理委员会、药事管理与药物治疗学委员会、医疗伦理委员会、医院感染管理委员会、输血管理委员会、护理质量管理委员会和医疗技术管理委员会。三是制定医疗质量管理制度、药事管理与药物治疗学制度、医疗伦理制度、医院感染管理制度、输血管理制度、护理质量管理制度和医疗技术管理等核心制度。四是加强培训，2月和9月分别召开全院干部职工医疗质量管理和医疗安全风险防患工作大会，组织职工认真学习《医疗质量管理办法》，确保医疗活动的每一个环节有法可依，规范有序；借助梅州市人民医院新生儿科专科特岗帮扶，组织开展《新生儿黄疸管理》《新生儿低血糖症及糖尿病母亲儿特点》《高危新生儿的识别与处理》《新生儿复苏指南》《新生儿颅内出血》《新生儿惊厥》等10场次的学术讲座，培训医务人员300多人次。组织开展《地中海贫血的产前筛查与诊断》《产后大出血的防治》《高危孕产妇的管理》《危急值报告制度》业务培训4场次，共270多人次参加学习。选派医疗护理业务骨干参加省、市、县参加业务培训

55人次；组织业务骨干8人分别到江门市妇幼保健院、河南郑州、开封参观学习妇幼保健学科体系建设，重点学习新的管理理念，前沿的业务技术和方法，不断提高该中心医疗保健业务水平。五是加强护理质量管理工作，制订有实施优质护理工作方案和护理质量管理计划，明确管理目标并组织实施。定期开展护理质量和护理安全检查，对存在问题分析原因，提出整改意见，实施护理质量持续改进及结果追踪，以预防不良事件的发生，确保病人安全，不断提高护理质量；同时开展岗位练兵，中心护师郭婷参加蕉岭县“综合病例下站式”比赛，获得优秀奖。并获得2017年“梅州最美护士”，得到市政府的表彰。六是加强院内感染控制工作，制定院感工作制度与岗位人员职责，执行院、科两级对医院感染控制措施落实情况督导制度，对院感工作存在问题持续改进。七是做好药事管理工作，定期召开药事管理委员会议，分析总结中心各阶段相关的药事问题；加强药品质量监督管理工作，对药品质量进行常规检查，要求药品、耗材质量达到国家规定标准和来源可追溯，促进药事管理有效持续改进。11月10日上午，市医疗质量管理督导组专家莅临中心，开展2017年医疗质量管理综合督导检查工作。检查组对中心在实施医疗质量管理工作中所取得的成绩和工作亮点给予充分肯定，对在医疗质量管理工作中存在的不足和问题，分别提出了建设性的意见和建议。通过这次市级检查组的督导检查，有效地促进中心的医疗质量管理工作，切实把医疗质量管理工作抓严抓实，规范医疗服务行为，提高依法执业意识，保障医疗安全。

2017年完成门诊34417人次，住院人数1351人(其中产妇841人)，化验85590人次，B超11853人次；医疗业务收入1177.63万，比去年同期增长3.99%。取得良好的社会效益和经济效益。

【出生缺陷综合防控和实施民生实事】 一是做好出生缺陷干预中心建设。该中心定为蕉岭县出生缺陷综合干预中心，为保障干预中心各项工作的顺利开展，中心严格按照干预中心验收标准配备相关人员和医疗设备，制订制度，完善相关流程，促进出生缺陷综合干预中心的建设。二是抓好婚前医学检查、孕前优生检查的宣传和落实，努力建立第一道防线。中心在民政婚姻登记处设立婚前医学检查和孕前优生检查服务点，为广大育龄妇女提供“一站式”服务。2017年，实施免费婚检2198人，婚检率达85%，检出遗传性和传染性疾病366人，并进行有效的干预。完成国家免费孕前优生健康检查931对，咨询指导931对，指导率为100%，信息系统建档931对，建档率为100%；评估具有风险因数233人；早孕随访1493人，随访率为100%；妊娠结局随访709人，随访率为100%。三是抓好产前检查，筑好第二道防线。产前唐氏筛查1888人，筛查率85%；终止异常妊娠14人；二维彩超筛查1561人，确诊并终止六大结构畸形的妊娠1人，阳性人员均建立专案追踪随访。四是抓好新生儿疾病筛查，坚守第三道防线。中心严格执行《梅州市新生儿疾病筛查实施意见》开展工作，并做好各种资料的登记以及可疑病例的召回和追踪随访工作。2017年，新生儿疾病筛查3197人，筛查率为99.6%；筛查阳性649人，初筛阳性者均召回到梅州市新生儿疾病筛查中心进行复查，实施阳性人群专案管理。新生儿听力筛查3209人，筛查率100%，听力筛查阳性26人，转诊后听力障碍确诊0人。五是继续实施地中海贫血预防控制项目：完成婚前地中海贫血筛查2198人，筛查率为100%，地中海贫血筛查阳性321人，阳性率为14.6%，确诊为夫妻同型地贫7对。孕妇地中海贫血筛查2211人，筛查率为99.5%。地中海贫血初筛阳性331人；基因检测478人，发现夫妻同型地中海贫血40对，进行胎儿产前诊断26人，发现重型地中海贫血胎儿5例，均实施终止妊娠，全县无重型地贫儿出生，达到预期目标。六是认真实施民生实事项目,2017年，政府将该中心艾滋病检测筛查实验室建设列入十大民生实事之一,中心高度重视,加强实验室建设工作,配备必要的检测设备和合格的检验人员,完善实验室相关检测服务制度及流程,严格实验室室内和室间质量控制工作,5月经市卫计局现场审核,艾滋病检测筛查实验室符合建设要求,合格验收。孕产妇艾滋病检测率为100%；梅毒检测率为100%,乙肝检测率为100%;检出梅毒和乙肝病毒感染产妇及所生婴儿均进行规范的随访和治疗。

【基本和重大公共卫生服务妇幼项目】 2017年全县辖区（年报）产妇3254人，活产3286人。建卡率100%；产检率99%；系统管理率95%,产后访视率96%;住院分娩率100%;孕产妇死亡1例，孕产妇死亡率30.43/10万;婴儿死亡8人,婴儿死亡率2.43‰;新生儿死亡3人,新生儿死亡率0.91‰;围产儿死亡11人,围产儿死亡率3.34‰；低出生体重儿150人,低出生体重儿发生率4.56%;出生缺陷儿发生率69.82/万。7岁以下儿童保健管理19507人,7岁以下儿童保健管理率95%;3岁以下儿童系统管理7901人,3岁以下儿童系统管理率92.4%;5岁以下儿童死亡12人,5岁以下儿童死亡率3.65‰;5岁以下儿童低体重发生率0.99%;5岁以下儿童中重度贫血患病率0.63%。实施农村妇女增补叶酸预防神经管缺陷项目，增补叶酸预防神经管缺陷528人;实施农村孕产妇住院分娩补助项目，给予补助661人,补助金额77万元。 (丘耀忠)

2017年县妇幼保健计划生育服务中心负责人名录

主　任:黄莉珠(女)
副主任:汤秋香(女)　赖映华(女)　丘李生

文体旅游

【概况】 2017年，县文体旅游局大力发展文化惠民工程、文化遗产保护、文化产业培育、全民健身运动、旅游品牌打造等重点工作,充分依托“世界长寿乡”的金字招牌,积极做好宣传工作,实现全县文化体育旅游各项工作的快速发展。据统计全年实现旅游接待420万人次,旅游总收入33亿元，分别同比增长12%、12.6%。

【文化事业】 一是开展多元化的文化活动。春节、元宵期间,组织开展送春联下乡活动,金狮大锣鼓游行表演、新春大型游园活动、“福星长寿新城杯”广场舞大赛、迎新春卡拉OK大赛、新春广场文艺演出、金狮大锣鼓表演赛;春节、元宵电影公映，少儿图书新书展及天文科普展、书法公益班培训学员书法作品展、谢晋元将军生平事迹展等丰富多彩的文艺系列活动;2017年客家文化(非遗)艺术周,蕉岭县派出选手参加客家山歌少儿组、成人组唱腔比赛,获得1个银奖、4个铜奖的可喜成绩;重新创作排练省级非遗项目《莲池舞》参加开幕式非遗展演,创作排演小戏《糊涂案》参加汇演,荣获剧目奖;剧团商业演出呈现好势头,新春佳节时期分别到揭西演出三场、文福演出一场;为“梅州瑞胜科技股份有限公司新三板挂牌新闻发布会暨答谢晚宴”展演;为三圳九岭荷花基地的游客们展演喜庆歌伴舞《红红的红灯笼》,女声二重唱《幸福来》以及女子群舞《轻舞飞扬》《锦绣前程》等;参加广东省(粤东片区)反邪教文艺汇演,荣获三等奖;精心选送一批竹雕工艺品参加深圳文博会,新创作的作品《丘逢甲故居》荣获“中国工艺美术文化创意奖”银奖;组织“三馆八站”等资金使用单位开展专项资金绩效评价，并按时按质完成绩效自评工作。二是积极做好民生实事工作。完成10个农村文化俱乐部建设，建设以农村老祠堂为阵地，集图书室、器乐室、健身场所等于一体的俱乐部；经过认真筛选，利用现代信息技术，对照建设标准，建成10个文化驿站；采取调整置换、集中利用的方式进行建设，充分依托村党组织活动场所、文化活动室、综合公共服务设施等完善和补缺相应的文化器材设备，完成60个行政村文化服务中心建设；为进一步提升全社会的版权保护意识，组织开展了“4·26”世界知识产权日“保护著作权宣传周”活动；抓好全县农家书屋的管理和延伸服务工作，组织开展暑期“我的书屋.我的梦”农村少年儿童阅读实践活动，为20家农家书屋各配送168本书籍，为107家农家书屋各配备5本十九大文件及学习辅导读物；圆满完成蕉岭县相对贫困村广播电视调查摸底统计工作；依期做好8名符合政策要求的乡镇(公社)老放映员补助发放工作。三是加强文物保护和安全。完成编制国保单位谢晋元故居保护规划政府采购招标(单一来源谈判采购)，丘逢甲故居修缮工程经省专家组竣工验收后的整改及验收工作；做好丘逢甲故居、谢晋元故居《全国重点文物保护单位保护项目(安防、消防、防雷)》计划表和计划书的填报；编制石寨土楼、桂岭书院申报第八批全国重点文物保护单位推荐材料(初稿)，并做好石寨村方楼修缮工程专项资金的绩效；完成萱德楼修缮验收；做好省定贫困村不可移动文物和县级文物保护单位的保护标志挂牌工作；编印蕉岭县博物馆第一次全国可移动文物普查成果一书；完成蕉岭县图典资料的整理编撰；做好县保仓海学校的除杂工作。四是广泛开展文化惠民活动。在蕉岭县图书馆举办《讲好中华典籍故事·传承中华传统美德》专题讲座，开展第七届“清廉修身，廉洁齐家”专题读书月活动，举办喜迎中共十九大“富美蕉岭”摄影展，和塔牌幼儿园联合举办“相伴成长·亲子游学”活动，举办蕉岭县长寿文化展览，展出书画摄影作品180多幅，深入新铺、南礤等下设的10多个分馆及服务点进行送书下乡惠民活动；顺利通过省、市专家组对该县图书馆总分馆试点建设验收工作，完成全国公共图书馆第六次评估定级工作；农村公益电影放映任务并提前超额完成全年的1164场任务，观众人数达22.9万人次；组织公益电影进校园活动，全县中小学观看爱国主义教育影片《小兵张嘎》《邱少云》等共放映420场。

【旅游事业】 一是全力推进长潭AAAA整改工作。拨出专款2000万元实施长潭AAAA级旅游景区提升建设项目，对景区的停车场、码头、游步道等进行升级改造，经过数月努力，景区游客中心、停车场、游览线路、标识系统、旅游厕所等软硬件建设都得到很大的提升，景区面貌焕然一新，已顺利通过4A景区复核。二是扎实开展全域旅游创建工作。蕉岭县计划在2017年—2018年通过两年时间创建“广东省全域旅游示范县”，成立以县长为组长的全域旅游工作领导小组，并设立创建办，负责日常创建活动的协调、统筹和督办；制订创建工作方案；根据创建国家级全域旅游示范县的标准，形成创建工作实施方案和工作任务分工表，为创建工作有序推进提供了保障；各相关责任单位按照任务分工和全域旅游标准，结合自身实际筹划全域旅游项目，重点推进公共服务设施建设、从业人员培训、产业融合、智慧旅游等工作；聘请广州南斗旅游规划设计团队编制《蕉岭县全域旅游规划》。三是创新驱动促进产业融合。充分挖掘整合丰富的客家文化资源，抓好石寨、高思等古村落保护利用，打造一批文化旅游精品景区，重点推进石寨古村保护开发项目，目前该项目已基本完工，下一步进行竣工验收和财审等工作；坚持农旅结合，积极推进乡村旅游建设，把美丽乡村建设与乡村旅游景点打造、全域旅游创建紧密结合起来，按照“一村一品”原则，扎实推进“客韵寿乡”乡村游项目建设，目前上合休闲农业公园、九岭精品游线路、九岭十里荷塘以及正在打造九岭“十里葵园”都成为蕉岭旅游热点和亮点，吸引许多游客和其他地区同行来参观学习；完善旅游基础设施，重点推进旅游厕所、标识牌、停车场建设，2017 年旅游厕所建设已完工 7 座，3 座已开工建设，同时按照省、市部署，率先在长潭旅游区和石寨古村建成了带第三卫生间旅游厕所；推进民宿发展，已成立民宿协调领导小组，并多次组织消防、公安、食品药品监管、工商质监、环保等部门上门为在建和建好的民宿进行现场指导和现场验收，怡然生态小栈和森态源休闲山庄已通过验收；县文体旅游局将按照"成熟一批，验收一批，申报一批"的原则，积极推进民宿建设；推进星级农家乐评定工作，按照星级农家乐标准，对新铺镇河滨农家乐、三圳镇福缘农家乐、鸽天下农庄等农家乐进行等级初评和推荐上报，待市评审和批复。四是规范推进行业管理工作。充分发挥职能作用，督促旅游企业做好管理工作，切实改进服务质量，推动旅游企业质量管理上水平，进一步规范行业管理，抓好旅行社及其分支机构备案登记工作，进一步规范旅行社的经营管理行为；抓好游船升级改造工作，已淘汰蕉岭籍 19 艘不符合标准的游船，订购的新游船按规定正常运营；2017 年，该县精心编印了涵盖"吃住行娱购游"内容的蕉岭旅游一册通、导览册等宣传资料加强旅游宣传。

【体育事业】 一是群众体育赛事不断。开展群众喜闻乐见的体育活动。春节、元宵期间，举行篮球、足球、乒乓球、中国象棋、围棋比赛和"骏业杯"全县广场舞大赛；"五一节"联合县总工会举办了"庆五一"职工乒乓球比赛；国庆节举办了第十届铁汉生态"桂岭杯"足球邀请赛；11 月—12 月举办"县长杯"篮球、足球联赛；协助举行"古坊竹韵、醉美寿乡"百里徒步活动；支持足球协会举办第二届"草根足球联赛"；乒乓球协会举办"乒协杯"乒乓球比赛；开展国民体质监测活动，大力宣传和动员广大人民群众参加测试，并胜利完成市体育局下达给蕉岭县 1170 个监测任务；积极参加市局举办的各项体育赛事，其中老年人乒乓球团体赛获得第三名；成年男子足球队在"五四"青年足球赛中，顽强拼搏、历史性的取得第三名的好成绩。二是竞技体育实现新突破。梅州市第八届运动会上，蕉岭县代表团共参加了田径、篮球、足球、羽毛球、乒乓球、跆拳道、武术七个大项比赛，取得可喜的成绩，共获得奖牌 36 块，其中金牌 16 块、银牌 11 块、铜牌 9 块。在三大团体总分排名上：蕉岭县五项球类团体总分 304 分，列全市第五名；田径团体总分 306 分，列全市第四名；竞技体育组和学校体育组两项综合团体总分 2034.65 分；列全市第六名，奖牌总数、田径团体总分、五项球类团体总分、综合团体总分比上届都有明显提高；蕉岭县的重点项目田径和足球成绩也明显提高，尤其是田径项目，共获得 3 块金牌、5 块银牌、7 块铜牌，取得了奖牌数和团体总分第四名的好成绩，为蕉岭县争了光；作为非足球重点县，蕉岭县在参加的六个组别的比赛中，其中女子甲组和男子丙组获得第四名好成绩；此外，羽毛球项目获得羽毛球公开组混合团体赛第三名的好成绩；乒乓球项目获得 1 块金牌和 3 块银牌的成绩；篮球项目上也有新的突破，其中男子篮球获得第四名，女子篮球获得第六名。三是推进全民健身设施建设。蕉岭县体育馆完成室内装修；积极筹措资金，大力推进农村体育设施建设，为全县 10 多个行政村购买并安装健身路径设施。

（谢宇情）

2017 年县文体旅游局负责人名录

局　长（党组书记）：汤东康（7 月离任）
　　　　　　　　　吴晓东（7 月任职）
副局长（党组成员）：郭建新　张荣发
　　　　　　　　　朱翠英（女，11 月离任）
　　　　　　　　　丘　虹（女，11 月任职）
党　组　成　员：丘治岭　张立忠　黄伟良

社会生活

民 政

民政工作

【社会保障】 2017年,全县在册城乡最低生活保障对象2331户4327人，其中：农村对象2083户3923人,城镇对象248户404人;城镇最低生活保障标准每人每月580元;城镇低保对象月人均补助水平每人每月457元;农村最低生活保障标准每人每月400元,农村低保对象月人均补差水平每人每月206元,全年发放城乡低保资金1662.6万元。2017年,在册五保供养对象754人,集中供养和分散供养标准均为每人每月692元,城市“三无”人员供养标准每人每月928元，下拨五保金600多万元。2017年，实施医疗救助1007人次，发放资金400多万元;支出150多万元资助8317名特困群众参保参合；实施临时救助87户次249人次,发放资金26万多元。孤儿集中供养标准每人每月1450元，分散供养标准每人每月880元,17名孤儿年发放资金20多万元。事实无人抚养儿童87人(纳入低保68户),每人每月发放生活费500元,年发放50多万元。残疾人两项补贴按月审定和发放,年发放4300多人,发放两项补贴900多万元。

【救灾救济】 2017年冬春期间,落实冬春生活救助资金30多万元。2017年,因灾“全倒户”5户、“重损户”37户，下拨重建资金26.2万元,完成重建和修复工作。农村住房统保和自然灾害救济救助公众责任保险全年出险193户,理赔28.16万元。

【拥军优属】 全年发放抚恤补助资金600多万元,发放义务家庭优待金180多万元;投入20多万元,将优抚对象纳入医疗保险,由政府统一购买医疗保险,医疗机构优惠减免的医疗保障制度不断健全;接收退役士兵76人,共发放自主就业一次性补助金200多万元。76位退役士兵中报考大专6人,报读中技62人。积极开展春节、“八一”期间的拥军优属活动,送发慰问物资和慰问金140多万元。接收符合政府安排工作条件的退役士兵3人,按规定县政府给予安排工作。深入推进复员退伍军人体系建设,招聘16名镇级复员退伍军人服务人员。

【社会行政事务】

(1)基层民主政治建设。完成全县107个村(居)委换届选举,占应换届100%,“村务监督委员会”也同步推选完成。共选举产生了两委干部544名，实现参选率98.2%，一肩挑率88.8%,交叉任职率90%目标。提高村(居)监督委员会成员工作补贴,由每人每月550元提高到每人每月600元。

(2)婚姻登记。2017年,办理结婚登记1638对,离婚登记619对,补发登记694对,登记合格率达100%。

(3)民间组织管理。至2017年12月,全县共登记有社会组织228家,统一信用代码建设覆盖率达到100%(其中：社会团体185家、民办非企业单位43家),比2016年增加8家社会组织(其中:社会团体2家、民办非企业单位6家)。2017年10月,成立了中国共产党社会组织委员会。

(4)殡葬管理。开展殡葬改革宣传工作,火化率保持100%;继续实行免收殡葬基本服务费;开展“三道两区”占地毁林建坟整治,发现、制止修建坟墓5宗,实施强制拆除2宗。设立二座永久性树葬区:樟坑公墓山树葬区,文福白湖阿婆石生态树葬园。

(5)区划地名。第二次全国地名普查,全县共采集11个大类56个小类地名信息4486条,地名标志登记表386张,地名成果图56张,新设地名标志105个。开展“平安边界”创建活动,完成界线和界桩的维护管理工作。

(6)老龄工作。从2017年1月1日起,全县80—89岁老人每人每年补(津)贴300元,90—99岁老人每人每月补(津)贴100元,100岁及以上老人每人每月补(津)贴900元(另发给每人重阳800元、春节2000元慰问金)。从2017年10月20日,101—105岁老人,在现每月补助900元基础上,每增加1岁,每月补(津)贴增加100元;106—109岁老人,每月补(津)贴2000元;110岁以上高龄老人补(津)贴每月补助3000元。另发给每人重阳、春节慰问金,其中:101—105岁老人重阳1000元、春节2300元;106—109岁老人重阳2000元、春节3000元;110岁以上老人重阳3000元、春节5000元,2017年发放80岁以上高龄老人补(津)贴500多万元。2017年7月1日起,在为全县年龄75—79周岁老年人每人购买一份20元/年的意外伤害综合保险的基础上,扩大参保范围,为户籍在本县、年龄60—74周岁老年人购买每人10元/年的意外伤害保险。县民政局被评为2017年度“银龄安康行动”优秀组织奖;老龄办评为2017年度“银龄安康行动”卓越贡献奖。

(王　梅)

2017年县民政局负责人名录

局　长:汤自优

副局长:林淑瑜　陈森荣　黄锦坤

劳动保障·社会保险

人力资源和社会保障

【就业工作】 (1)城镇就业再就业方面。全年城镇新增就业1836人;城镇失业人员再就业1620人,就业困难人员再就业212人,分别占市下达目标任务的108%、108%、101%;城镇登记失业率控制2.46%,比市下达的控制数低0.54个百分点。(2)劳动力培训转移方面。全年组织劳动力新增转移就业1705人;补贴技能晋升培训补贴520人,共87.4多万元;组织各类技能方面培训1515人。(3)创业带动就业方面。扶持公共就业创业服务补贴57.55万元,就业困难人员灵活就业社保补贴572人共计107.59万元;创业培训补贴17万元;一次性创业资助补贴22人共计11万元;租金补贴申请22人共计8.4万元;创业带动就业补贴1人0.2万元;新增受理创业担保贷款申请27笔,已发放贷款20笔,全年累计256万元;共受理贴息申请96人,拟拨付贴息19.14万元。(4)公共就业方面。举办了“春风行动”“春暖梅州”“高校毕业生招聘周”“民营企业招聘周”“2017广州南沙—蕉岭劳务对接专场招聘活动”等各类招聘会46场次,吸引758家企业进场招聘,通过“就业通”短信平台、网站等发布岗位信息

10549 条，进场求职人数 16889 人次，达成意向人数 7378 人，现场录用人数 1563 人。

【社保工作】 (1)社保基金征收情况。征收企业职工养老保险费 18226.67 万元、完成 83.01%；职工医疗保险费 7204.75 万元、完成 107.37%；工伤保险费 357.62 万元、完成 152.18%；失业保险费 358.53 万元、完成 103.92%；生育保险费 334.36 万元、完成 117.73%；城乡居民养老保险收入 4735 万元；城乡居民医疗保险收入 13169 万元；补充医疗保险 392 万元。城乡居民养老保险 65933 人；2018 年度城乡居民医疗保险 179639 人。(2)从 2017 年 7 月 1 日起，企业职工基本养老保险基金实行省级统收统支，由省级统筹管理，在全省范围内统一调度和使用，实行统一核算、分级存放、等比调拨。机关事业单位养老保险工作稳步推进。已完成全县 162 个单位的参保登记工作，纳入机关养老的在职人员约 6600 人，退休 3300 人，到 11 月，已全部迁入正式库，12 月份正式全面征收机关养老保险费和发放待遇。

【劳动关系工作】 开展对企业合同签订情况、缴交社保情况、工资支付情况、禁止使用童工、用人单位遵守劳动用工和社会保险法律法规情况检查，对各类用人单位的日常巡查次 214 人次，审查用人单位规章制度 198 条，纠正用人单位违法条文 15 条，补签劳动合同 154 份，指导企业及建筑工程公司建立了工资支付台账、工资支付公示栏。全年共受理劳动保障违法案件 165 宗，涉及 671 人次，涉案金额 757.2 多万元，全年共处置 30 人以上集体上访突发事件 3 批 300 多人次，涉案金额 341 万元，处理 10 人以上 30 人以下集体上访突发事件 8 批 91 人次，涉案金额 212 万元。其中比较典型的案件有梅州淦源建材科技有限公司拖欠 100 多人共 100 多万元工资案；三圳九岭农村实用人才培训学院工程 (浙江中鹰建筑工程有限公司) 欠 43 人(2017 年 2 月至 6 月)约 115 万元工资案；处理油坑集团和淦源建材下岗失业工人安置问题等案件。向公安机移交了文福镇某精细化工厂老板阮某涉嫌拒不支付劳动报酬案，通过加强两法衔接，成功打击了恶意欠薪行为，维护了社会的和谐稳定。

【依规办理工作】 加强财务与保险基金的监督，确保财务与基金的安全运行。办理灵活就业人员首次参保申请 1638 人，一次性补缴 638 人，早期离开企业人员一次性缴费 2 人，单位漏办补缴 110 人，企业未参保一次补缴 29 人，大龄补缴 125 人；对特殊门诊医疗费用报销审核严格把关，审核了 652 人次特门病人，通过审核 544 人次。初审特殊工种提前退休 102 人，提前审核通过 98 人。收到工伤认定申请、结案 48 宗。申请劳动能力鉴定 50 人次，其中工伤评残 29 人，经鉴定五至六级 2 人、七至十级 27 人；申请工伤复发认定 13 人次，申请停工留薪期确认 1 人次；申请病退 7 人次，经鉴定符合条件 7 人次。 (汤 锐)

2017 年县人力资源和社会保障局负责人名录

党组书记、局长：刘红锦
党组成员、副局长：陈卫东
黄君玲(女，11 月离任)
刘小珍(女，10 月任职)
林建军
吴雯雨(女，10月挂任)

社会保险基金管理

【概述】 2017 年，参加企业职工养老保险 40035 人(不含离退休)，参加城镇职工医疗保险 39518 人，参加失业保险 23250 人，参加工伤保险 24672 人，参加生育保险 26642 人，参加机关事业单位养老保险 (不含离退休)6192 人；企业职工养老保险月平均缴费人数 21072

人。企业养老保险征缴收入 18226.67 万元,职工医疗保险征缴收入 7204.75 万元,失业保险征缴收入 358.53 万元,工伤保险征缴收入 357.62 万元,生育保险征缴收入 334.36 万元,机关事业单位养老保险征缴收入 1773.87 万元;补充医疗保险征缴收入 392 万元;城乡居民养老保险收入 4735 万元;城乡居民医疗保险收入 13169 万元。社会保险基金支出 58973 万元。其中企业职工养老保险支出 31455 万元;职工医疗保险支出 4092 万元;工伤保险支出 167 万元;失业保险支出 400 万元;生育保险支出 486 万元;机关事业单位养老保险支出 1337 万元;补充医疗保险支出 345 万元;城乡居民养老保险支出 5200 万元;城乡居民医疗保险支出 15491 万元。

【调整征收标准和待遇水平】 2017 年度按政策调整了社会保险征收标准和待遇水平:企业养老保险(含灵活就业人员参保)缴费工资上限为 18213 元,下限为 2489 元,费率 22%(其中单位 14%、个人 8%;灵活就业人员按 20%(全部由个人缴纳);职工医疗、工伤、生育保险缴费工资上限为 18213 元,下限为 3010 元,灵活就业人员、退休人员参加职工基本医疗保险按月缴费的,按 5016 元申报缴纳。职工医疗以单位参保的按 8.3%,其中单位 6.3%、个人 2%;灵活就业人员按 8.3%(全部由个人缴纳);工伤保险:一类行业 0.2%,二类行业 0.4%,三至八类行业 0.5%(全部由单位缴纳);生育保险 0. 5%(全部由单位缴纳)。失业保险缴费工资上限为 15048 元,低于 15048 元的应如实申报,不得低于梅州市企业职工最低工资标准 1210 元,费率为 1%,其中单位 0.8%,个人 0.2%。职工补充医疗保险缴费标准为每人每月 13 元(其中单位 8 元,个人 5 元)。2017 年为该县 16760 名企业退休人员调整了企业退休人员养老保险待遇,调整后,月人均增加养老金 104.47 元,企业职工月人平退休金达 1496.49 元;城乡居民养老保险基金基础养老金标准提高至每人每月 120 元。

【调整基本医疗保险相关待遇】 将城镇职工基本医疗保险(以下简称:职工医保)基金年度累计最高支付限额从 8 万元提高至 9 万元;城乡居民基本医疗保险(以下简称:居民医保)基金年度最高支付限额从 45 万元提高至 50 万元。职工医疗保险门诊特定病种报销比例统一调整为 75%,城乡居民医保门诊特定病种报销比例从 60%提高到 70%,门诊特定病种年度支付限额按病种在原限额基础上提高 1000 元至 6.5 万元不等;城乡居民医疗保险普通门诊每人每日每次最高支付限额从 30 元提高到 100 元,年度累计最高支付限额从 150 元提高到 500 元,报销比例从 50%提高到 60%城乡居民大病保险起付标准从 1.2 万元降为 1 万元、报销比例统一调整为 70%,年度最高支付限额从 15 万元提高到 16 万元;城乡五保供养对象、建档立卡贫困人员的大病保险起付标准下调至 2000 元,报销比例提高到 80%,不设年度最高支付限额。

【机关事业单位养老保险稳步推进】 参保登记方面:2017 年已完成该县 162 个单位的参保登记工作,2017 年 11 月,已全部迁入正式库,12 月正式全面征收机关养老保险费和发放待遇。清退工作方面:第一批清退工作已退费 137 个单位,4480 人,清退金额 11181 万元。开展了该县 2017 年度工资申报和个人缴费代扣工作。2017 年 11 月 14 日召开了该县机关养老全面征收和发放待遇培训会,共有 162 家参保单位的相关人员参加了培训。根据组织部、财政局的数据,对该县纳入机关养老的退休人员工资信息进行比对,对"中人"重新核定待遇。将 2970 名财政全额拨款人员纳入系统管理。

【企业职工养老保险实行省级统筹】 从 2017 年 7 月 1 日起,企业职工基本养老保险基金实行省级统收统支,由省级统筹管理,在全省范

围内统一调度和使用，实行统一核算、分级存放、等比调拨。 (丘玲玲)

2017年县社会保险基金管理局负责人名录

局　长：王军胜

副局长：曾劲锋　陈冬梅(女)　古伟荣(女)

公共就业(人才)服务中心

【就业目标任务】 全年城镇新增就业人数1836人，城镇下岗失业人员实现再就业1500人，其中就业困难人员实现再就业210人，分别完成市下达目标任务的108%、108%、101%，城镇登记失业率控制数为2.46%，比市下达的控制数低0.54个百分点。

【就业创业专项资金使用管理】 2017年全县筹集就业创业资金总额139.32万元。其中：中央财政安排25万元、省级财政安排104万元，县级筹集10.32万元。截至2017年12月底，全县累计消化资金220.88万元。2017年的资金支出项目主要有扶持公共就业创业服务补贴、社保补贴、创业培训补贴、创业资助、租金补贴、创业带动就业、创业担保贷款贴息等方面。其中，扶持公共就业创业服务补贴57.55万元，就业困难人员灵活就业社保补贴572人共计107.59万元；创业培训补贴17万元；一次性创业资助补贴22人共计11万元；租金补贴申请22人共计8.4万元；创业带动就业补贴1人0.2万元；新增受理创业担保贷款申请27笔，已发放贷款20笔，全年累计256万元；共受理贴息申请96人，拨付贴息19.14万元。

【公共就业方面】 举办"春风行动""春暖梅州""高校毕业生招聘周""民营企业招聘周"等各类招聘会共46场次，吸引758家企业进场招聘，通过"就业通"短信平台、网站等发布岗位信息8869条，进场求职人数16889人次，达成意向人数7378人，现场录用人数1563人。

【失业职工档案管理】 在县公共就业（人才）服务中心托管的失业职工档案保管有4374份，2017年办理退休手续的有243人，其中正常退休的有137人，办理特殊工种的有98人，办理病退退休的有8人，办理调档的有5人，档案查询200多人次。 (涂彩环)

2017年蕉岭县公共就业(人才)服务中心负责人名录

主　任：谢映军

居民收入与消费

城乡居民收入与生活消费

【城乡居民人均可支配收入】 据调查,2017年全县城乡居民人均可支配收入为19538.45元,较上年同期增长9.5%。其中,工资性收入12049.06元,经营净收入3625.71元,财产净收入779.52元,转移净收入3084.16元。

【城乡居民人均可支配收入的比重】 2017年全县全体居民人均可支配收入19538.45元,其中工资性收入占61.7%、家庭经营性净纯收入占18.6%、转移性纯收入占3.9%、财产性净收入占15.8%

【城乡居民人均生活消费支出】 2017年全县城乡居民人均生活消费支出为15861.21元,其中城镇居民人均生活消费支出17834.3元,农村居民人均生活消费支出13797.7元。在八大类生活消费支出中,其中:食品烟酒类支出为6102.4元、衣着类支出587.64元、居住类支出3453.8元、生活用品及服务类支出920.85元、交通通信类支出2348.52元、教育文化娱乐类支出1184.15元、医疗保健类支出1061.24元、其他用品和服务类支出202.61元。

【城乡居民人均生活消费支出的比重】 2017年蕉岭县全体居民人均生活消费支出为15861.21元,其中:食品烟酒类支出占38.47%、衣着类支出占3.7%、居住类支出占21.78%、生活用品及服务类支出占5.81%、交通通信类支出占14.81%、教育文化娱乐类支出占7.47%、医疗保健类支出占6.69%、其他用品和服务类支出占1.27%。 (黄荣城)

乡镇·省、市驻蕉岭单位

乡 镇 概 况

蕉城镇

【概况】 蕉城镇位于蕉岭县境中部，东面靠山，西面临河，205国道贯穿全境，地处全县政治、经济、文化中心，是县城所在地、省定中心镇。全镇总面积57.68平方公里，下辖11个村委会和4个社区居委会，共181个村民小组，户籍总人口7.6万人，其中农业人口2.5万人。2017年，全镇工农业生产总值11.58亿元，同比增长8.7%；农民人均收入17223元，同比增长9.8%。蕉城镇素有“金城雄镇”之称，山青水绿，景城交融，人文气息浓厚，境内有镇山国家森林公园、兴化寺等旅游景点。

【重点项目稳推进】 2017年，蕉城镇紧紧围绕县委、县政府的战略部署，大力推进中心城区扩容提质、产业园区增资扩产、镇区“六个一”等重点项目建设。一是城区扩容提质方面：全力以赴抓好用地保障，依期完成了城南教育用地、伍福园市政道路用地、福星大道桃源东路北区域用地及蕉城供水扩建工程用地征收工作。二是产业园区建设方面：加快发展“两区两业”，依期完成了金城工业园扩园征地任务，着力培育发展铁汉生态、A家家具、鹏宇装饰材料、固特超声、金发纸业等主导产业。三是镇区“六个一”建设方面：“六个一”项目建设全面铺开，项目总投资达4600万元，包括石窟河东堤沿线绿化景观提升、滨水公园建设、蕉城镇卫生院修缮、各行政村卫生站建设等项目。

【城乡面貌换新颜】 蕉城镇在环境卫生综合整治上出实招，进一步加强组织领导，健全长效机制，全力提升城乡人居环境。一是环境卫生显著改善。农村生活垃圾上门收集制度实现全覆盖，蕉城镇11个村配备了50多名保洁员，垃圾处理费农户缴纳率达8成以上，农村生活垃圾实现日清日运。二是生猪养殖污染整治成效明显。全镇范围均属禁养区，积极引导养殖户转产转业，2017年关闭整治生猪养殖户3200多户，涉及生猪养殖栏舍面积约19万平方米。三是新农村建设稳步推进。着力强化示范村建设，以点带面推动各村新农村建设，总投入2000多万元的龙安村省级新农村示范点建设基本完成，拆除旧房5000多平方米，完成外立面改造20000多平方米，新建4个休闲小公园，新建一条宽5米、长2公里、配套太阳能路灯的主村道，全村道路硬底化率达90%；叟乐村健身广场建成使用，修建污水处理池600立方米；东山村、陂角村实现全村道路普及太阳能路灯。四是水利基础设施不断完善。开展辖区内长潭东干圳9.2公里、东联圳6公里的清淤工作，抓好各村45公里长的主排主灌圳道的清淤工程，协助县水务局完成横岗村溪峰河圳墙塌陷修复工作，同时积极向上争取省农村河塘与排水沟整治项目，共规划全镇范围内39条主排、主灌圳共计13.85公里的改造工程。

【惠民为民有实绩】 蕉城镇始终把增进福祉、提升人民群众幸福感作为各项工作的重中之重，着力解决人民群众最关心的热点、难点问题，不断保障和改善民生。一是精准扶贫取实绩。紧紧围绕新时期精准扶贫方针政策，把精准扶贫作为第一民生工程，坚持精确识别、精确帮扶、精确管理，通过产业帮扶、就业帮扶、改善条件和完善保障等方式，帮助贫困人口实现增收脱贫，全镇共有贫困户369户858人，全年拨付扶贫资金201万元，2017年度脱贫86户311人。二是社会保障有实效。不折不扣落实城乡居民最低生活保障政策，截至11月，全镇享受低保人数429户706人；全年发放低保金340多万元。城乡医疗救助服务进一步优化，严格贯彻落实城乡医疗救助政策，广泛宣传"一站式"医疗救助，"一站式"救助系统平台实现动态维护。进一步贯彻落实孤儿基本生活保障制度，做好全乡孤儿的摸底、救助工作，维持全镇20多名孤儿和事实无人抚养儿童生活稳定。三是老龄工作落实处。及时统计老龄人口，发放高龄津贴，2017年全镇共有1715人符合条件享受，其中80—89岁共计发放449100元，90岁以上共计发放310300元，其中百岁老人3人，全年发放津贴37900元。

【社会大局保和谐】 一是积极推动"网格化管理"和干部下沉服务。充分依靠社会治理服务平台，开展"网格化管理"和干部下沉服务，做好接访和排查工作，及时了解、掌握群众思想动态，排查收集矛盾纠纷，2017年蕉城镇综治信访维稳中心共接访群众83批144人次，排查受理各类民事纠纷60宗，调解成功58宗，调处成功率96.7%，及时分流并调处各类民事纠纷112件，调解成功109件，调处成功率97%，无民事纠纷转化为刑事案件。二是加强不稳定因素的摸排工作。加大对群体性事件的应对预案建设工作，及时化解各类型群体性事件苗头，尤其是在中共十九大、第五届世界客商大会等重大会议期间，多举措加大维稳工作力度，及时排查化解不稳定因素。三是贯彻综治信访"一周一研判"工作。定期组织召开综治维稳工作专题研判会议，对新发现的问题及时进行研判，落实解决措施，对遗留问题进行消化跟进，制定矛盾纠纷化解责任表，落实责任人，自3月份以来共召开研判会36场，其中常规排查会25场，专题研判会11场，有效地防止矛盾激化，确保了蕉城镇"四个不发生"。四是安全生产常抓不懈。时刻绷紧安全生产这根弦，把安全生产工作落到实处，坚持抓早抓小，抓细抓实，切实加强非煤矿山、烟花爆竹经营、危险化学品、成品油市场等领域的安全监管工作力度；开展消防安全专项整治行动，共排查各类场所56家，排查整改消防安全隐患89项；加大安全生产知识宣传力度，2017年共开展各类安全生产知识宣传20余次，发放各类宣传品1万多份。五是"大调解"格局网实现全覆盖。形成了村村有调解委员会、片片有调解小组的"大调解"网络，把矛盾纠纷消除在萌芽状态。2017年，蕉城镇司法所和15个基层人民调解委员会调处各类民间纠纷165宗，调解率100%，调解成功率达98.7%，"一村(社区)一法律顾问"为蕉城镇各村(社区)解答法律咨询203次，调解矛盾纠纷27次。

【党的建设谱新章】 一是抓理论基础学习，武装干部头脑。推进"两学一做"学习教育常态化、制度化，在"学""做""抓"上深化拓展，进一步创新管理制度、规范组织生活、提高党员素养。把学习党章党规、习近平总书记系列重要讲话精神和省市县各级党的会议精神作为学习教育的重要内容，通过开展党日活动和驻点直联工作，以"喜接十九大、做合格党员"为抓手，将学习教育与精准扶贫、城乡环境综合整治、安全生产、综治平安建设等重点工作相结合，促使党员干部自身党性锻炼不断有新加强，业务能力不断有新提高，工作作风不断有新转变，服务质量不断有新水平。二是严把村"两委"换届选举关，选优配强村级班子队伍。村(社区)"两委"换届选举工作顺利完成，选出新一届村(社区)"两委"干部85名，干部知识结构、年龄层次更趋合理，其中大专及以上文化程度的有19名，较上一届增加5名，年龄在45周岁以下的有17名，较上一届增加6名。三是抓好党建促经济社会发展。积极探索推行“党建+”方式，推动基层党建主动融入经济社会发展工作。围绕“党建+发展”，积极抓好民生实事重点工程、新农村建设等工作。围绕“党建+合作社+农户”，着力构建党建与经济发展同频共振，更好地引领农村产业发展，以党员带头、示范引领的方式，以点带面充分发挥起党建牵引带动作用。围绕“党建+民生”，始终把搞好服务作为基层组织建设的出发点和落脚点，聚党性得民心。开展好失业、低保、残疾人等弱势群体的就业、就学、就医等工作。通过驻点深入走访群众，知民情解民意，积极帮助困难家庭排忧解难。截至2017年10月，各驻村团队共走访群众24165户(次)，收集各类问题377宗，其中调解矛盾纠纷221宗，帮助解决困难和问题116宗。 (张恩瑞)

2017年蕉城镇党委、政府负责人名录

党委书记：肖培彬(8月离任)
　　　　　丘建安(8月任职)
党委副书记：徐伟彬　王裕胜　涂伟文
镇　　长：徐伟彬
副　镇　长：赖文曦　罗丽红(女)
　　　　　黄小军　汤新红
党委委员：罗丽红(女)　陈文清
　　　　　梁媛仪(女)　丘兆仕
　　　　　翁松彬(12月离任)
　　　　　曾峻彬　汤新运
　　　　　郭东华　徐宋文
　　　　　谢琼金(女，10月挂职)
镇人大主席：王　志
镇人大副主席：徐　忠

新铺镇

【概况】 新铺镇位于蕉岭县最南端，石窟河沿岸，毗邻梅县、平远县。该镇交通条件优越，天汕高速公路、205国道横贯全镇；自然资源和物产丰富，具有良好的发展潜力，是著名的水泥之乡、茶果之乡、华侨之乡、文化之乡，是广东省级中心小城镇建设示范点、省级建材专业镇、省教育强镇，梅州市平安镇、文化先进镇、生态镇，蕉岭金融生态镇、长寿镇。全镇总面积184.9平方公里，其中耕地面积2.67万亩，林业用地21.3万亩，森林覆盖率达78%，下辖21个村委会及1个社区居委会，户籍人口4.46万人，常住人口3.75万人。2017年，该镇全力构建新铺“一河两业三片区”发展新格局，推动发展转型、产业升级、乡村振兴，打造宜居宜业宜游特色中心镇。全镇实现生产总值22.5亿元，比增7%，其中：工业总产值17.7亿元，农业总产值4.8亿元；农民年人均纯收入1.49万元，比增8%。

【实体经济持续壮大】 一是新型建材产业更具优势。皇马水泥技改项目建成运行。皇马150万吨旋窑水泥生产线、220千伏油坑（福岭)变电站等项目扎实推进。油坑集团第二条135万吨水泥生产线获省核准备案。新塔公司装配式建筑等项目加快推进。二是长寿健康产业成效初显。融合“世界长寿乡”品牌，围绕一杯茶、一粒米、一瓶水、一棵笋、一瓶蜜，开发富硒长寿食品。成立了高山源家庭农场，开发种植槟唐香大米、三红柚。支持大快乐公司在高乾增资扩产。引进妆家都在东陂、长江种植甘蔗600多亩，开发富硒红糖。通过群众土地入股合作模式，引进荣信农业科技公司在矮车养殖牛蛙400亩，引进强升农业科技公司在同福养殖牛蛙150亩，大幅增加农民收入。三是新兴产业不断壮大。宏基公司在新三板挂牌。扎实打造“千年古镇·魅力新铺”品牌，鼓励扶持集民宿、餐饮、休闲、农业等功能于一体的企业三家，分别为高山源休闲农场、高乾山庄、谷雨田居，全镇有家庭农场达72家，合作社达70家，进一步加快旅游产业发展。

【城乡面貌不断改善】 一是坚持规划先行。新铺坚持高起点规划,高标准建设,积极构建新铺“一河两业三片区”发展新格局,全力加快新铺人居环境综合整治工作。“一河”,即把八村连片打造成社会主义新农村建设示范村,顺石窟河及沿线滨水空间打造运动休闲生态带。“两业”,即新型建材产业和长寿健康产业。“三片区”,分别为金丰产业发展核心片区,以推进205国道沿线工业长廊建设为载体,发挥市场资源配置作用,引导预拌混凝土生产企业延伸产业链条;尖长田园综合片区,以尖坑、长江、狮山、同福、矮车等村为主要空间,适应农业供给侧结构性改革需要,推动土地规模化利用和产业融合发展,打造具有浓郁“田园牧歌”风情的乡村田园综合体;徐溪健康养生片区,以黄坑、东陂、高乾、徐溪、黄沙、三坑等村为主要空间,形成一个多元组合、产业共融、业态相生的健康养生综合体。二是中心镇“六个一”扎实推进。实行一项工程、一个领导、一支队伍、一套方案、一抓到底的工作机制,使中心镇“六个一”项目顺利落地建设。总投资5.79亿元的25个“六个一”项目,在2017年完成投资1.14亿元,比年度投资计划1.02亿元超出11%。其中:已完成建设任务的项目9个,共投资3932万元。在建的项目有3个,共完成投资6044万元。其他项目在规划推进中。三是推进社会主义新农村建设。聘请有设计经验的企业,重点对矮车、象岭、金沙、南山、下南、矮岭、福岭、潘田等八村连片规划设计,打造省级社会主义新农村示范片,以此为引领,推动全镇各村打造成整洁村、示范村、精品村。扎实推进“三清三拆”,全年累计拆除危旧房、废弃猪牛栏及露天厕所茅房等,1100多处9万多平方米。四是生态文明有效保障。实施山水田林生态修复工程,完成碳汇林种植1000多亩,抚育生态公益林5000多亩,完成森林公园(一)期工程,同时启动(二)期工程。严格落实河长制,完成生态堤围建设1.2公里,完成矮车河堤护脚,抢修径子陂、南山陂、龙陂陂头3座,抢修南山山塘1座。全力整治生猪养殖污染,拆除猪栏面积达8.15万平方米。

【改革发展成效明显】 一是深化重点领域改革。持续推进农村土地确权工作,流转土地达3000多亩。在完成集体林权改革基础上,扎实推动创建集体林业综合改革试验示范区工作,流转集体林地达5000多亩。二是加快发展教育医疗卫计事业。实施强师兴教和信息化提升等工程。全面实施二孩政策。深化医联体改革,提升基层医疗服务水平。完成全镇18个村级卫生站公建规范化建设任务。完成乡镇卫生院规范化及中医馆服务能力建设任务。三是加快完善社会保障制度。城乡居民基本养老金、高龄老人补(津)贴、城乡医疗救助等补助标准进一步提高。低保、五保、就业等惠民政策得到进一步落实。四是推进精准扶贫工作。全镇有贫困户723户1370人,累计实际使用财政专项扶贫资金859.27万元,资金使用率84.18%,全面落实保障政策,切实保障贫困户就学、就医和危房改造,至2017年底合计脱贫658户,1165人,脱贫率85.04%。五是精神文明建设不断扩展。加快农村文化俱乐部和行政村文化服务中心建设。图书馆总分馆试点建设通过省、市、县验收。六是法治环境不断巩固。抓好镇级综治信访维稳“中心+网格化+信息化+特色化”建设,夯实基层社会治理基础,全镇信访总量大幅下降。安全生产、食品药品安全常抓不懈,安全形势总体保持稳定。

【全面从严治党扎实推进】 一是强化基层组织建设。深入推进“两学一做”学习教育常态化制度化,切实提高党组织战斗力和党员队伍素质。抓好基层党建,顺利完成村(社区)“两委”换届选举。实施“三强四带”工程,深入开展驻点直联工作,收集群众问题645个,答复解决问题614个,把各类矛盾化解在萌芽状态。精准整顿软弱涣散党组织。推行抓党建促脱贫攻坚模式,建立多个党员创业带富示范基地。创新党建引领八联举措，推动全镇党建、产业、扶贫、村容、文明、维稳等工作全面开展。二是从严管党治党。加强涉农领域违纪违法问题线索排查，加强扶贫领域监督执纪问责，对新时期精准扶贫精准脱贫工作进行核查，对触及政策法规的进行立案调查处理。（李 瑜）

2017年新铺镇党委、政府负责人名录

党委书记：钟光庆
党委副书记：郑康文 林文胜 王 江
黄巧桂(女,1月挂职)
镇长：郑康文
党委委员：黄选文 谢志玉(女)
罗 丹(女) 李 浩 黄麟胜
谢李华 周满桂(女)
陈方政(11月挂职)
陈 裕(11月挂职)
副镇长：谢志玉 邓伟峰 古德新
人大主席：林 巧
人大副主席：谢荣昌

长潭镇

【概况】 长潭镇位于蕉岭县石窟河以西，东与蕉城镇隔河相望，西与平远县接壤，南与三圳镇相邻，北与广福镇相邻。全镇总面积91.59平方公里，下辖神岗、上村、浒竹、堑垣、新泉、白马、麻坑、高陂、长潭、长东、百美11个村委会和1个居委会，共177个村(居)民小组。至2017年底总户数5113户，总人口19204人。2017年，全镇生产总值达5.06亿元，比增11%，人均收入达14000元，比增9%。

长潭镇是广东省乡村旅游特色镇，境内生态旅游资源丰富，拥有国家AAAA级旅游区、一线天、百竹园、名木古树园、珍稀园、千亩枫叶园、高台庵、澳洲山庄、闽粤赣释迦文化中心等多个自然人文景点。辖区内有广东长潭粤电站和省级自然保护区，文化底蕴深厚，先后涌现了抗清志士林丹九、赖其肖，画家林乃干、联合国高级专员钟嘉谋等名人。

【经济建设迈出新步伐】 重点项目建设有序推进。打造长潭及第一条街改造工程，统一门店招牌；全力服务已落户的碧桂园蕉岭首府、岭南院子、云景台等旅游地产项目建设；积极配合县委、县政府推进“一场一馆一中心”建设和做好长潭休闲区和石窟河十里画廊建设。长寿健康产业成效初显。着力抓好230多亩的食用菌基地建设，依托广东微生物研究所团队，设立食用菌研发机构，推动珍稀食用菌保健品等项目建设；按照“一村一品”的要求，积极发展树葡萄、百美金桔、有机稻、上合花海、富锌红糖等生态农业，重点打造五千亩农业示范基地；积极创建家庭农场，2017年已创建科诚家庭农场、四季耕耘家庭农场、润丰家庭农场等家庭农村示范点；协助做好铁汉生态健康产业园建设工作，做到了无障碍推进。全域旅游发展初具规模。协助推进投资3000万元的长潭旅游区整体开发，打造全国知名休闲养生旅游目的地；投入资金86万元，对长潭码头游船进行提升改造，2017年已新订7条游船并投入使用；紧抓建设白马上合农业公园的契机，建设亲子游乐园、农产品展示区、农耕体验区、花田慢行道、花田自行车等项目；打造客家特色休闲民宿，改造白马上合好房东名宿；提档升级醉美酒庄；对森态源森林公园提升改造，打造集住宿、餐饮、健康养生、运动休闲于一体的生态休闲场所。

【城乡建设呈现新面貌】 农村生活垃圾治理亮点突出。全面实行“村上门收集、镇统一转运、县无害处理”的垃圾收集处理运作模式，通过镇村聘请保洁员50多人（其中龙吉顺公司保洁员6人），配备垃圾转运车辆16辆(平均每村1.5辆)，完善物资设施等方式，全镇各村全面实现生活垃圾专人专管、日产日清；统一

发放分类垃圾桶600只,逐步推进垃圾分类收集和减量处理。农村生活污水处理有序推进。在人口比较密集的自然村,建设一体化设备和人工湿地等污水处理设施;在人口比较分散的村庄,利用水塘、鱼塘建设生态浮床进行处理。2017年,已建成神岗、堑垣、新泉、白马4个村级污水处理设施和上村1个镇级污水处理设施。禽畜养殖污染整治成效显著。对1894户73715.6平方米去功能化和744户46356.3平方米完全拆除养殖栏舍逐户复核,已发放符合条件的养殖户奖补资金1311.3811万元;对后期核出的216户养殖户进行入户做工作,力争达到禁养区的养殖栏舍进行全面拆除,限养区的养殖栏舍无条件达标排放。新农村建设工作梯次推进。抓好规划编制,委托铁汉生态环境股份有限公司对高陂、神岗、上村进行规划设计,将省定贫困村升级为示范村,白马村提档升级为精品村,其余村逐步打造成整洁村。抓好“三清三拆三整治”,全面开展摸底,各村均选定2000平方以上的拟拆除片区,合计拆除面积约155000平方米,目前已经拆除55600平方米,清理118000平方米,已完成35.9%。抓好项目建设,全镇投入1200多万元建设高陂村展翅高飞公园、浒竹村登山公园、神岗公园建设及安装沙尾街至李黄山和沙尾街至神岗公园路灯等。

【村级换届选举顺利完成】 严格按照选举程序,依法依规依程序组织换届选举工作,选举产生村(社区)“两委”干部64人,其中村(居)委干部47人,支委干部36人,村(居)务监督委员会成员36人。深入调查摸底,提早化解矛盾。开展谈心谈话活动,党委书记与村(社区)支部书记、主任谈心谈话,并签订《长潭镇村(社区)“两委”换届选举工作村(社区)党组织书记责任书》,驻点团队与村(社区)“两委”干部谈心谈话,了解思想动态,确保掌握第一手选情。强化宣传教育,营造良好氛围。组织镇村干部学习“十个严禁”换届纪律和工作人员纪律要求和收看《2017年村(社区)“两委”换届选举警示片》,并刻录下发每村(社区);在各村(社区)悬挂换届宣传横幅、张贴宣传标语、并将“十个严禁”换届纪律材料发放到户;将森林防火宣传车改装成换届纪律宣传车,通过车载广播宣传换届纪律,着重在是堑垣、麻坑、神岗等重点村进行巡回宣传。加大打击力度,确保风清气正。组织参选人员和工作人员分别签订《长潭镇村(社区)“两委”换届参选人员承诺书》和《长潭镇2017年村级换届选举工作人员承诺书》,明确纪律要求;派出所提前介入,加大对换届选举过程中违法乱纪、拉票贿选、干扰换届选举等行为的打击力度并采取奖励措施(派出所查处并办理一宗干扰破坏换届选举行为的案件,奖励一万元工作经费);由党委书记、分管领导、挂钩领导分别约谈党员群众,确保将违纪违法问题扼杀在萌芽状态;出台规范镇干部参加换届选举的八项规定,并对违反八项规定的镇干部给予扣减半年直联经费、失去年度评优资格等处罚。加大经费物资保障,保障换届工作顺利推进。及时下拨县拨10000元经费至各村(社区);由镇统一配齐选举物资,包括统一制作金属投票箱、计票板等;在各村(社区)会场安装摄像头,确保投票计票顺利进行。

【民生福祉不断提升】 社会事业统筹发展。八个村级卫生站建设工程全面完成;积极推进超高速无线局域网试点项目建设,做好神岗、白马和上村三个村基站建设,推进各村无线路由器发放、安装,确保尽早实现农村超高速局域网全覆盖。抓好“七五”普法宣传教育,提升干群法制素养。完善镇、村两级社会治理公共服务站建设,进一步规范办事流程,健全规章制度,加强人员培训考核。加强计划生育宣传,建立流动人口服务新机制,扎实开展新家庭发展试点各项工作,推进计划生育工作再上新台阶。进一步做好民族宗教、妇女儿童、共青团、工会、统计、应急等各项工作。惠民工程稳步实施。做好城镇及农村最低生活保障工作,严格执行优抚安置政策，切实解决重点优抚对象“三难”问题，保障困难群众的基本生活权益。对危房户进行全面摸底调查，登记在册。老龄工作落到实处，按时按量发放高龄补贴，积极开展各类关爱老人活动，全面提高老年人生活质量。精准扶贫工作扎实推进。2017年全镇共有贫困户365户838人，其中新一轮精准扶贫的3个相对贫困村共有贫困户180户497人，其余8个分散村已核实出共有贫困户185户341人。全镇紧紧围绕到2020年全面完成脱贫攻坚任务的总体目标，通过全面落实“三保障”扶贫政策、进行产业帮扶、就业帮扶、金融扶贫等方式有效推进精准扶贫各项工作，到2017年年底实现减贫390人，占贫困人口的46.3%，超额完成脱贫任务。

【社会环境和谐稳定】 平安建设有效推进。该镇为2017年梅州市挂牌督办的火灾隐患重点单位，243家“三小场所”按照要求完善消防设施，建好微型消防站8个，完成了长潭街消防栓建设项目；严格落实安全生产管理责任，加强长潭库区码头游船管理力度，对非煤矿山企业危险化学品、烟花爆竹、冶金等工贸行业领域进行安全生产大检查，保障群众生命财产安全；投入95万元做好百美村兰梅小组地质灾害隐患点住户的整体搬迁工作，并为其安置住所。综治工作成效显著。建成综治联防指挥中心，深化干部网格管理，实现小网格、大平安、大治理、大服务；强化矛盾纠纷隐患排查化解力度，做好十九大期间隐患排查和稳控工作，顺利化解丘黄两姓修坟的矛盾纠纷，未出现到省进京信访案件；深入推进“依法治村”工程，提高干部群众依法办事、依法解决问题的能力，构建和谐长潭。

【全面从严治党扎实推进】 强化学习教育。党委每月召开1次中心组理论学习，党委书记带头讲党课，严格执行三会一课制度，抓实“两学一做”学习教育常态化，开展专题学习研讨共22场次。强化基层组织建设。抓好党员组织关系排查、党费清查、非公有制企业和社会组织党组织建设和抓党建促扶贫等党建重点工作，大力整顿软弱涣散党组织，2017年软弱涣散村长东村如期完成转化。抓好党员管理。全面完成党组织和党员信息采集工作；精心做好关爱党员工作，共走访慰问困难党员、老党员200多人次，发放党员关爱基金20400多元；严格执行发展党员工作的程序，严肃发展纪律，把牢党员质量，2017年，共发展党员10名，转正党员19名。抓严管党治党。严格遵守中央八项规定，认真落实党风廉政建设主体责任和监督责任；加强涉农领域违纪违法问题线索排查和农村基层违纪违法线索排查工作，对违规违纪行为严厉查处，2017年全镇共排查问题线索13条，结案6条(含3条去年立案未结案)；深化镇、村干部下沉网格服务群众制度，2017年，全镇驻点团队共定点接访群众2400名，上门走访慰问群众6202户14595人，解决群众反映问题330个，问题解决率94%。 (钟 丹)

2017年长潭镇党委、政府负责人名录

党 委 书 记：丘志铭
党委副书记：王 辉(8月离任)
汤媚萍(女，9月任职)
涂军海 范政宜
镇 长：王 辉(8月离任)
汤媚萍(女，9月任职)
党 委 委 员：李春光 林玉荣 黄 钢
涂玮球 李雁玲(女)
林 坚(10月挂职)
副 镇 长：李春光 钟红琴(女)
吴春香(女)
郭 玲(女，10月挂职)
人 大 主 席：赖勇波
人大副主席：林志荣

三圳镇

【概况】 三圳镇地处蕉岭县中南部，距县城10公里，距天汕高速公路出入口6公里，东与市蕉华管理区及205国道相接，西与平远县及长潭镇接壤，南与新铺镇相邻，北与蕉城镇相邻。全镇面积96平方公里，耕地面积14175亩，山林75990亩，森林覆盖率69.9%，辖9个村和1个社区居委会，143个村民小组，总人口4685户16902人，党员830人。

三圳镇是全国农村综合改革示范点、第一批省级宜居示范城镇、广东省农村休闲与乡村旅游示范镇、省蔬菜种植技术创新专业镇、省无公害蔬菜生产基地、省教育强镇、梅州市农业结构调整先进镇、梅州市蔬菜种植专业镇、梅州市尊师重教“先进单位”、梅州市人口与计划生育综合改革示范创建先进单位、蕉岭县长寿镇、信用镇，是国家农业部确定的创建中国“美丽乡村”试点镇和“客韵寿乡”省级新农村建设示范片主体建设镇。2017年，三圳淮山被国家质监局评为地理标志保护产品，九岭村被评为“创建无邪教示范村”和“中国美丽休闲乡村”，河西、台塘、东岭村被评为广东省卫生村。

【经济建设方面】 2017年，全镇农村社会总产值2.487亿元，比增5%；农民年人均纯收入15385元，比增11%。该镇以发展特色农业为抓手，创新经济模式，促进农旅结合发展，打造产业亮点。一是强化产业链建设。推进农业供给侧改革，倡导规模化种植、发展，力促农业投资增质增量。莲子基地新增种植规模300亩，总种植规模面积达600亩，建设专用加工厂，推出“玖龄”莲子系列品牌；葡萄园、百香果、南山寿扶贫产业园等建成落地，农业核心能力进一步夯实。二是促进农旅融合发展。在九岭、芳心、招福、福北建成30余个小公园景点的基础上，该镇紧抓机遇谋发展，打造精品游线、“客家农夫”现代农业科技示范园等工程。通过建设咖啡屋、寿食坊、农村实用人才培训中心等，逐步推动一、二、三产业融合发展，培育新的经济增长点。三是大力推行股份合作模式。为进一步利用农村闲置资源、加强资源合理配置，积极推广股份合作社模式，引导成立了多个土地、劳务股份合作社。村民的土地、房屋、劳动力均计股入社、按股分红。现九岭、芳心等多个农业基地均已采用企农合作的方式，实现农民增收、农业增效双赢。

【环境整治方面】 一是贯彻“六个一”规划，打造优美人居。该镇严格按照县级“六个一”规划，结合“一城两业三组团”战略布局中新铺三圳组团的构思，因地制宜开展以整体规划、强化基建、整合用地、建造人居、打造特色街区和促进便民利商的“六个一”规划，现各项建设在稳步推进中。二是全方面推进人居环境整治。实行上门收集垃圾制度，形成常态化的垃圾处理机制，组建专门的村级保洁队伍，按常住人口每500人设置1名保洁员，实现垃圾日产日清；集中力量整治生猪养殖污染，已关闭整治猪舍近6万平方米，新农村建设示范片内实现全面禁养；系统处理农村污水，通过美人蕉、菖蒲等水生植物根系吸附、探索利用微生物的特定功能分解发酵农业废弃物，制成微生物肥，合理再利用；镇级建设污水处理厂，在美化环境的同时有效实现污水循环利用；推广垃圾分类循环利用，于芳心村建立循环农业产业示范园，引进蕉岭县南山寿农业发展有限公司，将废弃水稻的秸秆转换为“资源—产品—再生资源”的循环经济，提高物质资源的转换和利用率。三是村村开展“三清三拆”。要求每个村选取至少一块废旧弃房集中区域，动员群众主动“三清三拆”。充分发挥村民理事会作用，组织民主讨论，党员带头示范，鼓励群众支持“四不补”要求。积极主动谋划，九岭村吉塘片已率先计划在清拆区域打造乡村民宿群，切实让“三清三拆”达到化零为整、美化环境、造福群众的目的。2017年,全镇各村已集中开展了一批“三清三拆”,总面积超过10000平方米,涉及600余间废旧弃房。

【基层党建方面】 一是抓班子,强化党委自身建设。坚持中心组学习制度,每月党政班子成员集中学习不少于1次,常抓不懈提高政治理论和业务水平。严格开展组织生活。坚持实行民主集中制。成立基层工作领导小组,不定时召开党政联席会议,商讨重大事宜。加强基层政权建设。顺利完成村“两委”换届选举工作,全镇村(社区)书记、主任一肩挑比例达90%。二是抓队伍,提高党员干部素质。开展领导班子“交心谈心”活动。党委书记对班子成员开展“一对一”的交流谈心,充分调动积极性。加强监督,对党员干部上班时间和“八小时”外作风建设进行监督。村级方面,组织九岭村的党员开展集中学习十九大精神、学习党章党规、重温入党誓词,强化党员教育。推行“主题党日+”模式搭建能力提升平台,开展志愿服务、党建进农户等丰富多样的活动。深入开展“三谈两论”,增进党员交流。三是抓管理,巩固党组织的战斗堡垒作用。深入推进“两学一做”学习教育常态化制度化,切实提高党组织战斗力和党员队伍素质。实施“三强四带”工程,深入开展驻点直联工作,2017年,全镇干部在村定点接访群众1786人,上门走访慰问群众3978户10950人,召开座谈会305场,群众反映问题233宗,解决群众反映问题201宗,切实为群众解难题办实事。精准整顿软弱涣散党组织,推行抓党建促脱贫攻坚模式,建立2个党员创业带富示范基地。建立健全村干部绩效考核制度,完善干部考评制度。

【法制建设方面】 一是以人为本,建设服务型政府。创建“廉洁镇村”,设立农村党风廉政建设宣传栏和村务、政务公开栏,提升我镇基层党风廉政建设水平。密切联系群众,扎实开展领导干部驻点普遍直接联系群众工作,与该镇的“网格化”管理制度紧密结合,统筹兼顾,共同构建良好的党群干群关系,着力解决群众反映强烈的突出问题和生产生活中的实际困难。2017年全镇领导干部共走访2221人次,走访上门慰问群众14029人,召开座谈会385次,化解矛盾纠纷87宗。二是贯彻科学民主决策,推进民主法制建设。完善各项规章制度,落实用制度管人管事,着力夯实依法行政基础、创新工作机制,切实为依法行政提供制度保障。通过撰写法制宣传资料,举办普法讲座,张贴标语,悬挂横幅,出版专栏,上法制辅导课等方式,宣传法律法规,加强群众知法、懂法、用法意识;加强干部队伍法律素质教育,坚持政治理论学习,加强业务培训,提高业务水平;积极推进律师进村法律服务活动,将法律服务平台下移,为广大干部群众更好地解决矛盾纠纷提供法律法规依据。

【社会发展方面】 一是落实各项民生事务。提供计生服务。全面开放二孩政策普及宣传工作。认真落实城乡居民养老保险、医疗保险、老龄补贴发放、低保户核查、精神病患者监护人补助发放等社会保障工作,实现“阳光低保”和应保尽保。2018年城乡居民基本医疗保险参保率达到100%。二是扎实开展产业扶贫。在铁西村引进建立烟叶种植基地,种植烟叶140多亩,建烤烟房5间,烤制烟叶为上二等烟,由烟草公司收购。铁西村、东岭村均成立蜂业合作社,为贫困户购买蜂种、蜂箱,配套建设200平方米的蜂蜜加工厂,加盟“乐村淘”电商平台,发动党员带头养蜂致富。芳心村、招福村大力扶持有劳动力贫困户通过种养、务工脱贫,“以奖代补”激发群众积极性。同时发起小额信用贷款,支持有能力的贫困户通过扩大种养脱贫。三圳镇全力打好精准脱贫攻坚战,完善挂点干部入户对接机制,落实保障政策,切实保障贫困户就学、就医和危房改造;加大产业扶贫力度,创新帮扶措施,铁西村继续壮大烟叶、养蜂、黑木耳等产业发展,东岭村深入推进紫灵芝、金线莲、黑木耳等特色种植,拓宽贫困户增收渠道,切实提高贫困户经济收入。

【综治维稳方面】 一是建立综治联勤指挥室。投入17万元构建平安建设视频监控系统,辖区内重点地段安装共60个监控设施。镇府内设置综治联勤指挥室,实行专员监控和24小时录像,大力夯实技防基础。二是推广综治E通信息收集系统。认真开展"社会治理服务中心目标管理及社会治安综合治理网格化管理"试点工作。要求挂片干部使用"综治E通"APP,及时处理、录入各村的不稳定因素、矛盾纠纷等维稳信息。三是广泛排查风险隐患。全面开展经济社会发展风险隐患排查工作,组织镇安监、工商、派出所、交通等部门深入排查隐患,最大限度保障人民群众生命财产安全和社会和谐稳定。 (杨苑平)

2017年三圳镇党委、政府负责人名录

党委书记:曾伟峰(6月离任)
　　　　　张艳辉(女,12月任职)
党委副书记:张艳辉(女,12月离任)
　　　　　谢淳辉　陈雁劳
　　　　　钟卫新(12月任职)
　　　　　张丽春(女,11月挂职)
镇　　长:张艳辉(女,12月离任)
副 镇 长:徐　乐　王中强
　　　　　涂建强(11月离任)
党委委员:谢建祥　饶春雁(女)
　　　　　赖裕芳(女,1月离任)
　　　　　涂建强(11月离任)
　　　　　黄志雄　徐　霞(女,7月任职)
　　　　　吴　威(11月挂职)
人大主席:何良发
人大副主席:张新卫

文福镇

【概况】 文福镇位于蕉岭县城以北12公里,是近代抗日志士,爱国诗人、教育家丘逢甲的故乡。天汕高速公路、205国道贯穿全镇,自然资源丰富(石灰石、锰、铅、锌、铁、稀土等丰富的矿产资源)。辖乌土、红星、鹤湖、白湖、长隆、坑头、暗石、逢甲8个村委会(142个村民小组)和1个居委会。全镇总人口20017人,总面积122平方公里。全镇耕地面积1.06万亩,森林总面积13.4万亩,其中生态公益林面积8.2万亩,森林覆盖率达78.6%。

【镇村经济稳定发展】 2017年,全镇工农业总产值15.67亿元,同比增长7%,其中工业产值11.29亿元,同比增长6.2%,农业产值2.28亿,同比增长7.1%,第三产业总产值2.1亿元,同比增长11%。工业产业优化升级。一是推进塔牌项目建设。塔牌集团第一条300万吨生产线粉磨系统建成,于2017年11月11日进行了点火投产,为蕉岭县打造百亿建材产业打下坚实基础。二是优化配置矿山资源。认真做好龙头企业的资源配置工作,通过开源节流、高效利用、创新体制机制,改变矿业发展方式,促进资源开发与经济社会全面协调可持续发展,从而推动绿色建材产业发展。三是全情服务企业发展。高度重视实体经济企业,主动服务企业发展,做强大型企业、扶持小微企业,全力协助解决企业在用水、用电、用地等方面的困难,不断优化企业发展环境。农业产业特色发展。在稳定粮食种植基础上,通过调整农业产业结构,把推介长寿食品与建设现代农业示范基地结合起来,规模化种植了长寿经济作物,增强农民经济效益,实现农民增收。该镇带动群众发展种植辣椒、花生、香芋、烟草、咸菜等经济作物3500多亩,形成了农村经济新增长点。旅游产业。充分利用文福镇的人文和自然资源优

势,结合美丽乡村建设工作,积极推广客家文化,以“逢甲故里·幸福村居”“院士之村—羊岌”为主线,逐步完善各村的基础设施、生态保护和公共服务设施的建设。通过发展旅游产业带动运输、餐饮等配套服务产业,拉动圩镇经济的发展和旅游景区周边村民奔康致富。

【镇村治理深入开展】 社会治理日趋完善。抓好镇级“一办一中心”为民服务和领导干部普遍直接联系群众工作,加强“网格化”管理,坚持每周二为驻点联系群众工作日,推进了干部下沉、服务下移,简化办事程序,提高办事效率,帮助解决人民群众关心和关注的问题,不断提升服务群众和社会治理水平。该镇9个驻点团队到驻点村(居)累计走访联系群众6000多户、19000多人次,收集提交驻点直联研办事件60件,经研究办结的事件55件,有效解决了服务群众最后一公里问题。同时健全完善了9个村(居)公共服务站运作,每个服务站均配备了专职和兼职工作人员,方便了周围农村群众办事,农村服务群众的综合能力得到有效提升。安全生产落实有力。认真贯彻落实各级关于加强安全生产工作的有关精神,以遏制安全事故发生、确保安全生产形势稳定为目标,强化企业安全责任主体意识,狠抓安全宣传教育和各项制度措施的落实,强化安全生产督查及整治工作,做到了思想上高度重视,组织上坚强有力,制度上健全完善,管理上严格规范。精准扶贫扎实开展。一是精准识别贫困人口,对全镇8个村进行了摸底调查,经核实该镇有贫困户362户,贫困人口602人,有劳动能力的95户,无劳动力的267户。二是细化精准帮扶措施,针对各村实际,做好了三年大规划、每年小规划,统筹开展好帮扶工作。2017年白湖、鹤湖等省定贫困村先后投入250多万元进行了产业特色帮扶项目,促进该镇精准扶贫工作走上一个新的台阶。

【党建工作不断加强】 一是全面贯彻落实中共十九大精神,落实全面从严治党要求,规范党内组织生活,抓好党员集中学习和个人自学,开展“三个深入思考”专题讨论,不断提高党员的党性觉悟。二是加强基层党员队伍,发挥其先锋模范作用。通过开展党员亮身份活动,鼓励该镇党员在日常学习工作中戴党徽、亮身份、树形象,增强党员荣誉感和责任感,引导党员“不忘初心,牢记使命”,增强党员意识、党性意识、充分发挥先锋模范作用。三是做好基层党组织建设工作。通过树立有关党建工作宣传牌,增加“红色基因”,筑牢基层支部堡垒,营造浓厚的党的氛围,发挥其领导核心作用,同时注重加强党建引领作用,全力助推该镇乡村振兴发展。

【镇村面貌持续改善】 基础设施不断完善。一是农田水利设施建设稳步推进。该镇按照县委、县政府全面加强农田水利设施建设的要求,镇村两级全力协助县相关职能部门,积极做好水利设施建设工作,先后对该镇乌土、红星、白湖、鹤湖、暗石等村的圳道进行三面光工程,有力提升了排灌能力。二是圩镇配套设施建设提档升级。投入30多万元建设文福农贸市场停车棚,统一划定停车线,添置路灯,规范摆卖秩序,大力整治乱搭乱建现象。同时积极配合交通部门完善205国道城乡道路改造和建设,因地制宜抓好国道圩镇段绿化、亮化、美化建设,确保圩镇功能提升上档。人居环境不断改善。一是生活垃圾收集治理有力。该镇广筹资金开展环境综合整治工作,其中环卫队聘请工人12人,运输车辆5辆,9个村(居)共聘请保洁员29人,运输车辆9辆,统一发放环保桶15000多只,规范上门收集垃圾,确保了农村生活垃圾日产日清日运,环境综合整治工作稳步有序推进。二是禽畜养殖污染整治有方。严格按照上级文件要求开展工作,明确整改时限,拆除限养区禁养区内建设的猪舍,规范养殖户养殖行为,养殖污染整治工作取得一定实效。三是美丽乡村建设成效显著。依托美丽乡村建设的示范点，不断创新农村社会管理，充分发挥各类村民理事会作用，广泛筹措资金，在完善乌土、鹤湖、坑头、逢甲美丽乡村建设的基础上，重点扶持白湖村“院士之村—羊岌”美丽乡村建设，结合农村人居环境综合整治工作，全面实施了垃圾上门收集制度，以人为本，不断改善农村人居环境，提升农村生活品质。

【综治维稳工作稳步推进】 该镇畅通群众诉求渠道，积极稳妥处理群众信访突出问题，及时把问题化解在基层、化解在萌芽状态，切实维护社会和谐安定。2017年，全镇接访受理群众来信来访18次25人，受理各种纠纷32宗，成功调处31宗，调解纠纷成功率达97%；综治信访维稳中心接访23宗来信来访，成功调处22宗，调解纠纷成功率达97%；民事案件调处13宗，调处率100%。全年社会政治稳定，没有发生严重后果的群体性事件和突发性事件，没有出现重大的刑事案件和重大的安全生产责任事件。 （陈景威）

2017年文福镇党委、政府负责人名录

党委书记：丘建安（8月离任）
　　　　　谢　刚（12月任职）
党委副书记：谢　刚（12月离任）
　　　　　陈子建（12月任职）
　　　　　刘萍珍（女）　张学文
镇　　长：谢　刚（12月离任）
　　　　　陈子建（12月任职）
副 镇 长：傅心康　陈德民　徐佛新
党委委员：涂焱峰　傅心康　刘秀云（女）
　　　　　张鹏锋　张伟增
　　　　　谢伟宁　汤伟强
镇人大主席：杨钦增
镇人大副主席：傅春梅（女）

广福镇

【概况】 广福镇位于蕉岭县北部，地处闽粤两省交界，距县城24公里，毗邻福建省武平县岩前镇、下坝乡、中赤乡，是广东省首批中心镇之一，区位交通便利，205国道和长深高速公路贯穿全境。全镇总面积107.3平方公里，其中耕地面积10078.05亩，山林面积145008亩，森林覆盖率达78%。辖有10个村委会和1个社区居委会，户籍总人口15029人。境内有较丰富的大理石、锰、铁、钙、钾等矿产资源和水资源；历史文化古迹有广福寺遗址、石峰村粟坝罗氏大围屋、省古村落乐干九栋等；传统民间艺术有船灯舞等。

【产业经济持续壮大】 2017年，全镇全年社会产值4.5亿元，其中农业总产值1.8亿元，工业总产值2.1亿元，第三产业6336.3万元；农村农民人均纯收入8910元，比增5.2%。一是集聚区企业不断壮大。积极推动嘉福香业、永旺电子科技园区、佰霖荧光粉厂、逾世纪生物科技公司等企业项目增资扩产工作。2017年，规模以上企业产值约6500万元，集聚区扩能增效明显。二是新型建材产业效益显现。鼓励扶持广福建材（蕉岭）精化有限公司广福石场、金鹏精细化工广福大理石场、福塔混凝土公司等新型建材产业做强做大。2017年，生产大理石约28万吨，产值840万元；生产花岗岩约20万吨，产值540万元，有效筑牢新型建材产业发展平台。三是特色产业多元发展。大力扶持大坝百香果园和鹰嘴桃基地、洪才金橘采摘园、豪岭雷笋和桃花源山庄、仙人草种植、木蜡基地等特色产业发展，打造农业发展新高地。2017年，烟草产值达2283万元，百香果产值132万元，鹰嘴桃产值40万元，金橘产值20万元。

【乡村风貌不断改善】 一是积极创建新农村

示范村。2017年,全镇各村新农村建设自筹资金合计约157.8万元,各村共投入约546万元推进新农村建设。二是铁腕开展生猪养殖污染整治。按照县《关于乐干河污染(生猪养殖)排查整治工作方案》部署要求,严格落实“突出重点、分批实施、全面推进”的原则,全力推进禁养区生猪养殖场关闭拆除和生猪清栏工作,镇村生猪养殖污染环境治理成效明显。三是推进环境污染综合整治。全年累计投入100多万元用于开展镇村环境卫生清理,重点加强农村垃圾收运体系和镇村污水处理设施建设,扎实开展农村“六乱”整治,实现环境治理常态化、制度化。

【惠民实事更有保障】 一是扎实推进精准扶贫,认真部署完善全镇10个村2017年度精准扶贫相关工作,重点抓好石峰、洪才省定贫困村的帮扶项目,积极实施“造血式”扶贫。二是做好民生保障工作,投入约8.3万元安装消防设备,做好敬老院的消防基础设施的整改工作。全年发放优待金约2.8万元。三是加快发展教育事业,不断提升教育水平和质量,广福学校中考成绩迎来四连升,共21人考上东中和蕉中,位列乡镇第二。四是完成村级卫生站建设,全面做好总投资约210万元的6个村级卫生站建设,顺利完成征地选址、工程立项、基础建设等工作。五是完成农村无线网络建设,高标准完成7个村级基站建设和3266个无线路由器发放工作,有效解决各村无线宽带上网难问题。

【平安广福落到实处】 一是安全生产形势和谐稳定。严格落实安全生产“一岗双责”要求,切实履行巡查监管职责,做到监管到位,整改到位。二是建立中心镇专职消防队。基本完成总投资300万元的专职消防队伍建设,全面完成基地修缮、新建训练塔和人员招聘各项建设任务,全面推进消防安全工作。三是综治信访和谐稳定。镇村干部驻点普遍直接联系群众保持常态化、规范化,2017年,镇综治信访维稳中心处理矛盾纠纷41宗,较好地解决了一些突出的治安问题。四是防汛防风防旱和森林防火应急有保障。成立了由20多名干部组成的应急队伍,严格实行两名党政领导共同带班24小时值班制度,保障突发事件处置及时。

【全面从严治党取得成效】 一是坚持把牢政治方向,扎实推进“两学一做”教育常态化、制度化,组织党员学习党的十九大报告、党章和《习近平谈治国理政》等,做到领导带头学、带头做,提高党组织战斗力和党员队伍素质。二是积极实施“三强四带”工程,把驻点直联工作落到实处。全镇11个驻点团队共定点接访群众1616人次,解决群众反映问题195个。认真抓好软弱涣散党组织整顿,有序推进整顿转化工作,提高村“两委”班子战斗力及成员的凝聚力。三是严格落实中央“八项规定”精神,认真落实党风廉政建设主体责任和监督责任。加强涉农领域违纪违法问题线索排查,加强扶贫领域监督执纪。认真组织党员干部学习《中国共产党廉洁自律准则》和《中国共产党纪律处分条例》,带领党员干部在教育学习中锤炼党性,增强纪律性、原则性,不断提升干部队伍的执行力和凝聚力。 (李 滔)

2017年广福镇党委、政府负责人名录

党 委 书 记:陈国政(12月任职)
付华艺(12月离任)
党委副书记:王城庆 邓 彪 何祥永
徐晓威(10月挂职)
党 委 委 员:刘森辉 赖耿斌 吴雯雨
黄胜均 谢院新
人 大 主 席:张 顺
镇 长:王城庆
副 镇 长:刘森辉 徐小珠 钟 毅
人大副主席:曾子文

蓝坊镇

【概况】 蓝坊镇位于蕉岭县东部,距县城6公里,全镇总面积134.6平方公里,其中耕地面积776公顷,山地面积10319公顷;辖11个村委会和1个居委,总人口约1.8万人。境内矿产资源丰富,矿产资源主要有煤、钨、稀土、铁、铝、锡、花岗岩等。有龙潭飞瀑、文峰插汉、罗福星故居、克修公祠、水口塔、贞节牌坊等旅游资源。

【经济质量有新提升】 一是坚持长寿健康产业发展,我镇围绕"一村一品"的发展思路,坚持走有山区特色的"绿色长寿食品"之路,加强产前、产中、产后服务和技术指导,初步形成百亩百香果基地、千亩优质李基地、千亩粉蕉基地、万亩毛竹基地、万亩蜜柚基地等五个基地,为长寿健康农产品品牌的树立打下良好的基础。二是坚持做好白酒行业。以南国白珍珠、高泉等4家酿酒企业为龙头,带动了一大批米酒生产企业发展,形成了年产米酒1200吨、年生产总值2200多万元的客家米酒生产基地。通过"两业"的发展带动经济发展,2017年,全镇生产总值1.74亿元,增长2.3%。

【农村面貌有新变样】 该镇继续以沿线改造、河道清淤清障、整治畜禽养殖污染为重点的农村人居环境卫生综合整治工作。一是深入推进农村人居环境大整治。该镇上门收集垃圾制度已实现常态化,荷树凹垃圾中转站已建成。为切实抓好全镇环境卫生工作,出台了《蓝坊镇环境综合整治工作考核评分制度》,人大代表作为考核的主体对各村的环境综合治理进行常态化督查考核。二是开展河道治理专项行动。清理河道100多公里,有效改善了溪峰河沿线峰口、蓝坊、石湖、龙潭、石中等村排灌能力。三是全力推进生猪养殖污染整治。开展生猪养殖污染整治工作,共拆除面积70259.35平方米,其中去功能化40377.34平方米。镇级污水处理厂选址征地已结束,现正在进场施工,26个村级污水处理点,部分已动工。四是大力推进沿线整治工作。认真贯彻落实8月28日"蓝坊南磜"组团会议精神,大力推进"三清三拆"工作,截至2017年底,共拆除危旧房共3290平方米,拆除废弃猪牛栏及露天厕所405.5平方米,改造危旧房外立面650平方米,建竹篱笆1390平方米。

【构建和谐社会有保障】 坚持科学规划,积极推进"六个一"及新农村建设。蓝坊镇"六个一"项目共投入1950万元,2017年投入1582万元。完成了蓝坊峰口寿乡公园、峰口河堤景观路、峰口磜上路灯、高思卫生站、高思廊桥、高思西线公路路灯及圳道三面光等项目,在建(或筹备中)项目有峰口健身广场、蓝坊农贸市场、高思健身广场等项目。2017年为各村配备高速无线局域网终端接入设备2500台,实现农村网络全覆盖。水利工程投资300万多元,解决了石中村、高场村、蓝坊村、大地村、程官村等5个行政村的安全饮水问题。

【百姓幸福指数有提升】 积极开展精准扶贫、精准脱贫工作,以峰口村、高思村两个省定贫困村为主战场,以全镇426户贫困户为重点,以产业扶贫为主线,深入开展新一轮扶贫脱困工作,全年有271户政府兜底贫困户实现脱贫。全面完成2017年上级下达的农村危房改造任务,共实施农村危房改造83户,其中重建17户,修缮66户,竣工率达到100%。对低保户、五保户进行动态管理,扎实做好低收入人群生活保障工作。全面推行新型农村合作医疗制度,实现全覆盖。积极转变服务职能,组织188名省定贫困村孕龄妇女进行"两癌"免费筛查,推动人口和计生工作走上规范化管理轨道。

【党建工作有优化】 各部门各村(居)通过召开中心组理论学习会、党员大会、专题研讨会等形式，组织实施多层次、全覆盖的学习培训，确保学习教育覆盖每一位党员，切实推动中共十九大精神在蓝坊镇落地生根、开花结果。全面压实党建工作责任，不断强化党的领导。全面提升党建能力水平，优化党建工作力量。配强村级班子。12个村(社区)“两委”及村监委会换届顺利全面完成，产生58名村“两委”干部，新一届支委委员36名，新一届村委委员48名(交叉率72%，一肩挑67%)，其中女干部22名；新一届监委会委员36名。严格按照上级有关发展党员工作要求，严把党员“入口关”，2017年，新发展党员11名。

【群众安全有保障】 深入开展平安蓝坊建设，加强社会治安综合治理，依法依规做好信访工作，有效化解各类社会矛盾纠纷，镇村两级综治信访维稳中心(站)共受理来信来访案件97宗，答复率达100%。共受理1234便民服务5起，均在规定时间内予以办结处理。加强对121名精神障碍人员、14名社区矫正人员等重点人群管控，群众安全感大幅提升。严厉打击违法犯罪，共破获刑事案件6起，逮捕3人，治安案件11起，打击处理12人，行政拘留8人，有力震慑了违法犯罪，净化了全镇治安环境。全面实施安全生产网格化管理制度，加强对炸封煤矿、非煤矿山、道路交通、食品安全、地质灾害隐患点、“三小”场所的巡查监管，共排查整治安全隐患16起，全年安全生产零事故。扎实管护好森林资源，加强山林纠纷调处，全面落实护林防火责任制，无重大森林火灾发生。加强国土资源管理，强化巡查监管，大力打击违规建房等行为，重视三防和水利工作，保障山塘水库、电站等水利工程安全平稳运行，加强动物疫情防控，无重大疫情发生。

【廉政建设有新成效】 自觉接受人大依法监督，代表建议和委员提案办复率达100%。加强和改进政府工作，完善政府工作规程，健全重大行政决策机制，完善镇级综治平台建设，不断提升服务职能。深入开展“六五”普法工作，依法行政水平和政务效能进一步提高。严格落实中央“八项规定”，着力纠正“四风”，政府系统廉政建设取得新成效，无违法违纪行为发生。

(曾　璐)

2017年蓝坊镇党委、政府负责人名录

党委书记：邓汝芬(女)
党委副书记：林敦权(8月离任)
林　丰(8月任职)　吴国君
周月芬(女)
镇　长：林敦权(9月离任)
林　丰(9月任职)
党委委员：周月芬(女)　何海英　黄焕永
林　鹏　刘宇威　黄荣胜
林金山(10月挂职)
彭文君(10月挂职)
副镇长：何海英　王志均
人大主席：曾向君
人大副主席：黄青海

南磜镇

【概况】 南磜镇位于蕉岭县东北部，是革命老区，北部与福建省的武平、上杭两县毗邻，东面与梅县的松源、隆文两镇相连，总面积173.9平方公里，其中耕地面积1.2万亩，山林面积21.5万亩，省道223线、县道045线南北贯通，镇府驻地距离县城22公里。全镇辖16个村民委员会，户籍总人口20118人。境内山清水秀，森林和水力资源丰富，森林覆盖率高达85%，是蕉岭县木材、烤烟、茶叶、毛竹和冬笋的主要产区之一，素有“粤东竹乡”美誉。2017年，南磜镇全镇生产总值2.44亿元，同比增长4.3%，其中农业生产总值1.5亿元，同比增长3.9%，农民人均纯收入增长4.14%，达到9163元。

【经济发展】 一是农业经济发展态势良好。"一颗笋"、"一杯茶"(富硒茶)、"一瓶蜜" 及林下经济等长寿健康产业存量不断做大,质量不断提升,更加规模化和标准化。坚持龙头带动、基地示范,着力抓好名贵中草药、生态观光农业、扶贫"造血"产业等项目建设,积极创建家庭农场、农民合作社、小农庄等新型农业发展模式。目前,已有金山村 264 亩南药培育基地、皇佑村 500 亩 "百里不同风"生态观光农业基地、岭背村百香果 38 亩和莲子 28 亩示范基地、洋山村 10 亩百香果+木耳共生种植基地。烤烟产业稳中向好发展,2017 年完成 1720 亩、产量 4816 担的生产任务。二是农旅基础设施逐步完善。充分融入梅江韩江绿色健康文化旅游产业带建设中,加快发展休闲农业与乡村旅游相结合的长寿养生健康产业。以镇区"六个一"建设为抓手,推进美丽竹海和石寨古村落建设,建成客家特色的民宿 1 家、农家乐 3 间、京东商城农村合作点 1 个。

【民生实事】 2017 年, 镇党委以不断提高人民群众获得感、幸福感和安全感为目标,抓好"三个十"普惠民生。一是加快发展教育卫生事业。实施强师兴教和信息化提升等工程,完成学校标准化建设, 做好教育强镇复评迎检工作。完成卫生院规范化建设,基本完成家庭医生签约任务,建成 8 个村级卫生站,基层医疗服务水平得到提升。洋山、富足、插峰、多宝、白水 5 个村被评为市卫生村。二是提高社会保障服务。不断完善全民医保制度,城乡居民医疗保险参保率达 100%。三是打好脱贫攻坚战。严格执行脱贫攻坚责任制, 加大产业帮扶力度,全面落实保障政策。2017 年,完成危房改造 75 户,实现 34 户、111 人脱贫。四是加强文化阵地建设。做好文化保护和文明建设工作,加快农村文化俱乐部、文化驿站、农家书屋等文化设施建设, 完成南礤村农村文化俱乐部建设,建成镇残疾人康园中心。图书馆总分馆试点建设通过省、市验收。五是巩固"平安南礤"环境。稳步推进依法治镇,提升完善镇村级公共服务平台、"一门式一网式"行政服务平台和镇级综治维稳指挥中心等公共服务设施,有效化解涉农矛盾纠纷,无重大社会群体事件和刑事犯罪案件发生。加大 18 个重点行业领域应急管理和"三防"、森林防火、卫生防疫等工作。

【镇村建设】 一是社会主义新农村建设成果喜人。实施"1 村精品、8 村示范、7 村联动"的新农村建设,全力打造石寨古村落,着重推进洋山、岭背 2 个省定贫困村建设,同步推进白水、甲华、南礤、富足、步上、皇佑等 6 个村的新农村项目建设。二是人居环境治理有效。全镇 16 个村建立健全"四有"农村生活垃圾管理制度,农村生活垃圾有效处理率达到 98%以上。全面治理畜禽养殖污染,积极实施生猪养殖污染整治,拆除猪舍(含去功能化)约 13 万平方米。全面启动"三清三拆三整治"工作,面积达 30 万平方米。建立镇村两级"河长制"责任制度,保护水生态安全。完成植树造林 1.2 万株和 045 县道 223 省道沿线栅栏美化工程。完成一批村庄及农房风貌改造,健全村口标识、村庄导向设施和主干道交通标志标线。三是基础设施日益完善。农村道路硬底化率进一步提高,累计完成建设里程 10.4 公里。大力实施新农村建设路灯改造项目,农村自来水工程。完成皇佑村口公园、三泰小公园、小岭公园和多宝小公园等一批景观节点建设。完成农村无线高速局域网基础建设。协调推进农村电网改造工程。

【基层党建】 一是加强党的建设。深入推进"两学一做"学习教育常态化制度化,抓实中共十九大精神学习贯彻,打造 4 个县级、镇级"两学一做"示范点,广泛开展党员"亮身份"活动,切实提高基层党组织战斗力和党员队伍素质。抓好基层党建,顺利完成村"两委"换届选举工作,依法选举产生村"两委"班子成员 77 人。实施"三强四带"工程、强镇帮村工程和选优配强 16 个村级党建指导员, 深入开展驻点直联工作，精准整顿软弱涣散村党组织，提升党务工作水平。二是加强管党治党。严格遵守中央“八项规定”，认真落实党风廉政建设主体责任和监督责任。深化农村基层党员干部违纪违法线索排查，加强扶贫领域监督执纪，党风廉政建设主体责任和监督责任进一步落实。（梁海锋）

2017年南磜镇党委、政府负责人名录

党 委 书 记：黄万彬（12月份离任）
王洪星（12月份任职）
党委副书记：王洪星（12月份离任）
王海胜 陈剑峰（12月份离任）
翁松彬（12月份任职）
镇 长：王洪星（12月份离任）
副 镇 长：郭裕华 王建强 何伟东
党 委 委 员：郭裕华 林芳烈
凌 凯（10月份离任）
丘怡山 宋雪丹（女） 古文贤
钟靖荣 邓永城（10月份挂职）
龙云浪（10月份挂职）
人 大 主 席：林 丰（8月份离任）
李文杰（9月份任职）
人大副主席：黄国城

省、市驻蕉单位

广东粤电长潭发电有限责任公司

【概况】 2017年，该公司始终坚持安全生产基础地位不动摇，坚持稳中求进，积极推进国企改革，主动应对电力体制改革，坚持创新驱动引领，着力提升经营绩效，大力推动绿色发展，认真围绕“保安全、增效益、强管理、抓改造、谋发展、促和谐”等中心重点工作，保持了较好的企业效益。获得粤电粤电授予“AAA级先进发电企业”、粤电粤电精神文明建设考核“优秀”、经营业绩“优”等突出业绩。

【经营指标】 全年共计完成发电量1.48亿千瓦时，实现上网电量1.45亿千瓦时。长潭水库2017年水库流域平均降雨量为1556.3毫米，水库来水总量为17.25亿立方米，比上年同期减少53.06%。发电平均水耗为10.55立方米/千瓦时，水能利用率93.04%，来水预测综合准确率73.94%，各项经济指标保持了较好水平。截至12月31日，实现连续安全生产1487天。

【企业管理】 根据粤电水力发电企业统一管理体系2.0版要求，重新整合公司管理标准体系，编制了两期标准修编计划，将公司自编管理标准由19类123个重新整合为2大类9小类44个。公司标准体系表更加科学规范、合理实用。积极组织粤电粤电公司2017年标准化知识竞赛，公司获得了粤电“优胜单位”二等奖，中国电力企业联合会对公司进行了现场检查，确认达到电力企业“标准化良好行为企业”AAA级。公司持续开展创建先进发电企业工作，年度考核保持了粤电粤电“AAA”级。公司管理基础得到进一步夯实，标准化管理水平获得了较大的提升，取得了明显的管理绩效。

【安全生产】 牢固树立红线意识和底线思维，

严格落实安全管控措施和重点区域安全防范措施,确保安全生产形势稳定。加强重大危险源、消防、交通、安保等方面安全管理,进一步加强和规范承包商安全管理,杜绝承包商安全事故。强化落实好岗位责任制,严格执行国庆和中共十九大特别防护期24小时专人值班和领导干部带班制度以及外出报备制度。加强消防设施维护和管理,定期检查消防器材的配备情况,8月初举行演练使生产人员掌握消防的基本技能,熟悉和掌握自救逃生能力和逃生方法,并检验公司应急处置、联动和火势控制、人员疏散等能力,提升了火灾应急处置与救援水平,及时修订完善消防应急预案。开展了治安保卫专项工作,加强门岗保卫管理,提出了保卫管理工作的具体措施,发布通知对人员、车辆出入厂管理、门禁管理、重要区域巡查和值班等提出具体要求,并严格检查落实,治安保卫工作大大加强。

【三防工作】 做好防汛和大坝安全管理工作,加强大坝日常监控,积极应对极端天气,认真落实应急预案和防范措施。合理控制水库水位,保证防洪安全,公司主动跟踪天气变化趋势,为洪水调度提供决策依据。6月受台风"苗柏"影响,流域出现强降雨,公司提前加大出力发电预泄,充分利用水库的调蓄能力,实现了安全度汛,大坝及其上、下游均未出现洪水灾害,充分发挥水库的削峰滞洪作用,为下游的防洪减灾的起到了重要作用。另外也积极配合地方县政府对上下游实施的施工项目,保证了居民的生活和灌溉用水的需求,得到地方政府业务部门的充分肯定,取得了显著的发电效益和社会效益。

【技改项目】 公司组织落实完成长龙电站增效扩容改造、10.5千伏开关柜改造、体育运动场馆建设等项目,大力整治厂房电缆夹层电缆敷设,安全推进监控楼加建电梯井和加层项目。长龙5号机组增效扩容项目全程安全细致施工,顺利完成长龙水电机组及其主变首次运行试验,顺利完成并网发电,通过72小时满负荷试运行,项目工程验收专家一致通过"蕉岭长龙水电公司增效扩容改造项目",质量评定为优良工程,达到了项目力争成为"广东农村水电增效扩容改造示范项目"的目标,增效扩容改造工程圆满完成。

【绿色发展】 按照粤电发展总体战略,继续谋求可再生能源开发和技术服务领域发展。一是配合粤电山区风电项目开展,平远茅坪、泗水、梅州明山嶂风电项目获得省发改委核准,公司派出两名骨干参与平远茅坪风电场现场施工前期工作。二是配合广东风电公司做好梅州各风力发电项目尽快建成,积极主动参与风电场的建设和运行维护管理。三是配合好电力开发公司,积极寻求集中式或分布式太阳能光伏发电项目的开发和技术服务。四是积极寻求小水电和其他分布式能源的技术管理服务。

【国企党建】 公司党委组织认真学习领会习近平新时代中国特色社会主义思想。公司认真传达学习中共十九大会议精神,发放学习资料,把学习习近平总书记系列重要讲话和治国理政新理念新思想新战略作为理论学习的重要内容,全年组织中心组集中学习讨论会12次、全体党员参与视频宣讲8次共计176人次。党委班子成员分别到挂点联系指导的党支部上党课,组织各部门和支部主要负责人集中学习,制定学习方案,组织全体党员撰写学习心得46篇,向粤电公司择优推荐3篇。推进"两学一做"学习教育常态化制度化,带动全体党员员工系统深入学习、党章党规,先后组织全体党员参加了国企党建网络知识各项考学竞赛,全部成绩都达到"双百"要求。开展党日主题活动,通过寻访红色足迹、瞻仰革命遗迹,弘扬革命前辈的优良传统,重温入党誓词,增强党员党性意识,坚定理想信念,进一步促进公司党员、职工增强政治意识、大局意识、核心意识、看齐意识，自觉践行社会主义核心价值观，提高了党组织的凝聚力、创造力和战斗力。持续开展“亮党员身份，立足岗位做贡献”活动，组织开展党员理想信念教育和宗旨教育，加强党建带团建工作，团结带领全体团员青年坚持围绕企业中心工作、服务大局、服务青年，开展团青志愿者活动，通过加强团的自身建设，打造创新型、学习型团组织，在各项工作中发挥了团员青年的生力军作用。

【精准扶贫】 公司党委大力支持，各党支部与上村党支部合作，对53户贫困户进行精准扶贫，以入股形式，采取贫困户加种植专业户形式，起到了短平快扶贫效果，启动长效扶贫项目种植香芋、树葡萄。公司捐赠扶贫资金20万元，分别与南沙农林局共建树葡萄基地，筹资9.6万元为上村孤儿张东贵修建住房56平方米，筹资17.6万元建设桥梁和“长电路”，积极引导帮助贫困群众多渠道、多元化脱贫致富，共建企地和谐环境，树立企业良好形象，获得梅州市委、市政府颁发的“梅州扶贫济困铜奖”。(郭庆涛)

2017年广东粤长潭发电有限责任公司负责人名录

执行董事、党委书记、总经理：陈旺(11月离任)
董事、副总经理：骆伟明
董事、党委副书记、纪委书记、工会主席：罗兴权

广东塔牌集团股份有限公司

【概况】 广东塔牌集团股份有限公司（下称“塔牌集团”)是一家被列入国家重点支持发展和《广东省建材行业结构调整实施方案》鼓励扶持发展的以水泥为主业、跨地区、关联多元化发展的梅州市骨干企业集团之一的大型企业集团，是广东省行业本土唯一一家水泥上市企业。经过多年的发展塔牌集团已形成广东梅州、惠州、福建武平“三大”水泥生产基地，水泥年产能1800万吨；混凝土搅拌站40多家、管桩企业1家。至2017年12月31日，塔牌集团拥有12家全资子公司、1家分公司，在职员工3000多人，总资产97.92亿元，净资产81.81亿多元。

“塔牌”水泥是“广东省名牌产品”“福建省名牌产品”，“塔牌”商标是“广东省著名商标”，在粤东地区是广大用户的首选品牌，并畅销深圳、广州、东莞、惠州等珠三角发达城市，以及毗邻广东的福建、江西两省部分地区，成为高速公路、水电大坝、铁路、机场和高层建筑等大型工程、重点工程和搅拌站市场指定专用建筑材料。

塔牌集团先后荣获“全国质量工作先进单位”“全国建材行业先进集体”“全国工会系统‘五五’普法先进单位”“中国建材百强企业”“国家守合同重信用企业”“中国水泥上市公司综合实力10强”“科学技术进步奖”“广东省最具社会责任感企业”“广东省十大诚信企业”“广东省诚信示范企业”“广东省五一劳动奖状”“广东省和谐劳动关系先进单位”“广东上市公司综合实力10强”“广东省水泥行业能效先进企业”“广东上市公司最具盈利能力10强”“广东省企业500强”“广东省民营企业100强”“2016中国最受投资者尊重的上市公司(入围奖)”“节能减排突出贡献企业”“梅州市政府质量奖”“梅州市先进民营企业”等国家和省、市级多项荣誉。

【经营情况】 2017年，公司实现水泥产量1538.90万吨，同期增长4.85%；实现水泥销量1551.18万吨，同期增长4.46%；水泥销售价格同比上升21.59%；实现营业收入456408.25万元，同期增长25.76%；实现净利润72097.70万元，同期增长58.73%。

【项目发展】 2017年，塔牌集团文福万吨线项

目取得重大进展。2017年11月11日,文福万吨线项目一期工程顺利建成投产。同时,实施完成了文福万吨线项目非公开发行股票工作,共计发行人民币普通股(A股)297619047股,募集资金总额为人民币2999999993.76元,募集资金全部用于万吨线项目建设,新增股份于2017年10月27日上市,塔牌集团股份总数增至1192275016股。

【转型升级】 2017年,塔牌集团加快转型升级步伐,积极开展新兴产业发展工作,努力寻找财务投资项目、产业投资项目和并购重组项目。塔牌集团作为主发起人之一的梅州客商银行已于2017年6月28日顺利开业。

【节能环保】 2017年,塔牌集团严格遵守和依法履行建设项目环境影响评价和三同时制度,依法领取排污许可证、按时缴纳排污费。公司各种污染治理设备设施完善配套、有效运行,各类污染物全部达标排放,未发生任何环境问题和政府行政处罚情况。节能方面,塔牌集团按照“生产自动化,管理信息化”的思想理念推进了“水泥智能化工厂”建设。投入117万元对鑫达水泥煤磨烘干热源取风改造,可节约标煤约1500吨/年。通过对粉磨系统进行陶瓷球技术改造,降低水泥粉磨电耗3.50千瓦时/吨左右,可节约标煤约900吨/年。投入133万元分别对鑫达水泥窑尾SP锅炉旁路阀的节能技术改造,可节约标煤约500吨/年。累计投入1030万元对福塔公司更换新型高效风机、篦冷机技术及窑燃烧系统综合技术改造,可节约标煤约2100吨/年。

在环保方面,继续抓好新型干法旋窑生产降氮脱硝SNCR+低氮燃烧管理工作,一直保持稳定运行,取得较好的成效。水泥窑烟气氮氧化物排放浓度由原平均600-800毫克/立方米的降至目前的230-310毫克/立方米,脱硝效率达60%以上,氨逃逸率小于10PPm。同时,积极开展综合利用工业固体废物用于水泥生产,实施低品位无烟煤用于水泥窑煅烧技术、脱硫石膏与陶瓷石膏、化肥厂氟石膏与磷石膏综合利用技术、钢铁厂钢渣与铁渣、火电厂的粉煤灰与炉渣、综合利用技术,以及绿色水泥助磨剂开发利用技术,全年综合利用各类工业废渣300余万吨左右。环保工作有序开展,实现“零事故”和“零投诉”。

【安全生产】 2017年,塔牌集团围绕“十零一低”的安全生产管理目标,完善安全管理制度,健全安全管理体系,落实安全生产责任制。通过认真落实企业主体安全责任,落实安全生产措施,改善安全生产环境和条件;通过安全教育,提高安全生产能力;强化安全监管网络建设,规范和完善安全管理制度建设;建立健全安全隐患排查整改机制、事故隐患及时报告制度、重大事故隐患由主要领导督办制度;大力开展安全特别是交通安全进家庭、进企业、进车间和安全生产宣传咨询、知识竞赛等多种形式的宣传教育活动。全年企业生产人员参加培训2000多人次,参培率100%。2017年,安全隐患整改率实现100%,没有发生重大安全事故。

【企业文化】 2017年,塔牌集团通过树立“共创塔牌事业、共享塔牌成果”的思想旗帜,弘扬“团结、求实、奉献、创新”的企业精神,践行“诚信、规范、发展、效益”的经营理念。发挥企业党组织以及纪检监察部门对企业经营决策、生产流通等各个环节全过程的检查监督作用。在“五一”国际劳动节、国庆节期间,通过举办形式多样的比赛活动,组织开展篮球赛、羽毛球赛、乒乓球赛、文艺会演等形式的活动庆祝节日,展示了塔牌人热爱祖国、爱岗敬业、勇于开拓进取的精神风貌,增强了企业凝聚力和向心力,营造了良好的企业文化氛围。

【社会责任】 2017年,塔牌集团把积极引导广大员工积极参加所在地区的科教卫生、社区建设、扶贫济困等社会公益活动,促进公司与社会、社区、自然的协调、和谐发展。据统计,2017年全集团及其下属子公司为当地新农村建设、治安环境建设、文化体育场所建设、水利设施建设、教育事业建设、基础设施建设、救灾复产等方面合计捐献资金163.46万元、捐献水泥4260吨。 (钟奕平)

2017年广东省塔牌集团股份有限公司负责人名录

党委书记:李 斌
董 事 长:钟朝晖
总 经 理:何坤皇

广东梅州蕉华工业园区

【概况】 2017年,蕉华工业园以习近平新时代中国特色社会主义思想为指导,集中精力抓好党的建设、招商引资、项目建设、基础设施、土地回收、民生改善,全年完成工业固定资产投资20.1亿元,同比翻了一番;规上工业增加值达到23%以上;实现税收收入5991万元,同比增长10%,基本完成全年目标任务。

【园区发展提质增效】 一是五大功能区招商取得新突破。全年共接待各类企业考察团队共300多批次1600多人,新签合同项目13个,计划总投资约22.8亿元,动工项目8个,投产项目5个。裕兴食品纳入广东省高新技术企业培育库,被评为国家高新技术企业。二是土地储备取得新成效。全年共回收土地约1018亩,完成用地报批2批次198亩,正在报批1批次68亩,已办理和正在办理供地手续15宗277亩;针对“两违”建筑下发停工通知书16份,强制拆除违规建房4宗。此外,积极盘活国有资源资产,对北部园区工交段原木工厂、机修厂国有资产进行拍卖处置,解决了莒源、万兴达2个入园项目用地需求。三是南部健康食品基地开发取得新进展。集健康食品加工区、综合配套区、平台功能区于一体、总规划2000亩的南部健康食品基地,采取一次规划、分步实施、逐步配套,边开发、边招商的思路进行开发建设,2017年底已回收土地1200亩,正在进行“三通一平”基础设施配套建设和20万平方米食品加工标准厂房建设,已落户食品类企业8家。

【发展环境逐步优化】 基础设施方面:全面完成总投资3955万元、日产6000立方米的蕉华污水处理厂主体工程及配套管网建设并试运行;全面完成205国道园区段“绿化、亮化、美化”工程;南部提升工程扎实推进;投入179万元完成莲塘爱乡路和北部工业大道环境整治工程;南部健康食品基地国道以东700亩已基本完成招商地块“三通一平”工程,国道以西500亩地块正在进行“三通一平”规划设计;蕉华圩镇用地“三通一平”工程完成招投标工作。配套设施方面:基本完成投资938万元、按省级规范标准建设的蕉华幼儿园;新奥泛能网项目已完成公司注册和项目规划设计,正在办理供地手续;中燃管道天然气全面建设。标准厂房方面:新中泰首期5栋厂房、煜华实业等标准厂房已全面封顶,目前共计约20万平方米通用标准厂房正在火热招商;园区投资开发公司开发建设的规划用地面积26400平方米,建筑面积53850平方米,总投资8455.75万元的标准厂房,目前已完成土地招拍并正在进行EPC总承包和监理招标。体制机制方面:理顺了工程质量监督、畜牧兽医、城管执法、工商管理体制,基本理顺了中小学校和办事处体制问题。此外,开通了园区公交、盘活了金达铜材土地资产。

【社会和谐稳定】 信访维稳更加有力,全年共接待来访群众58批次,办结率100%,圆满完成了中共十九大、世界客商会特别防护期的信访维稳工作目标,无上省进京上访事件发生,实现了“一个确保、四个不发生”的目标。民生投入力度不减，投入1365万元完成高二、蕉三线等12宗“一事一议”财政奖补项目；投入402.7万元完成205国道北坑岗至下寨桥段2公里美化、亮化、绿化改造；投入400多万元完成莲塘、北坑、老场的排、灌圳“三面光”工程，解决群众“灌溉难”问题；投入80多万元新建侨情展室，让广大归侨记得住乡愁。困难群众享有保障，全年共发放低保救济金（含医疗救济金）41.26万元，保障人数292人；发放参战人员、老年津贴、残疾人补贴、现役军人优待金、退役军人安置、烈军属慰问、困难群众慰问金100多万元。 （钟渊元）

2017年广东梅州蕉华工业园负责人名录

党委书记、主任、场长：刘洪洲
党委委员、副主任、副场长：徐　文
赖志坚（10月离任）
曾建宇
冯玉涛（10月任职）
党委委员：赖志坚

社会经济统计资料

社会经济统计资料

蕉岭县基本情况

表 2

单 位	农村基层组织		总户数(户)	乡镇劳动力(人)
	村、居民委员会(个)	村民小组(个)		
合 计	111	1418	70492	92832
蕉城镇	15	164	24777	12545
新铺镇	22	359	11652	24186
广福镇	11	124	4823	7170
文福镇	9	142	5716	10997
三圳镇	10	144	4685	8194
长潭镇	12	157	5161	9961
蓝坊镇	12	189	5814	5359
南礤镇	16	87	5214	10499
蕉华区	4	52	2650	3921

单 位	总人口(人)				出生人口(人)	死亡人口(人)
	合 计	比 2016 年+、-	其中			
			乡村人口	城镇人口		
合 计	237363	307	166902	70461	3500	2551
蕉城镇	76711	809	20214	56497	1350	318
新铺镇	42587	–177	38319	4268	453	306
广福镇	15019	–126	13853	1166	240	330
文福镇	19935	–11	18587	1348	320	375
三圳镇	16902	42	15533	1369	194	140
长潭镇	19721	279	18572	1149	257	389
蓝坊镇	17850	–227	15940	1910	238	407
南礤镇	20856	–163	19433	1423	319	108
蕉华区	7782	–119	6451	1331	129	178

说明:1.居委会共 10 个,其中蕉城 4 个、长潭 1 个、三圳 1 个、新铺 1 个、广福 1 个、文福 1 个、蓝坊 1 个

2.乡镇劳动力不包含蕉城镇四个居委中企事业单位的从业人员

国民经济和社会发展主要统计指标

表 3

项　目	单　位	2017 年	2016 年	对比增长±%
一、年末总人口(户籍)	人	237363	237056	0.13
城镇人口	人	70461	61562	14.46
乡村人口	人	166902	175494	−4.90
出生人口	人	3500	3587	−2.43
死亡人口	人	2551	1132	125.35
出生率	‰	14.78	15.16	−0.41
死亡率	‰	10.75	4.78	5.97
自然增长率	‰	4	10.38	−6.38
二、年底社会从业人员	人	123874	118189	4.81
第一产业	人	49370	48380	−0.13
第二产业	人	32105	30660	4.71
第三产业	人	42399	39149	11.30
三、生产总值(现价)	万元	772462	719913	7.5
第一产业	万元	114556	113022	3.9
第二产业	万元	250782	218177	6.7
其中:工业	万元	219505	192661	5.9
第三产业	万元	407124	388714	9.0
人均 GDP(现价)常住人口	元/人	36601	34225	5.60
人均 GDP(现价)户籍人口	元/人			
四、财政总收入	万元	265689	227389	−9.86
公共财政预算收入	万元	87978	79950	10.04
财政总支出	万元	265689	227389	21.43
公共财政预算财政支出	万元	239970	220543	7.05

说明:生产总值增长速度按可比价计算

续表 3

项　目	单　位	2017 年	2016 年	对比增长±%
五、金融机构本外币存款余额	万元	934072	852385	9.58
#住户存款余额	万元	621570	578862	7.38
金融机构本外币贷款余额	万元	361891	370474	−2.32
六、固定资产投资额	万元	−	−	34.67
1.城镇投资总额	万元	−	−	34.67
#国有单位投资	万元	−	−	32.79
#房地产企业	万元	−	−	85.10
2.农村投资总额	万元	−	−	0.00
七、社会消费品零售总额	万元	408089.6	371737.2	9.8
其中：批发零售贸易业	万元	379777.1	346834.2	9.5
住宿和餐饮业	万元	28312.5	24903	13.7
八、在岗职工年平均工资(含劳务派遣人员)	元/人	72168	61738	19.4
城乡居民人均可支配收入	元/人	19538.5	17847.5	9.5
其中：农村居民人均可支配收入	元/人	14783.8	13823.1	7.0
城镇居民人均可支配收入	元/人	24084.75	21815.9	10.4
九、外贸出口总额	万美元	2853	4765	−48.8
实际利用外资	万美元	351	434	−19.1
旅游总收入	万元	331835.53	293566.75	13.0
十、居民消费价格指数	%	101.5	100	1.5
商品零售价格指数	%	101.6	100	

说明：1. 2011 年开始固定资产投资统计范围是指投资总额在 200 万元及以上

2. 金融机构存、贷款余额改为金融机构本外币存、贷款余额

续表 3

项　目	单　位	2017 年	2016 年	对比增长±%
十一、教育	—	—	—	—
在校学生人数	人	22945	23340	2.1
小学	人	13376	12866	4.0
中学	人	8695	8637	0.7
职业中学	人	874	979	−10.7
十二、卫生、体育	—	—	—	—
病床数	张	797	648	52.4
卫生技术人员	人	1101	1049	5.0
执业医师	人	341	330	3.3
执业助理医师	人	119	113	5.3
注册护士	人	403	372	8.3
参加市以上运动会获奖牌数	块	36	6	500.0
金牌	块	16	5	220.0
银牌	块	11	0	
铜牌	块	9	1	800.0
向省、市输送运动员	人	0	10	−100.0
其中:省	人	0	0	
市	人	0	10	−100.0

说明:2013 年以后城乡居民可支配收入统计口径有调整,对比基数有变化

国内生产总值构成及指数

表 4

项　目	生产总值	一产业	二产业	三产业
一、绝对数(万元)	—	—	—	—
2017 年	772462	114556	250782	407124
2016 年	719913	113022	218177	388714
二、构成	—	—	—	—
2017 年	100	14.8	32.5	52.7
2016 年	100	15.7	30.3	54
三、发展速度	107.5	102.4	106.8	109.3

建筑企业经济概况

表 5

项　目	单位	2017 年	2016 年	对比增长±%
一、企业个数	个	8	8	0.0
一级	个	1	—	—
二级	个	2	3	-33.3
三级及以下	个	5	5	0.0
二、建筑业总产值	万元	170452.8	85096.4	100.3
三、税金总额	万元	2942.8	3858.3	-23.7
四、利润总额	万元	2963.4	1812.4	63.5

农业总产值及构成

表6

项 目	单 位	2017年	2016年	±%
一、绝对数(现行价)	—	—	—	—
合 计	万元	210422.5	209261.35	2.5
1.农业	万元	107466.6	104708.94	4.3
2.林业	万元	36141.2	31596.44	4.6
3.牧业	万元	55066.02	62212.12	−2.4
4.渔业	万元	6753.667	6163.85	5.6
5.农林牧渔服务业	万元	4995	4580	7.8
二、构 成	—	—	—	—
合 计	%	100	100	
1.农业	%	51.07	50.04	
2.林业	%	17.18	15.10	
3.牧业	%	26.17	29.73	
4.渔业	%	3.21	2.95	
5.农林牧渔服务业	%	2.37	2.19	

说明:农业总产值增长速度按可比价计算

主要农产品产量

表7

项目	单位	2017年	2016年	对比增长±%
一、主要农产品产量	—	—	—	—
粮食	吨	65206	64386.6	1.27
其中:稻谷	吨	62210	60017	−0.19
花生	吨	3287	3203	2.62
烤烟	吨	1375	1395	−1.43
蔬菜	吨	118674	115687	2.58
茶叶	吨	2056	1996	3.01
水果	吨	45778	44615	2.61
水产品	吨	7659	7218	6.11
二、出栏及存栏情况	—	—	—	—
生猪出栏	头	228758	235687	−2.94
牛出栏	头	3110	5761	−46.02
山羊出栏	头	12713	14069	−9.64
牛存栏	头	5338	8214	−35.01
山羊存栏	头	5869	6712	−12.56
肉类产量	吨	21443.8	22012	−2.58
其中:猪肉	吨	17800	18062	−1.45

全县工业总产值及规模以上增加值完成情况

表 8

项　目	单位	2017 年	2016 年	±%
一、工业增加值(现行价)	万元	219605	206033	5.90
1.规模以上工业	万元	126805	111933	5.2
2.规模以下工业	万元	92800	94100	5.6
二、规模以上工业总产值(现价)	万元	515691	454821	10.7

规模以上工业生产经营情况

表 9

指标名称	计算单位	2017 年	2016 年	±%
产品销售收入	万元	490227.6	432838.7	13.26
实现利税总额	万元	53314.7	58438.1	−8.77
其中:利润总额	万元	30078.4	35725.3	−15.81
税收	万元	23236.3	22712.8	2.30
水泥产量	万吨	998.12	915.57	9.02
发电量	万千瓦时	61317.9	92481.2	−30.66
其中:火电	万千瓦时	27560.59	29499	−6.57
水电	万千瓦时	14847.9	31658	−53.10
商品混凝土	立方米	184746.2	196021	−5.75
人造板	立方米	27410	25859	6.00
印制电路板	平方米	245830	269656	−8.84
全社会用电量	万千瓦时	108967.7	99729.2	9.26
全工业用电量	万千瓦时	89204.5	81538	9.40
其中：规模以上工业用电量(含发电厂自发自用)	万千瓦时	86617.21	81175.11	6.70

说明:工业产品销售收入、利税总额、产品产量等,取的是规模以上 35 家工业企业的快报数

居民消费价格和商品零售价格指数

表 10

类　　别	2017 年	比上年升降幅度(%) 上年同期为 100	备　注
一、居民消费价格指数	101.5	1.5	
1.食品烟酒	98.8	-1..2	
2.衣　着	100.6	0.6	
3.居　住	104.5	4.5	
4.生活用品及服务	100.6	0.6	
5.交通和通信	101.6	1.6	
6.教育文化和娱乐	102.4	2.4	
7.医疗保健	107.1	7.1	
8.其　他	100.5	0.5	
二、工业生产者出厂价格指数(PPI)	103.2	3.2	
三、商品零售价格指数	101.5	1.5	

交通、运输、邮电通信情况

表 11

项　　目	单位	2017 年	2016 年	±%
一、公路通车里程	公里	1350.8	1341.6	0.00
其中高速公路通车里程	公里	40.46	40.46	0.00
公路密度	百平方公里	140.7	139.8	0.00
二、客运量	万人	1688	1531	10.25
公路	万人	1558.8	1418	9.87
水运	万人			
三、旅客周转量	万人公里	43724	39040	12.00
公路	万人公里	43206	38750	11.50
水运	万人公里			
四、货运量	万吨	2065.8	1878	9.96
公路	万吨	2065.8	1878	9.96
水运	万吨			
五、货物周转量	万吨公里	116813	105332	10.90
公路	万吨公里	116813	105332	10.90
水运	万吨公里			
六、年末固定电话用户	户	28826	29931	-2.87
移动电话用户	户	205051	172850	23.48
互联网用户	户	56083	41146	35.50

各类学校基本情况(一)

表 14

项目		学校间数(间)	班数(个)	实际毕业人数(人)	实际招生人数(人)	在校学生数(人)
普通教育	合　计	34	637	5573	6074	23390
	普通中学	15	213	2886	2997	8695
	初　中	13	131	1575	1833	5097
	高　中	2	82	1311	1164	3598
	职业中学	1	23	372	267	874
	小　学	17	361	1848	2405	12992
	特殊教育学校	—	—	—	—	841
	教师进修学校和广播电视联校	1	40	467	405	829

各类学校基本情况(二)

表 15

项　目	毕业班学生数(人)	教职工人数(人)			
		合　计	其中：专任教师	合计中	
				教育部门办学	社会力量办学
合　计	8412	2841	2555	2445	396
1.普通中学	2848	1164	1131	1164	0
初　中	1633	753	723	753	—
高　中	1215	411	408	411	—
2.职业中学	309	72	65	72	—
3.小　学	1907	934	932	934	—
4.幼 儿 园	2988	639	398	243	396
其中：县属	1539	261	190	261	—
5.特殊教育学校	—	—	—	—	—
6.教师进修和广播电视联校	360	32	29	32	—

表彰名录

先进集体

国家级先进集体

表 16

单位名称	授称时间	授予单位(会议)	荣誉称号
广东粤电长潭发电有限责任公司	2017年2月	中国电机工程学会 中国电力科学技术奖励工作办公室	中国电力科学技术奖二等奖
三圳镇九岭村	2017年3月	国务院防范和处理邪教问题办公室	创建无邪教示范村
广东粤电长潭发电有限责任公司	2017年7月	中国电力企业联合会	标准化良好行为企业AAA级
蕉岭县林业局	2017年7月	中华人民共和国人力资源和社会保障部、国家林业局	全国集体林权制度改革先进集体
三圳镇九岭村	2017年9月	中华人民共和国农业部	中国美丽休闲乡村
蕉岭县三圳镇	2017年12月	国家质监总局	三圳淮山地理标志保护产品
蕉岭供电局	2018年1月	中国南方电网有限责任公司	县级供电企业安全生产先进集体
南礤镇卫生院	2018年1月	国家卫生和计划生育委员会办公厅	2016—2017年度“建设群众满意的乡镇卫生院”
广福镇中心卫生院	2018年1月	国家卫生和计划生育委员会办公厅	2016—2017年度“建设群众满意的乡镇卫生院”
蕉岭县	2018年3月	国家信访局	全国信访工作“三无县”

省级先进集体

表 17

单位名称	授称时间	授予单位(会议)	荣誉称号
县公安局网警大队	2017 年 1 月	省公安厅	粤警创新铜牌
县公安局交警大队	2017 年 1 月	省公安厅	粤警创新优秀奖
蕉岭县人民小学	2017 年 2 月	广东省教育厅	广东省依法治校示范校
广东粤电长潭发电有限责任公司	2017 年 2 月	广东省人民政府	广东省科学技术三等奖
蕉岭县人民小学	2017 年 3 月	广东省教育厅	广东省校园足球推广学校
蕉岭县友邦小学	2017 年 3 月	广东省教育厅	广东省校园足球推广学校
共青团蕉岭县委员会	2017 年 5 月	共青团广东省委员会	广东省五四红旗团委
广东粤电长潭发电有限责任公司	2017 年 6 月	粤电集团公司	2016 年度党建与精神文明建设成绩为“优秀”等级
广东粤电长潭发电有限责任公司运行党支部	2017 年 6 月	粤电集团党委	先进基层党组织
蕉岭县人民医院	2017 年 7 月	广东省卫生和计划生育委员会	2016 年度广东省无烟单位
蕉岭县疾病预防控制中心	2017 年 7 月	广东省卫生和计划生育委员会	2016 年度广东省无烟单位
蕉岭县中医医院	2017 年 7 月	广东省卫生和计划生育委员会	2016 年度广东省无烟单位
蓝坊镇卫生院	2017 年 7 月	广东省卫生和计划生育委员会	2016 年度广东省无烟单位
文福镇卫生院	2017 年 7 月	广东省卫生和计划生育委员会	2016 年度广东省无烟单位
广福镇中心卫生院	2017 年 7 月	广东省卫生和计划生育委员会	2016 年度广东省无烟单位
长潭镇卫生院	2017 年 7 月	广东省卫生和计划生育委员会	2016 年度广东省无烟单位

续表 17

单位名称	授称时间	授予单位(会议)	荣誉称号
南礤镇卫生院	2017 年 7 月	广东省卫生和计划生育委员会	2016 年度广东省无烟单位
蕉华管理区社区卫生服务中心	2017 年 7 月	广东省卫生和计划生育委员会	2016 年度广东省无烟单位
蕉岭县教育局	2017 年 7 月	广东省卫生和计划生育委员会	2016 年度广东省无烟单位
蕉岭县镇平中学	2017 年 7 月	广东省卫生和计划生育委员会	2016 年度广东省无烟单位
蕉岭县田家炳实验中学	2017 年 7 月	广东省卫生和计划生育委员会	2016 年度广东省无烟单位
蕉岭县晋元中学	2017 年 7 月	广东省卫生和计划生育委员会	2016 年度广东省无烟单位
蕉岭县广福学校	2017 年 7 月	广东省卫生和计划生育委员会	2016 年度广东省无烟单位
蕉岭县友邦小学	2017 年 7 月	广东省卫生和计划生育委员会	2016 年度广东省无烟单位
蕉岭县三圳镇中心小学	2017 年 7 月	广东省卫生和计划生育委员会	2016 年度广东省无烟单位
蕉岭县润玉幼儿园	2017 年 7 月	广东省卫生和计划生育委员会	2016 年度广东省无烟单位
蕉城镇中心幼儿园	2017 年 7 月	广东省卫生和计划生育委员会	2016 年度广东省无烟单位
新铺镇中心幼儿园	2017 年 7 月	广东省卫生和计划生育委员会	2016 年度广东省无烟单位
广东粤电长潭发电有限责任公司	2017 年 9 月	粤电集团	2016 年度经营业绩考核“优”等级
广东粤电长潭发电有限责任公司	2017 年 10 月	粤电集团	粤电集团 AAA 级先进发电企业
蕉岭县教育局	2017 年 10 月	广东省教育厅	广东省促进义务教育均衡发展先进集体
蕉岭县人大常委会办公室	2017 年 11 月	广东省人大常委会人民之声杂志社	先进发行单位

续表 17

单位名称	授称时间	授予单位(会议)	荣誉称号
广东粤电长潭发电有限责任公司	2017 年 11 月	粤电集团	粤电集团 2017 年机修钳工竞赛火电组团体三等奖
广东粤电长潭发电有限责任公司	2017 年 12 月	2017 年粤电集团标准化知识竞赛	二等奖优胜单位
广东粤电长潭发电有限责任公司团委	2017 年 12 月	粤电集团公司团委“一团一品”《微创新——洪水预报系统优化》	三等奖
中国农业银行蕉岭蕉城支行	2017 年 12 月	中国农业银行广东省分行	2017 年安全保卫“三化三达标”先进单位
新铺镇潘田村	2017 年 12 月	广东省爱国卫生运动委员会	广东省卫生村
新铺镇矮车村	2017 年 12 月	广东省爱国卫生运动委员会	广东省卫生村
长潭镇百美村	2017 年 12 月	广东省爱国卫生运动委员会	广东省卫生村
长潭镇高陂村	2017 年 12 月	广东省爱国卫生运动委员会	广东省卫生村
三圳镇河西村	2017 年 12 月	广东省爱国卫生运动委员会	广东省卫生村
三圳镇东岭村	2017 年 12 月	广东省爱国卫生运动委员会	广东省卫生村
三圳镇台塘村	2017 年 12 月	广东省爱国卫生运动委员会	广东省卫生村
文福镇坑头村	2017 年 12 月	广东省爱国卫生运动委员会	广东省卫生村
文福镇鹤湖村	2017 年 12 月	广东省爱国卫生运动委员会	广东省卫生村
文福镇暗石村	2017 年 12 月	广东省爱国卫生运动委员会	广东省卫生村
广福镇铁坑村	2017 年 12 月	广东省爱国卫生运动委员会	广东省卫生村

续表 17

单位名称	授称时间	授予单位(会议)	荣誉称号
蓝坊镇大光村	2017 年 12 月	广东省爱国卫生运动委员会	广东省卫生村
南礤镇尚田村	2017 年 12 月	广东省爱国卫生运动委员会	广东省卫生村
南礤镇岭背村	2017 年 12 月	广东省爱国卫生运动委员会	广东省卫生村
南礤镇三泰村	2017 年 12 月	广东省爱国卫生运动委员会	广东省卫生村
南礤镇蓝源村	2017 年 12 月	广东省爱国卫生运动委员会	广东省卫生村
蕉岭供电局工会委员会	2018 年 2 月	广东电网有限责任公司工会委员会	广电 2017 年度四星级模范职工小家
蕉岭供电局蓝坊供电所工会小组	2018 年 2 月	广东电网有限责任公司工会委员会	广电 2017 年度四星级模范职工小家
蕉岭供电局人力资源部	2018 年 3 月	广东电网有限责任公司	2017 年度教育培训先进集体

市委、市政府表彰先进集体

续表 18

单位名称	授称时间	授予单位(会议)	荣誉称号
广东粤电长潭发电有限责任公司	2017 年 6 月	梅州市委、市政府	2016 年度“梅州扶贫济困铜奖”

先进个人

国家级先进个人

表19

姓　名	授称时间	授予单位(会议)	荣誉称号	获荣誉时所在单位及职务
陈立新	2017年5月	最高人民法院	荣誉天平奖章	蓝坊人民法庭庭长

省级先进个人

表20

姓　名	授称时间	授予单位(会议)	荣誉称号	获荣誉时所在单位及职务
陈亮光	2017年3月	省公安厅	2016年度全省拘留所化解社会矛盾工作先进个人	蕉岭县拘留所所长
宋思泉	2017年3月	省公安厅	个人一等功	县公安局刑侦大队四中队中队长
李　恬	2017年3月	省公安厅	个人嘉奖	县公安局刑侦大队四中队民警
袁正文	2017年4月	广东省总工会	广东省五一劳动奖章	蕉岭供电局市场营销部副主任
李顺光	2017年4月	粤电集团团委	优秀团干	长潭发电公司团委书记
黄　彬	2017年4月	粤电集团团委	优秀团员	长潭发电公司班员
林玲华	2017年6月	共青团广东省委员会、广东省教育厅、少先队广东省工作委员会	广东省优秀少先队辅导员	新铺镇中心小学少先队总辅导员
陈　旺	2017年6月	粤电集团党委	优秀党务工作者	长潭发电公司党委书记
郭庆涛	2017年6月	粤电集团党委	优秀共产党员	长潭发电公司党务宣传及秘书
曾胜贤	2017年6月	粤电集团党委	优秀共产党员	长潭发电公司水工部水调班长

续表 20

姓　名	授称时间	授予单位(会议)	荣誉称号	获荣誉时所在单位及职务
刘　丽	2017年6月	广东省严重精障碍管理治疗项目办公室和广东省预防医学会精神卫生专业委员会	广东省第一届“最美精防医生”	南礤镇卫生院副院长
罗乃汇	2017年8月	省农业厅	2017年广东省最美农技员	长潭镇农业站长
丘秀霞	2017年9月	省人社厅	全省优秀人民警察	县公安局警务保障室主任
张海珠	2017年9月	中国共产党广东电网有限责任公司委员会	抗击台风“天鸽”“帕卡”“玛娃”抢修复电先进个人	蕉岭供电局安全监管部安全监察大队督察队员
林森昌	2017年10月	广东省高级人民法院	司法警察警衔荣誉章	县法院法警大队教导员
陈小丰	2017年10月	广东省农业技术推广奖评审委员会	广东省农业技术推广奖三等奖	蓝坊镇农业站站长
林宇圣	2017年10月	广东省人民检察院	2017年度上半年全省检察机关集体和个人记功嘉奖的决定中荣获个人嘉奖	县检察院职务犯罪预防科副科长
林国良	2017年11月	广东省人大常委会人民之声杂志社	优秀发行员	蕉岭县人大常委会办公室副主任
钟　维	2017年11月	粤电集团2017年机修钳工竞赛	个人成绩第八名和粤电“技术能手”荣誉称号	长潭发电公司运维部班员
徐卫斌	2017年11月	广东省人民检察院	广东省法学会第十一届检察学研讨会上荣获优秀奖	县检察院员额检察官
肖秋霞	2017年11月	广东省人大常委会人民之声杂志社	优秀发行员	蕉岭县人大常委会办公室秘书组组长
宋继平	2017年12月	广东省国家保密局	保密工作铜质纪念章	蕉岭县国家保密局局长
张惠英	2018年1月	广东省青少年科技教育协会	第33届广东省青少年科技创新大赛优秀组织工作者	县科协副科级干部
刘森泰	2018年2月	广东电网有限责任公司	安全生产先进个人	蕉岭供电局局长、党委副书记
宋庆潭	2018年2月	广东电网有限责任公司	安全生产先进个人	蕉岭新铺供电所所长
邓鸿铭	2018年2月	广东电网有限责任公司	广东电网有限责任公司2017年度市场营销(农电)工作先进个人	蕉岭供电局市场营销部管理线损专责

续表 20

姓　名	授称时间	授予单位(会议)	荣誉称号	获荣誉时所在单位及职务
郑小珍	2018 年 2 月	广东电网有限责任公司	广东电网有限责任公司 2017 年度物资工作先进个人	蕉岭供电局物流服务中心计划与合同执行助理专责
徐清香	2018 年 2 月	广东电网有限责任公司工会委员会	广东电网有限责任公司优秀工会工作者	蕉岭供电局女职委主任
刘东南	2018 年 3 月	广东电网有限责任公司	2017 年度教育培训先进个人	蕉岭供电局人力资源部主任